संस्कृत स्वयं-शिक्षक

स्वयं संस्कृत सीखने के लिए

संस्कृत स्वयं-शिक्षक

श्रीपाद दामोदर सातवलेकर

चारों वेदों के भाष्यकार और संस्कृत के अनेक ग्रन्थों के रचयिता

राजपाल

₹ 299
ISBN : 9789389373424

SANSKRIT SWYAM SHIKSHAK
by Shripad Damodar Satvalekar
मुद्रक : Nutech Print Services Pvt. Ltd.

राजपाल एण्ड सन्ज़
1590, मदरसा रोड, कश्मीरी गेट, दिल्ली–110006
फोन : 011–23869812, 23865483, 23867791
e-mail : sales@rajpalpublishing.com
www.rajpalpublishing.com
www.facebook.com/rajpalandsons

क्रम

परिचय

वेदमूर्ति पं. श्रीपाद दामोदर सातवलेकर की गणना भारत के अग्रणी वेद तथा संस्कृत भाषा के विशारदों में की जाती है। वे सौ वर्ष से अधिक जीवित रहे और आजीवन इनके प्रचार-प्रसार का कार्य करते रहे। उन्होंने सरल हिन्दी में चारों वेदों का अनुवाद किया और ये अनुवाद देशभर में अत्यन्त लोकप्रिय हुए। इसके अतिरिक्त योग के आसनों तथा सूर्य नमस्कार का भी उन्होंने बहुत प्रचार किया।

पं. सातवलेकर महाराष्ट्र के निवासी थे और व्यवसाय से चित्रकार थे। मुम्बई के सुप्रसिद्ध जे. जे. स्कूल आव आर्ट्स में उन्होंने विधिवत् कला की शिक्षा प्राप्त की थी। व्यक्ति चित्र (पोर्ट्रेट) बनाने में उन्हें विशेष कुशलता प्राप्त थी और लाहौर में अपना स्टूडियो बनाकर वे यह कार्य करते थे।

महाराष्ट्र वापस लौटकर उन्होंने तत्कालीन औंध रियासत में 'स्वाध्याय मंडल' के नाम से वेदों तथा संबंधित ग्रन्थों का अनुवाद तथा प्रकाशन कार्य आरंभ किया। सरल हिन्दी में वेद के ये पहले अनुवाद थे जो बहुत जल्द देशभर में पढ़े जाने लगे। संस्कृत भाषा सिखाने के लिए भी उन्होंने अपनी एक सरल पद्धति बनाई और इसके अनुसार कक्षाएँ चलानी आरम्भ कीं। पुस्तकें भी लिखीं जिन्हें पढ़कर लोग घर बैठे संस्कृत सीख सकते थे।

'संस्कृत स्वयं-शिक्षक' नामक यह पुस्तक शीघ्र ही एक संस्था बन गई और इस पद्धति का तेज़ी से प्रचार हुआ। संस्कृत को भाषा सीखने की दृष्टि से एक कठिन भाषा माना जाता है, इसलिए भी इस सरल विधि का व्यापक प्रचार हुआ। इसे दरअसल संस्कृत सीखने की 'सातवलेकर पद्धति' ही कहा जा सकता है। यह 70-80 वर्ष पहले लिखी गई थी। आज भी इसकी उपादेयता कम नहीं हुई और आगे भी इसी प्रकार बनी रहेगी।

औंध में स्वाध्याय मंडल का कार्य बड़ी सफलता से चल रहा था, कि तभी 1948 में महात्मा गांधी की हत्या की घटना हुई। नाथूराम विनायक गोडसे चूँकि महाराष्ट्रीय और ब्राह्मण थे, इसलिए सारे महाराष्ट्र में ब्राह्मणों पर हमले करके उनकी सम्पत्तियाँ इत्यादि जलाई गईं। इसी में पं. सातवलेकर के संस्थान को भी जलाकर नष्ट कर दिया गया। वे स्वयं किसी प्रकार बच निकले और उन्होंने गुजरात के सूरत ज़िले में स्थित पारडी नामक स्थान में फिर नये सिरे से स्वाध्याय मंडल का कार्य संगठित किया। 1969 में अपने देहान्त के समय तक वे यहीं कार्यरत रहे।

भाषा-शिक्षण के क्षेत्र में 'संस्कृत स्वयं-शिक्षक' एक वैज्ञानिक तथा अत्यन्त सफल पुस्तक है।

पुस्तक प्रारम्भ करने से पहले इसे अवश्य पढ़ें–

इस पुस्तक का नाम 'संस्कृत स्वयं-शिक्षक' है और जो अर्थ इस नाम से विदित होता है वही इसका कार्य है। किसी पंडित की सहायता के बिना हिन्दी जानने वाला व्यक्ति इस पुस्तक के पढ़ने से संस्कृत भाषा का ज्ञान प्राप्त कर सकता है। जो देवनागरी अक्षर नहीं जानते, उनको उचित है कि पहले देवनागरी पढ़कर फिर पुस्तक को पढ़ें। देवनागरी अक्षरों को जाने बिना संस्कृत जानना कठिन है।

बहुत से लोग यह समझते हैं कि संस्कृत भाषा बहुत कठिन है, अनेक वर्ष प्रयत्न करने से ही उसका ज्ञान हो सकता है। परन्तु वास्तव में विचार किया जाए तो यह भ्रम-मात्र है। संस्कृत भाषा नियमबद्ध तथा स्वभावसिद्ध होने के कारण सब वर्तमान भाषाओं से सुगम है। मैं यह कह सकता हूँ कि अंग्रेज़ी भाषा संस्कृत भाषा से दस गुना कठिन है। मैंने वर्षों के अनुभव से यह जाना है कि संस्कृत भाषा अत्यंत सुगम रीति से पढ़ाई जा सकती है और व्यावहारिक वार्तालाप तथा रामायण-महाभारतादि पुस्तकों का अध्ययन करने के लिए जितना संस्कृत का ज्ञान चाहिए, उतना प्रतिदिन घंटा-आधा-घंटा अभ्यास करने से एक वर्ष की अवधि में अच्छी प्रकार प्राप्त हो सकता है, यह मेरी कोरी कल्पना नहीं, परंतु अनुभव की हुई बात है। इसी कारण संस्कृत-जिज्ञासु सर्वसाधारण जनता के सम्मुख उसी अनुभव से प्राप्त अपनी विशिष्ट पद्धति को इस पुस्तक द्वारा रखना चाहता हूँ।

हिन्दी के कई वाक्य इस पुस्तक में भाषा की दृष्टि से कुछ विरुद्ध पाए जाएँगे, परन्तु वे उस प्रकार इसलिए लिखे गए हैं कि वे संस्कृत वाक्य में प्रयुक्त शब्दों के क्रम के अनुकूल हों। किसी-किसी स्थान पर संस्कृत के शब्दों का प्रयोग भी उसके नियमों के अनुसार नहीं लिखा है तथा शब्दों की संधि कहीं भी नहीं की गई है। यह सब इसलिए किया गया है कि पाठकों को भी सुभीता हो और उनका संस्कृत में प्रवेश सुगमतापूर्वक हो सके। पाठक यह भी देखेंगे कि जो भाषा की शैली की न्यूनता पहले पाठों में है, वह आगे के पाठों में नहीं है। भाषा-शैली की कुछ न्यूनता सुगमता के लिए जान-बूझकर रखी गई है, इसलिए पाठक उसकी ओर ध्यान न देकर अपना अभ्यास जारी रखें, ताकि संस्कृत-मंदिर में उनका प्रवेश भली-भाँति हो सके।

पाठकों को उचित है कि वे न्यून-से-न्यून प्रतिदिन एक घंटा इस पुस्तक का अध्ययन किया करें और जो-जो शब्द आएँ उनका प्रयोग बिना किसी संकोच के करने का यत्न करें। इससे उनकी उन्नति होती रहेगी।

जिस रीति का अवलम्बन इस पुस्तक में किया गया है, वह न केवल सुगम है, परन्तु स्वाभाविक भी है, और इस कारण इस रीति से अल्प काल में और थोड़े-से परिश्रम से बहुत लाभ होगा।

यह मैं निश्चयपूर्वक कह सकता हूँ कि प्रतिदिन एक घंटा प्रयत्न करने से एक वर्ष के अन्दर इस पुस्तक की पद्धति से व्यावहारिक संस्कृत भाषा का ज्ञान हो सकता है। परन्तु पाठकों को यह बात ध्यान में रखनी चाहिए कि केवल उत्तम शैली से ही काम नहीं चलेगा, पाठकों का यह कर्तव्य होगा कि वे प्रतिदिन पर्याप्त और निश्चित समय इस कार्य के लिए अवश्य लगाया करें, नहीं तो कोई पुस्तक कितनी ही अच्छी क्यों न हो, बिना प्रयत्न किए पाठक उससे पूरा लाभ नहीं उठा सकते।

अभ्यास की पद्धति

(1) प्रथम पाठ तक जो कुछ लिखा है, उसे अच्छी प्रकार पढ़िए। सब ठीक से समझने के पश्चात् प्रथम पाठ को पढ़ना प्रारम्भ कीजिए।

(2) हर एक पाठ पहले सम्पूर्ण पढ़ना चाहिए, फिर उसको क्रमशः स्मरण करना चाहिए; हर एक पाठ को कम-से-कम दस बार पढ़ना चाहिए।

(3) हर एक पाठ में जो-जो संस्कृत वाक्य हैं, उनको कंठस्थ करना चाहिए तथा जिन-ज़िन शब्दों के रूप दिए हैं, उनको स्मरण करके, उनके समान जो शब्द दिए हों, उन शब्दों के रूप वैसे ही बनाने का यत्न करना चाहिए।

(4) जहाँ परीक्षा के प्रश्न दिए हों, वहाँ उनका उत्तर दिए बिना आगे नहीं बढ़ना चाहिए। यदि प्रश्नों का उत्तर देना कठिन हो, तो पूर्व पाठ दुबारा पढ़ना चाहिए। प्रश्नों का झट उत्तर न दे सकने का यही मतलब है कि पूर्व पाठ ठीक प्रकार से तैयार नहीं हुए।

(5) जहाँ दुबारा पढ़ने की सूचना दी है, वहाँ अवश्य दुबारा पढ़ना चाहिए।

(6) यदि दो विद्यार्थी साथ-साथ अभ्यास करेंगे और परस्पर प्रश्नोत्तर करके एक-दूसरे को मदद देंगे तो अभ्यास बहुत शीघ्र हो सकेगा।

(7) यह पुस्तक तीन महीनों के अभ्यास के लिए है। इसलिए पाठकों को चाहिए कि वे समय के अन्दर पुस्तक समाप्त करें। जो पाठक अधिक समय लेना चाहें, वे ले सकते हैं। यह पुस्तक अच्छी प्रकार स्मरण होने के पश्चात् ही दूसरी पुस्तक प्रारम्भ करनी चाहिए।

अक्षर

अ आ इ ई उ ऊ ऋ ॠ ऌ ॡ
ए ऐ ओ औ अं अः।
क ख ग घ ङ, च छ ज झ ञ,
ट ठ ड ढ ण, त थ द ध न,
प फ ब भ म, य र ल व,
श ष स ह, क्ष त्र ज्ञ।

शुद्ध स्वर

अ, इ, उ, ऋ, ऌ,
ये पांच शुद्ध स्वर हैं।

संयुक्त स्वर

अ	और	अ	अथवा	आ	मिलकर	आ—बना है
इ	,,	इ	,,	ई	,,	ई—बनी है
उ	,,	उ	,,	ऊ	,,	ऊ—बना है
ऋ	,,	ऋ	,,	ऋ	,,	ऋ—बनी है
अ	,,	इ	,,	ई	,,	ए—बना है
आ	,,	इ	,,	ई	,,	ए—बना है
अ	,,	उ	,,	ऊ	,,	ओ—बना है
आ	,,	उ	,,	ऊ	,,	ओ—बना है
अ / आ	,,	ए	,,	ऐ	,,	ऐ—बना है
अ / आ	,,	औ	,,	अ	,,	औ—बना है

स्वर-जन्य अक्षर (स्वरों से बने हुए अक्षर)

इ	अथवा	ई स्वर	अ	के साथ	मिलकर	"य"	बनाता है
उ	,,	ऊ	अ	,,	,,	"व"	,, ,,
ऋ	,,	ऋ	अ	,,	,,	"र"	,, ,,
ऌ	,,	ऌ	अ	,,	,,	"ल"	,, ,,

संयुक्त व्यञ्जन

क्	और	ष्	मिलकर	क्ष [क्ष]	बना है
ज्	"	ञ	"	ज्ञ [ज्ञ]	"
क्	"	व	"	क्व [क्व]	"
र्	"	म	"	र्म	"
म्	"	र	"	म्र	"
त्	"	र	"	त्र	"
द्	और	र	मिलकर	द्र	बना है
त्	"	य	"	त्य	"
प्	"	त	"	प्त	"
ल्	"	ल	"	ल्ल	"
ह्	"	य	"	ह्य	"
व्	"	र	"	व्र	"
क्	"	र	"	क्र	"
म्	"	न	"	म्न	"
स्	"	र	"	स्र	"
ब्	"	द	"	ब्द	"
द्–	र् –	य	"	द्र्य	"
प्–	त् –	य	"	प्त्य	"
श्–	र् –	य	"	श्र्य	"

इस प्रकार संयुक्त अक्षर अनन्त हैं। हिन्दी भाषा के पाठकों को उचित है कि वे इस संयुक्त अक्षर पद्धति को जानें ताकि वे अच्छी तरह संयुक्त अक्षरों को पढ़ सकें।

कुछ स्वरों की सन्धि

ए + अ=अय ऐ + अ=आय ओ + अ=अव

औ + अ=आव होता है

इसी प्रकार अन्य स्वर मिलने पर पाठक सन्धि जान सकेंगे

ए + आ=अया। ऐ + ई=आयी।

ओ + उ=अवु। औ + ऊ=आवू।

ए + ए=अये। ऐ + ओ=आयो।

ओ + ए=अवे। औ + ओ=आवो।

इस प्रकार 'ए, ऐ, ओ, औ' की सन्धि पाठक जान सकेंगे

पाठ 1

नीचे कुछ संस्कृत शब्द और उनके अर्थ दिए हुए हैं। फिर उनके वाक्य बनाये हैं। संस्कृत भाषा के शब्द काले टाइप में छपे हैं।

शब्द

सः=वह। **त्वम्**=तू। **अहम्**=मैं।
गच्छति=वह जाता है। **गच्छसि**=तू जाता है।
गच्छामि=मैं जाता हूं।

वाक्य

अहं गच्छामि=मैं जाता हूं। **त्वं गच्छसि**=तू जाता है।
सः गच्छति=वह जाता है।

पाठक यहां ध्यान रखें कि संस्कृत वाक्यों का भाषा में अर्थ शब्द के क्रम से ही दिया गया है।

शब्द

कुत्र=कहां। **यत्र**=जहां। **अत्र**=यहां।
तत्र=वहां। **सर्वत्र**=सब स्थान पर। **किम्**=क्या।

वाक्य

1. **त्वं कुत्र गच्छसि**—तू कहां जाता है?
2. **यत्र सः गच्छति**—जहां वह जाता है।
3. **अहं तत्र गच्छामि**—मैं वहां जाता हूं।
4. **सः कुत्र गच्छति**—वह कहां जाता है?
5. **यत्र अहं गच्छामि**—जहां मैं जाता हूं।
6. **त्वं सर्वत्र गच्छसि**—तू सब स्थान पर जाता है।
7. **किं सः गच्छति**—क्या वह जाता है?
8. **सः गच्छति किम्**—वह जाता है क्या?
9. **सः कुत्र गच्छति**—वह कहां जाता है?
10. **यत्र त्वं गच्छसि**—जहां तू जाता है।
11. **त्वं गच्छसि किम्**—तू जाता है क्या?
12. **अहं सर्वत्र गच्छामि**—मैं सब स्थान पर जाता हूं।

पाठकों को ये सब वाक्य ध्यान में रखने चाहिए। यदि दो पाठक साथ-साथ

पढ़ते हों, तो एक-दूसरे से संस्कृत तथा हिन्दी के वाक्य उच्चारण करके अर्थ पूछने चाहिए, और दूसरे को चाहिए कि वह अर्थ बताए। परन्तु यदि अकेला ही पढ़ता हो तो उसे प्रथम ऊंची आवाज़ में प्रत्येक वाक्य दस बार उच्चारण करके तत्पश्चात् संस्कृत वाक्यों की ओर दृष्टि देकर उनका अर्थ भाषा के वाक्यों की ओर दृष्टि न देते हुए मन से लगाने का प्रयत्न करना चाहिए। ऐसा दो-तीन बार करने से सब वाक्य याद हो सकते हैं।

जो पाठक इन वाक्यों की ओर ध्यान देंगे उनको उक्त शब्दों से कई अन्य वाक्य स्वयं रचने की योग्यता आएगी और पता लगेगा कि थोड़े-से शब्दों से कितनी बातचीत हो सकती है।

शब्द

न—नहीं। **अस्ति**—है। **कः**—कौन। **नास्ति**—नहीं है।

वाक्य

1. **अहं न गच्छामि**—मैं नहीं जाता हूं।
2. **त्वं न गच्छसि**—तू नहीं जाता है।
3. **सः न गच्छति**—वह नहीं जाता है।
4. **अहं तत्र न गच्छामि**—मैं वहां नहीं जाता हूं।
5. **त्वं सर्वत्र न गच्छसि**—तू सब स्थान पर नहीं जाता है।
6. **किं सः न गच्छति**—क्या वह नहीं जाता है।
7. **यत्र त्वं न गच्छसि**—जहां तू नहीं जाता है।
8. **त्वं न गच्छसि किम्**—तू नहीं जाता है क्या?
9. **अहं सर्वत्र न गच्छामि**—मैं सब स्थान पर नहीं जाता हूं।

सूचना—पाठक यह देख सकते हैं कि **केवल एक 'न' (नकार) के उपयोग से कितने नये उपयोगी वाक्य बन गए हैं। अब 'क' शब्द का उपयोग देखिए**—

1. **कः तत्र गच्छति**—कौन वहां जाता है?
2. **कः सर्वत्र गच्छति**—कौन सब स्थान पर जाता है?
3. **तत्र कः न गच्छति**—वहां कौन नहीं जाता?
4. **कः सर्वत्र न गच्छति**—कौन सब स्थान पर नहीं जाता?
5. **कः तत्र अस्ति**—कौन वहां है?
6. **तत्र कः अस्ति**—वहां कौन है?
7. **अस्ति कः तत्र**—है कौन वहां?

पाठ 2

निम्नलिखित शब्द याद कीजिए—

शब्द

गृहम्—घर को। **नगरम्**—नगर को। **ग्रामम्**—गांव को। **आपणम्**—बाज़ार को। **पाठशालाम्**—पाठशाला को। **उद्यानम्**—बाग़ को।

वाक्य

1. **त्वं कुत्र गच्छसि**—तू कहां जाता है?
2. **अहं गृहं गच्छामि**—मैं घर को जाता हूं।
3. **सः कुत्र गच्छति**—वह कहां जाता है?
4. **सः ग्रामं गच्छति**—वह गांव को जाता है।
5. **त्वं पाठशालां गच्छसि किम्**—तू पाठशाला को जाता है क्या?
6. **सः उद्यानं गच्छति किम्**—वह बाग़ को जाता है क्या?
7. **किं सः ग्रामं गच्छति**—क्या वह गांव को जाता है?
8. **किं त्वम् आपणं गच्छसि**—क्या तू बाज़ार को जाता है?
9. **यत्र त्वं गच्छसि**—जहां तू जाता है।
10. **तत्र अहं गच्छामि**—वहां मैं जाता हूं।
11. **यत्र सः गच्छति**—जहां वह जाता है।
12. **तत्र त्वं गच्छसि किम्**—वहां तू जाता है क्या?

शब्द

यदा—जब। **कदा**—कब। **सदा**—सदा, हमेशा। **सर्वदा**—सदा, हमेशा। **सदैव**—हमेशा। **तदा**—तब।

अब नीचे लिखे हुए वाक्यों को याद कीजिए। यदि आपने पूर्वोक्त वाक्य याद किए हों तो ये वाक्य आप स्वयं बना सकते हैं—

वाक्य

1. **कदा सः नगरं गच्छति**—कब वह नगर को जाता है?
2. **यदा सः ग्रामं गच्छति**—जब वह गांव को जाता है।
3. **अहं सदैव पाठशालां गच्छामि**—मैं हमेशा पाठशाला जाता हूं।

4. **सः सर्वदा उद्यानं गच्छति**—वह सदा बाग़ को जाता है।
5. **किं त्वं सदा आपणं गच्छसि**—क्या तू हमेशा बाज़ार जाता है?
6. **अहं सदैव नगरं गच्छामि**—मैं हमेशा नगर को जाता हूं।
7. **यदा त्वं ग्रामं गच्छसि**—जब तू गांव को जाता है।
8. **तदाऽहं उद्यानं गच्छामि**—तब मैं बाग़ को जाता हूं।
9. **सः नगरं गच्छति किम्**—वह नगर को जाता है क्या?
10. **सः सर्वदा ग्रामं गच्छति**—वह सदा गांव को जाता है।
11. **किं त्वम् उद्यानं गच्छसि**—क्या तू बाग़ को जाता है?
12. **अहं सदैव उद्यानं गच्छामि**—मैं सदा ही बाग़ को जाता हूं।
13. **त्वं कुत्र गच्छसि**—तू कहां जाता है?
14. **त्वं कदा गच्छसि**—तू कब जाता है?
15. **सः सदैव गच्छति**—वह हमेशा ही जाता है।

पूर्वोक्त प्रकार से इन वाक्यों को भी जोर से बोलकर दस-दस बार उच्चारण करना चाहिए। तत्पश्चात् संस्कृत वाक्य की ओर देखकर (हिन्दी के वाक्य को देखते हुए) उसको हिन्दी का वाक्य बनाना चाहिए। तदनन्तर हिन्दी का वाक्य देखकर उसको संस्कृत वाक्य बनाना चाहिए। इस प्रकार करने से पाठक स्वयं कई नये वाक्य बना सकते हैं। अब कुछ निषेध के वाक्य बताते हैं—

1. **अहं गृहं न गच्छामि**—मैं घर नहीं जाता हूँ।
2. **सः ग्रामं न गच्छति**—वह गाँव को नहीं जाता है।
3. **त्वं पाठशालां न गच्छसि किम्**—तू पाठशाला को नहीं जाता है क्या?
4. **सः उद्यानं किं न गच्छति**—क्या वह बाग़ को नहीं जाता?
5. **किं सः ग्रामं न गच्छति**—क्या वह गाँव को नहीं जाता?
6. **किं त्वम् आपणं न गच्छसि**—क्या तू बाज़ार नहीं जाता?
7. **तत्र त्वं किं न गच्छसि**—वहाँ तू क्यों नहीं जाता?
8. **यदा सः ग्रामं न गच्छति**—जब वह गाँव को नहीं जाता।
9. **कः सदा उद्यानं न गच्छति**—कौन हमेशा बाग़ को नहीं जाता?
10. **सः उद्यानं सर्वदा न गच्छति**—वह बाग़ को हमेशा नहीं जाता।
11. **त्वं तत्र किं न गच्छसि**—तू वहाँ क्यों नहीं जाता?
12. **सः तत्र सदैव न गच्छति**—वह वहाँ हमेशा ही नहीं जाता।

इसी प्रकार पाठक स्वयं वाक्य बना सकते हैं।

पाठ 3

यदि आपने पूर्व पाठ के वाक्य तथा शब्द अच्छी प्रकार याद कर लिये हों तो अब निम्नलिखित शब्दों को याद कीजिए—

सायम्—शाम को। **प्रातः**—प्रातःकाल। **रात्रौ**—रात्रि में। **श्वः**—कल (आगामी दिन)। **परश्वः**—परसों। **दिवा**—दिन में। **मध्याह्ने**—दोपहर में। **अद्य**—आज। **ह्यः**—कल (बीता दिन)।

वाक्य

1. **त्वं कुत्र सदैव प्रातः गच्छसि**—तू कहाँ हमेशा ही प्रातःकाल जाता है?
2. **अहं सदैव प्रातः उद्यानं गच्छामि**—मैं सदा ही प्रातःकाल बाग़ जाता हूँ।
3. **सः सायम् उद्यानं गच्छति**—वह सायंकाल बाग़ को जाता है।
4. **अद्य अहं पाठशालां न गच्छामि**—आज मैं पाठशाला नहीं जाता हूँ।
5. **त्वम् अद्य पाठशालां गच्छसि किम्**—तू आज पाठशाला जाता है क्या?
6. **त्वं मध्याह्ने कुत्र गच्छसि**—तू दोपहर को कहाँ जाता है?
7. **अहं मध्याह्ने ग्रामं गच्छामि**—मैं दोपहर में गाँव जाता हूँ।
8. **सः दिवा नगरं गच्छति**—वह दिन में नगर जाता है।
9. **अहं रात्रौ गृहं गच्छामि**—मैं रात्रि में घर जाता हूँ।
10. **त्वं यत्र रात्रौ गच्छसि**—जहाँ तू रात्रि में जाता है।
11. **तत्र अहं दिवा गच्छामि**—वहाँ मैं दिन में जाता हूँ।
12. **तत्र सः प्रातः गच्छति**—वहाँ वह प्रातःकाल जाता है।

शब्द

यदि—यदि, अगर। **तर्हि**—तो। **गमिष्यसि**—तू जाएगा। **गमिष्यति**—वह जाएगा। **यथा**—जैसे। **तथा**—वैसे। **कथम्**—कैसे। **गमिष्यामि**—मैं जाऊँगा। **जालन्धरनगरम्**—जालन्धर शहर को। **हरिद्वारनगरम्**—हरिद्वार शहर को।

वाक्य

1. **यदि त्वं जालन्धरनगरं श्वः गमिष्यसि**—अगर तू जालन्धर शहर को कल जाएगा।
2. **तर्हि अहं हरिद्वारं परश्वः गमिष्यामि**—तो मैं हरिद्वार शहर को परसों जाऊँगा।
3. **यदि त्वं गमिष्यसि तदा अहं गमिष्यामि**—जब तू जाएगा तब मैं जाऊँगा।
4. **यदि त्वं न गमिष्यसि तर्हि अहं न गमिष्यामि**—अगर तू नहीं जाएगा तो मैं नहीं

जाऊँगा।

5. **सः हरिद्वारं श्वः गमिष्यति**—वह कल हरिद्वार जाएगा।
6. **सः श्वः प्रातः जालन्धरनगरं गमिष्यति**—वह कल प्रातः जालन्धर शहर जाएगा।
7. **यत्र सः श्वः गमिष्यति**—जहाँ कल वह जाएगा।
8. **तत्र अहं परश्वः गमिष्यामि**—वहाँ मैं परसों जाऊँगा।
9. **त्वं परश्वः ग्रामं गमिष्यसि किम्**—तू परसों गाँव जाएगा क्या?
10. **न अहम् अद्य सायं नगरं गमिष्यामि**—नहीं, मैं आज सायंकाल शहर जाऊँगा।
11. **यथा त्वं गच्छसि तथा सः गच्छति**—जैसे तू जाता है, वैसे वह जाता है।
12. **कथं तत्र सः श्वः न गमिष्यति**—कैसे वहाँ वह कल नहीं जाएगा?
13. **सः तत्र श्वः गमिष्यति**—वह वहाँ कल जाएगा।

ये वाक्य देखकर पाठकों को पता लगेगा कि वे दैनिक व्यवहार के नए वाक्य स्वयं बना सकते हैं। इसीलिए वे नए-नए वाक्य ज्ञात शब्दों से बनाने का यत्न किया करें।

अब निषेध के वाक्य देखिए—

1. **सः सायम् उद्यानं न गच्छति**—वह शाम को बाग़ नहीं जाता।
2. **कः मध्याह्ने पाठशालां न गच्छति**—कौन दोपहर में पाठशाला नहीं जाता?
3. **अहं रात्रौ नगरं न गच्छामि**—मैं रात्रि को शहर नहीं जाता।
4. **कः तत्र दिवा न गच्छति**—कौन वहाँ दिन में नहीं जाता?
5. **त्वं श्वः जालन्धरं न गमिष्यसि किम्**—तू कल जालन्धर नहीं जाएगा क्या?
6. **यथा त्वं न गच्छसि तथा सः न गच्छति**—जैसे तू नहीं जाता वैसे वह नहीं जाता।
7. **कथं सः न गच्छति**—कैसे वह नहीं जाता?
8. **सः रात्रौ कुत्र-कुत्र न गमिष्यति**—वह रात्रि में कहाँ-कहाँ नहीं जाएगा?
9. **यत्र-यत्र त्वं गमिष्यसि, तत्र-तत्र सः न गमिष्यति**—जहाँ-जहाँ तू जाएगा, वहाँ-वहाँ वह नहीं जाएगा।

पाठ 4

'गम्—(गच्छ)' का अर्थ 'जाना'। परन्तु उससे पूर्व 'आ' लगाने से—आगम्—उसी का अर्थ 'आना' होता है। जैसे—

शब्द

गच्छति—वह जाता है। **गच्छसि**—तू जाता है।
गच्छामि—जाता हूँ। **गमिष्यति**—वह जाएगा।

गमिष्यसि—तू जाएगा। **गमिष्यामि**—मैं जाऊँगा।
आगच्छति—आता है। **आगच्छसि**—तू आता है।
आगच्छामि—आता हूँ। **आगमिष्यामि**—मैं आऊँगा।
आगमिष्यसि—तू आएगा। **आगमिष्यति**—वह आएगा।

अपि—भी। **नहि**—नहीं। **च**—और।
औषधालयम्—दवाख़ाने को। **वनम्**—वन को, **कूपम्**—कुएँ को।

वाक्य

1. **यदा त्वं वनं गमिष्यसि**—जब तू वन को जाएगा।
2. **तदा अहम् अपि आगमिष्यामि**—तब मैं भी आऊँगा।
3. **यदा तत्र सः गमिष्यति**—जब वह वहाँ जाएगा।
4. **तदा तत्र त्वं न आगमिष्यसि किम्**—तब वहाँ तू न आएगा क्या?
5. **अहं प्रातः गमिष्यामि सायं च आगमिष्यामि**—मैं सवेरे जाऊँगा और सायंकाल को आऊँगा।
6. **कदा त्वं तत्र गमिष्यसि**—तू वहाँ कब जाएगा?
7. **अहं मध्याह्ने तत्र गमिष्यामि**—मैं दोपहर को वहाँ जाऊँगा।
8. **यदि त्वं गमिष्यसि**—अगर तू जाएगा।
9. **सः अपि न आगमिष्यति**—वह भी नहीं आएगा।

शब्द

भक्षयति—वह खाता है। **भक्षयसि**—तू खाता है।
भक्षयामि—मैं खाता हूँ। **अन्नम्**—अन्न को।
फलम्—फल को। **मोदकम्**—लड्डू को।
भक्षयिष्यति—वह खाएगा। **भक्षयिष्यसि**—तू खाएगा।
भक्षयिष्यामि—मैं खाऊँगा। **ओदनम्**—चावल को।
मुद्गौदनम्—खिचड़ी। **आम्रम्**—आम को।

वाक्य

1. **सः अन्नं भक्षयति**—वह अन्न खाता है।
2. **त्वं मोदकं भक्षयसि**—तू लड्डू खाता है।
3. **अहं फलं भक्षयामि**—मैं फल खाता हूँ।

4. **सः ओदनं भक्षयिष्यति**—वह चावल खाएगा।
5. **त्वम् आम्रं भक्षयिष्यसि**—तू आम खाएगा।
6. **अहं मुद्गौदनं भक्षयिष्यामि**—मैं खिचड़ी खाऊँगा।
7. **यदि सः वनं प्रातः गमिष्यति**—अगर वह वन को प्रातःकाल जाएगा।
8. **तर्हि आम्रं भक्षयिष्यति**—तो आम खाएगा।
9. **अहं तत्र गमिष्यामि फलं च भक्षयिष्यामि**—मैं वहाँ जाऊँगा और फल खाऊँगा।
10. **सः गृहं गमिष्यति मोदकं च भक्षयिष्यति**—वह घर जाएगा और लड्डू खाएगा।
11. **किं सः अन्नं भक्षयिष्यति**—क्या वह अन्न खाएगा ?
12. **तथा तत्र अहम् आम्रं भक्षयिष्यामि**—वैसे वहाँ मैं आम खाऊँगा।
13. **यथा सः ओदनं भक्षयिष्यति**—जैसे वह चावल खाएगा।

विभक्तियां

अब कुछ विभक्तियों के रूप देते हैं, जिनको स्मरण करने से पाठकों की योग्यता बहुत बढ़ सकती है।

संस्कृत में सात विभक्तियाँ होती हैं (ये हिन्दी में भी हैं)।—

'देव' शब्द के सातों विभक्तियों के रूप

विभक्ति का नाम	विभक्ति के रूप	हिन्दी में अर्थ
1. **प्रथमा**	**देवः**	देव (ने)
2. **द्वितीया**	**देवम्**	देव को
3. **तृतीया**	**देवेन**	देव के द्वारा (ने, से)
4. **चतुर्थी**	**देवाय**	देव के लिए (को)
5. **पंचमी**	**देवात्**	देव से
6. **षष्ठी**	**देवस्य**	देव का, की, के
7. **सप्तमी**	**देवे**	देव में, पर
सम्बोधन	**[हे] देव**	हे देव

पाठक देख सकते हैं कि इन रूपों का बातचीत करने में कितना उपयोग होता है। उक्त रूपों का उपयोग करके अब कुछ वाक्य देते हैं—

1. **देवः तत्र गच्छति**—देव वहाँ जाता है।
2. **तत्र देवं पश्य**[1]—वहाँ देव को देख।[1]

---

1. उक्त वाक्यों में 'पश्य' आदि शब्द नए आए हैं, उनका अर्थ हिन्दी के वाक्यों को देखकर पाठक जान सकते हैं। अर्थ देखने के लिए 1, 2, 3, 4 अंक शब्दों के ऊपर रखे हैं।

3. **देवेन अन्नं दत्तम्**—देव के द्वारा अन्न दिया गया।
4. **देवाय फलं देहि**—देव के लिए फल दे।
5. **देवात् ज्ञानं लभते**—देव से ज्ञान पाता है।
6. **देवस्य गृहम् अस्ति**—देव का घर है।
7. **देवे ज्ञानम् अस्ति**—देव में ज्ञान है।

सम्बोधन—हे देव ! त्वं तत्र गच्छसि किम्?—हे देव ! तू वहाँ जाता है क्या?

इस प्रकार पाठक वाक्य बना सकेंगे। उनको चाहिए कि वे इस प्रकार नये शब्दों का उपयोग करते रहें। अब उक्त वाक्यों के निषेध अर्थ के वाक्य देते हैं। इनका अर्थ पाठक स्वयं जान सकेंगे, इसलिए नहीं दिया है।

1. देवः तत्र न गच्छति।
2. तत्र देवं न पश्य।
3. देवेन अन्नं न दत्तम्।
4. देवाय फलं न देहि।
5. देवात् ज्ञानं न लभते।
6. देवस्य गृहं न अस्ति।
7. देवे ज्ञानं न अस्ति।

सम्बोधन—हे देव! त्वं तत्र न गच्छसि किम्?

पाठकों को ध्यान रखना चाहिए कि ये वाक्य कोई विशेष अर्थ नहीं रखते। यहाँ इतना ही बताया है कि नकार के साथ वाक्य कैसे बनाए जाते हैं। इनको देखकर पाठक बहुत-से नए वाक्य बनाकर बोल सकते हैं।

वाक्य

अहं नैव गमिष्यामि। सः मांसं नैव भक्षयिष्यति। सः आम्रं कदा भक्षयिष्यति? यदा त्वं मोदकं भक्षयिष्यसि। सः नित्यं कदलीफलं भक्षयति। देवः इदानी कुत्र अस्ति? देवः सर्वत्र अस्ति। सः कदा आगमिष्यति ? सः अत्र श्वः प्रातः आगमिष्यति। यत्र-यत्र अहं गच्छामि, तत्र-तत्र सः नित्यम् आगच्छति।

पाठ 5

पूर्वोक्त वाक्यों तथा शब्दों को याद करने से पाठक स्वयं कई वाक्य बनाकर प्रयोग में ला सकेंगे। *हमने शब्द तथा वाक्य इस प्रकार रखे हैं कि व्याकरण का बोझ पाठकों पर न पड़कर उनके मन पर व्याकरण का संस्कार स्वयं हो जाए और वे स्वयं वाक्य बना सकें।* इसलिए पाठकों को चाहिए कि वे पहला पाठ याद किए बिना आगामी पाठ प्रारम्भ न करें, तथा जो-जो शब्द पाठों में दिए हुए हैं उनसे अन्यान्य

वाक्य स्वयं बनाने का यत्न करें। अब नीचे लिखे हुए शब्द याद कीजिए–

नक्तम्–रात्रि में। **नयति**–वह ले जाता है।
नयसि–तू ले जाता है। **नयामि**–मैं ले जाता हूँ।
नेष्यति–वह ले जाएगा। **नेष्यसि**–तू ले जाएगा।
नेष्यामि–मैं ले जाऊँगा। **नवीनम्**–नया।
सर्वम्–सब। **आनयति**–लाता है।
आनयसि–तू लाता है। **आनयामि**–मैं लाता हूँ।
आनेष्यति–वह लाएगा। **आनेष्यसि**–तू लाएगा।
आनेष्यामि–मैं लाऊँगा। **पुराणम्**–पुराना।

वाक्य

1. **सः फलं नयति**–वह फल ले जाता है।
2. **अहम् आम्रम् आनयामि**–मैं आम लाता हूँ।
3. **त्वम् अन्नम् आनेष्यसि किं**–तू अन्न लाएगा क्या?
4. **अहं तत्र गमिष्यामि**–मैं वहाँ जाऊँगा।
5. **फलं च आनेष्यामि**–और फल लाऊँगा।
6. **त्वं श्वः कुत्र गमिष्यसि**–तू कल कहाँ जाएगा?
7. **त्वं कदा आगमिष्यसि**–तू कब आएगा?

शब्द

जलम्–जल। **पुष्पम्**–फूल। **अपूपम्**–पूड़ा। **सूपम्**–दाल। **पुस्तकम्**–पुस्तक। **किमर्थम्**–किसलिए। **लेखनी**–क़लम। **मसी**–स्याही। **मसीपात्रम्**–दवात। **वस्त्रम्**–कपड़ा। **उत्तरीयम्**–दुपट्टा। **व्यर्थम्**–व्यर्थ, फ़िज़ूल।

वाक्य

1. **अहं जलम् आनयामि**–मैं जल लाता हूँ।
2. **त्वं पुष्पम् आनयसि**–तू फूल लाता है।
3. **सः वस्त्रं तत्र नयति**–वह वस्त्र वहाँ ले जाता है।
4. **सः सदा नगरं गच्छति पुस्तकं च आनयति**–वह हमेशा शहर जाता है और पुस्तक लाता है।
5. **सः अद्य आगमिष्यति वस्त्रं च नेष्यति**–वह आज आएगा और कपड़ा ले जाएगा।
6. **अहम् आम्रम् आनयामि**–मैं आम लाता हूँ।

7. **त्वम् अपूपम् आनयसि**—तू पूड़ा लाता है।
8. **सः उत्तरीयं नयति**—वह दुपट्टा ले जाता है।
9. **कदा सः मसीपात्रं पुस्तकं च तत्र नेष्यति**—वह दवात और पुस्तक वहाँ कब ले जाएगा।
10. **सः सायं तत्र मसीपात्रं लेखनी च नेष्यति**—वह शाम को वहाँ दवात और कलम ले जाएगा।
11. **त्वं रात्रौ हरिद्वारं गमिष्यसि किम्**—तू रात्रि में हरिद्वार जाएगा क्या?
12. **नहि, अहं श्वः मध्याह्ने तत्र गमिष्यामि**—नहीं, मैं कल दोपहर को वहाँ जाऊँगा।
13. **अहं गृहं गमिष्यामि सूपं च भक्षयिष्यामि**—मैं घर जाऊँगा और दाल खाऊँगा।

इस समय तक पाठकों के पास वाक्य बनाने का बहुत सा मसाला पहुँच चुका है। पूर्व पाठ में जैसे 'देव' शब्द की सातों विभक्तियों के रूप दिए थे, वैसे इस पाठ में 'राम' शब्द के रूप हैं।

'राम' शब्द के रूप

विभक्तियों के नाम	शब्दों के रूप	हिन्दी में अर्थ
1. प्रथमा	रामः	राम (ने)
2. द्वितीया	रामम्	राम को
3. तृतीया	रामेण[1]	राम के द्वारा
4. चतुर्थी	रामाय	राम के लिए, को
5. पंचमी	रामात्	राम से
6. षष्ठी	रामस्य	राम का, की, के
7. सप्तमी	रामे	राम में, पर
सम्बोधन	हे राम!	हे राम!

देव और राम इन दो शब्दों के रूप यदि पाठक भली प्रकार स्मरण करेंगे तो वे निम्न शब्दों के रूप बना सकेंगे।

यज्ञदत्त, ईश्वर, गणेश, पुरुष, मनुष्य, अश्व, खग, पाठ, दीप, उदय, गण, समूह, दिवस, मास, कण—ये शब्द देव तथा राम के समान ही चलते हैं। इनके रूप बनाकर थोड़े-से वाक्य नीचे देते हैं—

1. **यज्ञदत्तः गृहं गच्छति**—यज्ञदत्त घर जाता है।
2. **ईश्वरः सर्वत्र अस्ति**—ईश्वर सब स्थान पर है।
3. **हे ईश्वर! दयां कुरु**—हे ईश्वर! दया करो।
4. **हे पुरुष! धर्मं कुरु**—हे पुरुष! धर्म करो।
5. **तत्र अश्वं पश्य**—वहाँ घोड़े को देख।

6. **अत्र दीपं पश्य**—यहाँ दीए को देख।
7. **सः रात्रौ दीपेन पुस्तकं पठति**—वह रात्रि में दीए से पुस्तक पढ़ता है।
8. **ईश्वरेण धनं दत्तम्**—ईश्वर ने धन दिया।
9. **मनुष्याय ज्ञानं देहि**—मनुष्य को ज्ञान दे।
10. **अश्वाय जलं देहि**—घोड़े के लिए जल दे।
11. **दीपात् प्रकाशः भवति**—दीप से प्रकाश होता है।
12. **ईश्वरात् ज्ञानं भवति**—ईश्वर से ज्ञान होता है।
13. **सः गणस्य ईश्वरः अस्ति**—वह गण (समूह) का मालिक है।
14. **सः समूहस्य ईशः अस्ति**—वह समूह का मालिक है।
15. **पुस्तके ज्ञानम् अस्ति**—किताब में ज्ञान है।
16. **मासे दिवसाः सन्ति**—महीने में दिन होते हैं।
17. **समूहे मनुष्याः सन्ति**—समूह में मनुष्य होते हैं।
18. **आकाशे खगाः सन्ति**—आकाश में पक्षी हैं।

इनके निषेध के वाक्य पाठक स्वयं बना सकते हैं। पाठकों को चाहिए कि वे उक्त शब्दों की अन्य विभक्तियों के रूप बनाकर उनसे भी वाक्य बनाएं और अपना अभ्यास करें।

वाक्य

1. तत्र आकाशे खगं पश्य। 2. हे देवदत्त! यज्ञदत्तः कुत्र गच्छति? 3. इदानीं यज्ञदत्तः गृहं गच्छति। 4. श्रीकृष्णस्य उत्तरीयम् अत्र आनय। 5. सः तत्र व्यर्थं गच्छति। 6. सः पुरुषः किमर्थं पुष्पम् आनयति?

पाठ 6

उपदेशकः—उपदेशक।
करोति—वह करता है।
करोमि—करता हूँ।
पटः—वस्त्र, कपड़ा।
लवणम्—नमक।

देवदत्तः—देवदत्त।
कृष्णचन्द्रः—कृष्णचन्द्र।
करोषि—तू करता है।
चित्रम्—चित्र, तस्वीर।
पुष्पमालाम्—फूलों की माला को।

वाक्य

1. **रामचन्द्रः पाठशालां गमिष्यति लेखं च लेखिष्यति**—रामचन्द्र पाठशाला जाएगा और लेख लिखेगा।
2. **सत्यकामः गृहं गमिष्यति मधुरं च फलं भक्षयिष्यति**—सत्यकाम घर जाएगा और मधुर फल खाएगा।
3. **अहं वनं गमिष्यामि पुष्पमालां च करिष्यामि**—मैं वन को जाऊँगा और फूलों की माला बनाऊँगा।
4. **हरिश्चन्द्रः कदा उद्यानं गमिष्यति**—हरिश्चन्द्र बाग़ कब जाएगा?
5. **सः श्वः तत्र गमिष्यति**—वह कल वहाँ जाएगा।
6. **देवदत्तः सर्वदा उद्यानं गच्छति पुष्पमालां च करोति किम्**—देवदत्त हमेशा बाग़ जाता है और पुष्पमाला बनाता है क्या?
7. **यदि हरिश्चन्द्रः उद्यानं न गमिष्यति**—अगर हरिश्चन्द्र बाग़ को न जाएगा।
8. **तर्हि देवदत्तः अपि न गमिष्यति**—तो देवदत्त भी न जाएगा।

शब्द

गच्छ—जा।
नय—ले जा।
धनम्—द्रव्य।
वृक्षम्—वृक्ष को।
कुरु—कर।
स्वीकुरु—स्वीकार कर।
एकम्—एक।
धौतम्—धुला हुआ।
सूत्रम्—सूत्र।
आगच्छ—आ।
आनय—ले आ।
रूप्यकम्—रुपया।
द्रव्यम्—धन।
भक्षय—खा।
देहि—दे।
गृहाण—ले।
अन्यः—दूसरा।

वाक्य

1. **त्वं गृहं गच्छ, धौतं वस्त्रं च आनय**—तू घर जा और धोया हुआ वस्त्र ले आ।
2. **अत्र आगच्छ मधुरं च फलं भक्षय**—यहाँ आ और मीठा फल खा।
3. **सः वनं गच्छति अन्यं पुष्पं च आनयति**—वह वन को जाता है और दूसरा फूल लाता है।
4. **एक रूप्यकं देहि**—एक रुपया दे।
5. **अत्र आगच्छ मधुरं दुग्धं च गृहाण**—यहाँ आ और मीठा दूध ले।

6. **उद्यानं गच्छ फलं च भक्षय**—बाग़ को जा और फल खा।
7. **अन्यत् वस्त्रं देहि**—दूसरा वस्त्र दे।
8. **अन्यत् पुस्तकम् आनय**—दूसरी पुस्तक ले आ।
9. **अपूपं देहि सूपं च स्वीकुरु**—पूड़ा दे और दाल ले।
10. **मुद्गौदनं देहि दुग्धं च तत्र नय**—खिचड़ी दे और दूध वहाँ ले जा।
11. **अत्र त्वम् आगच्छ स्वादु फलं च देहि**—यहाँ तू आ और मीठा फल दे।
12. **ओदनं भक्षय, यत्र कुत्रापि च गच्छ**—चावल खा और जहाँ चाहे जा।

पूर्व दो पाठों में 'देव' तथा 'राम' इन दो शब्दों की सातों विभक्तियों के एकवचन के रूप दिए हैं। एकवचन वह होता है जो एक संख्या का बोधक हो, जैसे—छत्रम् (एक छाता)। 'छाता' शब्द से एक ही छाते का बोध होता है। बहुत हुए तो उनको 'छाते' कहेंगे।

हिन्दी में एक संख्या के दर्शक वचन को 'एकवचन' कहते हैं। एक से अधिक संख्या का बोधक जो वचन होता है उसको 'अनेक' (बहु) वचन कहते हैं। जैसे—छाता (एकवचन)। छाते (अनेकवचन)।

संस्कृत में तीन वचन हैं। एक संख्या बतानेवाला 'एकवचन' होता है। दो संख्या बतानेवाला 'द्विवचन' कहलाता है तथा तीन अथवा तीन से अधिक संख्या बतानेवाले को 'बहुवचन' कहते हैं।

द्विवचन तथा बहुवचन के रूप इस पुस्तक के दूसरे भाग में दिए गये हैं। इस प्रथम भाग में केवल एकवचन के ही रूप दिए हैं। यदि पाठक एकवचन के ही रूप ध्यान में रखेंगे तो वे बहुत उपयोगी वाक्य बना सकेंगे। इसलिए पाठकों को चाहिए कि वे इन रूपों की ओर विशेष ध्यान दें। अब कुछ वाक्य देते हैं—

1. **विष्णुमित्रस्य गृहं कुत्र अस्ति**—विष्णुमित्र का घर कहाँ है?
2. **तस्य गृहं तत्र न अस्ति**—उसका घर वहाँ नहीं है।
3. **हुसैनेन द्रव्यं दत्तम्**—हुसैन ने धन दिया।
4. **यज्ञदत्तः कदा अत्र आगमिष्यति**—यज्ञदत्त कब यहाँ आएगा।
5. **फलस्य बीज कुत्र अस्ति**—फल का बीज कहाँ है?
6. **पश्य सः तत्र न अस्ति**—देख वह वहाँ नहीं है।
7. **पर्वतस्य शिखरं रमणीयम् अस्ति**—पर्वत का शिखर रमणीय है।
8. **पाठे शब्दाः सन्ति**—पाठ के अन्दर शब्द हैं।
9. **शब्दे अक्षराणि सन्ति**—शब्द के अन्दर अक्षर हैं।
10. **पुस्तकं त्यक्त्वा गच्छ**--किताब को छोड़कर जा।
11. **एकस्य पुस्तकम् अन्यः कथं नेष्यति**—एक की पुस्तक दूसरा कैसे ले जाएगा।

12. **मनुष्यस्य बलं नास्ति**—मनुष्य का बल नहीं है।
13. **बालकस्य मुखं मलिनम् अस्ति**—लड़के का मुख मलिन है।
14. **तस्य मुखं मलिनं न अस्ति**—उसका मुख मलिन नहीं है।
15. **राजपुरुषस्य आज्ञा अस्ति**—राज्याधिकारी की आज्ञा है।

पाठ 7

पाठकों को उचित है कि वे प्रतिदिन पूर्व-पाठों में से भी शब्द याद किया करें तथा वाक्यों की ओर बार-बार ध्यान दिया करें और आए हुए शब्दों से अन्यान्य नए-नए वाक्य बनाते रहें। ऐसा प्रयत्न करने से ही उनकी इस देवभाषा में शीघ्र गति होगी अन्यथा नहीं। अब नीचे लिखे शब्द याद कीजिए—

कथय—कह।
दर्शय—दिखा, बता।
अस्ति—वह है।
असि—तू है।
अस्मि—हूँ।
सत्य—सच्चाई।
दयाम्—दया को।
सन्ध्याम्—सन्ध्या को।
आगच्छ—आ।
शृणु—सुन।
ब्रूहि—बोल।
वद—कह।
पश्य—देख।
कर्म—काम, कार्य।
पाठम्—पाठ को।

वाक्य

1. **सत्यं ब्रूहि**—सत्य बोल।
2. **उद्यानं पश्य**—बाग़ को देख।
3. **दयां कुरु**—दया कर।
4. **सन्ध्यां कुरु**—सन्ध्या कर।
5. **सत्यकामः तत्र अस्ति**—सत्यकाम वहाँ है।
6. **हरिश्चंद्रः अत्र अस्ति**—हरिश्चन्द्र यहाँ है!
7. **अहम् अस्मि**—मैं हूँ।
8. **त्वम् असि**—तू है।
9. **सः अस्ति**—वह है।
10. **विष्णुमित्रः कुत्र अस्ति**—विष्णुमित्र कहाँ है?
11. **पश्य सः तत्र अस्ति**—देख, वह वहाँ है।

12. **नहि, नहि, सः तत्र नास्ति**—नहीं, नहीं, वह वहाँ नहीं है।

शब्द

द्वारम्—द्वार, दरवाज़ा।	**रथम्**—गाड़ी।
वातायनम्—खिड़की।	**पात्रम्**—बर्तन।
मुखम्—मुँह।	**उद्घाटय**—खोल।
पिधेहि—बन्द कर।	**कपाटम्**—किवाड़।
पिब—पी।	**नेत्रम्**—आँख।

वाक्य

1. **द्वारम् उद्घाटय पात्रं च अत्र आनय**—दरवाज़ा खोल और बरतन यहाँ ले आ।
2. **वातायनं पिधेहि जलं च पिब**—खिड़की बन्द कर और जल पी।
3. **रथम् अत्र आनय फलं च तत्र नय**—रथ यहाँ ले आ और फल वहाँ ले जा।
4. **पात्रम् अत्र न आनय**—बरतन यहाँ न ला।
5. **कथं त्वम् अन्यत् पात्रम् आनयसि**—तू दूसरा बर्तन क्यों लाता है?
6. **अहम् अन्यत् पात्रं न आनयामि**—मैं दूसरा बर्तन नहीं लाता हूँ।
7. **रथम् आनय वनं च श्वः प्रभाते गच्छ**—रथ ले आ और वन को कल सवेरे जा।
8. **जलं देहि मोदकं दुग्धं च स्वीकुरु**—जल दे, लड्डू और दूध ले।
9. **त्वं कुत्र असि**—तू कहाँ है।
10. **अहम् अत्र अस्मि**—मैं यहाँ हूँ।
11. **धन् देहि स्वादु दुग्धं च अत्र आनय**—धन दे और स्वादिष्ट दूध यहाँ ले आ।
12. **कपाटम् उद्घाटय पुष्पमालां च तत्र नय**—किवाड़ खोल और फूलों की माल वहाँ ले जा।
13. **त्वं फलं भक्षयसि किम्**—क्या तू फल खाता है?
14. **नहि, अहं मोदकम् आम्रं च भक्षयामि**—नहीं, मैं लड्डू और आम खाता हूँ।
15. **यदि त्वं रथम् आनेष्यसि तर्हि अहं हरिद्वारं गमिष्यामि**—अगर तू रथ ले आएगा तो मैं हरिद्वार जाऊँगा।

अब 'रथ' और 'मार्ग' शब्द के सातों विभक्तियों के एकवचन के रूप देते हैं—

	'रथ' शब्द के रूप	**'मार्ग' शब्द के रूप**
1.	**रथः**—रथ।	**मार्गः**—मार्ग।
2.	**रथम्**—रथ को।	**मार्गम्**—मार्ग को।

3. **रथेन**—रथ द्वारा, से। **मार्गेण**—मार्ग द्वारा, से।
4. **रथाय**—रथ के लिए। **मार्गाय**—मार्ग के लिए।
5. **रथात्**—रथ से। **मार्गात्**—मार्ग से।
6. **रथस्य**—रथ का। **मार्गस्य**—मार्ग का।
7. **रथे**—रथ में, पर। **मार्गे**—मार्ग में।
(हे) **रथ!**—हे रथ! (हे) **मार्ग!**—हे मार्ग!

शब्द

इसी प्रकार राम, बालक, मृग, सर्प, सूर्य, आनन्द, आकार, कुमार, लेख, दण्ड इत्यादि अकारान्त पुल्लिंग शब्द चलते हैं। जिन शब्दों के अन्त में अकार का उच्चारण होता है, उनको अकारान्त शब्द कहते हैं। अब कुछ अकारान्त शब्द देते हैं, जिनके रूप 'देव' या 'राम' शब्दों के समान ही होते हैं।

इन्द्रः—राजा, प्रमुख। **अर्भकः**—लड़का।
ग्रामः—गाँव। **चरणः**—पैर।
नृपः—राजा। **प्रसादः**—मेहरबानी।
मूषकः—चूहा। **रक्षकः**—पहरेदार।
रसः—रस। **वत्सः**—लड़का।
वासः—रहने का स्थान। **वृक्षः**—दरख़्त।
समुद्रः—समुद्र, सागर। **सर्पः**—साँप।
स्वरः—आवाज़। **आचार्यः**—गुरु।
चौरः—चोर। **जनः**—लोक।
पुत्रः—बेटा। **वेदः**—वेद, ज्ञान।
दण्डः—सोटी। **मनुष्यः**—मनुष्य।

वाक्य

1. **अर्भकः रथं पश्यति**—लड़का गाड़ी देखता है।
2. **नृपः चौरं ताडयति**—राजा चोर को पीटता है।
3. **सः रथेन अन्यं ग्रामं शीघ्रं**[1] **गच्छति**—वह रथ से दूसरे ग्राम को जल्दी जाता है।
4. **वृक्षात् फलं पतति**—पेड़ से फल गिरता है।
5. **समुद्रात् जलम् आनयति**—समुद्र से पानी लाता है।

---

1. **शीघ्रं**—जल्दी।

6. **आचार्यः धर्मस्य मार्गं शिष्याय**[1] **दर्शयति**—गुरु धर्म का मार्ग शिष्य के लिए दर्शाता है।
7. **तस्य वासः तत्र भविष्यति**—उसका वहाँ रहना होगा।
8. **चौरः धनं चोरयति**—चोर धन चुराता है।
9. **नृपः जनान् रञ्जयति**—राजा लोगों का रंजन (समाधान) करता है।
10. **इन्द्रः स्वर्गस्य राजा अस्ति**—इन्द्र स्वर्ग का राजा है।

अब कुछ वाक्य नीचे देते हैं जिन्हें पाठक स्वयं समझ सकेंगे—

1. पुत्रः रसं पिबति[2]**। 2. वत्सः रथं न पश्यति। 3. सः मार्गेण न गच्छति। 4. किं सः रथेन ग्रामं न गमिष्यति। 5. यज्ञमित्रः कदा तत्र गमिष्यति। 6. रथे नृपः उपविष्टः**[3]**। 7. मनुष्येण लेख लिखितः**[4]**। 8. आचार्यः कदा आगमिष्यति। 9. मनुष्यः दण्डेन मूषकं ताडयति**[5]**। 10. मार्गे तस्य पुस्तकं पतितम्**[6]**। 11. यथा त्वं गच्छसि तथा रामकृष्णः अपि गच्छति। 12. यथा त्वं वदसि तथा सः न वदति। 13. त्वं किमर्थं फलं न भक्षयसि। 14. सः इदानीं नैव ग्रामं गमिष्यति। 15. यथा नृपः अस्ति तथा एव विप्रः अस्ति। 16. यदा आचार्यः तत्र गमिष्यति तदा एव त्वं तत्र गच्छ। 17. तस्य पुत्रः पात्रेण जलं पिबति। 18. यः पात्रेण जलं पिबति सः तस्य पुत्रः नास्ति। 19. तर्हि कः सः। 20. सः आचार्यस्य पुत्रः अस्ति।**

पाठ 8

शब्द

श्रवणाय—सुनने के लिए। **दर्शनाय**—देखने के लिए।
गमनाय—जाने के लिए। **शयनाय**—सोने के लिए।
क्रीडनाय—खेलने के लिए। **पठति**—वह पढ़ता है।
पठसि—तू पढ़ता है। **पठामि**—पढ़ता हूँ।
पठ—पढ़। **स्नानाय**—स्नान के लिए।
पानाय—पीने के लिए। **भोजनाय**—भोजन के लिए।
भक्षणाय—खाने के लिए। **पठनाय**—पढ़ने के लिए।
पठिष्यति—वह पढ़ेगा। **पठिष्यसि**—तू पढ़ेगा।
पठिष्यामि—मैं पढ़ूँगा। **लिख**—लिख।

---

1. **शिष्याय**—शागिर्द। 2. **पिबति**—पीता है। 3. **उपविष्टः**—बैठा है। 4. **लिखितः**—लिखा है। 5. **ताडयति**—पीटता है। 6. **पतितम्**—गिरी है।

अकारान्त पुंल्लिंग शब्द

लेखः—लेख।
दैत्यः—राक्षस।
अर्थः—पैसा, धन।
कर्णः—कान।
विप्रः—ब्राह्मण।
दीपः—दीप, दीया।
समाजः—समाज।
वानरः—बन्दर।
दिवसः—दिन।
स्वर्गः—स्वर्ग।
कुमारः—लड़का।
वेदः—राजा, विद्वान्।
पाठः—पाठ।
पान्थः—मुसाफ़िर।
करः—हाथ।
चन्द्रः—चाँद।
सूर्यः—सूरज।
जनः—मनुष्य।
मृगः—हिरण।
अस्ताचलः—सूर्य जहाँ डूबता है वह पश्चिमी दिशा का पहाड़।
यत्नः—प्रयत्न, पुरुषार्थ।
पादः—पांव।

पाठकों को चाहिए कि वे इनके सातों विभक्तियों के रूप 'देव' और 'राम' शब्दों के समान बनाएं।

1. **स्नानाय जलं देहि**—स्नान के लिए जल दे।
2. **पठनाय पुस्तकम् अस्ति**—पढ़ने के लिए पुस्तक है।
3. **भोजनाय अन्नं भविष्यति किम्**—भोजन के लिए अन्न होगा क्या?
4. **भक्षणाय फलं देहि**—खाने के लिए फल दे।
5. **तत्र सूर्यं पश्य**—वहाँ सूर्य को देख।
6. **विष्णुमित्रः कुमारम् अत्र किमर्थम् आनयति**—विष्णुमित्र लड़के को यहाँ किसलिए लाता है?
7. **हरिश्चन्द्रः अग्नि तत्र नेष्यति किम्**—हरिश्चन्द्र क्या आग को वहाँ ले जाएगा?
8. **पठनाय दीपं पुस्तकं च अत्र आनय**—पढ़ने के लिए दीपक और पुस्तक यहाँ ले आ।
9. **प्रातः स्नानाय गच्छामि**—सवेरे स्नान के लिए जाता हूँ।
10. **पानाय मधुरं दुग्धं देहि**—पीने के लिए मीठा दूध दे।
11. **अत्र स्वादु दुग्धम् अस्ति**—यहाँ स्वादिष्ट दूध है।
12. **किं स्वादु दुग्धम् अत्र नास्ति**—क्या स्वादिष्ट दूध यहाँ नहीं है?
13. **स्नानाय जलं नय**—स्नान के लिए जल ले जा।

शब्द

किमर्थम्—किसलिए। **अधुना**—अब।
पश्चात्—बाद में। **पूर्वम्**—पहले।
शीघ्रम्—जल्दी। **कृत्वा**—करके।
गत्वा—जा करके। **दत्वा**—देकर।
भक्षयित्वा—खाकर। **विचार्य**—सोचकर।
किमर्थम्—किसलिए। **इदानीम्**—अब।
सत्वरम्—शीघ्र, जल्दी। **एव**—ही।
परन्तु—परन्तु, लेकिन। **स्नात्वा**—स्नान करके।
पठित्वा—पढ़कर। **नीत्वा**—लेकर।
दृष्ट्वा—देखकर। **विलोक्य**—देखकर।

वाक्य

1. **तत्र जलं पीत्वा शीघ्रम् अत्र आगच्छ**—वहाँ जल पीकर जल्दी यहाँ आ।
2. **स्नानाय जलं दत्वा सत्वरम् उद्यानं गच्छ**—स्नान के लिए पानी देकर शीघ्र बाग़ को जा।
3. **त्वम् इदानीं पठसि परन्तु अहं न पठामि**—तू अब पढ़ता है परन्तु मैं नहीं पढ़ता।
4. **विष्णुमित्रः कर्म कृत्वा स्नानं करिष्यति**—विष्णुमित्र काम करके स्नान करेगा।
5. **त्वं पूर्वं गृहं गत्वा पश्चात् स्नानं कुरु**—तू पहले घर जाकर बाद में स्नान कर।
6. **तत्र स्नानाय जलम् अस्ति किम्**—क्या वहाँ स्नान के लिए जल है?
7. **तत्र स्नानाय जलं नास्ति परन्तु अत्र अस्ति**—वहाँ स्नान के लिए जल नहीं है परन्तु यहाँ है।
8. **देवदत्तः भोजनं भक्षयित्वा पाठशालां गमिष्यति**—देवदत्त खाना खाकर पाठशाला को जाएगा।
9. **त्वं पठित्वा शीघ्रम् आगच्छ मसीपात्रं च देहि**—तू पढ़कर जल्दी आ और दवातदे।
10. **मोदकं भक्षयित्वा त्वं कुत्र गमिष्यसि**—लड्डू खाकर तू कहाँ जाएगा?
11. **मोदकं शीघ्रं भक्षय पश्चात् जलं पिब**—लड्डू जल्दी खा, फिर पानी पी।
12. **प्रातः वनं गत्वा सायम् आगमिष्यामि**—सवेरे वन को जाकर शाम को आऊँगा।

अकारान्त पुंल्लिंग शब्द

अपराधः—कसूर। **उपायः**—उपाय।
पर्वतः—पहाड़। **ज्वरः**—बुख़ार।

कामः—इच्छा, कामवासना।
भृत्यः—नौकर।
मोहः—संशय, भूल।
धूमः—धुआँ।
सम्मानः—मान, आदर।
बुधः—ज्ञानी।
सङ्ग—मुहब्बत, साथ।
मनोरथः—इच्छा।
विनयः—नम्रता।
गुणः—गुण।
विहगः—पक्षी।
समागमः—सहवास, भेंट।
लोभः—लालच।
कासारः—तालाब।
योधः—लड़नेवाला, शूर।
सैनिकः—फ़ौजी आदमी।

इन शब्दों के रूप 'देव' तथा 'राम' के समान बनते हैं। पाठकों को चाहिए कि वे इनके सातों विभक्तियों के एकवचन के रूप बनाएँ। अब इनके रूप बनाकर कुछ वाक्य देते हैं—

1. **तेन अपराधः कृतः**—उसने अपराध किया।
2. **सः पर्वतस्य उपरि गतः**—वह पहाड़ के ऊपर गया।
3. **सः बुधः सायम् अत्र आगमिष्यति**—वह ज्ञानी शाम को यहाँ आएगा।
4. **एकः विहगः वृक्षे अस्ति तं पश्य**—एक पक्षी दरख़्त पर है, उसको देख।
5. **भृत्यः तत्र गतः**—नौकर वहाँ गया।
6. **मम पुत्रः अधुना पुस्तकं पठति**—मेरा लड़का अब किताब पढ़ता है।
7. **योधः युद्धं करोति**—योद्धा लड़ाई करता है।
8. **सैनिकः तत्र न अस्ति**—फ़ौजी वहाँ नहीं है।
9. **सः ज्वरेण पीडितः अस्ति**—वह बुख़ार से पीड़ित है।
10. **गुणः सम्मानाय भवति**—गुण आदर के लिए होता है।
11. **कुमारस्य पुस्तकं कुत्र अस्ति, दर्शय**—लड़के की किताब कहाँ है, दिखा।
12. **बुधस्य समागमेन तेन ज्ञानं प्राप्तम्**—ज्ञानी के सहवास से उसने ज्ञान प्राप्त किया।

अब नीचे ऐसे वाक्य देते हैं जो कि भाषान्तर बिना ही पाठक समझ जाएँगे—

(1) त्वम् इदानीम् किं तत् पुस्तकं पठसि? (2) तत्र स्नानाय शुद्धं जलम् अस्ति। (3) तव भृत्यः कुत्र गतः? (4) मम भृत्यः आपणं गतः। (5) किमर्थं स आपणं गतः? (6) सः फलम् अन्नं च आनेष्यति। (7) अहं फलम् अन्नं च भक्षयितुम् इच्छामि। (8) सः मोदकं भक्षयित्वा पाठशालां पठितुं गतः। (9) सः दिने दिने प्रातः स्नानं कृत्वा वनं गच्छति। (10) सः तत्र किं करोति? (11) सः वनं गत्वा सन्ध्यां करोति। (12) नृपः अत्र आगतः। (13) बुधः इदानीम् एव तत्र गतः। (14) तस्य मनोरथः उत्तमः अस्ति। (15) सः स्नानाय कासारं गच्छति। (16) तत्र कासारस्य जलं स्वादु अस्ति। (17) तत्र कूपस्य जलं स्वादु नास्ति।

अब हिन्दी के निम्नलिखित वाक्यों का संस्कृत में भाषान्तर कीजिए—

(1) स्नान के लिए जल दे। (2) खाने के लिए अन्न दे। (3) हरिश्चन्द्र कहाँ जाता है? (4) हरिश्चन्द्र गाँव को जाता है। (5) पीने के लिए मीठा दूध दे। (6) तू अब पढ़ता है, परन्तु मैं नहीं पढ़ता। (7) वहाँ स्नान के लिए जल है या नहीं? (8) उसका मनोरथ उत्तम है। (9) वह तालाब के पास स्नान के लिए जाता है। (10) तेरे कुएँ का जल मीठा है।

पाठ 9

शब्द

शिष्यः—शिष्य, पढ़नेवाला।
दासः—नौकर।
भानुः—सूर्य।
गुरुः—पढ़ानेवाला।
बन्धुः—सम्बन्धी।
पुत्रः—पुत्र, लड़का।
तवते—तेरा।
मम—मेरा।
तस्य—उसका।
कृपा— दया, मेहरबानी।
स्वसा— बहिन।
माता—माँ।
पिता—पिता, बाप।
भगिनी—बहिन।
तुभ्यम्—तेरे लिए।
मह्यम्—मेरे लिए।
तस्मै—उसके लिए।
अस्मै—इसके लिए।

वाक्य

1. **तव गुरुः कुत्र अस्ति**—तेरा गुरु कहाँ है?
2. **इदानीं मम गुरुः तत्र अस्ति**—अब मेरा गुरु वहाँ है।
3. **मम माता अद्य सायं वनं गमिष्यति**—मेरी माता आज शाम को वन जाएगी।
4. **अधुना मह्यं पठनाय पुस्तकं देहि**—अब मुझको पढ़ने के लिए पुस्तक दे।
5. **तस्य गृहं कुत्र अस्ति**—उसका घर कहाँ है?
6. **तव दासः ग्रामं गमिष्यति किम्**?—तेरा नौकर गाँव को जाएगा क्या?
7. **तव पुत्रः कदा वनं गमिष्यति**—तेरा पुत्र कब वन को जाएगा?
8. **मम बन्धुः इदानीं पुस्तकं पठति**—मेरा सम्बन्धी अब पुस्तक पढ़ता है।
9. **मम माता पुष्पमालां करोति**—मेरी माता पुष्पमाला बनाती है।
10. **तव पिता तव च माता**—तेरा पिता और तेरी माता।
11. **पानाय मह्यं जलं देहि**—पीने के लिए मुझे पानी दे।
12. **स्नात्वा सायम् आगमिष्यति**—स्नान करके शाम को आएगा।

13. **नहि, नहि, सः ग्रामं गत्वा रात्रौ आगमिष्यति**—नहीं, नहीं, वह गाँव जाकर रात्रि को आएगा।

शब्द

इच्छति—वह चाहता है।	**लिखति**—वह लिखता है।
इच्छसि—तू चाहता है।	**लिखसि**—तू लिखता है।
इच्छामि—मैं चाहता हूँ।	**लिखामि**—मैं लिखता हूँ।
पत्रम्—पत्र।	**कूपम्**—कुआँ।
शुद्धम्—शुद्ध, साफ़।	**औषधम्**—औषध, दवा।
मार्गः—मार्ग, रास्ता।	**उत्तरीयम्**—दुपट्टा।
कर्तुम्—करने के लिए।	**लेखितुम्**—लिखने के लिए।
भोक्तुम्—खाने के लिए।	**स्वीकर्तुम्**—स्वीकार करने के लिए।
दातुम्—देने के लिए।	**गन्तुम्**—जाने के लिए।
भक्षयितुम्—खाने के लिए।	**आगन्तुम्**—आने के लिए।
पातुम्—पीने के लिए।	**नेतुम्**—ले जाने के लिए।
पठितुम्—पढ़ने के लिए।	**आनेतुम्**—लाने के लिए।

वाक्य

1. **रामचन्द्रः पुस्तकं पठितुम् इच्छति**—रामचन्द्र पुस्तक पढ़ने की इच्छा करता है।
2. **हरिश्चन्द्रः शुद्धं जलं पातुम् इच्छति**—हरिश्चन्द्र शुद्ध जल पीने की इच्छा करता है।
3. **अहं कूपं गत्वा स्नानं कर्तुम् इच्छामि**—मैं कुएँ पर जाकर स्नान करना चाहता हूँ।
4. **त्वं श्वः प्रातः स्नानं करिष्यसि किम्**—क्या तू कल प्रातः स्नान करेगा?
5. **नहि, अहं श्वः प्रातः स्नानं कर्तुम् न इच्छामि**—नहीं, मैं कल सवेरे स्नान करना नहीं चाहता।
6. **यदि प्रातः न करिष्यसि तर्हि कदा करिष्यसि**—अगर सवेरे नहीं करेगा तो कब करेगा?
7. **सायं करिष्यामि**—शाम को करूँगा।
8. **त्वम् इदानीम् पठितुम् इच्छसि किम्**—क्या तू अब पढ़ना चाहता है?
9. **नहि, इदानीम् अहं फलं भक्षयितुम् इच्छामि**—नहीं, अब मैं फल खाना नहीं चाहता।

अकारान्त पुंल्लिंग शब्द

अलंकारः—ज़ेवर।	**दण्डः**—सोटा।
छात्रः—शिष्य।	**ब्राह्मणः**—ब्राह्मण।
व्याधः—शिकारी।	**स्तेनः**—चोर।
स्नेहः—दोस्ती।	**वर्णः**—रंग।
कपोलः—गाल।	**चातकः**—पपीहा।
तरङ्गः—लहर (पानी की)।	**द्विरेफः**—भ्रमर, भंवरा।
नयनम्—आँख।	**नेत्रम्**—आँख।
प्रवाहः—वेग।	**शक्रः**—इन्द्र।
आतपः—धूप।	**उद्यमः**—उद्योग।
पुरुषार्थः—प्रयत्न।	**उपदेशः**—उपदेश।
ओष्ठः—ओठ।	**कुक्कुरः**—कुत्ता।

इन शब्दों के रूप 'राम' और 'देव' शब्दों के समान ही होते हैं। पाठकों को चाहिए कि वे इनके सातों विभक्तियों के रूप बनाएं और उनका वाक्यों में प्रयोग करें।

वाक्य

1. **तेन कर्णे हस्ते च अलङ्कारः धृतः**—उसने कान में और हाथ में ज़ेवर धारण किया है।
2. **मित्रेण हस्ते श्वेतः दण्डः धृतः**—मित्र ने हाथ में सफेद सोटी पकड़ी है।
3. **कुमारेण मुखे हस्तः धृतः**—लड़के ने मुख में हाथ डाला है।
4. **कृष्णः हस्तेन रामाय फलं ददाति**—कृष्ण हाथ से राम के लिए फल देता है।
5. **अत्र जलस्य प्रवाहः अस्ति**—यहाँ जल का वेग है।
6. **सः पुरुषः आतपे तिष्ठति**—वह व्यक्ति धूप में खड़ा है।
7. **हे मित्र, जलस्य तरङ्गं पश्य**—दोस्त! जल की लहर को देख।
8. **सः सदा उद्यमं करोति**—वह हमेशा पुरुषार्थ करता है।
9. **आचार्यः उपदेशं करोति**—गुरु उपदेश देता है।
10. **जनः मुखेन वदति**—पुरुष मुँह से बोलता है।
11. **कुमारः व्याघ्रं ताडयति**—लड़का शेर को पीटता है।
12. **तस्य कुक्कुरः अन्नं भक्षयति**—उसका कुत्ता अन्न खाता है।
13. **लोकः नेत्राभ्यां पश्यति**—मनुष्य आँखों से देखता है।
14. **मनुष्यः कर्णाभ्यां शृणोति**—मनुष्य कानों से सुनता है।
15. **छात्रः प्रातर् अध्ययनं करोति**—विद्यार्थी सवेरे पठन करता है।

अब कुछ वाक्य नीचे देते हैं जिनको पाठक पढ़ते ही समझ जाएँगे। उनका हिन्दी में भाषान्तर देने की ज़रूरत नहीं।

1. तेन कर्णयोः अलङ्कारः न धृतः। 2. भृत्येन हस्ते दण्डः न धृतः। 3. कुमारेण हस्ते मोदकः धृतः। 4. केशवदत्तः धनञ्जयाय धनं ददाति। 5. मनुष्यः कर्णाभ्यां शृणोति नेत्राभ्यां च पश्यति।

निम्न वाक्यों की संस्कृत बनाइए–

1. लड़का शेर को पीटता है। 2. मेरा भाई अब यहाँ नहीं है।

पाठ 10

शब्द

ज्ञानम्–ज्ञान विद्या।
दानम्–दान।
जानामि–मैं जानता हूँ।
जानासि–तू जानता है।
जानाति–वह जानता है।
ज्ञात्वा–जानकर।
विज्ञाय–जानकर।
जातः–हो गया।
भो मित्र–हे मित्र!
उत्तिष्ठ–उठ।
व्यायामम्–व्यायाम को।
प्रक्षालनम्–धोना।
उत्थानम्–उठना।
ददामि–देता हूँ।
ददासि–तू देता है।
ददाति–वह देता है।
ज्ञातुम्–जानने के लिए।
प्रातःकालः–सवेरा।
शौचम्–शौच, टट्टी।
मुखप्रक्षालनम्–मुंह, धोना।
भोजनम्–भोजन।
कुतः–क्यों, कहाँ से।

वाक्य

1. **भो मित्र! पश्य, प्रातःकालः जातः**–हे मित्र! देख, सवेरा हो गया।
2. **उत्तिष्ठ! शौचं कृत्वा शीघ्र स्नानं कुरु**–उठ! शौच करके जल्दी स्नान कर।
3. **अहं शौचं कृत्वा मुखप्रक्षालनं करिष्यामि**–मैं शौच करके मुँह धोऊँगा।
4. **पश्चात् स्नानं कृत्वा सन्ध्यां करिष्यसि किम्**–फिर स्नान करके सन्ध्या करेगा क्या?
5. **नहि, अहं पश्चात् व्यायामं कृत्वा स्नानं कर्तुम् इच्छामि**–नहीं, मैं बाद में व्यायाम करके स्नान करना चाहता हूँ।

6. **तथा कुरु**—वैसा कर।
7. **स्नानं सन्ध्यां च कृत्वा पुस्तकं पठिष्यामि**—स्नान और सन्ध्या करके पुस्तक पढ़ूँगा।
8. **भो मित्र! किं त्वं प्रातर् अग्निहोत्रं न करोषि**—हे मित्र! क्या तू सवेरे अग्निहोत्र नहीं करता?
9. **कुतः न करोमि, सदा करोमि एव**—क्यों नहीं करता? हमेशा करता हूँ।
10. **पश्चात् मध्याह्ने किं किं करिष्यसि**—फिर दोपहर को क्या-क्या करेगा?
11. **भोजनं कृत्वा पठनाय पाठशालां गच्छामि**—भोजन करके पढ़ने के लिए मैं पाठशाला जाता हूँ।
12. **अहं सर्वदा पुस्तकं पठितुम् इच्छामि**—मैं हमेशा पुस्तक पढ़ना चाहता हूँ।

शब्द

भ्रमणाय—घूमने के लिए।
किमर्थम्—किसलिए।
तिष्ठसि—तू ठहरता है, बैठता है।
स्थास्यति—वह ठहरेगा, बैठेगा।
स्थितः—ठहरा हुआ।
पीतः—पीला।
स्थातुम्—ठहरने के लिए।
स्थास्यामि—ठहरूँगा, बैठूँगा।
उत्तिष्ठ—उठ।
दानाय—देने के लिए।
तिष्ठति—ठहरता है, बैठता है।
तिष्ठामि—ठहरता हूँ, बैठता हूँ।
तिष्ठ—ठहर, बैठ।
रक्तम्—लाल या ख़ून।
स्थित्वा—ठहरकर, बैठकर।
स्थास्यति—तू ठहरेगा, बैठेगा।
अथ किम्—और क्या?
उत्थितः—उठा हुआ।

वाक्य

1. **अत्र त्वं किमर्थं तिष्ठसि, वद**—यहाँ तू किसलिए ठहरता है, बता।
2. **इदानीम् अत्र विष्णुमित्रः आगमिष्यति**—अब यहाँ विष्णुमित्र आएगा।
3. **पश्चात् किं करिष्यसि**—(तू) इसके बाद क्या करेगा?
4. **सायं भ्रमणाय अहं गमिष्यामि**—शाम को घूमने के लिए जाऊँगा।
5. **धनं किमर्थम् अस्ति**—धन किस प्रयोजन के लिए है?
6. **धनं दानाय एव अस्ति**—धन दान के लिए ही है।
7. **उद्यानं गत्वा तत्र स्थातुम् इच्छामि**—बाग़ जाकर वहाँ बैठना चाहता हूँ।
8. **तत्र स्थित्वा किं करिष्यसि**—वहाँ बैठकर तू क्या करेगा?

9. **पुस्तकं पठितुं पत्रं च लेखितुम् इच्छामि**—पुस्तक पढ़ना और पत्र लिखना चाहता हूँ।

10. **इदानीम् एव उद्यानं गच्छ रक्तं पुष्पं च आनय**—अभी बाग़ जा और लाल फूल ले आ।

11. **पीतं पुष्पं न आनय**—पीला फूल न ला।

12. **अत्र शुद्धं जलम् अस्ति**—यहाँ शुद्ध जल है।

13. **किमर्थं स्नानम् इदानीम् एव न करोषि**—स्नान अभी क्यों नहीं करता?

14. **इदानीम् एव स्नानं कर्तुं न इच्छामि**—अभी स्नान करने की मेरी इच्छा नहीं।

अकारान्त पुल्लिंग शब्द

अक्षः—पांसा, जुआ।
ग्रन्थः—पुस्तक।
पार्थिवः—राजा।
शृगालः—गीदड़।
मेघः—बादल।
आश्रमः—आश्रम, रहने का स्थान।
तापः—गर्मी।
वरः—वर, इष्ट।
शुकः—तोता।
नागः—सांप।
जनकः—पिता।
अनर्थः—कष्ट, दुःख।
प्रभवः—उत्पत्ति।
विन्ध्यः—एक पर्वत।
कपोतः—कबूतर।
सिंहः—शेर।
कोपः—क्रोध, गुस्सा।
दुर्गः—क़िला।
वायसः—कौवा।
देहः—शरीर।
याचकः—माँगने वाला।
सैनिकः—सिपाही।

इन शब्दों के रूप भी 'देव' और 'राम' शब्दों के समान होते हैं। पाठक इनके रूप सब विभक्तियों में बना सकते हैं।

वाक्य

पाठक इन वाक्यों को पढ़ते ही समझ जाएँगे, इसलिए उनके अर्थ नहीं दिए हैं।

1. तेन बुधेन ग्रन्थः लिखतः। 2. पर्वते सिंहः अस्ति। 3. नगरे अद्य नृपः आगतः। 4. सः सैनिकः दुर्गं गमिष्यति। 5. याचकः मार्गे तिष्ठति। 6. तस्य जनकः गृहे तिष्ठति। 7. तस्य पुत्रः पाठशालां गतः। 8. आकाशे मेघः अस्ति। 9. पार्थिवः युद्धं करोति। 10. नृपस्य प्रसादेन तेन धनं प्राप्तम्। 11. तेन मित्रस्य गृहात् पुस्तकं आनीतम्। 12. सः वनस्य मार्गं पश्यति। 13. आकाशे सूर्यः अस्ति। 14. वने वृक्षः अस्ति। 15. वृक्षे खगः अस्ति।

परीक्षा

पाठकों को चाहिए कि वे इन प्रश्नों के उत्तर देकर ही आगे बढ़ें। अगर ठीक उत्तर न दे सकें तो पहले दस पाठ दुबारा पढ़ें–

(1) निम्न शब्दों के सातों विभक्तियों के एकवचन रूप लिखिए–

ग्राम। चरण। देव। नृप। मार्ग। रक्षक। राम। वृक्ष। दुर्ग। ग्रन्थ। आश्रम। अनर्थ।

(2) निम्नलिखित शब्दों का पंचमी तथा षष्ठी का एकवचन लिखिए। इस प्रकार का उत्तर अतिशीघ्र लिखना चाहिए–

नाग। पर्वत। देह। दिन। कपोल। कृष्ण। सिंह। लोभ। विनय। धनिक। खल। समागम।

(3) निम्नलिखित वाक्यों के अर्थ कीजिए–

(1) त्वं श्वः प्रातः स्नानं करिष्यसि किम् ? **(2) त्वम् इदानीं पठितुम् इच्छसि किम्**? **(3) अहं कासारं गत्वा स्नानं कर्तुम् इच्छामि। (4) त्वं तं रथम् आनय। (5) अन्यत् पुस्तकम् आनय। (6) मुद्गौदनं याचकाय देहि। याचकः तत्र मार्गे तिष्ठति। तं पश्य। (7) अत्र त्वं शीघ्रम् आगच्छ। (8) सः सायं तत्र पुस्तकं नेष्यति। (9) कदा सः आगमिष्यति** ? **(10) सः श्वः प्रभाते आगमिष्यति।**

(4) निम्न वाक्यों के संस्कृत वाक्य बनाइए–

(1) वह दुपट्टा ले जाता है। (2) मैं कल दोपहर को जाऊँगा। (3) लड्डू जल्दी खा और फिर पानी पी ले। (4) देवदत्त भोजन खाकर पाठशाला को जाएगा। (5) तू अब पढ़ता है, परन्तु मैं नहीं पढ़ती। (6) बाग़ को जा और फल खा। (7) तू घर जा और धोया हुआ वस्त्र ले आ।

पाठ 11

अब दस पाठ हो चुके हैं। इतने थोड़े समय में पाठक बहुत-से वाक्य बनाने में समर्थ हो चुके होंगे। वे अगर धैर्य से और वाक्य बनाते जाएँगे, तो उनकी संस्कृत में बातचीत करने की शक्ति स्वयं बढ़ती जाएगी। संस्कृत भाषा की वाक्य-रचना अत्युत्तम है। अंग्रेज़ी तथा उर्दू के समान शब्दों को निश्चित स्थान पर रखने की आवश्यकता नहीं, देखिए–

अहं मोदकं भक्षयामि। अहं भक्षयामि मोदकम्।
मोदकं भक्षयामि अहम्। मोदकं अहं भक्षयामि।
भक्षयामि अहं मोदकम्। भक्षयामि मोदकम् अहम्।

ये सब वाक्य शुद्ध हैं और इन सबका अर्थ 'मैं लड्डू खाता हूँ' ही है। इसीलिए पाठकों को चाहिए कि वे सीखे हुए शब्दों को यथासम्भव उपयोग में लाकर नए-नए वाक्य बनाएँ।

अब इस पाठ में कोई नया शब्द नहीं दिया जा रहा। पाठक आज कोई नया शब्द याद न करें और पिछले पाठों में से कोई वाक्य या शब्द भूल गये हो तो उसको ठीक-ठीक स्मरण करें।

इस पाठ में पाठकों को ऐसे वाक्य दिए जाएँगे जिनके शब्दों का प्रयोग पहले हो चुका है। यहाँ एक बात स्मरण रखनी चाहिए कि मनुष्यों के नाम वाक्य में आने से संस्कृत में कोई नई रचना नहीं होती। देखिए—

रामचन्द्रः वनं गच्छति—रामचन्द्र वन को जाता है।

विलियमः वनं गच्छति—विलियम वन को जाता है।

मुहम्मदः वनं गच्छति—मुहम्मद वन को जाता है।

अर्थात् बोलने के समय पाठक चाहे जिसका नाम वाक्य में रखकर अपना आशय प्रकट कर सकते हैं।

संस्कृत भाषा में दूसरी आसानी यह है कि लिंग के अनुसार शब्दों की विभक्तियाँ इसमें नहीं बदलतीं। जिस अवस्था में बदलती हैं उस का वर्णन हम आगे करेंगे। इस समय पाठक यही समझें कि नहीं बदलतीं। देखिए—

तस्य लेखनी—उसकी लेखनी।

तस्य पुस्तकम्—उसकी किताब।

तस्य फलम्—उसका फल।

तस्य पुत्रः—उसका लड़का।

पाठक देखेंगे कि हिन्दी में 'उसकी, उसका' शब्दों में जिस कारण 'की, का' यह भेद हुआ है, वैसा कोई भेद संस्कृत में नहीं है। इस कारण संस्कृत के वाक्य बनाना हिन्दी में वाक्य बनाने से सुगम है।

वाक्य

1. **त्वम् अद्य गृहं गन्तुं किमर्थम् इच्छसि**—तू आज घर जाने की क्यों इच्छा करता है?
2. **अद्य मम पिता गृहम् आगमिष्यति**—आज मेरा पिता घर आएगा।
3. **सः कदा आगमिष्यति, त्वं जानासि किम्**—वह कब आएगा, तू जानता है क्या?
4. **नहि अहं न जानामि, परन्तु सः रात्रौ आगमिष्यति**—नहीं, मैं नहीं जानता, परन्तु वह रात्रि में आएगा।
5. **जानसनः इदानीं किं करोति**—जानसन अब क्या करता है?

6. **सः पत्रं लिखति**—वह पत्र लिखता है।
7. **दीवानचन्द्रः धौतं वस्त्रम् आनयति**—दीवानचन्द्र धोया हुआ कपड़ा लाता है।
8. **रामकृष्णः इदानीं दीपं कुत्र नयति**—रामकृष्ण अब दीया कहाँ ले जाता है?
9. **सः पठनाय दीपं पुस्तकं च नयति**—वह पढ़ने के लिए दीया और पुस्तक ले जाता है।
10. **कस्य पुस्तकम् अस्ति**—किसकी पुस्तक है?
11. **मम पुस्तकम् अस्ति**—मेरी पुस्तक है।
12. **तव वस्त्रं नास्ति किम्**—तेरा कपड़ा नहीं है क्या?
13. **सत्वरम् अत्र आगच्छ, पीतं पुष्प च पश्य**—शीघ्र यहाँ आ और पीला फूल देख।

पूर्व पाठों के अकारान्त शब्दों में रूप बनाने का प्रकार बताया गया है। अब इकारान्त पुल्लिंग शब्दों के रूप बनाने का प्रकार बताते हैं—

इकारान्त पुल्लिंग 'रवि' शब्द

1. **प्रथमा**	**रविः**	रवि (सूर्य)
2. **द्वितीया**	**रविम्**	रवि को
3. **तृतीया**	**रविणा**	रवि से (द्वारा)
4. **चतुर्थी**	**रवये**	रवि के लिए
5. **पञ्चमी**	**रवेः**	रवि से
6. **षष्ठी**	**रवेः**	रवि का, की, के
7. **सप्तमी**	**रवौ**	रवि में, पर
सम्बोधन	**(हे) रवे**	हे रवि

अग्नि, अरि, अहि, उदधि, कवि इत्यादि इकारान्त पुल्लिंग शब्द भी इसी प्रकार चलते हैं।

शब्द

अग्निः—आग।	**अहिः**—साँप।
अरिः—शत्रु।	**उदधिः**—समुद्र।
कविः—कवि।	**बृहस्पतिः**—देवताओं का गुरु।
पतत्रिः—पक्षी।	**कपिः**—बन्दर।
शनिः—शनि, तारा।	**नृपतिः**—राजा।
पाणिनिः—व्याकरणाचार्य।	**गिरिः**—पहाड़।

'रवि' शब्द के समान ही इनके एकवचन के रूप होते हैं।

वाक्य

1. **रविः आकाशे आगतः**—सूर्य आकाश में आ गया।
2. **बालकः रविं पश्यति**—लड़का सूर्य को देखता है।
3. **रविणा प्रकाशः कृतः**—सूर्य ने रोशनी की।
4. **रवये नमः कुरु**—सूर्य को नमस्कार कर।
5. **रवेः प्रकाशः भवति**—सूर्य से प्रकाश होता है।
6. **रवेः प्रकाशं पश्य**—सूर्य का प्रकाश देख।
7. **रवौ प्रकाशः अस्ति**—सूर्य में प्रकाश है।

अब नीचे कुछ ऐसे वाक्य होते हैं, जिन्हें पाठक आसानी से समझ जाएँगे। उनका हिन्दी में अर्थ देने की आवश्यकता नहीं।

1. तत्र अग्निः अस्ति। 2. नरेन्द्रः अग्निम् अत्र आनयति। 3. विष्णुमित्रः अग्निना जलम् उष्णं[1] करोति। 4. नृपतिः अरिणा सह[2] युद्धं करोति। 5. कवेः काव्यं[3] पठामि। 6. तं हिमगिरिं[4] पश्य 7. हिमगिरेः गङ्गा प्रभवति[5]। 8. कपिः वृक्षे अस्ति, तं पश्य, कथं सः मुखं करोति। 9. तस्य मुखः कृष्णः[6] अस्ति। 10. बृहस्पतिः आकाशे उदितः[7]। 11. हिमगिरौ मेघः आगतः। 12. उदधौ जलम् अस्ति। 13. तत्र अहिः अस्तिः अतः तत्र न गच्छ। 14. पाणिनिना व्याकरण[8] रचितम्[9]। 15. पतत्रिः आकाशे गच्छति। 16. पश्य, कथं सः पतत्रिः आकाशे गच्छति। 17. यथा पतत्रिः आकाशे गच्छति? न तथा कपिः गच्छति।

निम्न हिन्दी वाक्यों के संस्कृत-वाक्य बनाइए—

1. तू अब क्या पढ़ता है? 2. तेरा नौकर कहाँ गया? 3. मैं बाज़ार जाता हूँ। 4. मैं फल और अन्न खाना चाहता हूँ। 5. राजा आ गया। 6. ज्ञानी अभी वहाँ गया। 7. मेरे कुएं का पानी मीठा है। 8. वह बाग़ में जाकर संध्या करता है। 9. मोदक खा और पानी पी। 10. देख, लड़का कैसा दौड़ता है!

---

1. **उष्णम्**—गरम। 2. **सह**—साथ। 3. **काव्यम्**—कविता पुस्तक। 4. **हिमगिरिं**—हिमालय। 5. **प्रभवति**—उत्पन्न होता है। 6. **कृष्णः**—काला। 7. **उदितः**—उदय हुआ। 8. **व्याकरणम्**—व्याकरण (ग्रामर)। 9. **रचितम्**—रचा।

पाठ 12

शब्द

धावनम्—दौड़ना।
धावति—वह दौड़ता है।
धावामि—दौड़ता हूँ।
अन्तरिक्षे—आकाश में।
शीतम्—ठण्डा।
भ्रमणम्—घूमना।
धूम्रयानेन—रेलगाड़ी से।
बुभुक्षा—भूख।
उष्णम्—गरम।
स्वीकरणम्—स्वीकार करना।
धावसि—तू दौड़ता है।
इच्छया—इच्छा से।
नगरे—शहर में।
रचनम्—रचना।
पश्यसि—तू देखता है।
पश्यामि—देखता हूँ।
पिपासा—प्यास।

वाक्य

1. **सः इच्छया स्वीकरिष्यति**—वह इच्छा से स्वीकार करेगा।
2. **प्रकाशदेवः उद्याने व्यर्थं धावति**—प्रकाशदेव बाग़ में व्यर्थ दौड़ता है।
3. **त्वम् इदानीं किमर्थं धावसि**—तू अब क्यों दौड़ता है?
4. **अहम् अधुना धावामि**—मैं अब दौड़ता हूँ।
5. **अन्तरिक्षे सूर्यं पश्यसि किम्**—क्या तू आकाश में सूर्य को देखता है?
6. **रात्रौ सूर्यं न पश्यामि**—रात्रि में सूर्य को नहीं देखता।
7. **विश्वामित्रः भ्रमणाय सायं गमिष्यति किम्**—विश्वामित्र घूमने के लिए क्या शाम को जाएगा?
8. **सः तत्र स्थातुम् इच्छति**—वह वहाँ ठहरना चाहता है।
9. **जालन्धरनगरे मम गृहम् अस्ति**—जालन्धर शहर में मेरा घर है।
10. **भो मित्र ! तव गृहं कुत्र अस्ति**—मित्र, तेरा घर कहाँ है?
11. **मम गृहं पेशावरनगरे अस्ति**—मेरा घर पेशावर शहर में है।
12. **धूम्रयानेन त्वं तत्र गमिष्यसि किम्**—रेलगाड़ी से वहाँ जाएगा क्या?
13. **अथ किम्, धूम्रयानेन अहं तत्र परश्वः गमिष्यामि**—और क्या, रेलगाड़ी से मैं वहाँ परसों जाऊँगा।
14. **इदानीं पिपासा अस्ति, मह्यं शीतलं जलं देहि**—अब प्यास लगी है, मुझे ठंडा जल दे।
15. **अधुना बुभुक्षा न अस्ति, अन्नं न देहि**—अब भूख नहीं है, अन्न न दे।

शब्द

कन्या—पुत्री, लड़की।
कृश—दुर्बल।
मित्रम्—मित्र, दोस्त।
पितृव्यः—चाचा।
पिबसि—तू पीता है।
पिबति—वह पीता है।
पिबामि—पीता हूँ।
संघातः—समूह।
पास्यति—वह पिएगा।
नास्ति—नहीं है।
भ्राता—भाई।
संयोगः—मिलाप।
स्वसा—बहिन।
जामाता—दामाद।
अवश्यम्—अवश्य।
नोचेत्—नहीं तो।
सन्धिः—सुलह, मित्रता।
नैव—नहीं।
पास्यसि—तू पिएगा।
स्पष्टम्—साफ़।

वाक्य

1. **तव जामाता मधुरं दुग्धं रात्रौ पास्यति**—तेरा दामाद रात्रि में मीठा दूध पिएगा।
2. **अहं रात्रौ दुग्धं नैव पिबामि**—मैं रात्रि में दूध नहीं पीता।
3. **मम स्वसा उष्णं जलं पिबति**—मेरी बहिन गरम पानी पीती है।
4. **अहं कदा अपि उष्णं जलं पातुं न इच्छामि**—मैं कभी भी गरम जल पीना नहीं चाहता।
5. **तव भ्राता मद्रासनगरं कदा गमिष्यति**—तेरा भाई मद्रास शहर कब जाएगा?
6. **यदि तव पिता गमिष्यति तर्हि सोऽपि गमिष्यति**—अगर तेरा पिता जाएगा तो वह भी जाएगा।
7. **नोचेत् नैव गमिष्यति**—नहीं तो, नहीं जाएगा।
8. **सः पीतम् उत्तरीयं कदा आनयति**—वह पीला दुपट्टा कब लाता है?
9. **भो मित्र! इदानीं पीतं वस्त्रं न आनय**—हे मित्र! इस समय पीला वस्त्र न ला।
10. **मम रक्तं वस्त्रं कुत्र अस्ति, जानासि किम्**—मेरा लाल कपड़ा कहाँ है, जानते हो क्या?
11. **अत्र दीपः नास्ति, न जानामि तव रक्तं वस्त्रम्**—यहाँ दीया नहीं है, (मैं) तेरा लाल कपड़ा नहीं जानता।
12. **इदानी सायंकालः जातः, भ्रमणाय गच्छ**—अब शाम हो गई, घूमने के लिए जा।
13. **त्वं कदा भ्रमणं करिष्यसि**—तू कब भ्रमण करेगा?
14. **अहं प्रातः भ्रमणाय गच्छामि, न सायम्**—मैं सवेरे घूमने जाता हूँ, शाम को नहीं।
15. **त्वं कदा अपि न आगच्छसि**—तू कभी भी नहीं आता है।

इकारान्त पुल्लिंग शब्द

भूपतिः—राजा।
क्षेत्रपतिः—खेत का मालिक।
प्राणपतिः—प्राणों का स्वामी।
मारुतिः—हनुमान्।
यतिः—तपस्वी।
सेनापतिः—फ़ौज का बड़ा अफ़सर।
मुनिः—तपस्वी।
राशिः—ढेर।
ऋषिः—ऋषि।
नृपतिः—राजा।
प्रजापतिः—ईश्वर, राजा।
सुमतिः—उत्तम बुद्धिवाला
मुरारिः—विष्णु।
वह्निः—आग।
दुर्मतिः—बुरी बुद्धिवाला।
विधिः—दैव, ब्रह्मा, ईश्वर।
वाल्मीकिः—रामायण के लेखक का नाम।

ये सब शब्द पूर्वोक्त 'रवि' शब्द के समान ही चलते हैं। नमूने के लिए 'नृपति' और 'मुनि' के रूप देते हैं।

1. **नृपतिः**—राजा।
2. **नृपतिम्**—राजा को।
3. **नृपतिना**—राजा ने, द्वारा।
4. **नृपतये**—राजा के लिए।
5. **नृपतेः**—राजा से।
6. **नृपतेः**—राजा का।
7. **नृपतौ**—राजा में।

सं. हे नृपते—हे राजन्।

1. **मुनिः**—मुनि
2. **मुनिम्**—मुनि को।
3. **मुनिना**—मुनि ने, द्वारा
4. **मुनये**—मुनि के लिए।
5. **मुनेः**—मुनि से।
6. **मुनेः**—मुनि का।
7. **मुनौ**—मुनि में।

सं. हे मुने—हे मुनि।

पाठकों को चाहिए कि वे इस प्रकार अन्यान्य शब्दों के भी रूप बनाएँ और विभक्ति द्वारा उनके अर्थ कैसे होते हैं, यह देखें।

(1) किं क्षेत्रपतिना तव उत्तरीयं न दत्तम् ? (2) तस्य गृहे अद्य यतिः आगतः। (3) दुर्मतिना सह मित्रतां न कुरु। (4) सुमतिना सह मित्रतां कुरु। (5) सेनापतिः सैन्यं पश्यति। (6) पश्य कथं सः मुनिना सह गच्छति। (7) वाल्मीकिना रामायणं रचितम्। (8) रामायणे रामचन्द्रस्य चरितम्[1] अस्ति। (9) तव बन्धुः रात्रौ एव उष्णं जलं पिबति। (10) उष्णं जलं तस्मै इदानीम् एव देहि। (11) अत्र रक्तं दीपं शीघ्रम् आनय। (12) नृपतिः अद्य भ्रमणाय गमिष्यति। (13) त्वम् इदानीं यत्र कुत्र अपि गच्छ। (14) विष्णुमित्रः उद्यानं गत्वा पश्चात् गृहं गमिष्यति। (15) यत्र जगदीशचन्द्रः गमिष्यति तत्र विष्णुदत्तः अपि गमिष्यति एव। (16) अहम् ओदनं नैव भक्षयिष्यामि। (17) सः

1. **चरितम्**—कथा।

दुग्धम् एव पिबति, कदापि अन्नं नैव भक्षयति। (18) सः व्यर्थं तत्र गतः, तस्य पुस्तकं तत्र नास्ति।

पाठ 13

शब्द

मन्दः—सुस्त।
मूकः—गूंगा।
उपरि—ऊपर।
अधः—नीचे।
मध्ये—बीच में।
शनैः—आहिस्ता, धीरे-धीरे।
वदामि—बोलता हूँ।
वदसि—(तू) बोलता है।
वदति—(वह) बोलता है।
डिण्डिमः—ढोल।
अगदः—दवा।
उच्चैः—ऊँचा।
नीचैः—धीमे।
वक्तुम्—बोलने के लिए।
उक्त्वा—बोलकर।
वदिष्यामि—मैं बोलूँगा।
वदिष्यसि—तू बोलेगा।
वदिष्यति—वह बोलेगा।

वाक्य

1. **त्वम् उपरि गच्छ, अहम् अधः गमिष्यामि**—तू ऊपर जा, मैं नीचे जाऊँगा।
2. **न, अहम् उपरि तिष्ठामि, त्वम् अधः गच्छ**—नहीं, मैं ऊपर ठहरता हूँ, तू नीचे जा।
3. **भो मित्र! इदानीं शनैः अधः गच्छ**—हे मित्र ! अब धीरे-धीरे नीचे जा।
4. **सः सदा तत्र तिष्ठति उच्चैः वदति च**—वह हमेशा वहाँ बैठता है और ऊँचा बोलता है।
5. **त्वं किं सर्वदा नीचैः एव वदसि**—तू क्या हमेशा धीमे ही बोलता है?
6. **अहं सदा नीचैः एव वक्तुम् इच्छामि**—मैं हमेशा धीमे ही बोलना चाहता हूँ।
7. **भो मित्र! त्वं मध्ये किमर्थं तिष्ठसि**—मित्र! तू बीच में किस लिए ठहरता है?
8. **अहं जलं पीत्वा रात्रौ उपरि गमिष्यामि**—मैं जल पीकर रात्रि में ऊपर जाऊँगा।
9. **अहं रात्रौ नैव जलं पिबामि**—मैं रात्रि में जल नहीं पीता।
10. **किं त्वं रात्रौ उष्णं मिष्टं च दुग्धं न पास्यसि**—क्या तू रात्रि में गरम और मीठा दूध नहीं पिएगा?
11. **कुतः न पास्यामि एव**—क्यों नहीं पीऊँगा।

12. **उत्तिष्ठः इदानीं तस्मै फलं देहि**—उठ, अब उसको फल दे।
13. **फल स्वादु नास्ति, कथं दास्यामि**—फल मीठा नहीं है, कैसे दूँ।
14. **यथा अस्ति तथा एव देहि**—जैसा है, वैसा ही दे।

शब्द

इति—ऐसा।
वा—अथवा, या।
अथवा—या।
किंवा—या।
अवश्यम्—अवश्य।
वरम्—श्रेष्ठ, अच्छा।
क्रीडिष्यति—वह खेलेगा।
क्रीडिष्यामि—मैं खेलूँगा।
पर्यन्तम्—तक।
क्रीडामि—मैं खेलता हूँ।
क्रीडसि—तू खेलता है।
क्रीडति—वह खेलता है।
सुष्ठु—ठीक, अच्छा।
कन्दुकः—गेंद।
क्रीडिष्यसि—तू खेलेगा।
मदीयम्—मेरा।

वाक्य

1. **देवदत्तः तत्र क्रीडति**—देवदत्त वहाँ खेलता है।
2. **सः तत्र सायंकाले गत्वा क्रीडिष्यति**—वह वहाँ शाम को जाकर खेलेगा।
3. **सः तत्र प्रातः गमिष्यति न वा**—वह वहाँ सबेरे जाएगा या नहीं?
4. **अहं तत्र सायंकालपर्यन्तं स्थास्यामि**—मैं वहाँ शाम तक ठहरूँगा।
5. **त्वम् अवश्यम् आगच्छ**—तू अवश्य आ।
6. **सः कन्दुकेन सुष्ठु क्रीडति**—वह गेंद से अच्छा खेलता है।
7. **सः न तथा सुष्ठु क्रीडति यथा विष्णुमित्रः**—वह वैसा अच्छा नहीं खेलता जैसा विष्णुमित्र।
8. **सत्यम् अस्ति**—सत्य है।
9. **यथा त्वं वदसि तथा एव अस्ति**—जैसा तू कहता है, वैसा ही है।
10. **रात्रौ जलम् उपरि नयसि न वा**—तू रात्रि में जल ऊपर ले जाता है या नहीं?
11. **अवश्यं नेष्यामि, सत्यं वदामि**—अवश्य ले जाऊँगा, सत्य बोलता हूँ।
12. **यदि त्वं सत्यं वदसि नेष्यसि एव**—अगर तू सच बोलता है तो ले जाएगा ही।
13. **वरं यथा, वदसि तथा कुरु**—अच्छा, जैसा बोलता है, वैसा कर।
14. **इदानीं भोजनं कर्तुम् इच्छामि, अन्नम् आनय**—अब भोजन करना चाहता हूँ, अन्न ले आ।
15. **अन्नं नास्ति, मोदकम् अस्ति**—अन्न नहीं है, लड्डू है।

यहाँ तक पाठक जान चुके हैं कि अकारान्त तथा इकारान्त पुल्लिंग शब्द कैसे

चलते हैं। अब आपको उकारान्त पुल्लिंग शब्दों के रूप बनाना सीखना है। आशा है कि पहले का ज्ञान न भूलकर पाठक आगे पढ़ेंगे।

उकारान्त पुल्लिग 'भानु' शब्द के रूप

1. **प्रथमा**	**भानुः**	भानु (सूर्य)
2. **द्वितीया**	**भानुम्**	भानु को
3. **तृतीया**	**भानुना**	भानु ने, द्वारा
4. **चतुर्थी**	**भानवे**	भानु के लिए
5. **पञ्चमी**	**भानोः**	भानु से
6. **षष्ठी**	,,	भानु का
7. **सप्तमी**	**भानौ**	भानु में, पर
सम्बोधन	**हे भानो**	हे भानु

इकारान्त तथा उकारान्त पुल्लिंग शब्दों के पंचमी तथा षष्ठी के एकवचन के रूप एक जैसे होते हैं। पाठकों ने यह बात 'रवि, नृपति, मुनि' शब्दों में देखी होगी तथा 'भानु' शब्द के रूपों में इस पाठ में स्पष्ट हो गई होगी। पंचमी तथा षष्ठी के रूप समान होते हैं, इस कारण षष्ठी के स्थान पर (,,) ऐसा चिह्न दिया है जिसका मतलब यह है कि यहाँ का रूप पूर्व की विभक्ति के समान ही है। आशा है कि पाठक इस विशेषता को ध्यान में रखेंगे।

उकारान्त पुल्लिग शब्द

भानुः—सूर्य।	**गुरुः**—अध्यापक।
कारुः—कारीगर।	**विष्णुः**—विष्णुदेव।
अंशुः—किरण।	**तरुः**—पेड़।
सिन्धुः—समुद्र, नदी।	**मरुः**—रेगिस्तान।
शम्भुः—शिवजी।	**शत्रुः**—दुश्मन।
जिष्णुः—विजयशील।	**मृत्युः**—मौत।
ऋतुः—यज्ञ।	**बाहुः**—भुजा।
साधुः—सन्त, महात्मा।	**लड्डूः**—लड्डू, पेड़ा।
शङ्कुः—नुकीला पदार्थ।	**शान्तनुः**—भीष्म पितामह के पिता।
स्नायुः—पुट्ठा, रग।	

ये सब शब्द पूर्वोक्त 'भानु' शब्द के समान ही चलते हैं।

वाक्य

1. **गुरुः पाठशालां गच्छति**—अध्यापक पाठशाला जाता है।
2. **भानोः अंशुं पश्य**—सूर्य की किरण देख।
3. **सिन्धोः जलम् आनयति**—नदी से जल लाता है।
4. **मरौ देशे जलं नास्ति**—रेतीले देश में जल नहीं है।
5. **मृत्यवे किं दास्यसि**—मौत के लिए क्या दोगे ?
6. **शत्रुं पश्यसि किम्**—दुश्मन को देखते हो क्या ?
7. **शान्तनुः राजा आसीत्**—शान्तनु राजा था।
8. **शान्तनुना ऋतुः समाप्तः**—शान्तनु ने यज्ञ समाप्त किया।
9. **शम्भुना राक्षसो हतः**—शिवजी ने राक्षस मारा।
10. **साधुना उपदेशः कृतः**—साधु ने उपदेश किया।
11. **तरोः फलं पतितम्**—पेड़ से फल गिरा।

अब कुछ ऐसे वाक्य देते हैं कि जिन्हें पाठक स्वयं समझ सकते हैं—

सः तं मार्गं पृच्छति। मृगः मृगेण सह गच्छति। मनुष्यः मनुष्येण सह न गच्छति। सदा मूर्खः मूर्खेण सह वदति। वानरः वने धावति। विष्णुः सर्वत्र अस्ति। ईश्वरः सदा सर्वं पश्यति। नृपः रक्षकं वदति। सः नगरात् धनम् आनयति। वशिष्ठस्य चरणं पश्य। बालकाय मोदकं देहि। ब्राह्मणाय धनं देहि। तस्मै जलं देहि। शम्भुः राक्षसं हन्ति। उद्याने तरुर् (:) अस्ति। शत्रुः ग्रामे नास्ति। कारुः गृहं करोति। भानुः प्रकाशं ददाति[1]। सः कदापि न तुष्यति[2]। पुष्पम् आनयति। पुष्पं जले पतितम्। तस्य पुत्रः कूपे पतितः। तस्य बाहुः शोभनः[3] अस्ति। सः कन्दुकेन क्रीडति। तत्र गत्वा तं पश्य। बालकः अधुना न आगतः। त्वं गच्छ भोजनं च कुरु।

हिन्दी के निम्न वाक्यों के संस्कृत-वाक्य बनाइए—

1. वह आँख से देखता है। 2. वह बालक कैसे गया ? 3. बालक धूप में गया, उसको यहाँ ले आ। 4. अब राजा कहाँ है ? 5. नौकर ने हाथ में सीटी ली। 6. गाँव में शत्रु हैं। 7. वह फूल लाता है। 8. वहाँ जाकर देख। 9. वह दुर्मति के साथ मित्रता करता है। 10. जहाँ राम जाएगा, वहाँ कृष्ण भी जाएगा। जहाँ मैं जाऊँगा, वहाँ तू जा।

---

1. **ददाति**—देता है। 2. **तुष्यति**—ख़ुश होता है। 3. **शोभनः**—उत्तम।

पाठ 14

शब्द

श्रमः—कष्ट।
कुतः—किसलिए।
ताडयति—वह पीटता है।
ताडयामि—पीटता हूँ।
दुर्बलः—बलहीन।
परिश्रमः—मेहनत।
यद्—जो कि।
ताडयिष्यति—पीटेगा।
ताडयिष्यामि—पीटूँगा।
अल्पम्—थोड़ा।
अतः—इसलिए।
यतः—जिसलिए।
ताडयसि—तू पीटता है।
ज्वरितः—ज्वर से पीड़ित।
अतीव—बहुत।
एतद्—यह।
तद्—वह।
ताडयिष्यसि—पीटेगा।
केवलम्—केवल, सिर्फ़।
नीरोगः—स्वस्थ, तन्दुरुस्त।

वाक्य

1. **यज्ञदत्तः किमर्थं न पठति**—यज्ञदत्त क्यों नहीं पढ़ता?
2. **सः ज्वरेण पीडितः अस्ति, अतः न पठति**—यह ज्वर से पीड़ित है, इस कारण नहीं पढ़ता।
3. **किम् एतत् सत्यमस्ति यत् सः ज्वरेण पीडितः अस्ति**—क्या यह सच है कि वह ज्वर से पीड़ित है?
4. **अर्थ किं सः न केवलं ज्वरितः अस्ति, परन्तु सः अतीव दुर्बलः अपि अस्ति**—और क्या, वह न केवल ज्वरग्रस्त है, परन्तु बहुत दुर्बल भी है।
5. **किं सः अन्नं भक्षयति न वा? कथय**—वह अन्न खाता है या नहीं? बता।
6. **न भक्षयति परन्तु अल्पम् अल्पं दुग्धं पिबति**—नहीं खाता, परन्तु थोड़ा-थोड़ा दूध पीता है।
7. **कदा सः पुनः नीरोगः भविष्यति**—वह कब स्वस्थ होगा?
8. **एतद् अहं न जानामि**—यह मैं नहीं जानता।
9. **सः किं किं वदति**—वह क्या-क्या बोलता है?
10. **सः किमपि न वदति**—वह कुछ भी नहीं बोलता।
11. **यदा सः पुनः नीरोगः भविष्यति**—जब वह फिर नीरोग होगा।

12. **तदा सः अत्र आगमिष्यति एव**—तब वह यहाँ आएगा ही।
13. **पाठं च पठिष्यसि**—और पाठ पढ़ेगा।

शब्द

स्वपिति—वह सोता है।	**स्वपिषि**—तू सोता है।
स्वपिमि—मैं सोता हूँ।	**दश-वादने**—दस बजे।
दशघण्टासमये—दस बजे।	**तदानीम्**—उसी समय।
एषः—यह।	**शोभनः**—उत्तम।
इतिहासः—इतिहास।	**खादति**—वह खाता है।
खादसि—तू खाता है।	**खादामि**—मैं खाता हूँ।
भवति—वह होता है।	**भवसि**—तू होता है।
भवामि—होता हूँ।	**दरिद्रः**—निर्धन।
भृत्यः—सेवक।	**मेरुः**—मेरु पर्वत।

वाक्य

1. **त्वं रात्रौ कदा स्वपिषि**—तू रात्रि में कब सोता है?
2. **अहं दशघण्टासमये स्वपिमि**—मैं दस बजे सोता हूँ।
3. **परन्तु विश्वनाथः तदानीं न स्वपिति**—परन्तु विश्वनाथ उस समय नहीं सोता।
4. **यदि सः न स्वपिति तर्हि तदा सः किं करोति**—अगर वह नहीं सोता तो क्या करता है?
5. **सः तदानीं पुस्तकं पठति अतीव कोलाहलं च करोति**—तब वह पुस्तक पढ़ता है और बहुत शोर मचाता है।
6. **सः किमर्थं कोलाहलं करोति**—वह कोलाहल क्यों करता है?
7. **सः उच्चैः पठति अतः कोलाहलः भवति**—वह ऊँचे से पढ़ता है इसलिए शोर होता है।
8. **कोलाहलं न कुरु इति त्वं तं वद**—शोर न कर, तू उससे कह।
9. **सः प्रातः किं पिबति मध्याह्ने च किं भक्षयति**—वह सवेरे क्या पीता है और दोपहर में क्या खाता है?
10. **सः प्रातःकाले दुग्धं पिबति मध्याह्ने च स्वादु भोजनं खादति**—वह सवेरे दूध पीता है और दोपहर को स्वादिष्ट भोजन खाता है।
11. **सः इदानीं तं किमर्थं ताडयति**—वह अब उसको क्यों पीटता है?
12. **यतः सः न लिखति**—क्योंकि वह नहीं लिखता।
13. **एषः शोभनः समयः, भ्रमणाय गच्छामि**—यह उत्तम समय है, घूमने के लिए

जाता हूँ।

14. **सः दरिद्रः अस्ति, अतः द्रव्यं न ददाति**—वह निर्धन है, इसलिए पैसा नहीं देता है।

उकारान्त शब्दों के रूप बनाने का प्रकार पिछले पाठक में आ चुका है। अब ऋकारान्त शब्दों के रूप इस पाठ में बनाएँगे।

ऋकारान्त पुल्लिग 'धातृ' शब्द

1. **प्रथमा**	**धाता**	ब्रह्मा
2. **द्वितीया**	**धातारम्**	ब्रह्मा को
3. **तृतीया**	**धात्रा**	ब्रह्मा ने (द्वारा)
4. **चतुर्थी**	**धात्रे**	ब्रह्मा के लिए
5. **पञ्चमी**	**धातुः**	ब्रह्मा से
6. **षष्ठी**	**धातुः**	ब्रह्मा का
7. **सप्तमी**	**धातरि**	ब्रह्मा में, पर
सम्बोधन	**हे धातः!**	हे ब्रह्मा

ऋकारान्त पुल्लिंग शब्द

धातृ—ब्रह्मा, विश्वकर्ता, उत्पन्नकर्ता।

कर्तृ—बनानेवाला।

शास्तृ—शासन करनेवाला।

गातृ—गानेवाला।

गन्तृ—जानेवाला।

वक्तृ—बोलनेवाला।

श्रोतृ—सुननेवाला।

स्रष्टृ—उत्पन्न करनेवाला।

द्वेष्टृ—द्वेष करनेवाला।

नेतृ—ले जानेवाला।

उद्गातृ—गानेवाला।

नप्तृ—पोता।

दातृ—देनेवाला।

द्रष्टृ—देखनेवाला।

भोक्तृ—खानेवाला।

पातृ—रक्षा करनेवाला।

ध्यातृ—ध्यान करनेवाला।

वाक्य

1. **धाता सकलं विश्वं रचयति**—ब्रह्मा सब विश्व को रचता है।
2. **दातुः इच्छा कीदृशी अस्ति**—दाता की इच्छा कैसी है?
3. **भोक्त्रे मोदकं देहि**—खानेवाले को लड्डू दे।
4. **नप्त्रा भोजनं न कृतम्**—पोते ने भोजन नहीं किया।
5. **मम द्वेष्टारं पश्य**—मेरे द्वेष करनेवाले को देख।

6. **ध्याता ईश्वरं ध्याति**—ध्यान करनेवाला ईश्वर का ध्यान करता है।
7. **मूषकः धान्यं खादति**—चूहा धान खाता है।
8. **वक्ता सत्यं वदति**—बोलनेवाला सच बोलता है।
9. **भुवनस्य कर्तारम् ईश्वरं कुत्र पश्यसि**—(तू) जगत् के कर्ता ईश्वर को कहाँ देखता है।
10. **अहं भुवनस्य कर्तारम् ईश्वरं वन्दे**—मैं जगत्कर्ता ईश्वर को नमस्कार करता हूँ।

(1) त्वं तं ग्रामं गच्छसि ? (2) त्वं तं ग्रामं कदा गमष्यिसि ? (3) त्वं तं ग्रामं किमर्थं न गच्छसि ? (4) त्वं तं ग्रामं गत्वा किम् आनेष्यसि ? (5) त्वं तं बहुशोभनं ग्रामं गत्वा शीघ्रम् अत्र आगच्छ। (6) त्वं तं शोभनम् उदयपुरनामकं नगरं गत्वा तं मित्रं दृष्ट्वा शीघ्रम् एव अत्र आगच्छ। (7) हे धातः ! त्वं भुवनस्य कर्त्ता असि, त्वया एव सर्वम् एतत् निर्मितम्। (8) ब्राह्मणाय धनं दुग्धं च देहि। (9) ब्राह्मणः अत्र एव अस्ति। (10) तम् अत्र आनय।

पाठ 15

शब्द

साधुः—साधु, फ़कीर।
धावति—वह दौड़ता है।
धावामि—दौड़ता हूँ।
कर्दमे—कीचड़ में।
दुकूलम्—रेशमी वस्त्र।
यज्ञः—यज्ञ।
हससि—तू हँसता है।
वृद्धः—बूढ़ा।
बालः—लड़का।
वेतनम्--तनख़ाह।
धावसि—तू दौड़ता है।
पतितः—गिर गया।
स्खलितः—फिसल गया।
अञ्जनम्—सुरमा, अंजन।
हसति—वह हँसता है।
हसामि—मैं हँसता हूँ।
युवा—जवान।

वाक्य

1. **सः किमर्थं हसति**—वह क्यों हँसता है?
2. **यतः विष्णुदत्तः तत्र कर्दमे पतितः**—क्योंकि विष्णुदत्त वहाँ कीचड़ में गिर गया है।
3. **कथं सः कर्दमे पतितः**—वह कीचड़ में कैसे गिर पड़ा?
4. **सः पूर्वं स्खलितः पश्चात् पतितः**—वह पहले फिसला और फिर गिर गया।

5. **त्वं तथा धावसि किम्, यथा अहं धावामि**—क्या तू वैसे दौड़ता है जैसे मैं दौड़ता हूँ।
6. **त्वम् अपि तथा न लिखसि यथा विष्णुशर्मा लिखति**—तू भी वैसा नहीं लिखता जैसा विष्णुशर्मा लिखता है।
7. **यदा त्वं पठसि तदा अहं क्रीडामि**—जब तू पढ़ता है तब मैं खेलता हूँ।
8. **सः कन्दुकेन वरं क्रीडति**—वह गेंद से अच्छा खेलता है।
9. **यदा सः कन्दुकेन क्रीडति तदा सः धावति**—जब वह गेंद से खेलता है, तब वह दौड़ता है।
10. **यदा सः धावति तदा अहं हसामि**—जब वह दौड़ता है, तब मैं हँसता हूँ।
11. **मह्यम् आम्रं देहि**—मुझे आम दें।
12. **किम् अद्य त्वम् आम्रं भक्षयिष्यसि**—क्या तू आज आम खाएगा?
13. **अद्य किम् अस्ति**—आज क्या है?
14. **अद्य उष्णं दिनम् अस्ति अतः आम्र न भक्षय**—आज गर्म दिन है इसलिए आम न खा।
15. **तर्हि शीतं दुग्धं देहि**—तो ठंडा दूध दें।
16. **स्वीकुरु, अत्र शीतं मिष्टं च दुग्धम् अस्ति**—ले, यहाँ ठंडा और मीठा दूध है।

शब्द

खनति—(वह) खोदता है।
खनसि—(तू) खोदता है।
खनामि—खोदता हूँ।
रक्षति—वह रक्षा करता है।
रक्षसि—तू रक्षा करता है।
रक्षामि—मैं रक्षा करता हूँ।
भूमिम्—ज़मीन को।
व्यर्थम्—व्यर्थ।
गाम्—गाय को।
गानम्—गाना।
स्वकीया—अपनी।
परकीया—दूसरे की।
कूपम्—कूएँ को।
नर्तनम्—नाचना।

वाक्य

1. **तस्य पिता अतीव वृद्धः अस्ति**—उसका पिता बहुत बूढ़ा है।
2. **परन्तु तस्य भ्राता युवा अस्ति**—परन्तु उसका भाई जवान है।
3. **सः भूमिम् अद्य किमर्थं खनति**—वह भूमि को आज किसलिए खोदता है?
4. **सः अद्य व्यर्थं खनति**—वह आज व्यर्थ खोदता है।
5. **सः स्वकीयां भूमिं रक्षति न वा**—वह अपनी भूमि की रक्षा करता है या नहीं?
6. **सः स्वकीयां गाम् आनयति**—वह अपनी गाय को लाता है।

7. **सः गृहं रक्षति किम्**—वह घर की रक्षा करता है क्या?
8. **अथ किम्! सः न केवल गृहं रक्षति**—और क्या! वह न केवल घर की रक्षा करता है।
9. **परन्तु उद्यानम् अपि वरं रक्षति**—परंतु बाग़ की भी अच्छी तरह रक्षा करता है।
10. **सः तथा न रक्षति यथा देवप्रियः**—वह वैसी रक्षा नहीं करता जैसी देवप्रिय करता है।
11. **देवप्रियः अतीव बालः अस्ति**—देवप्रिय अत्यन्त बालक (छोटा) है।
12. **परन्तु भद्रसेनः युवा अस्ति**—परन्तु भद्रसेन जवान है।
13. **अतः सः प्रातः काले सुष्ठु धावति**—इस कारण वह प्रायः अच्छा दौड़ता है।
14. **अहं पश्यामि, देवदत्तः खनति इति**—मैं देखता हूँ कि देवदत्त खोदता है।
15. **देवदत्तः कूपं खनति**—देवदत्त कुआँ खोदता है।
16. **पश्य इदानीं सः तत्र कथं खनति**—देख, अब वह वहाँ कैसे खोदता है।
17. **सः जलपानर्थं कूपं खनति**—वह पानी पीने के लिए कुआँ खोदता है।

पूर्व पाठ में ऋकारान्त पुल्लिंग शब्दों को चलाने का प्रकार बताया गया है। इस पाठ में दुबारा ऋकारान्त पुल्लिंग शब्दों का रूप बताते हैं।

ऋकारान्त पुल्लिंग 'पालयितृ' शब्द

1. **प्रथमा**	**पालयिता**	रक्षक
2. **द्वितीया**	**पालयितारम्**	रक्षक को
3. **तृतीया**	**पालयित्रा**	(रक्षक के द्वारा)
4. **चतुर्थी**	**पालयित्रे**	रक्षक के लिए, को
5. **पञ्चमी**	**पालयितुः**	रक्षक से
6. **षष्ठी**	,,	रक्षक का
7. **सप्तमी**	**पालयितरि**	रक्षक में, पर
सम्बोधन	(हे) **पालयितः**	हे रक्षक

ऋकारान्त पुल्लिंग शब्द

अत्तृ—खानेवाला।	**ज्ञातृ**—जाननेवाला।
विज्ञातृ—जाननेवाला।	**अध्येतृ**—पढ़नेवाला।
निहन्तृ—हनन करनेवाला।	**विक्रेतृ**—बेचनेवाला।
क्रेतृ—ख़रीदनेवाला।	**अवज्ञातृ**—अपमान करनेवाला।
भर्तु—पोषण करनेवाला, पति।	**भेतृ**—भेद करनेवाला।
हर्तु—हरण करनेवाला।	**चोरयितृ**—चोरी करनेवाला।

स्तोतृ—स्तुति करनेवाला।
सत्कर्तु—सत्कार करनेवाला।
संस्कर्तु—संस्कार करनेवाला।
संहर्तु—संहार करनेवाला।

वाक्य

1. **अत्ता अन्नम् अत्ति**—खानेवाला अन्न खाता है।
2. **अत्रे अन्नं देहि**—खानेवाला को अन्न दे।
3. **ज्ञात्रा ज्ञानं ज्ञातम्**—ज्ञानी ने ज्ञान जाना।
4. **ज्ञात्रे नमः कुरु**—ज्ञानी के लिए नमस्कार कर।
5. **निहन्त्रा व्याघ्रः हतः**—मारनेवाले ने शेर मारा।
6. **भर्तुः सेवा कर्त्तव्या**—पति की सेवा करनी चाहिए।
7. **स्तोतुः स्तोत्रं श्रृणु**—स्तोता की स्तुति सुन।
8. **धान्यस्य विक्रेता कुत्र गतः**—धान्य बेचनेवाला कहाँ गया?
9. **अध्येत्रे पुस्तकं देहि**—पढ़नेवाले को पुस्तक दे।
10. **अश्वस्य क्रेता अत्र आगतः**—घोड़े का ख़रीदार यहाँ आया।
11. **अश्वस्य चोरयिता नगरे अस्ति**—घोड़े को चुरानेवाला शहर में है।
12. **अन्नस्य संस्कर्ता मम गृहे अन्नं संस्करोति**—अन्न का संस्कार करनेवाला मेरे घर में अन्न को ठीक करता है।
13. **व्याकरणस्य अध्येता अद्य न आगतः**—व्याकरण अध्ययन करनेवाला आज नहीं आया।

शब्द

धूमः—धुआँ।
शास्त्रम्—शास्त्र।
यामि—जाता हूँ।
वसति—(वह) रहता है।
वसासि—(तू) रहता है।
वसामि—रहता हूँ।
यासि—(तू) जाता है।
याति—(वह) जाता है।
उदकम्—जल।
गुणः—गुण।

संस्कृत वाक्य

यत्र धूमः तत्र अग्निः अस्ति। अहं तं ग्रामं गच्छामि, यत्र वेदस्य ज्ञाता वसति। तस्मै गुरवे नमः। नृपतिः शास्त्रस्य ज्ञात्रे द्रव्यं ददाति। यस्य बुद्धिः बलम् अपि तस्य एव। शत्रुं भूपतिः जयति। अहं सायं नगराद् बहिः गच्छामि। तस्य हस्तात् माला पतिता। सः एव पर्वतः यत्र वसिष्ठः मुनिः वसति। व्याघ्रात् भयं भवति। गुरोः ज्ञानं भवति। मृगः वनात् वनं गच्छति।

हिन्दी के निम्न वाक्यों का संस्कृत में अनुवाद कीजिए—

(1) ऊँट, ऊँचे न बोल। (2) तू उस गाँव को जा। (3) उसका धन दे। (4) मुझे अन्न दे। (5) मैं ऊपर ठहरता हूँ। (6) मैं गर्म जल कभी नहीं पीता। (7) उठ, मेरे गुरु के लिए फल ला। (8) अब तू खेल। (9) आज नहीं खेलूँगा। (10) तू सच बोलता है।

पाठ 16

शब्द

यस्य—जिसका।

कस्य—किसका।

अस्य—इसका।

क्व—कहाँ।

दूरम्—दूर।

नियमः—नियम।

सर्वस्य—सबका।

मित्रस्य—मित्र का।

देवस्य—ईश्वर का।

नितान्तम्—बिल्कुल।

पादत्राणम्—जूता।

मिष्टान्नम्—मिठाई।

वैद्यः—वैद्य, डाक्टर।

वाक्य

1. **यस्य पुस्तकम् अस्ति तस्मै देहि**—जिसकी पुस्तक है, उसी को दे।
2. **एतत् कस्य गृहम् अस्ति**—यह किसका घर है?
3. **एतत् मम मित्रस्य गृहम् अस्ति**—यह मेरे मित्र का घर है।
4. **त्वं कथं जानासि**—तू कैसे जानता है?
5. **यद् अहं वदामि तत् सत्यम् अस्ति**—जो मैं कहता हूँ, वह सच है।
6. **तस्य माता किं वदति**—उसकी माता क्या कहती है?
7. **मम पादत्राणम् आनय**—मेरा जूता ले आ।
8. **कुत्र अस्ति तव पादत्राणम्**—कहाँ है तेरा जूता?
9. **तत्र अस्ति, तत् पश्य**—वहाँ है, वह देख।
10. **सः दूरं गच्छति किम्**—वह दूर जाता है क्या?
11. **सः मिष्टान्नं भक्षयति**—वह मिठाई खाता है।
12. **अस्य लेखनी कुत्र अस्ति**—इसकी कलम कहाँ है?
13. **त्वम् इदानीं किं लिखसि**—तू अब क्या लिखता है?
14. **सः रक्तं पुष्पं पश्यति**—वह लाल फूल देखता है।

शब्द

करपट्टिका–रोटी, फुलका।
कुण्डलिनी–जलेबी।
क्वथिका–कढ़ी।
गृह्णामि–लेता हूँ।
गृह्णाति–वह लेता है।
नवनीतम्–मक्खन।
दुग्धम्–दूध।
गृहाण–ले।
लिख–लिख।
तक्रम्–छाछ, लस्सी।
दधि–दही।
व्यञ्जनम्–सब्ज़ी, भाजी, तरकारी
गृह्णासि–तू लेता है।
दैवम्–भाग्य।
घृतम्–घी।
सूपम्–दाल।
वद–बोल, कह।
दुर्दैवम्–दुर्भाग्य, आफ़त।

वाक्य

1. **मह्यम् इदानीम् एव करपट्टिकां देहि**–मुझे अभी रोटी दे।
2. **त्वं प्रातः तक्रं पिबसि किम्**–क्या तू सवेरे लस्सी पीता है?
3. **सः प्रातः कुण्डलिनीं भक्षयति**–वह प्रातः जलेबी खाता है।
4. **मह्यं क्वथिकां ददासि किम्**–मुझे कढ़ी देता है क्या?
5. **सः भक्षणार्थं व्यञ्जनम् इच्छति**–वह खाने के लिए सब्ज़ी चाहता है।
6. **एतत् नवनीतं गृहाण**–यह मक्खन ले।
7. **घृतं तत्र किमर्थं नयसि? वद**–घी वहाँ किसलिए ले जाता है? बता।
8. **अहं भक्षणार्थं घृतं दधिं न नयामि**–मैं खाने के लिए घी और दही ले जाता हूँ।
9. **यदि त्वं सूपम् इच्छसि तर्हि गृहाण**–अगर तू दाल चाहता है तो ले।
10. **सः बहु व्यञ्जनं भक्षयति, तत् न वरम्**–वह बहुत सब्ज़ी खाता है, यह अच्छा नहीं।
11. **वद, त्वं कुत्र गच्छसि**–बोल, तू कहाँ जाता है?

पूर्व पाठों में ऋकारान्त पुल्लिंग शब्दों के रूप बनाने का प्रकार दिया है। कई ऋकारान्त शब्दों के रूप भिन्न भी होते हैं। विशेष भिन्नता नहीं होती, केवल एक रूप में भेद होता है–

ऋकारान्त पुल्लिंग 'पितृ' शब्द

1. **प्रथमा**	**पिता**	पिता
2. **द्वितीया**	**पितरम्**	पिता को

3. तृतीया	**पित्रा**	पिता ने
4. चतुर्थी	**पित्रे**	पिता के लिए, को
5. पञ्चमी	**पितुः**	पिता से
6. षष्ठी	,,	पिता का
7. सप्तमी	**पितरि**	पिता में, पर
सम्बोधन	**(हे) पितः**	हे पिता

'पिता' शब्द में और 'धाता' शब्द में इतना ही भेद है कि 'धाता' शब्द का द्वितीया का एकवचन 'धातारम्' है और 'पिता' शब्द का 'पितरम्' है, 'पितारम्' नहीं। यही विशेषता निम्न शब्दों में होती है। पाठकों को उचित है कि इस बात को स्मरण रखें।

'पितृ' शब्द के समान चलनेवाले ऋकारान्त पुल्लिंग शब्द

भ्रातृ—भाई। **जामातृ**—दामाद। **नृ**—नर।
देवृ—देवर। **शंस्तृ**—स्तुति करनेवाला **सव्येष्ट**—गाड़ीवान।

वाक्य

1. **पिता पुत्रं पश्यति**—पिता पुत्र को देखता है।
2. **पुत्रः पितरं पश्यति**—लड़का पिता को देखता है।
3. **पित्रा पुत्राय वस्त्रं दत्तम्**—पिता ने पुत्र को वस्त्र दिया।
4. **भ्राता भ्रातरं द्वेष्टि**—भाई भाई से द्वेष करता है।
5. **भ्रात्रा धनं दत्तम्**—भाई ने धन दिया।
6. **जामात्रे वस्त्रं देहि**—दामाद के लिए वस्त्र दे।
7. **पित्रे नमः कुरु**—पिता को नमस्कार कर।

इस प्रकार पाठक कई वाक्य बना सकते हैं। उक्त वाक्यों के विपरीत अर्थ के वाक्य—

1. पिता पुत्रं न पश्यति। 2. पुत्रः पितरं न पश्यति। 3. पित्रा पुत्राय वस्त्रं न दत्तम्। 4. भ्राता भ्रातरं न द्वेष्टि। 5. भ्रात्रा धनं न दत्तम्। 6. जामात्रे वस्त्रं न देहि।

निम्न वाक्यों की संस्कृत बनाइए—

1. वह गाँव जाता है। 2. जहाँ तू जाता है, वहाँ मैं जाता हूँ। 3. क्या तू सदा बाग़ जाता है? 4. तू कहाँ जाता है? 5. वह दिन में नगर जाता है और रात में घर जाता है। 6. हरिश्चन्द्र फल खाता है।

निम्न वाक्यों के हिन्दी-वाक्य बनाइए—

1. अहम् इदानीं फलं नैव भक्षयामि। 2. हरिश्चन्द्रः पुस्तकं तत्र नयति। 3. किमर्थं त्वम् अपूपं तत्र नयसि। 4. अहं गृहं गत्वा निजधौतं वस्त्रम् आनेष्यामि। 5. ब्रूहि यज्ञप्रियः कुत्र अस्ति?

पाठ 17

शब्द

शक्तिः—सामर्थ्य।
शक्यः—मुमकिन।
शक्नोमि—सकता हूँ।
शक्नोषि—(तू) सकता है।
शक्नोति—(वह) सकता है।
वक्तुम्—बोलने के लिए।
स्वभाषाम्—अपनी भाषा को।
नारङ्ग—संतरा का वृक्ष।
चन्द्रः—चाँद।
संस्कृतम्—संस्कृत भाषा।
आंग्लभाषा—अंग्रेज़ी भाषा।
देशभाषा—देशी भाषा।
नवीनम्—नवीन, नई।
पुराणम्—पुराना।
मातृभाषा—मादरी ज़बान।
आसनम्—आसन।
नारङ्गः—संतरा (फल)।

वाक्य

1. **त्वं संस्कृतं वक्तुं शक्नोषि**—तू संस्कृत बोल सकता है?
2. **नहि नहि, अहम् आंग्लभाषां वक्तुं शक्नोमि**—नहीं नहीं, मैं अंग्रेज़ी बोल सकता हूँ।
3. **किम् एतत् वरम् अस्तियत् त्वं स्वभाषां वक्तुं न शक्नोषि**—क्या यह अच्छा है कि तू अपनी भाषा नहीं बोल सकता?
4. **कः एवं वदति**—कौन कहता है?
5. **तर्हि संस्कृतं किं न पठसि**—तो संस्कृत क्यों नहीं पढ़ता?
6. **अहं पठामि एव**—मैं पढ़ता हूँ।
7. **त्वं तत्र गन्तुं शक्नोषि किम्**—क्या तू वहाँ जा सकता है?
8. **सः क्रीडितुं शक्नोति**—वह खेल सकता है।
9. **अहं लेखितुं न शक्नोमि**—मैं लिख नहीं सकता।
10. **सः वरं लेखितुं शक्नोति**—वह अच्छा लिख सकता है।

11. **सः नवीनं पुस्तकं लिखति किम्**—वह नई पुस्तक लिखता है क्या?
12. **तस्य गृहम् अतीव पुराणम् अस्ति**—उसका घर बहुत पुराना है।
13. **भो मित्र ! एतत् आसनं गृहाण**—मित्र ! यह आसन ले।

शब्द

अनृतम्—असत्य, झूठ। **अप्रियम्**—अप्रिय।
प्रियम्—प्रिय। **भव**—हो।
अलङ्कारः—भूषण, ज़ेवर। **आचार्यः**—गुरु, शिक्षक।
अध्यापकः—पढ़ानेवाला। **तूष्णीम्**—चुपचाप।
वक्ता—बोलनेवाला। **प्रियवादी**—प्रिय बोलनेवाला।
किरणः—किरन। **असत्यवादी**—झूठ बोलनेवाला।
वृथा—व्यर्थ।

वाक्य

1. **किमर्थम् अनृतं वदसि**—तू क्यों असत्य बोलता है?
2. **अहं कदापि असत्यं नैव वदामि**—मैं कभी असत्य नहीं बोलता।
3. **सः वक्ता सदा एव अप्रियं वदति**—वह (बोलनेवाला) सदा अप्रिय बोलता है।
4. **किं त्वम् अलङ्कारं गृह्णासि**—क्या तू ज़ेवर लेता है?
5. **आचार्यः सत्वरम् आगमिष्यति**—गुरु शीघ्र आएगा।
6. **सः अध्यापकः शीघ्रं न गमिष्यति**—अध्यापक शीघ्र नहीं जाएगा।
7. **सत्यं प्रियं च वद**—सत्य और प्रिय बोल।
8. **सः तत्र तूष्णीं तिष्ठति**—वह वहाँ चुपचाप बैठा है।
9. **बालकः तूष्णीं नैव तिष्ठति**—बालक चुप नहीं रहता।
10. **सः आचार्यः सदा पुस्तकं पठति**—वह शिक्षक सदा पुस्तक पढ़ता है।
11. **सः एवं वृथा वदति**—वह ऐसा व्यर्थ बोलता है।
12. **सः प्रियवादी आचार्यः कुत्र गतः**—वह प्रिय बोलनेवाला आचार्य कहाँ गया?
13. **सः अन्यं नगरं गच्छति**—वह दूसरे शहर को जाता है।

इस समय तक पाठकों ने अ, इ, उ, ऋ ये स्वर जिनके अंत में हैं, ऐसे पुल्लिंग शब्द प्रयोग का प्रकार जान लिया है। अब कुछ पुल्लिंग सर्वनामों के रूप देते हैं, जिनको जानने से पाठक संस्कृत में अनेक प्रकार के वाक्य बना सकते हैं।

अकारान्त पुल्लिग 'सर्व' शब्द

1. **प्रथमा**	**सर्वः**	सब
2. **द्वितीया**	**सर्वम्**	सबको
3. **तृतीया**	**सर्वेण**	सबने (द्वारा)
4. **चतुर्थी**	**सर्वस्मै**	सबके लिए
5. **पञ्चमी**	**सर्वस्मात्**	सबसे
6. **षष्ठी**	**सर्वस्य**	सबका
7. **सप्तमी**	**सर्वस्मिन्**	सबमें

इन रूपों को जानकर पाठक बहुत से वाक्य बना सकते हैं। देखिए—

1. **सर्वः जनः अन्नं भक्षयति**—सब लोग अन्न को खाते हैं।
2. **सर्वं धनं तस्मै देहि**—सारा धन उसको दे।
3. **सर्वेण द्रव्येण सः किं करोति**—सारे धन से वह क्या करता है?
4. **सर्वस्मै याचकवर्गाय मोदकान् देहि**—सब भिक्षुओं को लड्डू दे।
5. **सर्वस्मात् ग्रामात् जनः आगतः**—सब गाँव से लोग आए हैं।
6. **सर्वस्य पुस्तकस्य किं मूल्यम् अस्ति**—सारी पुस्तक का क्या मूल्य है?
7. **सर्वस्मिन् ग्रन्थे धर्मः प्रतिपादितः**—सारे ग्रन्थ में धर्म का प्रतिपादन किया है।

इसी प्रकार निम्न सर्वनाम चलते हैं—

अन्यः—दूसरा।	**विश्वः**—सब।
एकः—एक।	**कः**—कौन।

पाठक इनके रूप बना सकते हैं और वाक्यों में प्रयुक्त कर सकते हैं। अब नीचे कुछ वाक्य देते हैं, जो पाठक पढ़ते ही समझ जाएँगे।

1. एकस्मिन् दिवसे अहं तस्य गृहं गतः 2. अन्यस्मिन् दिने जगदीशराजः अत्र आगतः। 3. अन्यस्य धनं न स्वीकुरु। 4. देवदत्तः सर्वं द्रव्यं तस्मै न ददाति किम्? 5. यदि एकस्मात् ग्रामात् पुरुषः न आगतः। 6. तर्हि अन्यस्मात् ग्रामात् सः कथम् आगमिष्यति? 7. एकस्मिन् मार्गे यथा दुःखम्[1] अस्ति न तथा अन्यस्मिन् मार्गे अस्ति। 8. अतः अन्येन मार्गेण एव तं ग्रामं गच्छ। 9. एकेन गुरुणा एव सर्वं पुस्तकं पाठितम्[2]। 10. अन्यस्मिन् पुस्तके सा[3] कथा नास्ति।

1. द्वारं पिधेहि। 2. पात्रम् इदानीं कुत्र नयसि। 3. सः गोदकम् आम्रं च मध्याह्ने भक्षयति। 4. वृक्षे मूषकं पश्य। 5. नृपतिः चौरं ताडयति। 6. यदा चौरः तत्र गमिष्यति तदा त्वम् अपि तत्र एव गच्छ। 7. यथा त्वं दुग्धं पिबसि तथा एव सः पिबति। 8. स्वर्गस्य द्वारं तेन उद्घाटितम्। 9. हरिद्वारनगरे यथा स्वादु दुग्धं भवति न तथा

---

1. **दुःखम्**—तकलीफ़। 2. **पाठितम्**—पढ़ाई। 3. **सा**—वह।

अमृतसरे। 10. यथा विहगः आकाशे गच्छति, तथा मनुष्यः अत्र गच्छति। 11. अद्य कुमारः कुत्र वर्तते?

पाठ 18

शब्द

मार्जनलेपः—साबुन।
पर्यंकः—पलंग।
आलस्यम्—आलस।
आनन्दः—आनन्द।
ईन्धनम्—लकड़ी, ईंधन।
शौचम्—शौच।
उत्तिष्ठामि—उठता हूँ।
उत्तिष्ठसि—(तू) उठता है।
पङ्कः—कीचड़।
सूत्रम्—धागा।
हवनार्थम्—हवन के लिए।
इह—यहाँ।
इति—ऐसा।
उत्तिष्ठति—(वह) उठता है।
हवनकुण्डम्—हवनकुण्ड।
यज्ञसामग्री—हवन-सामग्री।

वाक्य

1. **भो शिष्य ! उत्तिष्ठ, आलस्यं न कुरु**—हे शिष्य ! उठ, आलस न कर।
2. **अहम् उत्तिषठामि, शौचं स्नानं च कृत्वा हवनार्थम् आगच्छामि**—मैं उठता हूँ, शौच और स्नान करके हवन के लिए आता हूँ।
3. **शीघ्रम् उत्तिष्ठ तत्र च सत्वरम् आगच्छ**—जल्दी उठ और वहाँ शीघ्र आ।
4. **तत्र हवनार्थम् ईन्धनं नास्ति**—वहाँ हवन के लिए लकड़ी नहीं है।
5. **यज्ञकुण्डं कुत्र अस्ति**—हवनकुण्ड कहाँ है?
6. **अहं न जानामि**—मैं नहीं जानता।
7. **तत्र एव पश्य शीघ्रं च अत्र आनय**—वहाँ ही देख और शीघ्र यहाँ ले आ।
8. **भो मित्र ! हवनकुण्डम् अहम् आनयामि, त्वम् ईन्धनम् आनय**—मित्र ! हवनकुण्ड मैं लाता हूँ, तू लकड़ी ले आ।
9. **यज्ञसामग्री अत्र अस्ति**—हवन सामग्री यहाँ है।
10. **स्नानं कृत्वा एव हवनं करोमि**—स्नान करके ही हवन करता हूँ।
11. **स्नानं सन्ध्यां च कृत्वा हवनं कुरु**—स्नान और सन्ध्या करके हवन कर।
12. **इदानीं देवदत्तः सन्ध्यां करोति**—अब देवदत्त सन्ध्या करता है।

शब्द

आरभे—मैं आरम्भ करता हूँ।
आरभते—वह आरम्भ करता है।
एहि—आओ।
माम्—मुझे।
आज्ञापयति—आज्ञा देता है।
आज्ञापयामि—आज्ञा देता हूँ।
तम्—उसको।
इति—ऐसा, यह।
आरभसे—तू आरम्भ करता है।
उपास्य—उपासना करके।
कुशलः—स्वस्थ, प्रवीण।
कम्बलम्—कम्बल।
आज्ञापयसि—तू आज्ञा देता है।
त्वाम्—तुझे।
शुभम्—अच्छा।
ऊर्णावस्त्रम्—ऊनी कपड़ा।

वाक्य

1. **रामचन्द्रः इदानीं कुशलः अस्ति**—रामचन्द्र अब स्वस्थ है।
2. **सः प्रातः एव सन्ध्याम् उपास्य बहिः गच्छति**—वह सवेरे ही सन्ध्या करके बाहर जाता है।
3. **सः मध्याह्ने आगच्छति तदा भोजनं च करोति**—वह दोपहर के समय आता है और तब भोजन करता है।
4. **सः माम् आज्ञापयति**—वह मुझे आज्ञा देता है।
5. **अहं त्वां न आज्ञापयामि**—मैं तुझको आज्ञा नहीं देता।
6. **सः तं किमर्थम् आज्ञापयति**—वह उसको किसलिए आज्ञा देता है।
7. **सः तं कदापि न आज्ञापयति**—वह उसको कभी आज्ञा नहीं देता।
8. **एहि, पश्य एतत्**—आ, इसको देख।
9. **सः शुभं कर्म इदानीम् आरभते**—वह अब श्रेष्ठ कार्य आरम्भ करता है।
10. **अहम् इदानीं संस्कृतं पठितुम् आरभे**—मैं अब संस्कृत पढ़ना प्रारंभ करता हूँ।
11. **त्वम् अपि किं न आरभसे**—तू भी क्यों नहीं आरम्भ करता?
12. **समयः न अस्ति, अतः न आरभे**—समय नहीं है, इसलिए नहीं आरम्भ करता।
13. **त्वम् इदानीं कुशलः असि किम्**—तू अब कुशलपूर्वक है क्या?
14. **सः तत्र गत्वा भूमिं खनति**—वह वहाँ जाकर ज़मीन खोदता है।
15. **तत्र न गच्छ इति सः त्वाम् आज्ञापयति**—वहाँ (तू) न जा, ऐसी वह तुझे आज्ञा देता है।

पुल्लिग में 'किम्' शब्द के रूप

1. प्रथमा	कः	कौन
2. द्वितीया	कम्	किसको
3. तृतीया	केन	किसने
4. चतुर्थी	कस्मै	किसके लिए
5. पञ्चमी	कस्मात्	किससे
6. षष्ठी	कस्य	किसका
7. सप्तमी	कस्मिन्	किसमें

शब्द

गतः—गया।
मन्दिरम्—घर, पूजास्थान।
ददाति—(वह) देता है।
भवति—(वह) होता है।
भवामि—होता हूँ।
गृहीत्वा—लेकर।
आलेख्यम्—चित्र, तस्वीर।
आलिख्य—लिखकर।
ददासि—(तू) देता है।
भवसि—(तू) होता है।
मत्वा—मानकर।
भूत्वा—होकर।

वाक्य

1. **कः तत्र अस्ति**—वहाँ कौन है?
2. **त्वं कं पश्यसि**—तू किसको देखता है?
3. **केन मार्गेण सः गतः**—वह किस मार्ग से गया?
4. **कस्मै धनं ददासि**—किसके लिए (को) धन देते हो?
5. **कस्मात् ग्रामात् सः आगच्छति**—वह किस गाँव से आता है?
6. **कस्य एतत् पुस्तकम् अस्ति**—यह पुस्तक किसकी है?
7. **कस्मिन् पुस्तके तत् आलेख्यम् अस्ति**—किस पुस्तक में वह तस्वीर है?
8. **कः तत्र न गच्छति**—वहाँ कौन नहीं जाता?
9. **कस्मै कारणाय त्वं धनं न ददासि**—तू किस कारण धन नहीं देता?
10. **कस्मिन् स्थाने तस्य पाठशाला अस्ति**—उसकी पाठशाला किस स्थान में है?

किं कृष्णः मन्दिरं न गच्छति? अद्य कृष्णः मन्दिरं नैव गच्छति। देवदत्तः यदि रामचन्द्राय पुस्तकं न ददाति तर्हि कस्मै ददाति? त्वं कुत्र गत्वा इदानीम् अत्र आगतः? मित्र, पश्य, तस्य, गृहम् अत्र एव अस्ति। मम गृहम् अत्र नास्ति। तव वस्त्रं मलिनम्। कं प्रणम्य सः आगतः? सः गुरुं प्रणम्य आगतः।

निम्न वाक्यों के संस्कृत-वाक्य बनाइए—

हे विष्णुदत्त, तू कब आएगा? मैं शाम के समय सन्ध्या करके वहाँ आऊँगा। तू वहाँ क्यों नहीं जाता? बता, यदि तू जाएगा तो मैं अवश्य जाऊँगा। वह तुमको पीटता है। रामचन्द्र यज्ञदत्त के लिए पुस्तक नहीं देता। देख, मेरा घर कैसा अच्छा है! मैं ठंडे पानी से स्नान करके आया। तू अब पुस्तक पढ़। मैं भोजन करके पत्र पढ़ूँगा।

पाठ 19

शब्द

मसूराः—मसूर।
तिलाः—तिल।
मनुष्यः—मनुष्य।
पुरुषः—मर्द।
कलमः—लेखनी।
मुद्गाः—मूंग।
स्त्री—स्त्री।
कृष्णाः—काले।
यवाः—जौ।
गोधूमाः—गेहूँ, कनक।
काचः—शीशा।
तण्डुलाः—चावल।
माषाः—माष, उड़द।
सन्ति—हैं।
अर्धम्—आधा।

वाक्य

1. **सः पुरुषः नगरं गत्वा जलम् आनयति**—वह पुरुष शहर जाकर जल लाता है।
2. **तत्र गोधूमाः सन्ति परन्तु यवाः न सन्ति**—वहाँ गेहूँ है परन्तु जौ नहीं है।
3. **तिलाः कृष्णाः सन्ति तथा एव माषाः अपि**—तिल काले हैं, माष भी वैसे ही हैं।
4. **माषाः न तथा कृष्णाः यथा तिलाः**—माष वैसे काले नहीं, जैसे तिल।
5. **पश्य, अत्र पुरुषः अस्ति**—देख, यहाँ आदमी है।
6. **अत्र पुरुषः अस्ति परन्तु स्त्री नास्ति**—यहाँ पुरुष है परन्तु स्त्री नहीं है।
7. **दुर्गादासः किं करोति**—दुर्गादास क्या करता है?
8. **बाबूरामः तत्र तिष्ठति लिखति च**—बाबूराम वहाँ ठहरता है और लिखता है।
9. **तव दूतः लेखितुं न शक्नोति**—तेरा दूत लिख नहीं सकता।
10. **मम स्त्री संस्कृतं वक्तुं शक्नोति**—मेरी स्त्री संस्कृत बोल सकती है।

11. **तत्र उपविश, यत्र बालकः स्वपिति**—वहाँ बैठ, जहाँ बालक सोता है।
12. **अत्र बालकः नास्ति**—यहाँ बालक नहीं है।
13. **तर्हि सः कुत्र अस्ति इति अहं न जानामि**—तो वह कहाँ है, यह मैं नहीं जानता।
14. **सः इदानीम् उपरि अस्ति**—यह अब ऊपर है।
15. **त्वं नीचैः गच्छ**—तू नीचे जा।

शब्द

त्यजति—छोड़ता है।	**त्यजसि**—तू छोड़ता है।
त्यजामि—छोड़ता हूँ।	**त्यक्त्वा**—छोड़कर।
त्यक्तुम्—छोड़ने के लिए।	**हस्तौ**—दोनों हाथ।
प्रक्षालयति—(वह) धोता है।	**प्रक्षालयसि**—(तू) धोता है।
प्रक्षालयामि—धोता हूँ।	**प्रक्षालयितुम्**—धोने के लिए।
प्रक्षालय—धो।	**मुखम्**—मुँह।
पादौ—दोनों पाँव।	**प्रक्षालनम्**—धोना।
कठिनम्—सख़्त।	**त्यज**—छोड़।
प्रथमम्—पहले।	**जडः**—मूर्ख।

वाक्य

1. **सः हस्तौ पादौ च प्रक्षालयति**—वह हाथ और पाँव धोता है।
2. **अहं वस्त्रं प्रक्षालयामि**—मैं कपड़ा धोता हूँ।
3. **त्वम् इदानीं किं प्रक्षालयसि**—तू अब क्या धोता है?
4. **त्वम् इदानीम् एव किमर्थं तत् प्रक्षालयसि**—तू अभी किसलिए उसे धोता है।
5. **अद्य सायङ्काले जलम् आनय वस्त्रं च प्रक्षालय**—आज सायंकाल जल ला और वस्त्र धो।
6. **त्वम् अनृतं किमर्थं न त्यजसि**—तू झूठ बोलना क्यों नहीं छोड़ता?
7. **सः असत्यं शीघ्रम् एव त्यजति**—वह असत्य को जल्दी छोड़ देता है।
8. **प्रथमं हस्तौ पादौ च प्रक्षालय**—पहले हाथ-पैर धो।
9. **पश्चात् भोजनं कुरु**—बाद में भोजन कर।
10. **प्रातर् एव उत्तिष्ठ मुखं च प्रक्षालय**—सवेरे ही उठ और मुँह धो।
11. **सः प्रातर् उत्तिष्ठति, बहिर् गच्छति, तत्र मुखं प्रक्षालयति**—वह सवेरे उठता है, बाहर जाता है, वहाँ मुँह धोता है।
12. **सः उष्णं जलं न पिबति**—वह गरम जल नहीं पीता।
13. **अहं शीतं जल न पिबामि**—मैं ठंडा जल नहीं पीता।

14. **त्वं तत्र गच्छ वस्त्रं च प्रक्षालय**—तू वहाँ जा और कपड़ा धो।
15. **जडः न पठति**--मूर्ख नहीं पढ़ता।
16. **सः बालकः मूढः नैव अस्ति**—वह बालक मूढ़ नहीं है।

पुल्लिंग 'अस्मत्' शब्द

1. **प्रथमा**	**अहम्**	मैं
2. **द्वितीया**	**माम्**	मुझे
3. **तृतीया**	**मया**	मैंने, मुझसे
4. **चतुर्थी**	**मह्यम्**	मेरे लिए
5. **पञ्चमी**	**मत्**	मुझसे
6. **षष्ठी**	**मम**	मेरा
7. **सप्तमी**	**मयि**	मुझमें, पर

शब्द

लिखित्वा, लेखित्वा—लिखकर।
हृतम्—हरण किया।
जानाति—वह जानता है।
जानामि—जानता हूँ।
कर्तुम्—करने के लिए।
प्रष्टुम्—पूछने के लिए।
मिलित्वा—मिलकर।
पाहि—रक्षा कर।
उत्थाय—उठकर।
नेतुम्—ले जाने के लिए।
गन्तुम्—जाने के लिए।
तपः—तप।
जानासि—(तू) जानता है।
हर्तुम्—हरण करने के लिए।
आनेतुम्—लाने के लिए।
आलस्यम्—सुस्ती।
आचरति—आचरण करता है।
हन्तुम्—हनन (मारने) के लिए।
हत्तुम्—शौच, पाखाना करने के लिए।
आगन्तुम्—आने के लिए।
वेत्तुम्—जानने के लिए।

वाक्य

1. **अहं भ्रात्रा सह ग्रामं गच्छामि**—मैं भाई के साथ गाँव को जाता हूँ।
2. **मया सह त्वम् अपि आगच्छ**—मेरे साथ तू भी आ।
3. **मह्यं वस्त्रं देहि**—मेरे लिए (मुझे) कपड़ा दे।
4. **हे ईश्वर! मां पाहि**—हे परमात्मन्! मेरी रक्षा कर।

5. मम धनं तेन हृतम्—मेरा धन उसने चुरा लिया है।
6. मत् अन्नं गृहीत्वा तस्मै देहि—मुझसे अन्न लेकर उसे दे।
7. मयि पातकं नास्ति—मुझमें पाप नहीं है।

सुगम वाक्य

तं मुनिं पश्य। सः मुनिः प्रातर् एव उत्तिष्ठति। सः प्रातर् उत्थाय किं करोति ? सः प्रातर् उत्थाय तपः आचरति। यज्ञमित्रः भूमित्रस्य पुत्रः अस्ति। सः तं मुनिं प्रणम्य अत्र आगच्छति। सः मुनिः कस्मात् स्थानात् अत्र आगतः इति त्वं जानासि किम्? सः मुनिः कस्माद् ग्रामाद् अत्र आगतः अहं नैव जानामि, यज्ञमित्रः जानाति। हे मित्र, किं त्वं जानासि? सः मुनिः अयोध्यानगरात् अत्र आगतः। कदा आगतः इति अहं न जानामि। सः सर्वं शास्त्रं जानाति।

पाठ 20

इस समय तक आपके उन्नीस पाठ हो चुके हैं, और आपके पास नित्य व्यवहार में उपयुक्त होनेवाले बहुत शब्द आ चुके हैं। अगर आपने ये शब्द याद कर लिये होंगे तथा पाठों में जो वाक्य दिए हैं, उनकी पद्धति की ओर ध्यान देकर, उन वाक्यों को भी अच्छी तरह याद कर लिया होगा, तो दैनिक व्यवहार में उपयोगी कुछ वाक्य आप बना सकेंगे! प्रत्येक पाठ में दस-बीस नये उपयोगी शब्द आते हैं और जो पाठक उनका उपयोग करेंगे वे जल्दी संस्कृत बोल सकेंगे।

आज के पाठ में कोई नया शब्द नहीं दिया जा रहा, जो शब्द और वाक्य पूर्वोक्त उन्नीस पाठों में आ चुके हैं, उन्हीं को आज आप दुबारा याद कीजिए, ताकि उन्हें भूल न जाएँ! अगर आप पिछला पाठ भूलेंगे तो आगे नहीं बढ़ सकेंगे। हम ऐसे क्रम से वाक्य देने का यत्न करते हैं कि शब्दों को रटे बिना ही वे याद हो जाएँ। हमारा प्रयत्न सफल होने के लिए आपका दृढ़ अभ्यास भी तो आवश्यक है।

आप नए संस्कृत-वाक्य बनाने के समय डरते होंगे कि शायद वाक्य अशुद्ध बनेंगे, परन्तु आप ऐसा डर मन में न लायें। आपके वाक्य शुद्ध हों अथवा अशुद्ध, कोई बात नहीं, आप वाक्य बनाते जाइए और साथ-साथ हमारे दिए हुए वाक्यों की पद्धति ध्यान में रखिए। आपके वाक्य धीरे-धीरे ठीक हो जाएँगे।

इस पाठ में पहले आए हुए शब्दों में से कई नए वाक्य दिए गए हैं। स्वयं उनको विशेष ध्यान से पढ़िए। अगर आपके साथ पढ़नेवाला कोई नहीं है, तो आप स्वयं ही ऊँचे स्वर से पढ़ते रहिये। तात्पर्य यह है कि आपके कानों को संस्कृत भाषा

सुनने का अभ्यास हो जाए। कई लोग शब्द तथा वाक्य मन में ही याद करते हैं, यह बड़ी भारी ग़लती है। जब तक भाषा सुनने का कानों को अभ्यास न होगा, तब तक कोई भाषा अच्छी तरह नहीं आ सकती। इस कारण दो विद्यार्थियों का साथ पढ़ना बहुत लाभकारी होता है तथा बोलकर पढ़ने से भी लाभ हो सकता है। अब आगे लिखे हुए वाक्य स्मरण कीजिए—

वाक्य

1. **तत्र शङ्करदासः गन्तुं शक्नोति न वा**—वहाँ शंकरदास जा सकता है या नहीं?
2. **सः तत्र यदा गन्तुम् इच्छति तदा गच्छति**—वह वहाँ जब जाना चाहता है, तब जाता है।
3. **ईश्वरः सर्वत्र अस्ति**—ईश्वर सब जगह है।
4. **सः आपणं गत्वा कुण्डलिनीम् आनयति**—वह बाज़ार जाकर जलेबी लाता है।
5. **यदा सः पाठशालां न गच्छति, तदा उद्यानम् अपि न गच्छति**—जब वह पाठशाला नहीं जाता, तब बाग़ भी नहीं जाता।
6. **त्वं सदा किमर्थं नगरं गच्छसि**—तू हमेशा शहर क्यों जाता है?
7. **श्वः जालन्धरनगरं गमिष्यति, देवव्रतं च आनेष्यति**—वह कल जालन्धर आएगा और देवव्रत को ले आएगा।
8. **यदि जानसनः घटिकायन्त्रं सुष्ठु करिष्यति तर्हि अहम् आनेष्यामि**—अगर जानसन घड़ी को ठीक कर देगा तो मैं ले आऊँगा।
9. **त्वम् औषधालयं कदा गमिष्यसि औषधं च कदा आनेष्यसि**—तू दवाख़ाने कब जाएगा और दवा कब लाएगा?
10. **अहं सर्वदा फलं भक्षयामि, अन्नं कदापि नैव भक्षयामि**—मैं हमेशा फल खाता हूँ, अन्न कभी नहीं खाता।
11. **तस्मै धनं, वस्त्रं अन्नं च देहि**—उसको धन, कपड़ा और अन्न दे।
12. **शीघ्रं रथम् आनय, अहं बहिः गन्तुम् इच्छामि**—जल्दी गाड़ी ले आ, मैं बाहर जाना चाहता हूँ।
13. **हे दास ! द्वारम् उद्घाटय, अहं आगन्तुम् इच्छामि**—अरे नौकर ! दरवाज़ा खोल, मैं आना चाहता हूँ।
14. **पानार्थं मह्यं मधुरं दुग्धं देहि**—पीने के लिए मुझे मीठा दूध दे।

(1) तस्मै फलं न देहि। (2) यस्मै त्वया अन्नं दत्तं तस्मै जलम् अपि देहि। (3) यस्मात् स्थानात् त्वम् अद्य आगतः तस्मात् स्थानात् यज्ञदत्तः अपि आगतः। (4) रामदेवः तत्र नास्ति इति कः वदति। (5) धर्मदत्तस्य एतत् पुस्तकम् अस्ति। (6) तत् सोमदत्तेन तत्र नीतम्। (7) कः प्रथमम् उत्तिष्ठति। (8) विश्वामित्रः शीघ्रं वदति।

परीक्षा

पाठकों के इस समय तक बीस पाठ हो चुके हैं। यहाँ उचित है कि पाठक पूर्व पाठों को दुबारा पढ़कर सब शब्द तथा वाक्य स्मरण करें और इन प्रश्नों का उत्तर देने के पश्चात् ही इक्कीसवें पाठ को प्रारम्भ करें।

प्रश्न

(1) निम्न स्वरों की सन्धि कीजिए–

इ + ई	आ + ओ
आ + इ	उ + अ
अ + ए	इ + आ
ओ + आ	ऐ + इ

(2) निम्न शब्दों को सातों विभक्तियों के एकवचन के रूप दीजिए–
राम। देवदत्त। ग्राम। इन्द्र। नृपति। भूपति। भानु। कर्तृ। धर्तृ।

(3) निम्न शब्दों के पंचमी के एकवचन रूप लिखिए–
नरपति। चित्रभानु। वसु। किम्। अस्मद्। भोक्तृ। दातृ। रथ। कवि। शम्भु।

(4) निम्न वाक्यों के अर्थ लिखिए–

1. किं त्वम् अद्य ग्रामं न गच्छसि? 2. सः तत्र गत्वा किं किं करोति? 3. अहं रात्रौ ग्रामाद् बहिः न गच्छामि। 4. सः दिवा यत्र कुत्र अपि भ्रमति। 5. अहं परश्वः हरिद्वारं गत्वा गङ्गाजलम् आनेष्यामि। 6. पर्वतस्य शिखरं रमणीयं नास्ति। 7. तेन उत्तमं पुस्तकं रचितम्। 8. सः स्नात्वा पठति, पठित्वा भोजनं करोति। 9. रवेः प्रकाशो भवति। 10. नृपतेः प्रसादेन तेन धनं प्राप्तम्। 11. मुनिना मोदकः न भक्षितः। 12. सः रात्रौ भोजनं न करोति। 13. सेनापतिना सैन्यम् अत्र आनीतम्। 14. वह्निना सर्वं गृहं दग्धम्[1]। 15. वाल्मीकिना रामायणं रचितम्। 16. व्यासेन महाभारतं लिखितम्।

(5) निम्न वाक्यों का संस्कृत में अनुवाद कीजिए–

1. वह नगर कब जाएगा? 2. अब तू कहाँ जाता है? 3. बोल, तू वहाँ क्यों नहीं जाता? 4. भाई, तू वहाँ शीघ्र जा। 5. जहाँ तू दिन में जाता है, वहाँ वह रात्रि में जाता है। 6. वहाँ वह परसों कैसे जा सकता है? 7. तू अब वन को जा, मैं नगर जाऊँगा और मेरा भाई गाँव जाएगा। 8. मैं घर जाऊँगा। 9. तू वहाँ जल्दी जा। 10. आज विष्णुशर्मा आ गया। 11. मैं परसों स्नान करूँगा।

---

1. **दग्धम्**–जला।

पाठ 21

रेखा—लकीर।
सिद्धम्—तैयार।
वायुः—हवा।
स्वभावः—आदत।
मार्जारम्—बिल्ली को।
आकाशः—आकाश।
लोभः—लालच।
शुद्धः—स्वच्छ।
नगरे—शहर में।
वेषः—पहनावा।
अश्वम्—घोड़े को।
तारकाः—तारागण।

वाक्य

1. **तव भोजनं सिद्धम् अस्ति इति त्वं जानासि किम्**—तेरा भोजन तैयार है, यह तू जानता है क्या?
2. **भो मित्र! अहं न जानामि**—मित्र ! मैं नहीं जानता।
3. **एतत् ज्ञात्वा भोजनाय कथं न आगमिष्यामि**—यह जानकर भोजन के लिए कैसे नहीं आऊँगा।
4. **प्रातर् एव उत्तिष्ठ व्यायामं च कुरु**—सवेरे ही उठ और व्यायाम कर।
5. **त्वं प्रातः वनं किमर्थं गच्छसि**—तू सवेरे वन को क्यों जाता है?
6. **तत्र प्रातः शुद्धः वायुः भवति**—वहाँ सवेरे शुद्ध वायु होती है।
7. **किं नगरे शुद्धः वायुः न भवति**—क्या शहर में शुद्ध वायु नहीं होती?
8. **नगरे शुद्धः वायुः कदापि न भवति**—शहर में शुद्ध वायु कभी नहीं होती।
9. **त्वम् अत्र सायङ्कालपर्यन्तं स्थातुं शक्नोषि किम्**—तू यहाँ शाम तक ठहर सकता है क्या?
10. **सः अतीव दुर्बलः जातः, अतः गन्तुं न शक्नोति**—वह बहुत ही दुर्बल हो गया है, इसलिए जा नहीं सकता।
11. **त्वम् इदानीं ज्वरितः असि, अतः अल्पम् अन्नं भक्षय**—तू अब ज्वर युक्त है, इसलिए थोड़ा अन्न खा।
12. **सः किमर्थं मार्जारं ताडयति**—वह बिल्ली को क्यों मारता है?
13. **सः कदा नीरोगः भविष्यति**—वह कब स्वस्थ होगा?
14. **आकाशे तारकान् पश्य**—आकाश में तारे देख।
15. **बालकः वने क्रीडति किम्**—क्या बालक वन में खेलता है?

शब्द

अस्तसमये—सूर्य डूबने के समय। **भानुः**—सूर्य।
उदयसमये—उदयकाल में। **उदयते**—उगता है।
हसनम्—हँसना। **प्रतिमा**—मूर्ति।
रजकः—धोबी। **गृहीत्वा**—लेकर।
दुग्धपानार्थम्—दूध पीने के लिए। **गोदुग्धम्**—गाय का दूध।
नमनम्—नमस्कार। **आलोकचित्रम्**—फ़ोटोग्राफ़।

वाक्य

1. **एष भानुर् आकाशे उदयते**—यह सूर्य आकाश में निकलता है।
2. **यदा भानुर् उदयते तदा आकाशः रक्तो जायते**—जब सूर्य निकलता है तब आकाश लाल हो जाता है।
3. **यथा उदयसमये तथा अस्तसमये अपि भवति**—जैसा उदयकाल में होता है, वैसा ही अस्तसमय में भी होता है।
4. **भद्रसेनः अतीव दरिद्रः अस्ति इति त्वं न जानासि किम्**—भद्रसेन अत्यन्त दरिद्र है, क्या यह तू नहीं जानता?
5. **पश्य, सः किमर्थं हसति**—देख, वह क्यों हँसता है?
6. **अहमदः मार्गे पतितः अतः सः हसति**—अहमद सड़क पर गिर पड़ा, इसलिए वह हँसता है।
7. **किम् एतद् वरम् अस्ति**—क्या यह ठीक है?
8. **एवं हसनं वरं नैव अस्ति**—इस प्रकार हँसना ठीक नहीं है।
9. **इदानीं सः रजकः वस्त्रं कुत्र नयति**—अब वह धोबी वस्त्र कहां ले जाता है।
10. **रजकः प्रातर् एव वस्त्रं गृहीत्वा कूपं गच्छति**—धोबी सवेरे ही वस्त्र लेकर कुएँ पर जाता है।
11. **सः तत्र गत्वा वस्त्रं प्रक्षालयति**—वह वहाँ जाकर वस्त्र धोता है।
12. **सः परकीयां गां किमर्थं गृहम् आनयति**—वह दूसरे की गाय किसलिए घर में लाता है?
13. **दुग्धपानार्थं गाम् आनयति**—(वह) दूध पीने के लिए गाय लाता है।
14. **गोदुग्धं त्वं पिबसि किम्**—गाय का दूध तू पीता है क्या?
15. **गोदुग्धं मिष्टं भवति अतः तद् एव अहं पिबामि**—गाय का दूध मीठा होता है, इसलिए वही मैं पीता हूँ।
16. **शृणु, अद्य अहं तत्र नैव गमिष्यामि**—सुन, आज मैं वहाँ नहीं जाऊँगा।

पुल्लिंग में 'युष्मत्' शब्द

1. **प्रथमा**	**त्वम्**	तू
2. **द्वितीया**	**त्वाम्**	तुझे
3. **तृतीया**	**त्वया**	तूने, तेरे द्वारा
4. **चतुर्थी**	**तुभ्यम्**	तेरे लिए, तुझे
5. **पञ्चमी**	**त्वत्**	तुझसे
6. **षष्ठी**	**तव**	तेरा
7. **सप्तमी**	**त्वयि**	तुझमें, पर

शब्द

स्थातुम्—बैठने के लिए।
आसितुम्—बैठने के लिए।
पातुम्—पीने के लिए।
जेतुम्—विजय पाने के लिए।
स्वीकर्तुम्—स्वीकार करने के लिए।
गणयितुम्—गिनने के लिए।
हसितुम्—हँसने के लिए।
मार्ष्टुम्—माँजने के लिए।
जागरितुम्—जागने के लिए।
द्रष्टुम्—देखने के लिए।
उत्थातुम्—उठने के लिए।
भोक्तुम्—खाने के लिए।
स्वप्तुम्—सोने के लिए।
वक्तुम्—बोलने के लिए।
भक्षयितुम्—खाने के लिए।
चोरयितुम्—चुराने के लिए।
पठितुम्—पढ़ने के लिए।
ताडयितुम्—पीटने के लिए।
चिन्तयितुम्—विचार करने के लिए।
स्मर्तुम्—याद करने के लिए।

वाक्य

1. **त्वं प्रष्टुं गच्छ**—तू पूछने के लिए जा।
2. **तत्र अन्नं भोक्तुं गच्छति**—(वह) वहाँ अन्न खाने के लिए जाता है।
3. **अहं जलं पातुम् अत्र आगतः**—मैं जल पीने के लिए यहाँ आया हूँ।
4. **ईश्वरदत्तः स्वप्तुं स्वगृहं गतः**—ईश्वरदत्त सोने के लिए अपने घर गया।
5. **बालकः पठितुं न इच्छति**—बालक पढ़ना नहीं चाहता।
6. **सेनापतिः जेतुम् उद्यमं करोति**—सेनापति विजय पाने के लिए उद्योग करता है।
7. **त्वम् अध्यापकस्य समीपे तं प्रश्नं प्रष्टुं गच्छसि किम्**—क्या तू गुरु के पास वह प्रश्न पूछने के लिए जाता है?
8. **आः! विष्णुशर्मा तत्र शीघ्रं गन्तुं धावति**—अरे! विष्णुशर्मा वहाँ जल्दी पहुंचने के लिए दौड़ता है।

9. **सः गुरु प्रणम्य अध्ययनं करोति**—वह गुरु को प्रणाम करके अध्ययन करता है।

सरल वाक्य

1. किं त्वं तस्य गृहे तिष्ठसि? 2. अहम् आचार्यस्य समीपं वेदं पठितुं नित्यं गच्छामि। 3. त्वं तस्मात् स्थानात् उत्थातुं न इच्छसि किम्? 4. सः आसनाद् उत्थातुम् अपि न इच्छति। 5. त्वं कदा ग्रामं गन्तुम् इच्छसि? 6. अहं वने गत्वा व्याघ्रं हन्तुम् इच्छामि। 7. केन सह त्वं वनं गमिष्यसि? 8. अहम् अद्य रात्रौ सरदारदिलीपसिंहेन सह वनं गमिष्यामि। 9. केन दिलीपसिंहेन सह त्वं गन्तुम् इच्छसि? 10. यः दिलीपसिंहः अमृतसरनगरे निवसति[1]। 11. कस्य सः पुत्रः? 12. सः सरदारसिंहस्य पुत्र ज्वालासिंहस्य भ्राता[2] अस्ति? 13. अहम् अपि तं द्रष्टुम्[3] आगमिष्यामि। 14. देवशर्मा इदानीं कुत्र गतः? 15. यत्र विश्वदेवः गतः तत्र एव देवशर्मा अपि गतः। 16. देवदत्तः पुष्पमालां गृहीत्वा धावति। 17. किमर्थं सः धावति? 18. सः शीघ्रं गृहं गन्तुम् इच्छति, अतः एव धावति। 19. तेन द्रव्यं दत्त्वा पठितम्। 20. परन्तु मया द्रव्यम् अदत्त्वा[4] एव पठितम्। 21. यदि सः वेदं पठति तर्हि त्वम् अपि वेदं पठ। 22. प्रातःकाले उत्थाय ईश्वरस्य स्मरणं[5] कर्तव्यम्। 23. प्रातःकाले उत्थाय विद्याऽभ्यासः[6] कर्तव्यः। 24. प्रातःकाले अभ्यासे कृते[7] विद्या सत्वरम् आगमिष्यति। 25. विद्यां विना व्यर्थं जीवनम्[8]। 26. सः तत्र गत्वा आगतः किम्?

1. क्या तू उसके घर में रहता है? 2. मैं गुरु के पास वेद पढ़ने के लिए हमेशा जाता हूँ। 3. क्या तू उस स्थान से उठना नहीं चाहता? 4. वह आसन से उठना भी नहीं चाहता। 5. तू कब गाँव जाना चाहता है। 6. मैं वन जाकर बाघ मारना चाहता हूँ। 7. तू किसके साथ वन जाएगा? 8. मैं आज सरदार दिलीपसिंह के साथ जाना चाहता हूँ। 9. कौन से दिलीपसिंह के साथ जाना चाहते हो? 10. जो अमृतसर में रहता है। 11. वह किसका लड़का है? 12. देवशर्मा आज यहाँ नहीं है। 13. तू ऊपर जा, मैं नीचे जाता हूँ। 14. जलेबियाँ जल्दी ले आ।

---

1. **निवसति**—रहता है। 2. **भ्राता**—भाई। 3. **द्रष्टुम्**—देखने के लिए। 4. **अदत्त्वा**—न देकर। 5. **स्मरणम्**—याद। 6. **विद्याभ्यासः**—पढ़ना। 7. **अभ्यासे कृते**—अभ्यास करने पर। 8. **व्यर्थं जीवनम्**—ज़िन्दगी व्यर्थ है।

पाठ 22

शब्द

स्मृत्वा—स्मरण करके।
सदाचारः—सदाचार।
स्मरति—वह स्मरण करता है।
स्मरामि—स्मरण करता हूँ।
स्थान—जगह।
विषये—विषय में।
स्मरिष्यति—वह स्मरण करेगा।
स्मरिष्यामि—स्मरण करूँगा।
ज्ञानम्—ज्ञान
शृङ्गवेरम्—अदरक।
स्मरसि—तू स्मरण करता है।
गणयति—वह गिनता है।
सकलम्—सम्पूर्ण।
शास्त्रस्य—शास्त्र का।
चोरयति—वह चुराता है।

वाक्य

1. **सः स्मृत्वा वदति**—वह स्मरण करके बोलता है।
2. **यस्य ज्ञानं नास्ति तस्मिन् विषये सः किमर्थं वदति**—जिसका ज्ञान नहीं है, उस विषय में वह क्यों बोलता है?
3. **सदाचारः एव धर्मः अस्ति**—सदाचार ही धर्म है।
4. **शृङ्गवेरं त्वं भक्षयसि किम्**—क्या तू अदरक खाता है?
5. **देवदत्तस्य स्थानं त्वं जानासि किम्**—देवदत्त का स्थान तू जानता है क्या?
6. **इदानीं तु न जानामि**—अब तो नहीं जानता।
7. **परन्तु स्मृत्वा वदिष्यामि**—परन्तु स्मरण करके बताऊँगा।
8. **तस्य गृहम् अतीव दूरम् अस्ति**—उसका घर बहुत दूर है।
9. **तत्र त्वम् इदानीं किमर्थं गन्तुम् इच्छसि**—वहाँ तू अब क्यों जाना चाहता है?
10. **सः शास्त्रस्य सर्वं ज्ञानं जानाति**—वह शास्त्र का सब ज्ञान जानता है।
11. **यदि त्वं तद् ज्ञातुम् इच्छसि तर्हि आगच्छ**—अगर तू उसे जानना चाहता है, तो आ।
12. **त्वं घृतं कथं पिबसि**—तू घी कैसे पीता है?
13. **अहं तु न पातुं शक्नोमि**—मैं तो नहीं पी सकता।
14. **पश्य अहं कथं पिबामि**—देख, मैं कैसे पीता हूँ।

शब्द

रिपुः—शत्रु।
हस्तः—हाथ।
मालिन्यम्—मलीनता।
विक्रीय—बेचकर।
क्रीणासि—तू ख़रीदता है।
आलोकयति—वह देखता है।
चेत्—यदि।
वा—अथवा।
केशः—केश।
रोचते—पसन्द है।
माषवटी—कचौरी।
क्रीणति—वह ख़रीदता है।
क्रीणामि—ख़रीदता हूँ।
कृष्णः—काला।
मा—नहीं।
विलोकयति—वह देखता है।

वाक्य

1. **मालिन्यं वरं नास्ति**—मलिनता अच्छी नहीं है।
2. **तस्य केशाः अतीव कृष्णाः सन्ति**—उसके बाल बहुत काले हैं।
3. **यदि रोचते तर्हि गृहाण**—अगर पसन्द हैं तो ले।
4. **न रोचते चेत्* मा कुरु**—यदि* पसन्द नहीं है (तो*) न कर।
5. **किं क्रीणासि पुष्पं फलं वा**—क्या ख़रीदते हो फूल या फल?
6. **न अहम् इदानीं पुष्पं क्रीणामि नापि फलम्**—न मैं अब फूल ख़रीदता हूँ न ही फल।
7. **तर्हि किमर्थम् अत्र मार्गे तिष्ठसि**—तो तू क्यों यहाँ मार्ग में ठहरता है?
8. **मम मित्रम् इदानीम् अत्र आगमिष्यति**—मेरा मित्र अब यहाँ आएगा।
9. **सः किम् आनेष्यति**—वह क्या लाएगा?
10. **सः इदानीं माषवटीः भक्षणार्थम् आनेष्यति**—वह अब खाने के लिए कचौरी लाएगा।
11. **सः दुग्धं विक्रीय आगच्छति**—वह दूध बेचकर आता है।

दकारान्त पुल्लिंग 'तद्' शब्द

1. **प्रथमा**	**सः**	वह
2. **द्वितीया**	**तम्**	उसको
3. **तृतीया**	**तेन**	उसने

* 'चेत्' शब्द वाक्य के पश्चात् आता है, परन्तु उसका भाषा में अर्थ पहले लिखा जाता है, तथा 'तो' शब्द संस्कृत में न बोला हुआ भी भाषा में अर्थ से बोला जाता है।

4. **चतुर्थी**	**तस्मै**	उसके लिए
5. **पञ्चमी**	**तस्मात्**	उससे
6. **षष्ठी**	**तस्य**	उसका
7. **सप्तमी**	**तस्मिन्**	उसमें, पर

दकारान्त पुल्लिंग 'यद्' शब्द

1. **प्रथमा**	**यः**	जो
2. **द्वितीया**	**यम्**	जिसको
3. **तृतीया**	**येन**	जिसने
4. **चतुर्थी**	**यस्मै**	जिसके लिए
5. **पञ्चमी**	**यस्मात्**	जिससे
6. **षष्ठी**	**यस्य**	जिसका
7. **सप्तमी**	**यस्मिन्**	जिसमें, पर

1. **येन सह त्वं वदसि, सः न साधुः अस्ति**—जिसके साथ तू बोलता है, वह उत्तम मनुष्य नहीं है।
2. **यस्मै त्वं धनं दातुम् इच्छसि, सः तत्र नास्ति**—जिसके लिए तू धन देना चाहता है, वह वह नहीं है।
3. **यस्य गृहम् अग्निना दग्धम्, सः अत्र आगतः**—जिसका घर आगे से जला, वह यहाँ आ गया है।
4. **यस्मिन् पात्रे दुग्धं रक्षितम् तत् पात्रं भिन्नम्**—जिस बरतन में दूध रखा था, वह टूट गया।
5. **यस्मात् ग्रामात् त्वम् इदानीम् आगतः, तस्य किं नाम अस्ति**—जिस गाँव से तू अब आया, उसका क्या नाम है?
6. **यं त्वं पश्यसि सः कः अस्तिः**—जिसको तू देखता है, वह कौन है?
7. **यः पुस्तकं पठति सः एव मम भ्राता अस्ति**—जो पुस्तक पढ़ता है, वह मेरा भाई है।
8. **यस्मै धनं दातुम् इच्छसि किम् सः दरिद्रः अस्ति**—(तू) जिसको धन देना चाहता है, क्या वह निर्धन है?
9. **येन सह वदसि तम् एवं कथय**—(तू) जिसके साथ बोलता है, उससे ऐसा कह।
10. **यः कूपस्य जलं पातुम् इच्छति तस्मै कूपस्य एव जलं देहि**—जो कुएँ का जल पीना चाहता है, उसको कुएँ का ही जल दे।
11. **तथा यः गङ्गाजलं पातुम् इच्छति तस्मै शुद्धं गङ्गाजलं देहि**—और जो गंगाजल पीना चाहता है उसको शुद्ध गंगाजल दे।

सरल वाक्य

1. श्रीरामचन्द्रस्य पत्रम् आगतम्[1]। 2. अहं पत्रं पठामि। 3. देवदत्तः कन्दुकेन क्रीडति। 4. पश्य, सः युवा लक्ष्मणशर्मा अत्र आगतः। 5. विष्णुदत्तेन रामायणं नाम[2] पुस्तकम् आर्यभाषायां[3] लिखितम्। 6. तेन शूरेण व्याघ्रः हतः। 7. सः आचार्यः सदा अत्र एव निवसति। 8. यदा सः पाठशालां गच्छति तदा दशवादन-समयः[4] भवति। 9. यदा त्वं गङ्गाजलम् आनेष्यसि तदा कूपस्य जलम् अपिआनय। 10. मध्याह्नसमयः जातः।

पाठ 23

क्रीणति—ख़रीदता है। इसके पहले 'वि' लगाने से 'बेचता है' ऐसा अर्थ होता है। देखो—

क्रीणति—वह ख़रीदता है। **क्रीणासि**—तू ख़रीदता है।
क्रीणामि—ख़रीदता हूँ। **क्रीत्वा**—ख़रीदकर।
सूची—सुई। **नौका**—किश्ती।
विक्रीणीते—वह बेचता है। **विक्रीणीषे**—तू बेचता है।
विक्रीणे—बेचता हूँ। **विक्रीय**—बेचकर।
समीपम्—पास। **कण्ठः**—गला।

वाक्य

1. **अधुना आपणं गत्वा त्वं किं क्रीणासि**—अब तू बाज़ार जाकर क्या ख़रीदता है?
2. **अहं पुस्तकं मसीपात्रं लेखनीं च क्रीणामि**—मैं पुस्तक, दवात और कलम ख़रीदता हूँ।
3. **त्वं यत्र स्थास्यसि अहमपि तत्र स्थातुम् इच्छामि**—जहाँ तू ठहरेगा, मैं भी वहाँ ठहरना चाहता हूँ।
4. **यत् त्वं लेखितुम् इच्छसि, तद् अत्र लिख**—जो तू लिखना चाहता है, वह यहाँ लिख।
5. **नवनीतं विक्रीय घृतं च क्रीत्वा आगच्छ**—मक्खन बेचकर और घी ख़रीदकर आ।

---

1. **आगतम्**—आया। 2. **नाम**—नामक। 3. **आर्यभाषायाम्**—हिन्दी भाषा में। 4. **दशवादन-समयः**—दस बजे।

6. **अद्यश्व आपणे पुराणं मलिनं च घृतमस्ति**–आजकल बाज़ार में पुराना और मलिन घी है।

7. **यदि तत्र नवीनं शुद्ध स्वादु च घृतं नास्ति**–अगर वहाँ नया, शुद्ध और मज़ेदार घी नहीं है।

8. **तर्हि तद् न आनय**–तो उसको न ला।

9. **अहं शुद्धम् एव घृतं भक्षयामि**–मैं शुद्ध घी ही खाता हूँ।

पहले हमने कहा है कि स्वर आगे आने से अनुस्वार का 'म्' बन जाता है। उदाहरण देखिए–

अहं[1] अस्मि	**अहमस्मि**	मैं हूँ।
त्वं इच्छसि	**त्वमिच्छसि**	तू चाहता है।
दुग्धं आनय	**दुग्धमानय**	दूध ला।
घृतं उत्तमं अस्ति	**घृतमुत्तमस्ति**	घी उत्तम है।
त्वं औषधं आनय	**त्वमौषधमानय**	तू दवा ले आ।

इसी प्रकार संस्कृत में शब्द जोड़े जाते हैं। इसको देखकर पाठकों को घबराना नहीं चाहिए। इस समय तक हमने जोड़ (जिनको संस्कृत में सन्धि कहते हैं) नहीं बताए, परन्तु अब बताना चाहते हैं। यदि पाठक थोड़ा-सा ध्यान देंगे तो उनको कोई कठिनता प्रतीत नहीं होगी। जो-जो जोड़ (सन्धि) हम देंगे, उनके अलग-अलग शब्द हम नीचे टिप्पणी में देंगे जिससे पाठक यह जान सकेंगे कि किन-किन शब्दों की वह सन्धि है। जैसे–**त्वमत्र[2] आगच्छ**–तू यहाँ आ। **सः दुग्धमानयति[3]**–वह दूध लाता है। **त्वमिदानीं[4] कुत्र गच्छसि**–तू अब कहाँ जाता है ? **अहमत्र[5] तिष्ठामि**–मैं यहाँ ठहरता हूँ।

जहाँ-जहाँ इस प्रकार की सन्धि आए, वहाँ-वहाँ पाठकों को सोचना चाहिए कि किन-किन शब्दों की यह सन्धि हो सकती है।

पाठकों ने इस समय तक पुल्लिग शब्दों के प्रयोग का प्रकार जान लिया है। प्रायः पन्द्रह शब्द सातों विभक्तियों में बताए हैं। अगर पाठक उनको ठीक स्मरण रखेंगे तो शब्दों के उनके समान रूप बनाने में कोई कठिनाई नहीं होगी। स्त्रीलिंग शब्दों के विषय में पाठकों को ध्यान रखना चाहिए कि कोई अकारान्त शब्द स्त्रीलिंग नहीं है। आकारान्त शब्द स्त्रीलिंग हुआ करते हैं। क्षमा, कृपा, दया, भार्या, जाया,

---

'1. अहं + अपि' इन दो शब्दों का जोड़ 'अहमपि' होता है। शब्द के अन्त में जो नुक्ता होता है उसको अनुस्वार कहते हैं, जैसे **'घृतं, दुग्धं'** इत्यादि। इस अनुस्वार के आगे स्वर आने से इसका **'म्'** बनता है; जैसे 'दुग्धं + अस्ति'। इसका दुग्धम् अस्ति (**दुग्धमस्ति**) हो जाता है।
2. त्वम् अत्र। 3. दुग्धम् आनयति। 4. त्वम् इदानीम्। 5. अहम् अत्र।

बालिका, गंगा, ब्रह्मपुत्रा, विद्या, माला, लता, प्रविष्टा इत्यादि शब्द आकारान्त हैं। इनको आकारान्त कहते हैं क्योंकि इनके अन्त में 'आ' रहता है। अब इनके रूप देखिए :

आकारान्त स्त्रीलिंग 'विद्या' शब्द

1. **प्रथमा**	**विद्या**	विद्या
2. **द्वितीया**	**विद्याम्**	विद्या को
3. **तृतीया**	**विद्यया**	विद्या ने
4. **चतुर्थी**	**विद्यायै**	विद्या के लिए
5. **पञ्चमी**	**विद्यायाः**	विद्या से
6. **षष्ठी**	**विद्यायाः**	विद्या का
7. **सप्तमी**	**विद्यायाम्**	विद्या में
सम्बोधन	**(हे) विद्ये**	हे विद्ये

'विद्या' के समान बननेवाले आकारान्त स्त्रीलिंग शब्द

कृपा—दया

भार्या—स्त्री।

बालिका—लड़की।

यमुना—यमुना नदी।

शाला—गृह, घर।

लता—बेल।

पुत्रिका—लड़की।

प्रतिष्ठा—यश।

शर्करा—खांड, शक्कर।

धर्मशाला—धर्मशाला, सराय।

दया—कृपा, मेहरबानी।

बाला—लड़की।

गङ्गा—गंगा नदी।

अम्बा—माता।

बृह्मपुत्रा— ब्रह्मपुत्र नदी।

माला—माला।

जाया—स्त्री, धर्मपत्नी।

सुता—लड़की।

पाठशाला—पाठशाला।

प्रपा—प्याऊ।

वाक्य

1. **दयां कुरु**—दया कर।
2. **भार्यया सह रामः वनं गतः**—स्त्री के साथ राम वन को गये।
3. **यमुनायाः जलम् आनीतम्**—यमुना का जल लाया।
4. **बालिकायाः वस्त्रम् आनय**—लड़की का कपड़ा ले आ।
5. **सुता कुत्र गता**—लड़की कहाँ गई?
6. **दुग्धाय शर्करां देहि**—दूध के लिए शक्कर दे।
7. **शर्करया मिष्टं भवति**—शक्कर से मीठा होता है।

8. **धर्मशालायाः रक्षकः कुत्र अस्ति**—धर्मशाला का चौकीदार कहाँ है?
9. **अम्बा बालिकया सह अद्य ग्रामं न गता**—माता लड़की के साथ आज गाँव को नहीं गई।
10. **गङ्गायाः जलम् आनयामि**—गंगा का जल लाता हूँ।
11. **ईश्वरस्य दया अस्ति**—ईश्वर की दया है।
12. **ईश्वरस्य कृपया सर्वं शुभं भवति**—ईश्वर की कृपा से सब शुभ होता है।
13. **तस्य शाला उत्तमा अस्ति**—उसका मकान उत्तम है।
14. **या कृष्णस्य सुता सा पालकस्य भार्या**—जो कृष्ण की लड़की है, वह पालक की धर्मपत्नी है।
15. **त्वया कस्मात् स्थानात् सा पुष्पमाला आनीता**—तुम किस स्थान से वह फूलों की माला लाए हो।

सरल वाक्य

1. सः तत्र तिष्ठति। 2. अहम् अत्र क्रीडामि। 3. सः पाठशालां गत्वा पुस्तकं पठति। 4. त्वं शुद्धं गङ्गाजलं पिबसि। 5. त्वं तत् स्मरसि किम्? 6. सः स्वगृहं गत्वा अन्नं भक्षयति। 7. रामः तम् एवं वदति। 8. शृणु, इदाना हरिः दिल्लीनगरं गन्तुम् इच्छति। 9. इदानीं तत्र न गन्तव्यम् इति त्वं तं कथय। 10. नरः ग्रामं गच्छति किम्! अथ किम्? सः अद्य एव ग्रामं गमिष्यति। 11. चौरः धनं चोरयति। 12. पण्डितः पुस्तकं पठति। 13. धेनुः वनं गमिष्यति। 14. सा पुत्रिका पुष्पमालां करोति। 15. रामः फलं भक्षयति। 16. अद्य सा बालिका अम्बया सह वनं गता। 17. रामेण सह लक्ष्मणः वनं गतः। सीतया सह रामः वनं गतः।

पाठ 24

शब्द

पादुके—जूता, खड़ाऊं।	**वृषभः**—बैल।
मेषः—मेढ़ा।	**शृणोति**—वह सुनता है।,
शृणोषि— तू सुनता है।	**शृणोमि**—सुनता हूँ।
मस्तकपीडा—सिर दर्द।	**धूम्रयानम्**—रेलगाड़ी।
घटिका—घड़ी।	**अश्वः**—घोड़ा।
श्रुत्वा—सुनकर।	**श्रोतुम्**—सुनने के लिए।
श्रुतम्—सुना।	**स्मरणपुस्तकम्**—डायरी।

वाक्य

1. **मम पादुके गृहाण तस्मै च देहि**—मेरी खड़ाऊं ले और उसको दे।
2. **पश्य, तत् धूम्रयानं कथं शीघ्रं गच्छति**—देख, वह रेलगाड़ी कैसी जल्दी जाती है।
3. **मेषः धावति परन्तु अश्वः तिष्ठति**—मेढ़ा दौड़ता है, परन्तु घोड़ा खड़ा है।
4. **इह इदानीं श्रीकृष्णः हवनार्थम् आगमिष्यति**—यहाँ अब श्रीकृष्ण हवन के लिए आएगा।
5. **सः इदानीं सन्ध्याम् उपास्य पठनम् आरभते**—वह अब सन्ध्या करके पढ़ना आरम्भ करता है।
6. **त्वं माम् अधुना किम् आज्ञापयसि**—तू अब मुझे क्या आज्ञा करता है?
7. **शृणु, त्वम् इदानीं वनं न गच्छ, अत्र एव तिष्ठ**—सुन, तू अब वन को न जा (और) यहीं ठहर।
8. **किं त्वं कुशलः असि इदानीम्**—क्या अब तू नीरोग है?
9. **अहमिदानीं[1] कुशलः अस्मि**—मैं अब स्वस्थ हूँ।
10. **भो मित्र! तण्डुलाः कुत्र सन्ति**—हे मित्र! चावल कहाँ हैं?
11. **सः यथा श्रुतमस्ति[2] तथा एव वदति**—वह जैसा सुनता है वैसा ही बोलता है।
12. **यथा-यथा सः मालिन्यं त्यजति, तथा-तथा शुद्धः भवति**—जैसे-जैसे वह मलिनता छोड़ता है, वैसे-वैसे शुद्ध होता है।

शब्द

कथाम्—कथा को।	**उपदेशम्**—उपदेश को।
व्याख्यानम्—व्याख्यान को।	**पण्डितः**—पंडित, विद्वान्।
श्रवणाय—सुनने के लिए।	**उद्याने**—बाग़ में।
शिवालये—शिवालय में।	**दास्यति**—वह देगा।
दास्यसि—तू देगा।	**दास्यामि**—दूंगा।
त्यक्त्वा—छोड़कर।	**दृष्ट्वा**—देखकर।
स्थापय—रख।	**चल**—चल, जा।

वाक्य

1. **त्वम् इदानीं कुत्र गन्तुम् इच्छसि**—तू अब कहाँ जाना चाहता है?
2. **अहमद्य[3] उपदेशं श्रोतुं गच्छामि**—मैं आज उपदेश सुनने के लिए जाता हूँ।

---

1. अहम् इदानीम्। 2. श्रुतम् अस्ति। 3. अहम् अद्य।

3. **कुत्र अस्ति उपदेशः अद्य**—कहाँ है उपदेश आज?

4. **तत्र उद्याने पण्डितः विश्वामित्रः उपदेशं दास्यति**—वहाँ बाग़ में पंडित विश्वामित्र उपदेश देंगे।

5. **न न, उद्याने उपदेशः नास्ति, शिवालये अस्ति**—नहीं नहीं, बाग़ में उपदेश नहीं है, शिवालय में है।

6. **कः वर व्याख्यानं ददाति**—कौन अच्छा व्याख्यान देता है।

7. **पण्डितवरः देवव्रतः एव उत्तमं व्याख्यानं ददाति**—पण्डित देवव्रत ही अच्छा व्याख्यान देते हैं।

8. **व्याख्यानश्रवणाय आलस्यं त्यक्त्वा गच्छ**—व्याख्यान सुनने के लिए आलस्य छोड़कर जा।

9. **प्रथमं शुद्धं जलम् आनय, पश्चाद् भोजनं कुरु**—पहले शुद्ध जल ला, पीछे भोजन कर।

10. **सः अश्वं दृष्ट्वा किं स्मरति**घोड़े को देखकर उसे क्या याद आती है?

11. **तत्र वायुः नास्ति, जलमपि[1] नैवास्ति[2]**—वहाँ वायु नहीं है, जल भी नहीं है।

12. **मन्दिरे मार्जारः नास्ति, अतः दुग्धं तत्र स्थापय**—मन्दिर में बिल्ली नहीं है, इसलिए दूध वहाँ रख।

13. **त्वं गोदुग्धं गृहीत्वा एव शिवालयं गच्छ**—तू गाय का दूध लेकर ही शिवालय जा।

14. **सः पण्डितः कुत्र अस्ति इदानीम्**—वह पण्डित कहाँ है अब?

आकारान्त स्त्रीलिंग 'प्रतिज्ञा' शब्द

1. **प्रथमा**	**प्रतिज्ञा**	प्रतिज्ञा
2. **द्वितीया**	**प्रतिज्ञाम्**	प्रतिज्ञा को
3. **तृतीया**	**प्रतिज्ञया**	प्रतिज्ञा रो
4. **चतुर्थी**	**प्रतिज्ञायै**	प्रतिज्ञा के लिए
5. **पञ्चमी**	**प्रतिज्ञायाः**	प्रतिज्ञा से
6. **षष्ठी**	,,	प्रतिज्ञा का
7. **सप्तमी**	**प्रतिज्ञायाम्**	प्रतिज्ञा में
सम्बोधन	**(हे) प्रतिज्ञे**	हे प्रतिज्ञा

आकारान्त स्त्रीलिंग शब्दों के पंचमी तथा षष्ठी एकवचन के रूप एक जैसे ही होते हैं। इसलिए षष्ठी के रूप के स्थान पर (,,) ऐसा चिह्न दिया है। इसका

1. जलम् अपि। 2. न-एव-अस्ति।

मतलब यह है कि यहाँ का रूप ऊपर के रूप के समान ही होता है। आगे भी जहाँ-जहाँ रूपों के नीचे (,,) ऐसा चिह्न दिया होगा, वहाँ पाठक समझें कि यहाँ का रूप उपरिवत् ही होता है।

आकारान्त स्त्रीलिंग शब्द

इच्छा—ख़्वाहिश।
चिन्ता—फ़िकर।
दीक्षा—व्रत।
रेखा—लकीर।
निद्रा—नींद।
पाषाणपट्टिका—स्लेट।
मलिनता—गंदगी।
देवता—देवी।
आज्ञा—हुक्म।
जरा—बुढ़ापा।
पत्रिका—पत्र, ख़त।
रूक्षता—रूखापन।
हरिद्रा—हल्दी।
कामात्मता—विषयीपन, कामीपन।
जिह्वा—ज़बान।
मुक्ता—मोती।
कन्या—लड़की।
पूजा—सत्कार।
मूर्खता—पागलपन।
क्षुधा—भूख।
गीता—गीता।
चेष्टा—प्रयत्न।
वाटिका—बग़ीचा।
अपूजा—सत्कार न करना।
पूपला—खांड की पूरी।
सन्ध्या—ध्यान।

वाक्य

1. **सः इच्छां करोति**—वह इच्छा करता है।
2. **त्वया सा मुक्ता कुत्र स्थापिता**—तूने वह मोती कहाँ रखा?
3. **गीतायां किम् उक्तम्**?—गीता में क्या कहा है?
4. **तस्य आज्ञया अहम् इदं कार्यं करोमि**—उसकी आज्ञा से मैं यह कार्य कर रहा हूँ।
5. **त्वं देवतायाः पूजां कुरु**—तू देवता की पूजा कर।
6. **तेन पत्रिका प्रेषिता किम्**—क्या उसने पत्र भेजा है?
7. **जरायै किम् औषधम्**—बुढ़ापे की क्या दवा?
8. **हरिद्रायाः पीतः वर्णः**—हल्दी का पीला रंग।
9. **तस्य कन्यया मुक्ता न आनीता**—उसकी लड़की मोती नहीं लाई।
10. **मनुष्यः जिह्वया वदति**—मनुष्य ज़बान से बोलता है।

सरल वाक्य

1. रामः मित्रेण सह कुत्र तिष्ठति ? आचार्यः शिष्येण सह वदति। गुरुः कुमारिकया सह कथां वदति। 2. कन्यया सह सः मनुष्यः उद्यान गच्छति। किं सः मनुष्यः प्रतिदिनं कन्यया सह उद्यानं गच्छति? अथ किम्, सः पुरुषः प्रतिदिनं सायंकाले पंचवादनसमये भ्रमणाय कन्यया सह उद्यानं गच्छति? 3. तदा तत्रत्वम् अपि गच्छसि किम्? अथ किम् अहम् अपि तस्मिन् एव समये उद्यानं गच्छामि? 4. रामाय नमः। ईश्वराय नमः। नमः ते। नमस्ते। तस्मै नमः। अम्बायै नमः। 5. वृक्षात् फलं पतति। पर्वतात् वृक्षः पतितः। नगरात् जनः आगच्छति। तडागात् जलम् आनयामि। उद्यानात् पुष्पम् आनयति। आपणात् वस्त्रम् आनय।

पाठ 25

शब्द

स्थापयति—वह रखता है।
स्थापयसि—तू रखता है।
स्थापयामि—रखता हूँ।
प्रत्येकम्—हरएक।
नित्यम्—नित्य।
परमेश्वरम्—ईश्वर को।
कृतम्—किया।
स्थापनम्—रखना।
स्रवति—चूता है।
स्थापयित्वा—रखकर।
स्थापयितुम्—रखने के लिए।
स्थापनाय—रखने के लिए।
मञ्चः—मेज़।
विष्टरः—कुरसी, आसन।
गतः—गया।
आगतः—आ गया।
संस्थाप्य—रखकर।
विरोधः—मुक़ाबला।

वाक्य

1. **नित्यं परमेश्वरं स्मृत्वा कर्म कुरु**—नित्य परमेश्वर को समरण करके कार्य कर।
2. **सः मम पुस्तकं कुत्र स्थापयति**—वह मेरी पुस्तक कहाँ रखता है?
3. **यत्र मंचः अस्ति तत्र सः तत् स्थापयति**—जहाँ मेज़ है, वहाँ वह उसे रखता है।
4. **सः तत्र दीपं स्थापयितुं गतः**—वह वहाँ दीप रखने के लिए गया है।
5. **त्वं मसीपात्रं कुत्र स्थापयितुम् इच्छसि**—तू दवात कहाँ रखना चाहता है?

6. **सः तत्र फलं स्थापयित्वा अत्र आगतः**—वह वहाँ फल रखकर **यहाँ आया।**
7. **कृतं कर्म स्मर**—किया हुआ कर्म स्मरण कर।
8. **अत्र स्थित्वा कर्म कुरु नोचेत् अत्र न तिष्ठ**—यहाँ रहकर कार्य कर, नहीं तो यहाँ न ठहर।
9. **यदि वरं कर्म कर्तुमिच्छसि[1] तर्हि एव अत्र तिष्ठ**—अगर श्रेष्ठ कार्य करना चाहता है, तो ही यहाँ रह।
10. **नोचेत् यत्र इच्छसि तत्र द्रुतं गच्छ**—नहीं तो जहाँ चाहता है, वहाँ शीघ्र जा।
11. **अहं निर्धनः अस्मि, पुस्तकं पठितुमिच्छामि[2]**—मैं निर्धन हूँ, पुस्तक पढ़ना चाहता हूँ।
12. **सः मञ्चं गृहीत्वा अत्र एव आगच्छति**—वह मेज़ लेकर यहीं आता है।

शब्द

आलेख्यम्—तसवीर।
कस्य—किसका।
तस्य—उसका।
उपविश—बैठ।
उपविशति—(वह) बैठता है।
उपविशसि—(तू) बैठता है।
उपविशामि—बैठता हूँ।
उपविश्य—बैठकर।

वाक्य

1. **एतत् कस्य आलेख्यम् अस्ति**—यह किसका चित्र है ?
2. **सः पुरुषः श्रुतमपि[3] न स्मरति**—वह मनुष्य सुना हुआ भी नहीं स्मरण रखता।
3. **त्वं तस्य व्याख्यानं शृणोषि किम्**—तू उसका व्याख्यान सुनता है क्या?
4. **अत्र एव उपविश व्याख्यानं च शृणु**—यहीं बैठ और व्याख्यान सुन।
5. **सः तत्र एव उपविश्य सर्वं पश्यति**—वह वहीं बैठकर सब कुछ देखता है।
6. **कः अत्र उपविश्य आलेख्यं करोति**—यहाँ बैठकर कौन तसवीर खींचता है?
7. **श्रीधरः अत्र स्थित्वा आलेख्यम् आलिखति**—श्रीधर यहाँ ठहरकर चित्र खींचता है।
8. **सः उक्तमेव[4] पुनः पुनः वदति**—वह कहे हुए को ही बार-बार बोलता है।
9. **यदि त्वम् अत्र एव उपविशसि तर्हि अहं तुभ्यं द्रव्यं दास्यामि**—अगर तू यहीं बैठेगा, तो मैं तुझे धन दूँगा।
10. **सः किमर्थं सदा शिवालयं गच्छति**—वह हमेशा मन्दिर क्यों जाता है?
11. **सः तत्र गत्वा सन्ध्यामुपास्ते[5], ईश्वरं च स्मरति**—वह वहाँ जाकर सन्ध्या करता

---

1. कर्तुम् इच्छसि। 2. पठितुम् इच्छामि। 3. श्रुतम् अपि। 4. उक्तम एव। 5. सन्ध्याम् उपास्ते।

है और ईश्वर का स्मरण करता है।

12. **अहं स्वरथम् अत्र न स्थापयामि**—मैं अपनी गाड़ी यहाँ नहीं रखूँगा।

13. **मम विष्टरः कुत्र अस्ति**—मेरी कुर्सी कहाँ है?

14. **यत्र ह्यः स्थापितः तत्र एव अस्ति**—जहाँ कल रखी थी वहीं है।

ईकारान्त स्त्रीलिंग 'नदी' शब्द

1. **प्रथमा**	**नदी**	नदी
2. **द्वितीया**	**नदीम्**	नदी को
3. **तृतीया**	**नद्या**	नदी से
4. **चतुर्थी**	**नद्यै**	नदी के लिए
5. **पञ्चमी**	**नद्याः**	नदी से
6. **षष्ठी**	,,	नदी का
7. **सप्तमी**	**नद्याम्**	नदी में
सम्बोधन	(हे) **नदि**	हे नदि

'नदी' शब्द के समान चलनेवाले शब्द

मातुलानी, मातुली—मामी। **मातृभगिनी**—मासी।
पितृभगिनी—बुआ। **भगिनी**—बहिन।
मातामही—नानी। **ब्राह्मणी**—ब्राह्मण की स्त्री।
उर्वी—पृथ्वी। **कुण्डलिनी**—जलेबी।
पितामही—दादी। **कुमारी**—लड़की।
कमलिनी कमल की बेल।

इनके सब विभक्तियों के रूप बनाकर पाठक उनसे बहुत-से वाक्य बना सकते हैं।

सरल वाक्य

1. यज्ञदत्तात् देवदत्तः पुस्तकं गृह्णाति। 2. सोमदत्तात् ब्राह्मणः धनं गृह्णाति। सः ब्राह्मणः तडागात् रक्तं कमलम् आनयति। 3. रामस्य रावणेन सह युद्धं भवति। रावणस्य रामेण सह युद्धं भवति। भीमस्य जरासन्धेन सह युद्धं जातम्[1]। जरासन्धस्य भीमसेनेन सह युद्धं जातम्। 4. तत्र हरिः अस्ति। तं हरिं पश्य। हरिणा पुस्तकं लिखितम्। हरये नमः। हरेः[2] लेखनीम् आनय। इदं हरेः[3] गृहम् अस्ति। हरौ पापं नास्ति।

---

1. जातम्—हो गया। 2. हरेः—हरि से। 3. हरेः—हरि का।

पाठ 26

शब्द

आक्रोशति—चिल्लाता है।
गर्जति—(वह) गरजता है।
गर्जामि—गरजता हूँ।
बाढम्—निश्चय से।
वलयम्—गोल।
उपधिः—स्टूल।
तूष्णीम्—चुपचाप।
पुरी—नगर, शहर।
गर्जसि—(तू) गरजता है।
कीदृशम्—कैसा।
महिषः—भैंसा।
अङ्गनम्—आंगन।
घटिका—घटिका।
शूकरः—सूअर।

वाक्य

1. **वने सिंहः गर्जति, ग्रामे शूकरः गर्जति**—वन में शेर गरजता है, ग्राम में सूअर गरजता है।
2. **त्वं वृथा किमर्थं गर्जसि**—तू व्यर्थ क्यों गरजता है?
3. **आकाशे मेघः अधुना गर्जति**—अब आकाश में मेघ गरजता है।
4. **उद्याने सिंहः सायंप्रातः च गर्जति**—बाग़ में शेर सायंकाल तथा प्रातःकाल गरजता है।
5. **यदि त्वं तत्र न गमिष्यसि तर्हि तत् कथं ज्ञास्यसि**—अगर तू वहाँ न जाएगा तो उसे कैसे जानेगा?
6. **त्वम् इदानीमेव[1] औषधालयं गच्छ औषधं च आनय**—तू अभी दवाख़ाने जा और दवा ले आ।
7. **यदि त्वं मुद्गौदनं भक्षयिष्यसि तर्हि स्वस्थः भविष्यसि**—अगर तू खिचड़ी खाएगा तो अच्छा हो जाएगा।
8. **सः दुग्धम् अपूपं च भक्षयितुमिच्छति[2]**—वह दूध और पेड़ा खाना चाहता है।
9. **सिंहः कदापि अन्नं न भक्षयति**—शेर कभी अन्न नहीं खाता।
10. **अहम् इदानीमेव स्नात्वा शीघ्रमागमिष्यामि[3]**—मैं अभी स्नान करके जल्दी आऊँगा।
11. **शुद्धं धौतं वस्त्रं देहि**—शुद्ध धोया हुआ वस्त्र दे।

---

1. इदानीम् एव। 2. भक्षयितुम् इच्छति। 3. शीघ्रम् आगमिष्यामि।

शब्द

भोजनात्—भोजन से।
परिचारकः—नौकर।
ग्रामात्—गाँव से।
कूपात्—कूएँ से।
अभ्यन्तरे—अन्दर।
नगरात्—शहर से।
गृहात्—घर से।
प्रायः—बहुधा।

वाक्य

1. **ब्रूहि, त्वं प्रातः सन्ध्यां करोषि न वा**—बोल, तू सवेरे सन्ध्या करता है या नहीं?
2. **वद, त्वं तत् पुस्तकं पठसि न वा**—बतला, तू वह पुस्तक पढ़ता है या नहीं?
3. **यद्, अहं त्वामाज्ञापयामि तत् कर्म शीघ्रं कुरु**—मैं तुझे जो आज्ञा करता हूँ, उसे जल्दी कर।
4. **नोचेत् त्वाम् अधुना एव ताडयिष्यामि**—नहीं तो तुझे अभी पीटूँगा।
5. **अहं भोजनात् पूर्वं किमपि[1] कर्म कर्तुं न इच्छामि**—मैं भोजन के पूर्व कोई भी कार्य नहीं करना चाहता।
6. **हे परिचारक! कपाटमुद्घाटय अहमभ्यन्तरे[2] आगन्तुमिच्छामि[3]**—अरे नौकर! दरवाज़ा खोल, मैं अन्दर आना चाहता हूँ।
7. **यद् अहं वदामि तत् न शृणोषि किम्**—जो मैं कहता हूँ, वह तू नहीं सुनता है क्या?
8. **यदि त्वम् उच्चैः वदसि तदा अहं तव भाषणं श्रोतुं शक्नोमि**—अगर तू ऊंचा बोलता है तो मैं तेरी बात सुन सकता हूँ।
9. **सः नगरात् नगरं गच्छति**—वह (एक) शहर से (दूसरे) शहर को जाता है।
10. **सः ग्रामाद् बहिः गत्वा वनं गतः**—वह गाँव से बाहर जाकर वन को गया।
11. **सः मनुष्यः कूपात् जलमानयति[4]**—वह आदमी कुएँ से जल लाता है।
12. **सः इदानीमेव[5] गृहात् बहिर्गतः**—वह अभी घर से बाहर गया है।
13. **सः पुनः कदा गृहमागमिष्यति[6]**—वह फिर घर कब आएगा?
14. **सः प्रायः सायङ्कालमागमिष्यति[7]**—वह शाम तक आएगा।
15. **सुतः रक्षति**—लड़का रक्षा करता है।
16. **कुमारी तिष्ठति**—लड़की ठहरती है।
17. **अहमत्र लिखामि**—मैं यहाँ लिखता हूँ।
18. **मातामही नीचैः स्वपिति**—नानी नीचे सोती है।

---

1. किम् अपि। 2. अहम् अभ्यन्तरे। 3. आगन्तुम् इच्छामि। 4. जलम् आनयति। 5. इदानीम् एव। 6. गृहम् आगमिष्यति। 7. सायंकालम् आगमिष्यति।

19. **तस्य भ्राता वरं न लिखति**—उसका भाई अच्छा नहीं लिखता।
20. **कः त्वम्**—तू कौन है?
21. **सः कः अस्ति**—वह कौन है?
22. **सः दूरं तिष्ठति**—वह दूर ठहरता है।
23. **तव उपानत् कुत्र अस्ति**—तेरा जूता कहाँ है?
24. **तस्य भ्राता शीघ्रं न आगमिष्यति**—उसका भाई जल्दी नहीं आएगा।
25. **एष कः अस्ति**—यह कौन है?
26. **तव भ्राता क्व अस्ति**—तेरा भाई कहाँ है?
27. **सः किं लिखति**—वह क्या लिखता है?

सरल वाक्य

1. तस्मै कुण्डलिनीं देहि। 2. तस्य सुतः दुग्धम् पिबति। 3. तस्य भ्राता गृहं न गच्छति। 4. धनं दत्त्वा फलं गृहाण। 5. मित्राय पत्रं लिख। 6. तस्मै पुष्पं देहि। 7. यदा त्वं स्वपिषि तदा तव भ्राता कुत्र भवति? 8. सः वनं गत्वा फलं भक्षयति। 9. यदा सः वनं गतः तदा अहं न गतः। 10. सः मां न ताडयति। 11. सः तम् एव किमर्थं ताडयति? 12. त्वम् तस्य पुस्तकं गृहीत्वा शीघ्रम् अत्र आगच्छ। 13. सः त्वां न जानाति किम्? 14. तस्य पुत्रः पुस्तकं चोरयति। 15. कः तुभ्यम् अद्य भोजनं दास्यति?

पाठ 27

शब्द

अटति—वह घूमता है।
अटसि—तू घूमता है।
अटामि—घूमता हूँ।
अटित्वा—घूमकर।
अटितुम्—घूमने के लिए।
अटिष्यति—(वह) घूमेगा।
अटिष्यसि—तू घूमेगा।
अटिष्यामि—घूमूँगा।
पक्वम्—पका हुआ।
पठितम्—पढ़ा हुआ।

वाक्य

1. **कृष्णचन्द्रः नित्यं ग्रामाद् ग्रामम् अटति**—कृष्णचन्द्र नित्य (एक) गाँव से (दूसरे) गाँव घूमता है।

2. **तं कुमारं पश्य किं सः करोति इति**—उस लड़के को देख कि वह क्या कर रहा है।
3. **सः भोजनाय पक्वमन्नं[1] पानाय जलं च इच्छति**—वह भोजन के लिए पका हुआ अन्न और पीने के लिए जल चाहता है।
4. **सः पठितमपि पाठं न स्मरति**—वह पढ़े हुए पाठ को भी नहीं स्मरण करता।
5. **सः द्रव्यं दत्त्वा धान्यं क्रीणाति**—वह धन देकर धान ख़रीदता है।
6. **सः रात्रौ किमपि न भक्षयति**—वह रात्रि में कुछ भी नहीं खाता।
7. **सूर्यं दृष्ट्वा जनः उत्तिष्ठति**—सूर्य को देखकर मनुष्य उठता है।
8. **तथा तारकान् दृष्ट्वा मनुष्यः स्वपिति**—सितारे देखकर मनुष्य सोता है।
9. **सः सर्वदा वृथा अटितुमिच्छति[2]**—वह हमेशा व्यर्थ घूमना चाहता है।
10. **सः इदानीं किं करोति इति अहं ज्ञातुमिच्छामि[3]**— वह अब क्या करता है, यह मैं जानना चाहता हूँ।
11. **शीघ्रं रथमानय[4], अहम् अन्यं नगरं गन्तुमिच्छामि[5]**—जल्दी गाड़ी ले आ, मैं दूसरे नगर जाना चाहता हूँ।
12. **इदानीं मेघः गर्जति, अतः बहिर् न गच्छ**—अब मेघ गरज रहा है, इस कारण बाहर न जा।

शब्द

वटुः—बालक।
पीडयसि—(तू) दुःख देता है।
ऊर्ध्वम्—ऊपर, पश्चात्।
यतिः—संन्यासी।
वृक्षस्य—वृक्ष के।
प्रतीयते—मालूम होता है।
पीडयति—(वह) दुःख देता है।
पीडयामि—दुःख देता हूँ।
उपरि—ऊपर।
बहु—बहुत।
श्रान्तम्—थका हुआ।
खण्डः—टुकड़ा।

वाक्य

1. **पश्य, सः बालः कथं शीघ्रं धावति**—देख, वह बालक कैसा तेज़ दौड़ता है।
2. **भो मित्र ! इदानीं मां बुभुक्षा अतीव पीडयति**—मित्र ! अब मुझे भूख बहुत ही दुःख देती है।

---

1. पक्वम् अन्नम्। 2. अटितुम् इच्छति। 3. ज्ञातुम् इच्छामि। 4. रथम आनय। 5. गन्तुम् इच्छामि।

3. **त्वं मह्यं पक्वम् अन्नं दातुं शक्नोषि किम्**—तू मुझे पका हुआ अन्न दे सकता है क्या?
4. **भोजनाद् ऊर्ध्वं त्वं शीतं जलमपि[1] पातुमिच्छसि[2] किम्**—भोजन के पश्चात् क्या तू ठंडा जल भी पीना चाहता है?
5. **यदि त्वं शीतं जलमपि आनेतुं शक्नोषि तर्हि शीघ्रम् आनय**—अगर तू ठंडा जल भी ला सकता है तो जल्दी ले आ।
6. **यत् त्वम् इच्छसि तत् अहम् आनेष्यामि**—जो तू चाहता है, वह मैं लाऊँगा।
7. **एतद् अन्नम् अतीव उष्णम् अस्ति**—यह अन्न बहुत ही गरम है।
8. **मम भ्राता इदानीं कुत्र गतः, न जानामि**—मेरा भाई अब कहाँ गया है, (मैं) नहीं जानता।
9. **सः उद्याने वृक्षस्य अधः इदानीं स्वपिति**—वह बाग़ में वृक्ष के नीचे रहा सो रहा है।
10. **सः बहु कर्म कृत्वा श्रान्तः इति प्रतीयते**—वह बहुत कार्य करके थका हुआ है, ऐसा मालूम होता है।
11. **सः तत्र तूष्णीमेव[3] स्थितः, किमपि[4] न वदति**—वह वहाँ चुपचाप बैठा है, कुछ भी नहीं बोल रहा है।
12. **सः स्वपाठं स्मरति इति प्रतीयते**—वह अपना पाठ याद करता है, ऐसा मालूम होता है।
13. **सः स्वगृहमिदानीं[5] रक्षति अतः बहिर् गन्तुं न शक्नोति**—वह अपने घर की रक्षा कर रहा है इसलिए बाहर नहीं जा सकता।

उकारान्त स्त्रीलिंग 'धेनु' शब्द

1. **प्रथमा**	**धेनुः**	गौ
2. **द्वितीया**	**धेनुम्**	गौ को
3. **तृतीया**	**धेन्वा**	गौ से
4. **चतुर्थी**	**धेन्वे** **धेन्वै**	गौ के लिए
5. **पञ्चमी**	**धेनोः** **धेन्वाः**	गौ से

---

1. जलम् अपि। 2. पातुम् इच्छसि। 3. तूष्णीम् एव। 4. किम् अपि। 5. स्वगृहम् इदानीम्।

6. षष्ठी	**धेनोः** **धेन्वाः**	गौ का
7. सप्तमी	**धेनौ** **धेन्वाम्**	गौ में
सम्बोधन	**(हे) धेनो**	हे गौ

चतुर्थी से सप्तमी तक चारों विभक्तियों में एकवचन के रूप दो-दो होते हैं, यह बात ध्यान में रखनी चाहिए।

शब्द

रज्जुः—रस्सी। तनुः—शरीर। हनुः—ठुड्डी।

वाक्य

1. **मातृदेवो भव**—माता को देवता समझ।
2. **पितृदेवो भव**—पिता को देवता समझ।
3. **आचार्यदेवो भव**—गुरु को देवता समझ।
4. **अतिथिदेवो भव**—अतिथि को देवता मान।
5. **सत्यं ब्रूयात्**—सच बोल।
6. **प्रियं ब्रूयात्**—प्रिय बोल।
7. **सत्यम् अप्रियं न ब्रूयात्**—अप्रिय सत्य न बोल।
8. **प्रियम् असत्यं न ब्रूयात्**—प्रिय असत्य न बोल।
9. **सत्यात् परः धर्मः नास्ति**—सत्य से ऊँचा धर्म नहीं है।
10. **असत्यसमः नः कः अपि अधर्मः**—असत्य के समान कोई अधर्म भी नहीं।
11. **इह एहि**—यहाँ आ।
12. **श्वः विसृष्टिः अस्ति**—कल छुट्टी है।
13. **शास्त्रेण विना मनुष्यः अन्धः**—शास्त्र के बिना मनुष्य अन्धा है।

सरल वाक्य-संवाद

रामः—हे मित्र! त्वं कुत्र गच्छसि इदानीम्?

विष्णुः—इदानीमहं भ्रमणार्थं गच्छामि।

रामः—कः समयः इदानीम्?

विष्णुः—इदानीं सप्तवादनसमयः।

रामः—इदानी भ्रमणाय बहिः गत्वा पुनः कदा स्वगृहमागमिष्यसि?

विष्णुः—अहमवश्यमष्टवादनसमये स्वगृहमागमिष्यामि।

रामः–तर्हि अहमपि त्वया सह आगच्छामि।
विष्णुः–आगच्छ तर्हि शीघ्रम्। समयः गच्छति।
रामः–शीघ्रमागतः[1]। क्षणं तिष्ठ[2]।

पाठ 28

'स्मर' के पूर्व 'वि' लगाने से 'विस्मर' रूप बनता है और उसका अर्थ 'भूलना' होता है। देखिए–

स्मरति–स्मरण करता है।
स्मरसि–तू स्मरण करता है।
स्मरामि–स्मरण करता हूँ।
स्मरिष्यति–वह स्मरण करेगा।
स्मरिष्यसि–तू स्मरण करेगा।
स्मरिष्यामि–स्मरण करूंगा।
त्वया–तूने।
मया–मैंने।
तेन–उसने।
विस्मरति–वह भूलता है।
विस्मरसि–तू भूलता है।
विस्मरामि–भूलता हूँ।
विस्मरिष्यति–वह भूलेगा।
विस्मरिष्यसि–तू भूलेगा।
विस्मरिष्यामि–भूलूँगा।
बालकेन–लड़के से।
पुरुषेण–मनुष्य ने।
पुत्रेण–पुत्र से।

वाक्य

1. **यत् त्वं पठसि तत् सर्वदा स्मरसि न वा**–जो तू पढ़ता है, उसे स्मरण करता है या नहीं?
2. **यद् अहं पठामि तत् कदापि न विस्मरामि**–जो मैं पढ़ता हूँ, वह कभी नहीं भूलता।
3. **यदि त्वम् एवं विस्मरिष्यसि तर्हि कथं पठिष्यसि**–अगर तू इस प्रकार भूलेगा तो कैसे पढ़ेगा?
4. **अतः ऊर्ध्वं न विस्मरिष्यामि**–मैं इसके पश्चात् नहीं भूलूँगा।
5. **यथा तव गुरुः आज्ञापयति तथा कुरु**–जैसा तेरा गुरु आज्ञा देता है, वैसा कर।
6. **सः मां वृथा पीडयति**–वह मुझे व्यर्थ दुःख देता है।
7. **अतः अहं तम् अवश्यं ताडयिष्यामि**–इसलिए मैं उसको अवश्य पीटूँगा।
8. **सः महिषः कस्य अस्ति**–वह भैंसा किसका है?
9. **सः महिषः नास्ति वृषभः अस्ति**–वह भैंसा नहीं, बैल है।

---

1. जल्दी आया। 2. क्षण-भर ठहर।

शब्द

गतः—गया।
भक्षितम्—खाया।
स्वीकृतम्—स्वीकार किया।
नीतम्—ले गया।
कृतम्—किया।
स्नातम्—स्नान किया।
जातम्—उत्पन्न हुआ।
स्थितम्—ठहरा हुआ।
गृहीतम्—लिया।
स्मृतम्—स्मरण किया।
श्रुतम्—सुना।
पठितम्—पढ़ा।
पिहितम्—बन्द किया।
ज्ञातम्—जाना।
प्रक्षालितम्—धोया।
रक्षितम्—रक्षा की।
क्रीतम्—ख़रीदा।
अटितम्—घूमा।
आगतम्—आ गया।
दत्तम्—दिया।
उक्तम्—कहा।
आनीतम्—लाया।
पीतम्—पिया।
इष्टः—वांछित।
उत्थितम्—उठा हुआ।
ताडितम्—ताड़ना किया (पीटा) हुआ।
आज्ञापितम्—आज्ञा को।
विस्मृतम्—भूला।
दृष्टम्—देखा।
उद्घाटितम्—खोला।
लिखितम्—लिखा।
विज्ञातम्—जाना।
क्रीडितम्—खेला।
आरब्धम्—आरम्भ किया।
विक्रीतम्—बेचा।
कथितम्—कहा।

वाक्य

1. **त्वया फलं नीतं किम्**—क्या तू फल ले गया?
2. **मया तद् अद्यापि**[1] **न दृष्टम्**—मैंने वह आज भी नहीं देखा।
3. **बालकेन वस्त्रं प्रक्षालितम्**—बालक ने कपड़ा धोया।
4. **मया शोभनं कर्म आरब्धम्**—मैंने श्रेष्ठ कार्य आरम्भ किया।
5. **त्वया तत् कथं विस्मृतम्**—तूने वह कैसे भुला दिया?

ऋकारान्त स्त्रीलिंग 'मातृ' शब्द

1. **प्रथमा**	**माता**	माता
2. **द्वितीया**	**मातरम्**	माता को

---
1. अद्य + अपि।

3. तृतीया	**मात्रा**	माता से
4. चतुर्थी	**मात्रे**	माता के लिए
5. पञ्चमी	**मातुः**	माता से
6. षष्ठी	**मातुः**	माता का
7. सप्तमी	**मातरि**	माता में
सम्बोधन	**(हे) मातः**	हे माता

'माता' शब्द के समान चलने वाले शब्द

दुहितृ—लड़की, पुत्री। **यातृ**—देवरानी।
ननन्दृ, ननान्दृ—ननद, पति की बहिन।

वाक्य

1. **सर्वदा उद्यमः कर्तव्यः**—सदा उद्योग करना चाहिए।
2. **उद्यमेन एव सुखं भवति**—उद्योग से ही सुख होता है।
3. **भुक्त्वा बदरीफलं भक्षणीयम्**—भोजन करके बेर खाना चाहिए।
4. **अभुक्त्वा आमलकं पथ्यम्**—भोजन न करके (भोजन से पूर्व) आंवला हितकर है।
5. **त्वं बालकेन सह क्रीडसि**—तू लड़के के साथ खेलता है।
6. **अहं तु न क्रीडामि**—मैं तो नहीं खेलता।
7. **सः तत्र किमर्थं कोलाहलं करोति**—वह वहाँ क्यों शोर करता है?
8. **यदि अहं क्रीडिष्यामि तर्हि गुरुः मां ताडयिष्यति**—अगर मैं खेलूँगा तो गुरु मुझे मारेगा।
9. **तव मातुः किम् नाम अस्ति**—तेरी माता का क्या नाम है?
10. **तस्य पितुः नाम यज्ञदत्तशर्मा इति**—उसके पिता का नाम यज्ञदत्त शर्मा है।
11. **दुग्धं पीत्वा फलं भक्षयामि**—दूध पीकर फल खाऊँगा।
12. **अश्वः शीघ्रं धावति**—घोड़ा तेज़ दौड़ता है।

सरल वाक्य

(1) किमर्थं त्वं तत्र गत्वा मोदकं भक्षयसि ? (2) मया तत् कर्म न कृतम्। (3) दुर्जनः अन्यस्मै दुःखं ददाति। (4) सुजनः अन्यस्मै सुखं ददाति। (5) आकाशे रविं पश्य। (6) पाठशालायां सदा नियमेन गन्तव्यम्। (7) मित्रेण सह कलहः न कर्तव्यः। (8) यदा गुरुः पाठं पाठयति तदा तत्र चित्तं देयम्। (9) इतस्ततः न द्रष्टव्यम्। (10) सशर्करं दुग्धं पेयम्।

शब्द

अन्यस्मै—दूसरों के लिए।
देयम्—देने योग्य।
पेयम्—पीने योग्य।
सुजनः—सज्जन।
चित्तम्—मन, दिल।
सशर्करम्—खांड से युक्त।
कर्म—उद्योग।
कलहः—झगड़ा।
द्रष्टव्यम्—देखने योग्य।
दुर्जनः—दुष्ट व्यक्ति।
नियमः—नियम।
इतस्ततः—इधर-उधर।
बदरीफलम्—बेर।

सरल वाक्य

1. सः यत् पठति तत् कदाऽपि न विस्मरति। 2. अहं यत् शृणोमि[1] तत् कदापि न विस्मरामि। 3. यथा गुरुः मां आज्ञापयति तथैव[2] अहं करोमि। 4. त्वं बालकेन सह किमर्थं क्रीडसि इदानीम्? 5. तं पुरुषं त्वं पश्यसि किम्? 6. यदा-यदा प्रकाशः न भवति तदा-तदा दीपं प्रज्वालय।[3]

पाठ 29

1. **इदानीं त्वया किं कृतम्**—अब तूने क्या किया?
2. **गृहं गत्वा अधुना मया अन्नं भक्षितम्**—घर जाकर अब मैंने अन्न खाया।
3. **तस्य पुस्तकं त्वया नीतं किम्**—उसकी पुस्तक तूने ली है क्या?
4. **तेन तद् वरं कर्म अद्यापि न कृतम्**—उसने वह अच्छा काम अब तक नहीं किया।
5. **तत् सर्वं शोभनं जातम्**—वह सब ठीक हुआ।
6. **यत् त्वया पुस्तकं गृहीतं तत् मम अस्ति**—जो तूने पुस्तक ली वह मेरी है।
7. **यत् त्वया आज्ञापितं तत् मया न श्रुतम्**—जो तूने आज्ञा की वह मैंने नहीं सुनी।
8. **किम् त्वया न स्मृतं यत् तेन उक्तम्**—क्या तुझे स्मरण नहीं जो उसने कहा था।
9. **यत् तेन उक्तं तत् सर्वं मया पूर्वम् एव विस्मृतम्**—जो उसने कहा वह सब मैंने पहले ही भुला दिया।
10. **यत् त्वया दृष्टं तत् सर्वं कथय**—जो तूने देखा वह सब कह।

---

1. सुनता हूँ। 2. वैसा ही। 3. जलाओ।

11. **यदि त्वया तद् ज्ञातं तत् मामपि वद**—अगर तूने उसे जान लिया तो मुझे भी बता।
12. **यदि त्वया स्वगृहं रक्षितं तर्हि वरं कृतम्**—अगर तूने अपने मकान की रक्षा की तो अच्छा किया।
13. **यदि त्वया अद्यापि वस्त्रं न विक्रीतम्**—अगर तूने आज भी कपड़ा नहीं बेचा।
14. **तर्हि तद् मह्यं देहि**—तो उसे मुझे दे।
15. **यदि त्वया इदानीं पर्यन्तं द्वारं न उद्घाटितम्**—अगर तूने अब तक दरवाज़ा नहीं खोला।
16. **तत् केन उद्घाटितम् इति शीघ्रं कथय**—तो किसने उसे खोला यह शीघ्र कह।
17. **तद् अहं न जानामि**—वह मैं नहीं जानता।
18. **त्वया जलं पीतं किम्**—तूने जल पिया क्या?

शब्द

ग्लानिः—शिथिलता, घिन।
खलु—निश्चय से।
सत्यात्—सत्यता से।
प्रतिष्ठितम्—स्थित है।
अभ्युत्थानम्—उन्नति।
मूलम्—जड़।
परः—श्रेष्ठ, दूसरा, भिन्न।
पिष्टक्व—डबलरोटी।

वाक्य

1. **यदा-यदा धर्मस्य ग्लानिः भवति**—जब-जब धर्म की शिथिलता होती है।
2. **तदा-तदा अधर्मस्य अभ्युत्थानं भवति**—तब-तब अधर्म की उन्नति होती है।
3. **सत्यात् परः धर्मः नास्ति**—सत्य से श्रेष्ठ दूसरा धर्म नहीं है।
4. **असत्यात् परः अधर्मः न कः अपि अस्ति**—असत्य से बड़ा अधर्म कोई भी नहीं है।
5. **त्वं सत्यं वदसि इति वरं करोषि**—तू सत्य बोलता है, यह ठीक करता है।
6. **कदापि असत्यं न वद**—कभी-भी असत्य न बोल।
7. **सर्वं खलु धर्ममूलं सत्ये प्रतिष्ठितम्**—निश्चय ही सब धर्मों का मूल सत्य में स्थित है।
8. **यः सत्यं न वदति सः असत्यवादी भवति**—जो सत्य नहीं बोलता है वह असत्यवादी होता है।
9. **असत्यात् दारिद्र्यं वरम् अस्ति**—असत्य से ग़रीबी अच्छी है।
10. **त्वं सर्वदा असत्यं किमर्थं वदसि**—तू सर्वदा असत्य क्यों बोलता है?
11. **मया कदापि असत्यं न उक्तम्**—मैंने कभी असत्य नहीं बोला।

12. **यद् द्रव्यं मया रक्षितं तत् सर्वं त्वया त्यक्तम्**—जो द्रव्य मैंने रखा था, वह सब तूने छोड़ दिया।
13. **पुनः पुनः श्रुतम् अपि लेखितुं न शक्नोमि**—बार-बार सुने हुए को भी मैं लिख नहीं सकता।
14. **यत् जलं त्वया आनीतं तत् शुद्ध नास्ति**—जो जल तू लाया है, वह शुद्ध नहीं है।
15. **मया कूपात् जलम् आनीतम् अस्ति, अतः तद् शुद्धम् एव अस्ति**—कुएँ से जल लाया हूँ, इसलिए वह शुद्ध ही है।

दकारान्त स्त्रीलिंग 'तद्' शब्द

1. प्रथमा	**सा**	वह	स्त्री
2. द्वितीया	**ताम्**	उसको	"
3. तृतीया	**तया**	उसने	"
4. चतुर्थी	**तस्यै**	उसके लिए	"
5. पञ्चमी	**तस्याः**	उससे	"
6. षष्ठी	**तस्याः**	उसका	"
7. सप्तमी	**तस्याम्**	उसमें	"

'तद्' शब्द के पुल्लिंग रूप पहले दिए हुए हैं। पाठकों को चाहिए कि वे पुल्लिंग रूपों में जो भिन्नता है उसको ठीक प्रकार समझ लें। पुल्लिंग शब्द के बदले पुल्लिंग रूप आएँगे और स्त्रीलिंग शब्द के बदले स्त्रीलिंग रूप आएँगे, यह नियम है। नीचे दिए वाक्यों को ध्यान से देखने से इस नियम का पूरा पता लग जाएगा।

वाक्य

1. **यः पुरुषः ग्रामाद् आगतः सः इदानीम् अत्र नास्ति**—जो व्यक्ति गाँव से आया, वह अब यहाँ नहीं है।
2. **या बालिका नगरं गता सा कस्य पुत्री**—जो लड़की शहर गई वह किसकी पुत्री है?
3. **तं पुत्रं तस्मिन् स्थाने पश्य**—उस पुत्र को उस स्थान में देख।
4. **तां पुत्रीं तस्मिन् स्थाने पश्य**—उस बेटी को उस स्थान में देख।
5. **तव धर्मपत्नी अत्र अस्ति किम् ? यदि अस्ति तर्हि तया किम् इदानीं कर्तव्यम्**—तेरी धर्मपत्नी यहाँ है क्या? अगर है तो उसे अब क्या करना है?
6. **तस्यै जलं देहि**—उस स्त्री के लिए जल दे।
7. **तस्याः वस्त्रं कुत्र अस्ति**—उस स्त्री का कपड़ा कहाँ है?

8. **तां पाठशालां पश्य, तस्यां मम पुत्रः पठति**—उस पाठशाला को देख, उसमें मेरा लड़का पढ़ता है।
9. **यत्र त्वं गच्छसि तत्र सा न गच्छति किम्**—जहाँ तू जाती है वहाँ वह नहीं जाती है क्या?

पाठ 30

शब्द

गजः—हाथी	**सर्पः**—साँप।
लवपुरम्—लाहौर	**नैव**—नहीं।
विद्यालयम्—पाठशाला को।	**ब्रह्मचारी**—ब्रह्मचारी।
शब्दः—शब्द।	**उदेति**—उगता है, निकलता है।
प्रयत्नः—उद्योग।	**अधिकारः**—ओहदा।
प्रकाशः—प्रकाश।	**अन्धकारः**—अँधेरा।
घण्टानादः—घंटे की आवाज़।	**एकः**—एक।
प्रथमः—पहला।	**द्वितीयः**—दूसरा।

वाक्य

1. **पुस्तकं लेखनीं मसीपात्रं च मह्यंदेहि**—पुस्तक, क़लम और दवात मुझे दे।
2. **कोलाहलं न कुरु इति हरिदत्तं कथय**—हरिदत्त से कह कि कोलाहल न करे।
3. **यत्र भूमित्रः अस्ति तत्र त्वं शीघ्रं गच्छ**—जहाँ भूमित्र है वहाँ तू शीघ्र जा।
4. **तत्र वृषभः जलं पिबति**—वहाँ बैल जल पीता है।
5. **सः लवपुरम् अतः ऊर्ध्वं नैव गमिष्यति**—वह इसके पश्चात् लाहौर नहीं जाएगा।
6. **यत्र शूकरः धावति तत्र त्वमपि**[1] **गच्छ**—जहाँ सूअर दौड़ता है वहाँ तू भी जा।
7. **अत्र दीपः नास्ति अतः अहं किमपि**[2] **न पश्यामि**—यहाँ दीपक नहीं है, इसलिए मैं कुछ भी नहीं देख पाता।
8. **विद्यालयं पश्य, तत्र मम ब्रह्मचारी पठति**—विद्यालय को देख, वहाँ मेरा ब्रह्मचारी (बालक) पढ़ता है।
9. **सः वृथा एव असत्यं वदति**—वह व्यर्थ ही झूठ बोलता है।
10. **यदा प्रातःकाले सूर्यः उदेति**—जब प्रातःकाल सूर्य निकलता है।

---

1. त्वम् + अपि। 2. किम् + अपि।

11. **तदा सर्वत्र प्रकाशः भवति**—तब सब स्थानों पर प्रकाश हो जाता है।
12. **घण्टानादः भवति, त्वं तं श्रृणु**—घण्टी बज रही है, तू उसे सुन।

शब्द

नाम—नाम।	**आगतः**—आया।
निपुणः—प्रवीण।	**स्वामी**—स्वामी।
स्वनगरम्—अपने शहर को।	**धर्मप्रचारम्**—धर्म के प्रचार को।

वाक्य

1. **सः पण्डितः अस्ति**—वह बुद्धिमान् है।
2. **तस्य नाम विश्वामित्र शर्मा इति**—उसका नाम विश्वामित्र शर्मा है।
3. **सः कलिकत्तानगरात् अत्र आगतः**—वह कलकत्ता शहर से यहाँ आया है।
4. **अत्र तेन शोभनं व्याख्यानं दत्तम्**—यहाँ उसने अच्छा व्याख्यान दिया।
5. **सः वरं व्याख्यानं ददाति**—वह अच्छा व्याख्यान देता है।
6. **एवम् अत्र न कः अपि वक्तुं शक्नोति**—इस प्रकार यहाँ कोई भी नहीं बोल सकता।
7. **सः संस्कृत-भाषायां प्रवीणः अस्ति**—वह संस्कृत-भाषा में निपुण है।
8. **यथा स्वामी सर्वदानन्दः प्रवीणः अस्ति**—जैसे स्वामी सर्वदानन्द प्रवीण हैं।
9. **न तथा पण्डितः विश्वामित्र शर्मा**—नहीं (हैं) वैसे पं. विश्वामित्र शर्मा।
10. **त्वया तस्य व्याख्यानं श्रुतं किम्**—क्या तूने उसका व्याख्यान सुना?
11. **कदा सः पुनः स्वनगरं गमिष्यति**—वह फिर कब अपने शहर जाएगा?
12. **सः इदानीं नैव गमिष्यति**—वह अब नहीं जाएगा।
13. **अत्र स्थित्वा सः किं कर्तुमिच्छति**[1]—यहाँ ठहरकर वह क्या करना चाहता है?
14. **अत्र स्थित्वा सः धर्मप्रचारं करिष्यति**—यहाँ ठहरकर वह धर्म का प्रचार करेगा।
15. **यदि सः अत्र स्थास्यति तर्हि वरं भविष्यति**—अगर वह यहाँ ठहरेगा तो अच्छा होगा।

दकारान्त स्त्रीलिंग 'यद्' शब्द

1. **प्रथमा**	**या**	जो	स्त्री
2. **द्वितीया**	**याम्**	जिसको	,,
3. **तृतीया**	**यया**	जिससे	,,

1. कर्तुम् + इच्छति।

4. चतुर्थी	यस्यै	जिसके लिए	„
5. पञ्चमी	यस्याः	जिससे	„
6. षष्ठी	„	जिसका	„
7. सप्तमी	यस्याम्	जिसमें	„

स्त्रीलिंग 'किम्' शब्द

1. प्रथमा	का	कौन	स्त्री
2. द्वितीया	काम्	किसको	„
3. तृतीया	कया	किसने	„
4. चतुर्थी	कस्यै	किसके लिए	„
5. पञ्चमी	कस्याः	किससे	„
6. षष्ठी	„	किसका	„
7. सप्तमी	कस्याम्	किसमें	„

वाक्य

1. **का पुत्रिका पुस्तकं पठति**—कौन-सी बेटी पुस्तक पढ़ती है?
2. **या बालिका पाठशालां गच्छति सा एव पठितुं शक्नोति**—जो लड़की पाठशाला जाती है, वही पढ़ सकती है।
3. **यया पुस्तकं पठितं तस्यै धनं वस्त्रं च देहि**—जिस ने पुस्तक पढ़ी है, उसको धन और कपड़ा दे।
4. **यस्याः कृते त्वं तत्र गतः सा न आगता किम्**—जिस के लिए तू वहाँ गया, वह नहीं आई क्या?
5. **यस्यां पाठशालायां मम पुत्रः पठति, तव अपि तस्याम् एव पठति**—जिस पाठशाला में मेरा लड़का पढ़ता है, उसमें ही तेरा भी पढ़ता है।
6. **तस्यां देवतायां भक्तिं धारय**—उस देवता में भक्ति धारण कर।
7. **पठनस्य काले तस्याः शब्दः महान् भवति**—पढ़ने के समय उस (स्त्री) का शब्द बड़ा होता है।

परीक्षा

अब तक तीस पाठ हो चुके हैं। अब पाठकों की परीक्षा होगी। अगर पाठक सब प्रश्नों के ठीक-ठीक उत्तर दे सकेंगे तो वे आगे बढ़ सकते हैं। अन्यथा उनको चाहिए कि वे पूर्व के तीस पाठ प्रारम्भ से दुबारा पढ़ें और सबको ठीक-ठीक याद करें। जब तक पिछला याद न होगा तब तक आगे बढ़ने से कोई लाभ नहीं।

प्रश्न

(1) निम्न शब्दों की सातों विभक्तियों के एकवचन रूप दीजिए—

पुल्लिंग शब्द

मार्ग। देव। भाग। धनञ्जय। कवि। अरि। भानु। पितृ। भ्रात। सर्व।

स्त्रीलिंग शब्द

उपासना। दया। मातृ। विद्या। जिह्वा। नासिका। किम्। यद्। धेनु। नदी।

(2) निम्न शब्दों के केवल तृतीया, चतुर्थी तथा पंचमी के एकवचन रूप लिखिए—

राम। देवता। विष्णु। कर्तृ। अस्मत्।

(3) निम्न वाक्यों का हिन्दी में अर्थ लिखिए—

सः त्वां न जानाति किम् ? यदा सः आगतः तदा एव त्वं गतः। दशरथस्य पुत्रः श्रीरामचन्द्रः अस्ति। विश्वामित्रेण सह रामचन्द्रः वनं गतः। तत्र का अद्य अन्नं भक्षयति ? सा बाला तस्मिन् गृहे न पठति।

(4) निम्न वाक्यों के उत्तर संस्कृत में ही दीजिए—

तव किम् नाम अस्ति? इदानीं त्वं किम् पठसि? श्रीकृष्णचन्द्रः कस्य पुत्रः आसीत्? श्रीरामचन्द्रेण केन सह युद्धं कृतम्? धर्मेण किम् भवति।

(5) निम्न वाक्यों के संस्कृत-वाक्य बनाइए—

मैं पाठशाला जाता हूँ। वह मुझे देखता है। राजा ने उसके लिए धन दिया। सूर्य आकाश में आया। प्रातःकाल संध्या कर। सवेरे उठ और स्नान कर।

(6) आप कोई एक कथा संस्कृत में लिखने का यत्न कीजिए।

(7) निम्न शब्दों के अर्थ कीजिए—

उत्तिष्ठ। व्यायामः। पंचवादनसमयः। नागः। याचकः। सैनिकः। रविः। कोलाहलः। स्वमपि। युवा। कुशलः। शुभम्। जाया।

पाठ 31

पाठको! अब तक आपने 30 पाठ स्मरण किए हैं, और व्याकरण के नियमों का विशेष ज्ञान न होते हुए भी आपने संस्कृत-भाषा में व्यावहारिक बातचीत करने की योग्यता प्राप्त की है।

अब इसके पश्चात् व्याकरण का थोड़ा परिचय करने की आवश्यकता है।

व्याकरण जानने के लिए प्रथम संस्कृत अक्षरों की बनावट पर तथा शब्दों की घटना पर एक दृष्टि डालनी चाहिए, अन्यथा व्याकरण के नियम ठीक ध्यान में नहीं आ सकते।

व्यंजन और स्वर मिलकर संस्कृत के तथा हिन्दी के अक्षर बनते हैं। जैसे देखिए–

क् + अ=क। म् + अ=म। ल् + अ=ल।

अर्थात् 'कमल' शब्द की बनावट 'क् + अ + म् + अ + ल् + अ' इतने वर्णों से हुई है। इसी प्रकार–

(र् + आ) + (म् + अ)=राम।

(प् + इ) + (त् + आ)=पिता।

(उ) + (द् + य् + आ) + (न् + अ + म्)=उद्यानम्।

(ई) + (श् + व् + अ) + (र् + अः)=ईश्वरः।

(प् + उ) + (स् + त् + अ) + (क् + अ + म्)=पुस्तकम्।

(य् + अ + त्)=यत्।

(द् + ए) + (व् + अः)=देवः।

पाठकों को चाहिए कि वे इस अक्षर-क्रम तथा शब्द-क्रम को स्मरण रखें। संस्कृत के अक्षर तथा शब्द जैसे लिखे जाते हैं, वैसे ही बोले भी जाते हैं; और जैसे बोले जाते हैं, वैसे ही लिखे भी जाते हैं। उर्दू-अंग्रेज़ी की तरह 'लिखना कुछ, और बोलना कुछ' वाली बात यहाँ नहीं है, इसलिए संस्कृत का शब्द-क्रम (Spelling, स्पैलिंग–हिज्जे) उर्दू-अंग्रेज़ी की अपेक्षा सुगम है।

संस्कृत में व्यंजन और स्वर आमने-सामने आते ही जुड़ जाते हैं जैसे–

(तं=) तम् + अपि–तमपि।

(त्वं=) त्वम् + आगच्छ–त्वमागच्छ।

यद् + अस्ति–यदस्ति।

तद् + अस्ति–तदस्ति।

इस प्रकार के योग का वर्णन हम आगे के पाठ में करेंगे। इसलिए पाठकों को चाहिए कि वे इस योग की व्यवस्था को ध्यान में रखें। जहाँ-जहाँ योग आएगा वहाँ-वहाँ पृष्ठ के नीचे टिप्पणी देकर उस शब्द को खोलकर भी बताएंगे।

अब कुछ वाक्य दिए जाते हैं। उनकी ओर पाठकों को ध्यान देना चाहिए। इन वाक्यों के अन्दर उक्त प्रकार के योग दिए गए हैं।

वाक्य

1. **यदस्ति[1] तत्र, तदत्र[2] त्वमानय[3]**—जो वहाँ है, उसे तू यहाँ ले आ।
2. **रामः शीघ्रमागच्छति[4]**—राम जल्दी आता है।
3. **त्वमधुना[5] पुस्तकं देहि**—तू अब पुस्तक दे।
4. **तदधुना[6] तत्र नास्ति[7]**—वह अब वहाँ नहीं है।
5. **सः कदापि[8] असत्यं नैव[9] वदति**—वह कभी भी असत्य नहीं बोलता।
6. **सः पुष्पमानयति[10]**—वह फूल लाता है।
7. **त्वमिदानीं[11] किं करोषि**—तू अब क्या करता है।
8. **अहमधुना[12] आलेख्यं पश्यामि**—मैं अब चित्र देखता हूँ।
9. **त्वमिदानीं किमर्थं हुसैनमाज्ञापयसि[13]**—तू अब क्यों हुसैन को आज्ञा करता है ?
10. **मित्र ! पश्य, कथं सः रथः शीघ्रं धावति**—मित्र ! देख, वह रथ (गाड़ी) कैसा जल्दी दौड़ता है।
11. **तत्र सूर्यं पश्य**—वहाँ सूर्य को देख।
12. **यदत्र[14] अस्ति तत् तुभ्यमहं[15] दास्यामि**--जो यहाँ है वह तुझे मैं दूँगा।
13. **अश्वः धावति**—घोड़ा दौड़ता है।
14. **मनुष्यः अश्वं पश्यति**—मनुष्य घोड़े को देखता है।
15. **त्वमपि[16] तत्र गच्छ**—तू भी वहाँ जा।
16. **सः पुरुषः वृद्धः अस्ति**—वह मनुष्य बूढ़ा है।
17. **सः बालः अतीव दुर्बलः अस्ति**—वह लड़का बहुत ही दुर्बल है।

पुल्लिंग और स्त्रीलिंग सर्वनामों का उपयोग बतानेवाले वाक्य

1. **सः पुरुषः।**	**सा स्त्री।**
2. **तं पुरुषं पश्य।**	**तां स्त्रीं पश्य।**
3. **यः पश्यति।**	**या पश्यति।**
4. **कः पठति।**	**का पठति।**
5. **त्वं कस्मै धनं ददासि।**	**त्वं कस्यै धनं ददासि।**

---

1. यद् + अस्ति। 2. तद् . अत्र। 3. त्वम् . आनय। 4. शीघ्रम् . आगच्छति। 5. त्वम्. अधुना। 6. तद्. अधुना। 7. न. अस्ति। 8. कदा. अपि। 9. न. एव। 10. पुष्पम्. आनयति। 11. त्वम्. इदानीम्। 12. अहम्. अधुना। 13. हुसैनम्. आज्ञापयसि। 14. यद्. अत्र। 15. तुभ्यम्. अहम्। 16. त्वम्. अपि।

6. यस्मै त्वम् इच्छसि।	यस्यै त्वम् इच्छसि।
7. येन मनुष्येण जलं पीतम्।	यया पुत्रिकया जलं पीतम्।
8. तस्मै देहि।	तस्यै देहि।
9. यः गच्छति।	या गच्छति।
10. कः एवं वदति।	का एवं वदति।
11. सः वदति।	सा वदति।
12. केन न पठितम्।	कया न पठितम्।
13. कस्य गृहम् अस्ति।	कस्याः गृहम् अस्ति।

संस्कृत में पत्र-लेखन

ॐ

अलमोड़ानगरे
श्रावणस्य शुक्ल-चतुर्दश्याम्
रविवासरे सं. 2005

भो प्रियमित्र कृष्णवर्मन्,

नमस्ते। तव पत्रम् अद्य एव लब्धम्। आनन्दः जातः। अहं तव नगरं शीघ्रं न आगमिष्यामि। अत्र मम बहु कर्तव्यम् अस्ति। अहं श्वः हिमपर्वतं गमिष्यामि। तस्य स्थानस्य नाम त्वं जानासि एव। तस्य पर्वतशिखरस्य नाम धवलगिरिः इति अस्ति। तस्य दृश्यम् अतीव सुन्दरम् अस्ति। यदि त्वं तत्र आगमिष्यसि तर्हि वरं भविष्यति। यदि त्वम् आगन्तुम् इच्छसि तर्हि मम मातरम् अपि आत्मना सह आनय।

सर्वम् अत्र कुशलम् अस्ति। तव सदैव कुशलम् इच्छामि।

तव मित्रम्
सीतारामः

शब्द

भो—हे।
नमस्ते—तुमको नमस्कार।
लब्धम्—प्राप्त हुआ, मिला।
आनन्दः—ख़ुशी।
वरम्—अच्छा।
बहु—बहुत।
हिमम्—बर्फ़।
पर्वतः—पहाड़।
शिखरम्—(पहाड़ की) चोटी।
दृश्यम्—दृश्य, नज़ारा।
कुशलम्—मंगल, राज़ी-ख़ुशी।
तपस्या—तप।

सरल वाक्य

तव पुत्रिका कुत्र अस्ति? सा मात्रा सह हरिद्वारनगरं गता। कदा सा पुनस्स्वगृहमागमिष्यति?

यदा तस्याः माता आगमिष्यति तदा एव तया सह सा अपि आगमिष्यति। सा तत्र किं करोति? ऋषीकेशनामके तीर्थस्थाने सा तपस्यां करोति। कथं पुत्रिका तपस्यां करोति? तत्र कन्यागुरुकुलम् अस्ति। तत्र सा अध्ययनं कर्तुम् इच्छति। तर्हि एवं कथय। किमर्थम् असत्यं वदसि सा तत्र तपस्यां करोति इति।

पाठ 32

शब्द के अन्त में जो हल् 'म्' होता है वह 'क' से 'ह' तक के किसी भी वर्ण अर्थात् किसी भी व्यंजन के परे होने पर अनुस्वार (बिन्दी नुक्ता) हो जाता है। यदि उस 'म्' के सामने कोई स्वर अ, इ आदि आ जाता है तो 'म्' उस स्वर से मिल सकता है या अलग ही रहता है; किन्तु स्वर परे रहते अनुस्वार नहीं होता। 'क' से 'ह' परे रहते :

देवम् +पश्य=देवं पश्य।

ज्ञानम् +दत्तम्=ज्ञानं दत्तम्।

जलम् +देहि=जलं देहि।

स्वर परे रहते :

सर्वम् + अस्ति=सर्वमस्ति या सर्वम् अस्ति।

ओदनम् +अद्धि=ओदनमद्धि या ओदनम् अद्धि।

शीघ्रम् +ओदनम्=शीघ्रमोदनम् या शीघ्रम् ओदनम्।

वाक्य

1. **देवः तत्र गच्छति**—देव (विद्वान्) वहाँ जाता है।
2. **तं देवं पश्य**—उस देव को देख।
3. **देवेन ज्ञानं दत्तम्**—देव (विद्वान्) ने ज्ञान दिया।
4. **देवाय जलं देहि**—देव के लिए (को) जल दे।
5. **देवात् द्रव्यं गृह्णामि**—देव से द्रव्य लेता हूँ।
6. **देवस्य एतत् सर्वम् अस्ति**—देव का यह सब है।
7. **देवे सर्वम अस्ति**—देव (ईश्वर) के अन्दर सब कुछ है।
8. **हे देव ! अत्र पश्य**—हे देव, यहाँ देख।
9. **रामः दशरथस्य पुत्रः आसीत्**—राम दशरथ का पुत्र था।
10. **रामं दशरथः एवं वदति**—राम को दशरथ ऐसे बोलता है।
11. **कृष्णेन जलं दत्तम्**—कृष्ण ने जल दिया।

12. **देवदत्ताय पुस्तकं देहि**—देवदत्त को पुस्तक दे।
13. **लवपुरात् फलम् आनय**—लाहौर से फल ले आ।
14. **रामस्य रावणस्य च युद्धं जातम्**—राम और रावण का युद्ध हुआ।
15. **तस्य गृहे मम वस्त्रम् अस्ति**—उसके घर में मेरा कपड़ा है।
16. **हे देवदत्त! त्वं युद्धं न कुरु**—हे देवदत्त! तू युद्ध न कर।
17. **बालकः उपरि अस्ति**—बालक ऊपर है।
18. **तं बालकं पश्य। कथं सः धावति**—उस बालक को देख, वह कैसे दौड़ता है।
19. **बालकेन स्नानं कृतम्**—बालक ने स्नान किया।
20. **बालकाय मोदकं देहि**—बालक को लड्डू दे।
21. **बालकात् पुस्तकं गृहाण**—बालक से पुस्तक ले।
22. **बालकस्य वस्त्रं रक्तमस्ति**[1]—बालक का कपड़ा लाल है।
23. **बालके दयां कुरु**—बालक पर दया कर।
24. **हे बालक त्वमुत्तिष्ठ**[2]—हे बालक, तू उठ।

शब्द

पालकः—पालनकर्त्ता। **पानीयम्**—जल। **पेटकः**—सन्दूक।**पुच्छम्**—पूँछ।**कणः**—धान का कण। **दन्तः**—दाँत। **तक्रम्**—छाछ। **घृतम्**—घी। **ओदनम्**—भात। **खट्वा**—चारपाई, खटिया। **कपिः**—बंदर। **वैरम्**—शत्रुता।

क्रिया

ज्वलति—(वह) जलती है। **ज्वलसि**—(तू) जलता है। **वहति**—(वह) उठाता है। **कृन्तति**—(वह) कुतरता है।**ज्वलामि**—जलता हूँ।**अत्ति**—(वह) खाता है।**अत्सि** (तू) खाता है। **अद्मि**—(मैं) खाता हूँ। **कृन्तसि**—(तू) कुतरता है। **कृन्तामि**—(मैं) कुतरता हूँ। **निःसरति**—(वह) निकलता है। **निःसरसि**—(तू) निकलता है।

वाक्य

1. **मम गृहे अश्वः अस्ति**—मेरे घर में घोड़ा है।
2. **तस्य पुच्छं श्वेतम् अस्ति**—उसकी पूँछ सफ़ेद है।
3. **सः घृतं नैव अत्ति**—वह घास नहीं खाता।
4. **तस्य दन्तः श्वेतः नास्ति**—उसका दाँत सफ़ेद नहीं है।
5. **अयं तस्य पेटकः नास्ति**—यह उसका ट्रंक नहीं है।

---

1. रक्तम् अस्ति। 2. त्वम् उत्तिष्ठ।

6. **अहम् ओदनं भक्षयामि**—मैं भात खाता हूँ।
7. **सः ओदनं दुग्धेन सह अत्ति**—वह भात दूध के साथ खाता है।
8. **त्वं कथं शर्करया सह ओदनम् अत्सि**—तू कैसे शक्कर के साथ भात खाता है?
9. **अहं तस्य छत्रं नयामि**—मैं उसका छाता ले जाता हूँ।
10. **मूषकः तस्य पुच्छं कृन्तति**—चूहा उसकी दुम काटता है।
11. **हे मित्र ! अधुना उद्यानं गच्छ, तत्र मम भृत्यः अस्ति**—हे मित्र, अब बाग़ को जा, वहाँ मेरा नौकर है।

सरल वाक्य

1. त्वम् अत्र शीघ्रम् ओदनम् आनय। 2. अत्र जलम् अपि नास्ति। 3. तस्य पुस्तकं तव मित्रेण नीतम्। 4. तत्र दीपः ज्वलति। 5. तस्य प्रकाशे पुस्तकं पठ। 6. सः किं वदति इदानीम्? 7. अहं स्वग्रामम् अद्य गमिष्यामि। 8. यदि भूमित्रः अत्र अस्ति तर्हि तम् अत्र आनय। 9. राजा चौरं दृष्ट्वा धावति। 10. यदा गृहे चौरः आगतः तदा त्वं कुत्र गतः?

पाठ 33

शब्द

आसीत्—था, हुआ था। **राजा**—नरेश। **कृतम्**—किया। **युद्धम्**—लड़ाई। **हतः**—मारा, हनन किया। **बभूव**—हो गया था, हुआ था। **नेत्रम्**—आँख। **नामधेय, नामक**—नाम वाला। **अवलम्ब्य**—अवलम्बन करके। **राज्यम्**—राज्य। **अकरोत्**—करता था। **भार्या**—स्त्री, धर्मपत्नी। **नामधेया**—नाम की। **साध्वी**—पतिव्रता।

वाक्य

1. **रामचन्द्रः कः आसीत्**—रामचन्द्र कौन थे?
2. **रामचन्द्रः अयोध्यानामकस्य नगरस्य राजा आसीत्**—रामचन्द्र अयोध्या नाम की नगरी के राजा थे।
3. **तेन रामेण किं कृतम्**—उस राम ने क्या किया?
4. **रामेण युद्धे रावणः हतः**—राम ने युद्ध में रावण को मारा।
5. **रावणः कः आसीत्**—रावण कौन था?
6. **रावणः लङ्कानामधेयस्य नगरस्य राजा आसीत्**—रावण लंका नाम के नगर का

राजा था।

7. **रावणेन सह रामस्य युद्धं किमर्थं बभूव**—रावण के साथ राम का युद्ध किस कारण हुआ?
8. **रावणः धर्मं त्यक्त्वा अधर्मम् अवलम्ब्य राज्यम् अकरोत्, अतः रावणेन सह रामेण युद्धं कृतम्**—रावण धर्म को छोड़कर, अधर्म का अवलम्बन करके राज्य करता था, इसलिए रावण के साथ राम ने युद्ध किया।
9. **रामस्य भार्या का आसीत्**—राम की स्त्री कौन थी?
10. **सीता नामधेया रामस्य भार्या अतीव साध्वी आसीत्**—सीता नाम वाली राम की धर्मपत्नी अत्यन्त पतिव्रता थी।
11. **रामचन्द्रस्य माता का आसीत्**—रामचन्द्र की माता कौन थी?
12. **कौशल्या नामधेया श्रीरामचन्द्रस्य माता आसीत्**—कौशल्या नाम वाली श्रीरामचन्द्र की माता थी।
13. **रावणस्य भ्राता कः आसीत्**—रावण का भाई कौन था?
14. **विभीषणः रावणस्य भ्राता आसीत्**—विभीषण रावण का भाई था।
15. **रामचन्द्रस्य लक्ष्मणनामधेयः बन्धुः आसीत्**—रामचन्द्र का लक्ष्मण नामक भाई था।
16. **तथा भरतः शत्रुघ्नः अपि**—उसी प्रकार भरत और शत्रुघ्न भी।
17. **रामेण सह साध्वी सीता वनं गता आसीत्**—राम के साथ पति व्रता सीता वन को गई थी।
18. **रामेण सह लक्ष्मणः अपि वनं गतः आसीत्**—राम के साथ लक्ष्मण भी वन को गया था।
19. **यथा रामेण राक्षसाः हताः तथा एव लक्ष्मणेन अपि राक्षसाः हताः**—जिस प्रकार राम ने राक्षसों को मारा उसी प्रकार लक्ष्मण ने भी राक्षसों को मारा।
20. **रामः धर्मेण राज्यम् अकरोत्**—राम ने धर्म से राज्य किया।
21. **अतः लोकः रामे प्रीतिम् अकरोत्**—इसलिए लोग राम से प्रेम करते थे।

शब्द

वार्ता—बात। **रम्या**—रमणीय। **नगरी**—शहर। **सा**—वह (स्त्री)। **वार्तालापः**—बातचीत। **उष्ट्रम्**—ऊँट। **त्वरितम्**—शीघ्र। **नयनम्**—आँख। **उदकम्**—जल। **गतिः**—गमन, चाल। **वृष्टिः**—वर्षा, बरखा। **प्रकाशः**—रोशनी। **एषः**—यह। **मुम्बानगरे**—मुंबई में। **मेघः**—बादल। **द्रुतम्**—शीघ्र। **पत्रम्**—पत्र, ख़त। **पानीयम्**—पानी।

वाक्य

1. **युद्धस्य वार्ता रम्या भवति**—युद्ध की बात रोचक होती है।
2. **सा नगरी अतीव रम्या अस्ति**—वह शहर बहुत ही रमणीय है।
3. **कृष्णेन सह वार्तालापं कुरु**—कृष्ण के साथ बातचीत कर।
4. **उष्ट्रस्य त्वरिता गतिः**—ऊँट की चाल तेज़ होती है।
5. **अश्वस्य गमनमपि[1] तथैव[2]**—घोड़े की चाल भी वैसी ही होती है।
6. **मेघात् वृष्टिः भवति**—बादल से वर्षा होती है।
7. **सूर्यात् प्रकाशः भवति**—सूर्य से प्रकाश होता है।
8. **रात्रौ सूर्यः न भवति**—रात्रि में सूर्य नहीं होता।
9. **अहं रामाय पत्रं लिखामि**—मैं राम के लिए पत्र लिखता हूँ।
10. **त्वं पत्रं शीघ्रं लिख**—तू पत्र जल्दी लिख।
11. **पत्रस्य लेखनेन किं भविष्यति**—पत्र लिखने से क्या होगा?
12. **एष यज्ञदत्तस्य पुत्रः**—यह यज्ञदत्त का पुत्र है।
13. **तव पुत्रः कुत्र अस्ति**—तेरा पुत्र कहाँ है?
14. **मुम्बानगरे मम पुत्रः अस्ति**—मुंबई में मेरा पुत्र है।

शब्द

पाचकः—रसोइया। **महिषी**—भैंस, महारानी। **यष्टिः यष्टिका**—सोटी। **सूचिका**—सूई। **द्वारम्**—दरवाज़ा। **गण्डूषः**—चुल्ली। **अनृतम्**—असत्य, झूठ। **कशा**—चाबुक। **पर्पटः**—पापड़। **मृत्पिण्डः**—मिट्टी का गोला। **कर्तरी**—कैंची। **पटः**—वस्त्र। **महानसम्**—रसोई का स्थान। **पारितोषिकम्**—इनाम। **महिषः**—भैंसा।

क्रिया

आरोहति—(वह) चढ़ता है। **आरोहसि**—(तू) चढ़ता है। **आरोहामि**—(मैं) चढ़ता हूँ। **उपविशति**—(वह) बैठता है। **भ्रामयसि**—(तू) घुमाता है। **उत्तिष्ठामि**—(मैं) उठता हूँ। **हसति**—(वह) हँसता है। **निक्षिपति**—(वह) फेंकता है। **सिञ्चति**—(वह) छिड़कता है। **कर्तयति**—(वह) काटता है।

वाक्य

1. **अहं पर्पटं भक्षयामि**—मैं पापड़ खाता हूँ।
2. **अयं पाचकः अस्ति**—यह रसोइया है।

---

1. गमनम्. अपि। 2. तथा. एव।

3. **अरबदेशात् अश्वः आगच्छति**—अरब देश से घोड़ा आता है।
4. **अद्य मार्गे कर्दमः जातः**—आज मार्ग में कीचड़ हो गया है।
5. **तव वस्त्रं मलिनम् अस्ति**—तेरा वस्त्र मैला है।
6. **त्वां दृष्ट्वा सः हसति**—तुझको देखकर वह हँसता है।
7. **अहं तं दृष्ट्वा हसामि**—मैं उसको देखकर हँसता हूँ।
8. **यष्टिकया मूषकं ताडय**—सोटी से चूहे को मार।
9. **यदि त्वं कूपस्य जलं पातुम् इच्छसि तर्हि मया सह आगच्छ**—अगर तू कुएँ का जल पीना चाहता है तो मेरे साथ आ।
10. **अवन्तिनगरात् तस्य मित्रम् अद्य अपि न आगतम्**—अवन्ति शहर से उसका मित्र आज भी नहीं आया।

सरल वाक्य

1. पश्य सः सूचिकायां सूत्रं निक्षिपति। 2. सः कर्तर्या पत्रं कर्तयति। 3. सः उत्थाय गृहाद् अत्र एव आगतः। 4. महानसात् धूमः उत्तिष्ठति। 5. यत्र धूमः अस्ति तत्र न गन्तव्यम्। 6. जलस्य गंडूषेण मुखं प्रक्षालयामि। 7. तेन पारितोषिकं प्राप्तम्। 8. तस्य महिषी दुग्धं ददाति। 9. अयं सैनिकः कशया अश्वं ताडयति। 10. पाठशालायां केनापि सह कलहं न कुरु।

निम्न वाक्यों का संस्कृत में अनुवाद कीजिए—

1. उस याचक को अन्न दो। 2. जो लड़की पाठशाला जाती है, वह किसकी है? 3. मैं घोड़ा देखता हूँ। 4. तू बादल देखता है। 5. तेरा सन्दूक कहाँ है?

पाठ 34

अकारान्त नपुंसकलिंग शब्द

गमनम्—जाना। **आगमनम्**—आना। **भक्षणम्**—खाना। **भोजनम्**—भोजन, रोटी। **क्रीडनम्**—खेलना। **पानम्**—पीना। **दानम्**—देना। **आदानम्**—लेना। **हसनम्**—हँसना। **स्वीकरणम्**—स्वीकार करना। **लेखनम्**—लिखना। **पत्रम्**—पत्र। **वस्त्रम्**—वस्त्र। **पात्रम्**—बर्तन। **शरीरम्**—शरीर। **अन्नम्**—अन्न।

संस्कृत में शब्दों के लिंग तीन प्रकार के होते हैं। कई शब्द पुल्लिंग होते हैं, कई स्त्रीलिंग और कई नपुंसकलिंग। लिंग पहचानने के लिए कोई सामान्य नियम नहीं हैं, और जो नियम हैं वे इस समय पाठकों की समझ में नहीं आ सकते, इसलिए

यहाँ नहीं दिए जा रहे।

सब अकारान्त नपुंसकलिंग शब्दों के रूप अकारान्त पुल्लिंग शब्द के समान हीं होते हैं, केवल प्रथमा तथा द्वितीया के रूप कुछ भिन्न होते हैं। देखिए–

अकारान्त नपुंसकलिंग 'भोजन' शब्द

1. प्रथमा	**भोजनम्**	भोजन
2. द्वितीया	**भोजनम्**	भोजन को
3. तृतीया	**भोजनेन**	भोजन से
4. चतुर्थी	**भोजनाय**	भोजन के लिए
5. पञ्चमी	**भोजनात्**	भोजन से
6. षष्ठी	**भोजनस्य**	भोजन का
7. सप्तमी	**भोजने**	भोजन में
सम्बोधन	**(हे) भोजन**	(हे) भोजन

इसी प्रकार अन्य सब अकारान्त नपुंसकलिंग शब्दों के रूप होते हैं। इन रूपों को देखकर पाठकों ने जान लिया होगा कि अकारान्त पुल्लिंग और नपुंसकलिंग शब्दों की प्रथमा तथा द्वितीया के अतिरिक्त अन्य विभक्तियाँ एक-सी होती हैं।

पाठकों ने देखा होगा कि तृतीया विभक्ति का जो 'न' है वह कई शब्दों में 'ण' हो जाता है, और कई शब्दों में 'न' ही रहता है। इसका पूरा-पूरा नियम हम द्वितीय भाग में देंगे, परन्तु पाठकों को यहाँ इतना ही ध्यान में रखना चाहिए कि जिन शब्दों में 'र' व 'ष' अक्षर होता है, प्रायः इन शब्दों के 'न' का ही 'ण' बनता है। परन्तु कई अवस्थाएँ ऐसी आती हैं जिनमें 'न' का 'ण' नहीं बनता; जैसे– **(1) देवेन, भोजनेन, गमनेन। (2) रामेण, नरेण, पुरुषेण। (3) कृष्णेन, रथेन, रावणेन।**

(1) देव, भोजन, गमन शब्दों में 'र' अथवा 'ष' वर्ण न होने से 'ण' नहीं हुआ, (2) राम, नर और पुरुष शब्दों में 'र' व 'ष' होने से 'ण' बना है, तथा (3) कृष्ण, रथ और रावण शब्दों में कुछ विशेष स्थिति न होने के कारण 'ण' नहीं बना। इस विशेष स्थिति का वर्णन हम आगे करेंगे। परंतु अभी इस विशेष की परवाह न करके पाठकों को रूप बनाने चाहिएं और वाक्यों में उनका प्रयोग करना चाहिए।

अकारान्त नपुंसकलिंग शब्द

पुण्यम्–पुण्य। **पातकम्**–पाप। **पोषणम्**–पुष्टि। **प्रक्षालनम्**–धोना। **ध्यानम्**–ध्यान। **भ्रमणम्**–भ्रमण, घूमना। **शीतनिवारणम्**–शीत का निवारण। **सत्यम्**–सत्य। **स्नानम्**–स्नान। **शूर्पम्**–छाज। **फलकम्**–फट्टा। **जीरकम्**–जीरा। **चक्रम्**–चक्र।

वाक्य

1. **द्रव्यस्य दानेन किं फलं भवति**—द्रव्य के दान से क्या फल होता है?
2. **द्रव्यस्य दानेन पुण्यं भवति**—द्रव्य के दान से पुण्य होता है।
3. **शरीरस्य पोषणाय अन्नमस्ति**[1]—शरीर की पुष्टि के लिए अन्न है।
4. **वस्त्रस्य प्रक्षालनाय शुद्धं जलं तत्र अस्ति**—कपड़ा धोने के लिए शुद्ध जल वहाँ है।
5. **पत्रस्य लेखनाय मसीपात्रं मह्यं देहि**—पत्र लिखने के लिए मुझे दवात दो।
6. **कन्दुकः क्रीडनाय भवति**—गेंद खेलने के लिए होती है।
7. **नगरात् नगरं तस्य भ्रमणं सदा भवति**—(एक) शहर से (दूसरे) शहर सदा उसका भ्रमण होता रहता है।
8. **वस्त्रेण शीतात् निवारणं भवति**—कपड़े से सर्दी से बचाव होता है।
9. **तव भोजने करपट्टिका नास्ति**[2]—तेरे भोजन में फुलका नहीं है।
10. **मम भोजने ओदनमस्ति[3] व्यञ्जनमपि[4] अस्ति**—मेरे भोजन में भात है और चटनी भी है।
11. **इदानीं तत्र तस्य गमनं वरम्**—अब वहाँ उसका जाना अच्छा है।

अकारान्त नपुंसकलिंग 'ज्ञान' शब्द

1. प्रथमा	**ज्ञानम्**	ज्ञान
2. द्वितीया	**ज्ञानम्**	ज्ञान को
3. तृतीया	**ज्ञानेन**	ज्ञान ने (से)
4. चतुर्थी	**ज्ञानाय**	ज्ञान के लिए
5. पञ्चमी	**ज्ञानात्**	ज्ञान से
6. षष्ठी	**ज्ञानस्य**	ज्ञान का
7. सप्तमी	**ज्ञाने**	ज्ञान में
सम्बोधन	**हे ज्ञान**	(हे) ज्ञान

अकारान्त नपुंसकलिंग शब्द

अग्रम्—नोक। **अंजनम्**—कज्जल, सुरमा। **पाटवम्**—चंचलता, चतुराई। **अभिवादनम्**—नमन। **अवलोकनम्**—देखना। **फलम्**—फल। **आरोग्यम्**—स्वास्थ्य। **स्थानम्**—जगह। **उन्मीलनम्**—खोलना। **कार्यम्**—कृत्य, काम। **गानम्**—गाना। **घ्राणम्**—नाक।

---

1. अन्नम् + अस्ति। 2. न + अस्ति। 3. ओदनम् + अस्ति। 4. व्यञ्जनम् + अपि।

चित्तम्–मन। **तरणम्**–तैरना। **धनम्**–दौलत। **नर्तनम्**–नाच। **दुःखम्**–तकलीफ़। **अनामयम्**–आरोग्य। **अपाटवम्**–बीमारी। **असत्यम्**–झूठ। **सत्यम्**–सच। **उत्तरम्**–जवाब। **स्मरणम्**–याद। **खनित्रम्**–खोदने का हथियार। **उपवनम्**–बाग़। **पालनम्**–रक्षा। **श्रवणम्**–सुनना। **जीवनम्**–ज़िन्दगी। **चलनम्**–चलना। **मूलम्**–जड़। **तत्त्वम्**–तत्त्व। **शस्त्रम्**–हथियार। **इन्द्रियम्**–इन्द्रिय। **हवनम्**–हवन। **आसनम्**–आसन। **नामधेयम्**–नाम। **क्षेत्रम्**–खेत। **व्रतम्**–नियम। **पत्तनम्**–नगर। **हिंसनम्**–हिंसा, वध। **शीलम्**–स्वभाव।

ये सब शब्द 'ज्ञान' शब्द के समान ही रूप बदलते हैं।

वाक्य

1. **मम शरीरस्य अपाटवम् अस्ति**–मेरा शरीर बीमार है।
2. **यथा आरोग्यं भवति तथा कार्यम्**–जैसा स्वास्थ्य हो, वैसा ही करना चाहिए।
3. **तव चित्तं कुत्र अस्ति**–तेरा मन कहाँ है?
4. **ईश्वरस्य स्मरणं प्रभाते उत्थाय अवश्यं कर्तव्यम्**–सवेरे उठकर ईश्वर का स्मरण अवश्य करना चाहिए।
5. **यदा त्वं व्रतं करोषि तदा किं भक्षयसि**–जब तू व्रत रखता है तब क्या खाता है?
6. **अश्वस्य पालनं कुरु**–घोड़े का पालन करो।
7. **यदा सः असत्यं वदति तदा तस्य मुखं मलिनं भवति**–जब वह झूठ बोलता है तब उसका चेहरा मलिन हो जाता है।
8. **येन केनापि मार्गेण गच्छ**–चाहे जिस मार्ग से जा।
9. **तव पित्रा धनं दत्तम्**–तेरे पिता ने धन दिया।
10. **मया शास्त्रं न पठितम्**–मैंने शास्त्र नहीं पढ़ा।

सरल वाक्य

1. माता पुत्राय भोजनं ददाति। 2. पुत्रः पित्रे पत्रं लिखति। 3. तेन धनं न आनीतम्। 4. किं सः अद्यापि तत्रैव अस्ति? 5. किं करोति सः तत्र? 6. अहं तस्मै बालकाय किम् अपि दातुं न इच्छामि यतः सः स्वकीयं पुस्तकं न पठति, इतस्ततः भ्रमति च। 7. सः क्षुधया दुःखितं मनुष्यं दृष्ट्वा तस्मै एव अन्नं ददाति। 8. देवदत्त, किं त्वं जले तरणं जानासि ? तर्हि अद्य मया सह आगच्छ नदीम्। तत्र गत्वा स्नानं करिष्यामः। 9. इदानीं भोजनस्य समयः जातः, शीघ्रं जलं गृहीत्वा अत्र एव आगच्छ।

पाठ 35

शब्द

मुखम्—मुँह। **नेत्रम्**—आँख। **कर्णः**—कान। **दन्तः**—दाँत। **हस्तः**—हाथ। **पादः**—पाँव। **नासिका**—नाक। **हृदयम्**—हृदय। **उदरम्**—पेट। **पृष्ठम्**—पीठ। **अङ्गुली**—अंगुली। **शिखा**—चोटी।

वाक्य

1. **पश्य, नवीनचन्द्रस्य मुखं कथम् अतीव मलिनम् अस्ति**—देख, नवीनचन्द्र का मुँह क्यों इतना मलिन है?
2. **सः इदानीं मुखेन फलं भक्षयितुं न शक्नोति**—वह अब मुँह से फल नहीं खा सकता।
3. **अहं कर्णाभ्यां तव अतीव मधुरं भाषणं शृणोमि**—मैं कान से तेरा बहुत मीठा भाषण सुनता हूँ।
4. **मार्गे तस्य हस्तात् पुस्तकं पतितम्**—मार्ग में उसके हाथ से पुस्तक गिर पड़ी।
5. **मार्गे पतितं तत् पुस्तकं श्रीधरेण गृहीतम्**—मार्ग में गिरी हुई उस पुस्तक को श्रीधर ने ले लिया।
6. **सः शूरपुरुषः इदानीं युद्धे पतितः**—वह वीर पुरुष अब लड़ाई में गिर पड़ा (मर गया)।
7. **तस्य मलिनहस्तात् कुण्डलिनीं न गृहाण**—उसके मलिन हाथ से जलेबी न लो।

शब्द

नेत्राभ्याम्—दोनों आँखों से। **कर्णाभ्याम्**—दोनों कानों से। **हस्ताभ्याम्**—दोनों हाथों से। **पद्भ्याम्**—दोनों पाँवों से। **नासिकया**—नाक से। **दन्तैः**—दाँतों से। **आरोहति**—चढ़ता है। **विश्वम्**—संसार, सब। **सुगन्धम्**—ख़ुशबू। **शठः**—ठग। **वाणी**—भाषण। **विष**—ज़हर।

वाक्य

1. **अहं नेत्राभ्यां विश्वं पश्यामि**— मैं (दोनों) आँखों से संसार को देखता हूँ।
2. **सः कर्णाभ्यां श्रोतुं न शक्नोति**—वह (दोनों) कानों से सुन नहीं सकता।
3. **त्वं नासिकया सुगन्धं गृह्णासि किम्**—क्या तू नाक से सुगन्ध लेता है?
4. **मनुष्यः पद्भ्यां धावति**—मनुष्य (दोनों) पाँवों से दौड़ता है।

5. **जनः दन्तैः फलम् अत्ति**—मनुष्य दाँतों से फल खाता है।
6. **वानरः हस्ताभ्यां पादाभ्यां च वृक्षम् आरोहति**—बन्दर (दोनों) हाथों तथा (दोनों) पाँवों से वृक्ष पर चढ़ता है।
7. **वानरः रात्रौ वक्षस्य उपरि स्वपिति**—बन्दर रात्रि में वृक्ष के ऊपर सोता है।
8. **शठस्य मुखे मधुरा वाणी तथा हृदये विषं भवति**—ठग के मुँह में मीठे शब्द तथा हृदय में विष होता है।
9. **पश्य, वानरस्य मुखं कथं कृष्णम् अस्ति**—देख, बन्दर का मुँह कैसा काला है।

शब्द

इह—यहाँ, इस लोक में। **अमुत्र**—परलोक में। **संसारः**—संसार, दुनिया। **जगति**—जगत् में। **राष्ट्रः**—राष्ट्र, क़ौम। **प्रसन्नः**—आनन्दित। **भिन्नः**—अलग। **आत्मा**—आत्मा, जीव। **पक्वम्**—पका हुआ। **बीजम्**—बीज।

वाक्य

1. **इह मनुष्यः दिने दिने[1] अन्नं भक्षयति**—यहाँ मनुष्य प्रतिदिन अन्न खाता है।
2. **नगरे नगरे जनः क्रीडां करोति**—हर शहर में मनुष्य खेलता है।
3. **ग्रामे ग्रामे उद्यानं भवति**—प्रत्येक गाँव में बाग़ होता है।
4. **शरीरे शरीरे आत्मा भिन्नः**—हर शरीर में आत्मा अलग है।
5. **वृक्षे वृक्षे फलं पक्वम् अस्ति**—हर वृक्ष पर फल पका है।
6. **राष्ट्रे राष्ट्रे राजा भवति**—हर राष्ट्र में राजा होता है।
7. **सायं सायं जलम् आगच्छति**—प्रति सायंकाल जल आता है।
8. **मार्गे मार्गे रथः धावति**—हर मार्ग में रथ दौड़ता है।
9. **पुस्तके पुस्तके आलेख्यं भवति**—हर पुस्तक में चित्र होता है।
10. **फले फले बीजं भवति**—हर फल में बीज होता है।
11. **कूपे कूपे जलं भवति**—हर कुएं में जल होता है।
12. **वने वने वृक्षः भवति**—हर वन में वृक्ष होता है।

इकारान्त नपुंसकलिंग 'वारि' शब्द

1. प्रथमा	**वारि**	जल
2. द्वितीया	**वारि**	जल को
3. तृतीया	**वारिणा**	जल ने

1. संस्कृत में शब्दों का दुबारा उच्चारण करने से 'प्रत्येक' अर्थ हो जाता है।

4. **चतुर्थी**	**वारिणे**	जल के लिए
5. **पञ्चमी**	**वारिणः**	जल से
6. **षष्ठी**	**वारिणः**	जल का
7. **सप्तमी**	**वारिणि**	जल में
सम्बोधन	**(हे) वारि**	(हे) जल

इस प्रकार सब इकारान्त नपुंसकलिंग शब्दों के रूप होते हैं।

वाक्य

1. **मनुष्यस्य देहे प्रथमं घ्राणम् इन्द्रियम्, येन गन्धः गृह्यते**—मनुष्य के शरीर में पहली इन्द्रिय नाक (है), जिससे गंध लिया जाता है।
2. **द्वितीयं चक्षुः येन मनुष्यः सर्वं पश्यति**—दूसरी आँख, जिससे मनुष्य सब कुछ देखता है।
3. **तृतीयं श्रोत्रम्, येन शब्दः श्रूयते**—तीसरी कान, जिससे शब्द सुना जाता है।
4. **चतुर्थम् इन्द्रियम् जिह्वा, यया अन्नस्य रसः गृह्यते**—चौथी इन्द्रिय ज़बान, जिससे अन्न का रस लिया जाता है।
5. **पंचमम् इन्द्रियं त्वक्, यया मनुष्यः स्पर्शं जानाति**—पाँचवीं इन्द्रिय चमड़ी है, जिससे मनुष्य स्पर्श जानता है।
6. **एतत् इन्द्रियपञ्चकं सर्वस्य ज्ञानस्य मूलम्**—यह इन्द्रियंपञ्चक (पाँच इन्द्रियाँ) सब ज्ञान की जड़ हैं।
7. **हे बालक! त्वं किं करोषि**—हे बालक! तू क्या करता है?
8. **त्वम् कदापि असत्यं मा वद। असत्यभाषणं पापं वर्तते**—तू झूठ न बोल। झूठ बोलना पाप है।
9. **यः असत्यं वदति कः अपितस्य विश्वासं न करोति**—जो झूठ बोलता है, कोई उसका विश्वास नहीं करता।
10. **यदि कः अपि बालकः असत्यम् वदति तर्हि गुरुः तं ताडयति**—अगर कोई बालक झूठ बोलता है, तो गुरु उसको मारता है।
11. **यः सत्यं वदति तस्य सर्वजनः विश्वासं करोति**—जो सच बोलता है, उसका सब लोग विश्वास करते हैं।
12. **त्वं सदा सत्यं वद, सत्यभाषणं पुण्यं वर्तते**—तू सदा सच बोल, सच बोलना पुण्य है।
13. **यदा बालकः सत्यं वदति तदा गुरुः तं नैवं ताडयति**—जब बालक सच बोलता है, तब गुरु उसको नहीं मारता।
14. **अतः कदापि असत्यं न वक्तव्यम्, परन्तु सदैव सत्यं वक्तव्यम्**—इसलिए कभी

भी झूठ नहीं बोलना चाहिए, सदा सच ही बोलना चाहिए।

15. **इदम् अहम् अनृतात् सत्यम् उपैमि**—यह मैं झूठ से (झूठ को छोड़कर) सत्य को प्राप्त होता हूँ।

पाठ 36

पहले पाठों में पुल्लिंग, स्त्रीलिंग तथा नपुंसकलिंग शब्दों के रूप सात विभक्तियों में दे चुके हैं। कोई अकारान्त शब्द स्त्रीलिंग में नहीं है। जब कोई अकारान्त शब्द स्त्रीलिंग बनता है तब उसके 'अ' का प्रायः 'आ' हो जाता है। जैसे—

पुल्लिंग	**उत्तमः पुरुषः**	उत्तम पुरुष
स्त्रीलिंग	**उत्तमा स्त्री**	उत्तम स्त्री

इनमें 'उत्तम' शब्द जो पहले वाक्य में पुल्लिंग था, वह दूसरे वाक्य में स्त्रीलिंग बना, तब उसका रूप 'उत्तमा' हो गया। इसी प्रकार सब रूप बदलते हैं। देखिए—

(1) **पुल्लिंग—1. श्वेतः रथः**—सफ़ेद रथ (गाड़ी)। **2. मधुरः आम्रः**—मीठा आम। **3. शोभनः समयः**—अच्छा समय।

(2) **स्त्रीलिंग—1. श्वेता पुष्पमाला**—सफ़ेद फूलों की माला। **2. मधुरा कुण्डलिनी**—मीठी जलेबी। **3. शोभना वेला**—अच्छा समय।

(3) **नपुंसकलिंग—1. श्वेतं पुष्पम्**—सफ़ेद फूल। **2. मधुरं दुग्धम्**—मीठा दूध। **3. शोभनं दृश्यम्**—सुन्दर दृश्य (नज़ारा)।

इस प्रकार तीनों लिंगों में रूप बदलते हैं। विशेषण (गुणवाचक शब्द) का लिंग विशेष्य (गुणीवाचक शब्द) जैसा होगा। इसी नियम के अनुसार उक्त विशेषणों के लिंग गुणी के लिंगों के अनुसार बदलते आए हैं। स्पष्ट समझने के लिए पाठकों को दुबारा देखना चाहिए कि ऊपर दिए हुए तीनों लिंगों के विशेषण, एक ही होते हुए, गुणी के लिंग भिन्न-भिन्न होने के कारण, कैसे भिन्न-भिन्न हो गए हैं। अब इस पाठ में कुछ विशेषण देते हैं—

विशेषण शब्द

उत्तम—उत्तम। **श्रेष्ठ**—श्रेष्ठ, अच्छा। **वर**—श्रेष्ठ। **पीत**—पीला। **रक्त**—लाल। **नील**—नीला। **अन्ध**—अन्धा। **वधिर**—बहरा। **मध्यम**—बीचवाला। **कनिष्ठ**—कनिष्ठ, छोटा। **चतुर**—चतुर, समझदार। **उद्यमशील**—मेहनती, परिश्रमी। **श्वेत**—सफ़ेद। **हरित**—हरा। **ताम्र**—लाल। **तरुण**—जवान। **कृष्ण**—काला। **अलस**—आलसी। **रुग्ण**—रोगी। **नीरोग**—स्वस्थ। **वामन**—ठिगना।

इन सब शब्दों के लिंग गुणियों (विशेष्यों) के लिंगों के अनुसार बदलते रहेंगे। यह आप निम्न वाक्यों में देख सकते हैं। यदि यह बात पाठकों के ध्यान में आ गई तो आगे का व्याकरण उनके लिए बहुत सुगम हो जाएगा।

वाक्य

1. **उत्तमः पुरुषः शोभने प्रातःकाले उत्तिष्ठति**—उत्तम मनुष्य सुहावने सवेरे के समय में उठता है।
2. **शुद्धेन जलेन स्नात्वा सन्ध्योपासनं करोति**—शुद्ध जल से स्नान करके सन्ध्योपासना करता है।
3. **यः एवं सदा करोति सः एव उत्तमः मनुष्यः भवति**—जो इस प्रकार हमेशा करता है, वही उत्तम मनुष्य होता है।
4. **या एवं सदा करोति सा अपि उत्तमा स्त्री भवति**—जो इस प्रकार हमेशा करती है, वह भी उत्तम स्त्री होती है।
5. **प्रातः स्नानं सन्ध्योपासनं च श्रेष्ठं कर्म अस्ति, इति अहं वदामि**—प्रातः स्नान और सन्ध्योपासना श्रेष्ठ कार्य है, यह मैं कहता हूँ।
6. **सः अन्धपुरुषः रक्तं वस्त्रम् आनयति**—वह अन्धा मनुष्य लाल कपड़ा लाता है।
7. **सा अन्धा स्त्री श्वेतां पुष्पमालाम् आनयति**—वह अन्धी स्त्री सफ़ेद फूलों की माला लाती है।
8. **सः वृद्धः पुरुषः श्वेते रथे उपविश्य अत्र आगच्छति**—वह बूढ़ा मनुष्य सफ़ेद गाड़ी में बैठकर यहाँ आता है।
9. **सा वृद्धा स्त्री रक्तं वस्त्रं हस्ते गृहीत्वा धावति**—वह बूढ़ी स्त्री लाल कपड़ा हाथ में लेकर दौड़ती है।
10. **सः उद्यमशीलः बालः सदा उत्तमं पुस्तकं पठति**—वह उद्यमी बालक सदा उत्तम पुस्तक पढ़ता है।
11. **उद्यमशीला बालिका सदा उत्तमां पुष्पमालां करोति**—उद्यमी लड़की हमेशा उत्तम पुष्पमाला बनाती है।
12. **सः रुग्णः बालः मधुरम् अपि दुग्धं न पिबति**—वह रोगी बालक मीठा दूध नहीं पीता।
13. **सा रुग्णा बालिका मधुरम् अपि दुग्धं न पिबति**—वह रोगी लड़की मीठा दूध भी नहीं पीती।

विशेषण शब्द

अखिल—सब, सम्पूर्ण। **अधिक**—और बहुत। **अध्येतव्य**—पढ़ने योग्य। **अनुत्तम**—सबसे उत्तम। **अभिवाद्य**—नमस्कार के योग्य। **अधीत**—पढ़ा हुआ। **अनर्घ**—बहुमूल्य। **अन्तिक**—पास। **अन्त्य**—आख़ीर का, अन्तिम। **अवाच्य**—बोलने के अयोग्य। **अर्पित**—अर्पण किया हुआ। **सन्तुष्ट**—ख़ुश, प्रसन्न। **असन्तुष्ट**—नाखुश, अप्रसन्न। **कठिन**—मुश्किल। **कथनीय**—कहने योग्य। **तुल्य**—समान। **द्रष्टव्य**—देखने योग्य। **निकट**—समीप। **निखिल**—सब। **परिष्कृत**—संस्कार किया हुआ। **पूर्व**—पहला। **पेय**—पीने योग्य। **भक्ष्य**—खाने के योग्य। **दुःखित**—पीड़ित। **अविप्लुत**—सदाचारी। **अशिक्षित**—अज्ञानी। **ईदृश**—ऐसा। **ग्राह्य**—लेने योग्य। **चिन्तित**—सोचा हुआ। **दातव्य**—देने योग्य। **नष्ट**—नाश को प्राप्त। **पथ्य**—हितकारक। **पर**—दूसरा। **पालनीय**—पालने योग्य। **भीत**—डरा हुआ। **पूजनीय**—सत्कार के योग्य। **बुभुक्षित**—भूखा। **भयाकुल**—डरा हुआ। **मुखोद्गत**—मुख से निकला हुआ।

विशेषणों का उपयोग

	पुल्लिंग	स्त्रीलिंग	नपुंसकलिंग
1.	**सन्तुष्टः पुरुषः**	**सन्तुष्टा नारी**	**सन्तुष्टं मित्रम्**
2.	**कथनीयः वृत्तान्तः**	**कथनीया कथा**	**कथनीयं चरित्रम्**
3.	**द्रष्टव्यः ग्रामः**	**द्रष्टव्या नदी**	**द्रष्टव्यं दृश्यम्**
4.	**पूर्वः पुरुषः**	**पूर्वा दीपमाला**	**पूर्वं पुस्तकम्**
5.	**दुःखितः पुत्रः**	**दुःखिता पुत्रिका**	**दुःखितं कलत्रम्**
6.	**दातव्यः अश्वः**	**दातव्या गौः**	**दातव्यं दानम्**
7.	**पालनीयः भृत्यः**	**पालनीया दासी**	**पालनीयं मित्रम्**

इस प्रकार सब विशेषणों का भिन्न लिंगों में उपयोग होता है। आशा है पाठक इस प्रकार प्रयोग करके अनेक वाक्य बनाएँगे। यहाँ पाठकों को ध्यान में रखना चाहिए कि सब अकारान्त विशेषणों का स्त्रीलिंग में 'आ' ही बनता है, ऐसा कोई पक्का नियम नहीं है। कुछ स्थितियों में 'ई' भी बनती है। जैसे-**ईदृशः देशः। ईदृशी अवस्था। ईदृशं नगरम्।**

इसका विशेष नियम आगे बताया जाएगा। साथ ही पाठकों को ध्यान में रखना चाहिए कि संस्कृत में (विशेष्य-विशेषणों के) लिंग, विभक्ति तथा वचन समान ही होते हैं। जैसे—

(क) 1. दातव्यम् अश्वं सः आनयति। 2. दातव्याय अश्वाय जलं देहि। 3. दातव्यस्य अश्वस्य वस्त्रं कुत्र अस्ति?

(ख) 1. पालनीयायै पुत्रिकायै अन्नं देहि। 2. पालनीयां पुत्रिकां पश्य। 3. पालनीयायाः पुत्रिकायाः पत्रम् आगतम्।

(ग) 1. अखिलः संसारः ईश्वरेण कृतः। 2. अखिलया सेनया युद्धं कृतम्। अखिलं पुस्तकं मया पठितम्।

(घ) 1. सन्तुष्टः राजा द्रव्यं ददाति। 2. सन्तुष्टं मित्रं किं करोति? 3. सन्तुष्टा बालिका इदानीं हसति।

(ङ) 1. पूजनीयः गुरुः आगतः। 2. पूजनीया माता आगता। 3. पूजनीयं ज्ञानं देहि।

पाठ 37

नाम—नामवाला। **कश्चिद्**—कोई एक। **प्रज्वाल्य**—जलाकर। **स्वकीय**—अपना। **सत्वरम्**—जल्दी। **वर्ण**—रंग। **सौन्दर्यम्**—ख़ूबसूरती। **नित्य**—हमेशा। **लघु**—छोटा। **आहार**—भोजन। **नवीन**—नया। **प्राचीन**—पुराना। **आकार**—शक्ल। **कुरूपता**—बदसूरती।

वाक्य

1. **गङ्गाधरः नाम कश्चिद् बालः अतीव उद्यमशीलः अस्ति**—गंगाधर नामक कोई एक बालक बहुत उद्योगी है।
2. **सः प्रातः एव उत्तिष्ठति, दीपं प्रज्वाल्य पुस्तकं गृहीत्वा, स्वीयं पाठं पठति**—वह सवेरे ही उठता है, दीप जलाकर, पुस्तक लेकर अपना पाठ पढ़ता है।
3. **यदा सः उत्तिष्ठति तदा सूर्यः अपि न उदयते**—जब वह उठता है तब सूर्य भी नहीं उगता।
4. **सः स्वकीयस्य पाठस्य अध्ययनं कृत्वा स्नानं करोति, स्नात्वा च नित्यं कर्म करोति**—वह अपना पाठ पढ़कर नहाता है, और नहाकर नित्यकर्म (संध्या आदि) करता है।
5. **पश्चाद् लघुम् आहारं भक्षयित्वा सत्वरं पाठशालां गच्छति**—बाद में थोड़ा भोजन खाकर पाठशाला जाता है।
6. **तत्र नवीनं पाठं गृहीत्वा स्वकीयं गृहम् आगछति**—वहां नया पाठ लेकर अपने घर आता है।
7. **सः कदापि मार्गे न क्रीडति**—वह मार्ग में कभी नहीं खेलता।
8. **अतः सर्वदा सः प्रसन्नः भवति**—अतः वह हमेशा खुश रहता है।

शब्द

पृच्छति—वह पूछता है। **पृच्छसि**—तू पूछता है। **पृच्छामि**—मैं पूछता हूँ। **सम्यक्**—अच्छी प्रकार। **प्रतिदिनम्**—हर एक दिन। **पृष्टम्**—पूछा। **पृष्ट्वा**—पूछकर। **प्रश्न**—प्रश्न,सवाल। **उत्तरम्**—उत्तर,जवाब। **वायुसेवनम्**—हवाख़ोरी।

वाक्य

1. **शृणु देवः तं किं पृच्छति**—सुन, देव उससे क्या पूछता है।
2. **सः उच्चैः न वदति, अतः अहं तस्य भाषणं श्रोतुं न शक्नोमि**—वह ऊँचा नहीं बोलता, इसलिए मैं उसका भाषण सुन नहीं सकता।
3. **सत्वरं तत्र गत्वा शृणु**—शीघ्र वहाँ जाकर सुन।
4. **मम भ्रमणस्य समयः जातः, अतः तत्र गन्तुं न शक्नोमि**—मेरा घूमने का समय हो गया है, इसलिए वहाँ नहीं जा सकता।
5. **किं त्वं प्रतिदिनं सायङ्काले भ्रमणाय गच्छसि**—क्या तू प्रतिदिन शाम को घूमने जाता है?
6. **अहं दिने दिने सायङ्काले प्रातःकाले वा भ्रमणाय गच्छामि**—मैं प्रतिदिन शाम को या सवेरे के समय भ्रमण के लिए जाता हूँ।
7. **सायङ्कालभ्रमणात् प्रातःकाले भ्रमणं वरम् अस्ति**—शाम के समय घूमने से सवेरे के समय घूमना अच्छा है।

क्रियाओं के तीन काल होते हैं। एक वर्तमान काल, दूसरा भूतकाल और तीसरा भविष्यत् काल। इन वर्तमान तथा भविष्यत् काल के विषय में पाठकों ने जान लिया है। जैसे—

वर्तमान काल—**गच्छामि**—जाता हूँ।

भविष्यत् काल—**गमिष्यामि**—जाऊँगा।

अब भूतकाल के विषय में बताते हैं। भूतकाल 'स्म' शब्द लगा देने से बन जाता है। वर्तमान काल के रूप के आगे 'स्म' रखने से उसी क्रिया का भूतकाल बन जाता है। जैसे—

वर्तमान काल	भूतकाल
गच्छति—जाता है।	**गच्छति स्म**—जाता था।
करोति—करता है।	**करोति स्म**—करता था।
उत्तिष्ठति—उठता है।	**उत्तिष्ठति स्म**—उठता था।

वाक्य

1. **रामः उद्याने सदा गच्छति**—राम बाग़ में हमेशा जाता है।
2. **रामः उद्याने सदा गच्छति स्म**—राम बाग़ में हमेशा जाता था।
3. **कृष्णेन सह भाषणं करोमि**—(मैं) कृष्ण के साथ बात करता हूँ।
4. **त्वं तेन सह भाषणं करोषि**—तू उसके साथ भाषण (बात) करता है।
5. **सः मित्रेण सह भाषणं करोति स्म**—वह मित्र के साथ भाषण करता था।
6. **सः बालः मार्गे क्रीडति स्म**—वह बालक मार्ग में खेलता था।
7. **राजा युद्धं करोति स्म**—राजा युद्ध करता था।
8. **सः कर्म करोति स्म**—वह काम करता था।
9. **सः फलं भक्षयति स्म**—वह फल खाता था।
10. **सः प्रातः उत्तिष्ठति स्म**—वह सबेरे उठता था।

पिछले पाठ में जो विशेषण दिए गए हैं उनका तीनों लिंगों में उपयोग करके कुछ वाक्य यहाँ दे रहे हैं। उन्हें देखकर पाठकों को विशेषणों के प्रयोग का ज्ञान हो जाएगा। इसलिए पाठक हर एक वाक्य के विशेषणों को ध्यान से देखें और उनके उपयोग का ढंग जान लें।

वाक्य

1. अखिलस्य संसारस्य किं मूलम्? 2. अखिलायाः सृष्टेः किं मूलम्? 3. अखिलस्य जगतः किं मूलम्?

1. मया उत्तमाय ब्राह्मणाय मोदकः अर्पितः। 2. मया उत्तमायै पंडितायै पुष्पमाला अर्पिता। 3. मया उत्तमाय मित्राय पुस्तकम् अर्पितम्।

1. पश्य तं दुःखितं बालकम्। 2. पश्य तां दुःखितां नारीम। 3. पश्य तं दुःखितं मित्रम्।

1. तस्मै तृषिताय मनुष्याय पेयं जलं देहि। 2. तस्यै तृषितायै पुत्रिकायै पेयां यवागूं देहि। 3. तस्मै तृषिताय मित्राय पेयं दुग्धं देहि।

1. मया अधीतं ग्रन्थं त्वं नय। 2. मया अधीतां कथां त्वं शृणु। 3. मया अधीतं पुस्तकं त्वं पठ।

शब्द

संसारः—दुनिया (पुल्लिंग)। **पिच्छा**—पिच्छ, चावलों का पानी। **जगत्**—दुनिया (नपुंसकलिंग)। **सृष्टिः**—दुनिया (स्त्रीलिंग)। **पण्डिता**—विदुषी स्त्री। **नारिका**—स्त्री। **शोभन**—उत्तम। **पण्डितः**—विद्वान् पुरुष। **कार्य**—काम। **तृषित**—प्यासा। **गौः**—गाय।

सरल वाक्य

1. मया अभिवाद्यः गुरुः इदानीम् अत्र आगच्छति। 2. तेन अद्य शोभना कथा कथनीया। 3. त्वं बधिराय मनुष्याय शुष्कं पुष्पं न देहि। 4. अहं तस्यै बुभुक्षितायै नारिकायै उत्तमम् अन्नं पेयं च पानीयं दातुम् इच्छामि। 5. यदा सः पूजनीयाय गुरवे अखिलं धनं दास्यति तदा त्वम् एवं वद। 6. पश्य मित्र, मया अद्य प्रातःकाले उत्तमा गौः गंगायाः तीरे दृष्टा। 7. यदा त्वं कठिनं कार्यं करिष्यसि, तदा अहं तव साहाय्याय आगमिष्यामि।

निम्न वाक्यों की संस्कृत बनाइए—

1. राम की सीता नामक पतिव्रता स्त्री थी। 2. रामचन्द्र ने रावण का वध किया। 3. जैसी मार्ग में कल कीचड़ हुई थी, वैसी आज नहीं हुई। 4. कल बादल से पानी बहुत बरसा था, इसलिए कीचड़ हुई थी। 5. कपड़ा धोने के लिए शुद्ध जल उत्तम होता है। यह जल अत्यन्त अशुद्ध है, इससे कपड़ा कैसे धोऊँ।

पाठ 38

शब्द

मालाकारः—माली। **लौहकारः**—लोहार। **रथकारः**, **काष्ठकारः**—तर्खान, बढ़ई। **वैद्यः**—वैद्य। **सुवर्णकारः**—सुनार। **चर्मकारः**—चमार। **उपानत्**—जूता। **घटीकारः**—घड़ीसाज़। **वस्त्रकारः**—दर्ज़ी। **चित्रकारः**—चित्रकार। **रजकः**—धोबी। **मूर्तिकारः**—मूर्ति बनानेवाला।

वाक्य

1. **मालाकारः उद्याने कर्म करोति**—माली बाग़ में काम करता है।
2. **वैद्यः रुग्णाय जनाय औषधं ददाति**—वैद्य रोगी के लिए (को) दवाई देता है।
3. **सुवर्णकारः सुवर्णस्य आभूषणं करोति स्म**—सुनार सोने का गहना बनाता था।
4. **चर्मकारः उपानत् करोति**—चमार जूता बनाता है।
5. **चित्रकारः उत्तमम् आलेख्यम् आलिखति**—चित्रकार उत्तम चित्र खींचता है।
6. **रजकः जलेन वस्त्रं प्रक्षालयति**—धोबी जल में कपड़े धोता है।
7. **घटीकारः घटीयन्त्रं करोति**—घड़ीसाज़ घड़ी बनाता है।
8. **रथकारः रथं करोति स्म**—बढ़ई गाड़ी बनाता है।

शब्द

पुष्पाणि—(अनेक) फूल। **वस्त्राणि**—(अनेक) वस्त्र। **पात्राणि**—(अनेक) पात्र। **रजतम्**—चांदी। **ताम्रम्**—तांबा। **पित्तलम्**—पीतल। **भवन्ति**—होते हैं। **लौहः**—लोहा। **सुवर्णम्**—सोना। **वङ्गम्**—कलई। **रजताभ्रकम्**—एलुमीनियम। **मृण्मय**—मिट्टी का। **बहूनि**—बहुत। **साधु**—अच्छे प्रकार।

वाक्य

1. **मालाकारः उद्यानं गत्वा बहूनि पुष्पाणि आनयति**—माली बाग़ में जाकर बहुत से फूल लाता है।
2. **सुवर्णकारः रजतस्य बहूनि पात्राणि अतीव मनोहराणि करोति**—सुनार चाँदी के अत्यन्त सुन्दर बहुत से बर्तन बनाता है।
3. **ताम्रस्य पात्रे जलम् अतीव सुशुद्धं भवति**—ताँबे के बर्तन में जल अत्यन्त शुद्ध होता है।
4. **पित्तलस्य पात्राणि पीतानि भवन्ति**—पीतल के बर्तन पीले होते हैं।
5. **ताम्रस्य पात्राणि रक्तानि**—तांबे के बर्तन लाल होते हैं।
6. **रजकः रक्तं वस्त्रं साधु प्रक्षालयितुं न शक्नोति**—धोबी लाल कपड़ा अच्छी प्रकार नहीं धो सकता।
7. **सुवर्णपात्रं शोभनम्**—सोने का बर्तन अच्छा है।

शब्द

तडागः—तालाब। **कूपः**—कुआँ। **समुद्रः**—समुद्र। **सागरः**—समुद्र। **समीपम्**—पास। **प्रपा**—पानी पीने का स्थान, प्याऊ। **नदी**—दरिया। **स्नानगृह**—नहाने का स्थान। **जलनलिका**—पानी का नल।

वाक्य

1. **त्वं तड़ागस्य समीपं गच्छ तत्रैव[1] च स्नानं कुरु**—तू तालाब के पास जा और वहीं स्नान कर।
2. **तस्य तडागस्य जलमतीव[2] मलिनमस्ति[3] तेन स्नानं कर्तुं नेच्छामि[4]**—उस तालाब का जल बहुत ही गंदा है, उससे स्नान करना नहीं चाहता।
3. **तर्हि अस्य कूपस्य जलेन स्नानं कुरु**—तो उस कुएँ के जल से स्नान कर।

---

1. तत्र + एव। 2. जलम् + अतीव। 3. मलिनम् + अस्ति। 4. न + इच्छामि।

4. **अस्य कूपस्य जलं बहु शीतम् अस्ति, अतः अहं तेनापि स्नानं कर्तुं नेच्छामि**—इस कुएँ का जल बहुत ठंडा है, इसलिए मैं उससे भी स्नान करना नहीं चाहता।
5. **यदि कूपस्य शुद्धेन जलेन अपि स्नानं कर्तुं नेच्छसि तर्हि मम स्नानागारे गत्वा तत्र स्थितेन जलेन स्नानं कुरु**—अगर कुएँ के शुद्ध जल से भी स्नान करना नहीं चाहता, तो मेरे स्नानघर में जाकर वहाँ रखे हुए जल से स्नान कर।
6. **शोभनम्! भो मित्र! यथा त्वया उक्तं तथा करोमि**—अच्छी बात है! मित्र! जैसा तूने कहा, वैसा करता हूँ।

शब्द

वक्तुम्—बोलने के लिए। **शिक्षितः**—सिखाया हुआ। **नरपतिः**—राजा। **कस्मिंश्चिद्**—किसी एक में। **प्रश्ने कृते**—प्रश्न करने पर। **अनयत्**—(वह) ले गया। **अनयः**—(तू) ले गया। **अनयम्**—(मैं) ले गया। **प्रविश्य**—प्रवेश करके। **भाषणम्**—बोलना। **श्रुत्वा**—सुनकर। **स्वमन्दिरम्**—अपना महल। **मूर्खः**—मूढ़। **क्रीतः**—ख़रीदा हुआ। **शुकः**—तोता। **सन्देहः**—संशय। **नरेशः**—राजा। **राज्ञा**—राजा ने। **राजन्**—हे राजा। **राजसभा**—राजा का दरबार। **वाचम्**—वाणी को। **लक्षरूप्यकाणि**—लाख रुपये। **ददौ**—दिए। **स्थापयित्वा**—रखकर। **कुपितः**—क्रोधित। **बहुमूल्यः**—बहुत क़ीमत वाला। **पृष्टवान्**—पूछा। **पक्षिपालकः**—पक्षियों का पालन करने वाला। **धूर्तः**—शठ, ठग।

शुकस्य कथा

केनचित् धूर्तेन पक्षिपालकेन एकः शुकः मनुष्य इव वक्तुं शिक्षितः। कस्मिंश्चिद् अपि प्रश्ने कृते 'अत्र कः सन्देहः' इत्येव सः शुकः वदति। एकदा सः पक्षिपालकः तं शुकं नरेशस्य समीपम् अनयत्। तत्र राजसभां प्रविश्य पक्षिपालकेन उक्तम्—"हे राजन्! अयं शुकः मनुष्य इव सर्वभाषणं वदति।" पक्षिपालकस्य एतद् वचनं श्रुत्वा राज्ञा शुकं प्रति प्रश्नः कृतः—"हे शुक! किं त्वं सर्वदा मनुष्यस्य वाचं वदसि?"

शुकेन उक्तम्—"अत्र कः सन्देहः।" इति तेन उत्तरेण अतीव सन्तुष्टः सः राजा तस्मै पक्षिपालकाय लक्षरूप्यकाणि ददौ। पश्चाद् स्वमन्दिरे शुकं नीत्वा तत्र च उत्तमे स्थाने तं स्थापयित्वा यदा प्रश्नः कृतः तदा सर्वस्य अपि प्रश्नस्य 'अत्र कः सन्देहः' इति एव एकम् उत्तरं तेन शुकेन दत्तम्। तदा कुपितेन राज्ञा पुनः शुकं प्रति प्रश्नः कृतः—

"रे शुक ! त्वम् 'अत्र कः सन्देहः' इति एव वक्तुं जानासि ?"

शुकेन उक्तम्—"अत्र कः सन्देहः" इति। तदा सः राजा तं शुकं पुनः पृष्टवान्—"रे शुक! तर्हि किम् अहं मूर्खः, यत् मया बहुमूल्येन त्वं क्रीतः।" शुकेन उक्तम्—"अत्र कः सन्देहः" इति।

विचार्य एव सर्वं कार्यं कर्तव्यम् । यथा राज्ञा अविचार्य एव महता मूल्येन शुकः क्रीतः तथा केन अपि मूर्खत्वं न कर्तव्यम् ।

पाठ 39

शब्द

ईश्वरः—ईश्वर। **पालकः**—पालन करनेवाला। **जनः**—मनुष्य। **द्वारपालः**—दरबान, चपरासी। **कर्दमः**—कीचड़। **तन्तुवायः**—जुलाहा। **सौचिकः**—दर्ज़ी। **गोधूमः**—गेहूँ, कनक। **विडालः**—बिल्ली। **मण्डूकः**—मेंढक। **वृषभः**—बैल।

ऊपर लिखे शब्दों की सातों विभक्तियों के रूप पूर्वोक्त 'देव' शब्द के समान होते हैं।

वाक्य

1. **द्वारपालकः द्वारि तिष्ठति गृहं च रक्षति**—दरबान दरवाज़े पर खड़ा रहकर घर की रक्षा करता है।
2. **वानरः वृक्षे स्थित्वा फलं भक्षयति**—बन्दर वृक्ष पर रहकर फल खाता है।
3. **ईश्वरः पालकः अस्ति, सर्वं च विश्वं सर्वदा रक्षति**—परमेश्वर रक्षक है और सारे संसार की सदा रक्षा करता है।
4. **ह्यः तेन द्वारपालेन चौरः अतीव ताडितः**—कल उस पहरेदार ने चोर को बहुत मारा।
5. **मण्डूकः जले अस्ति, तं पश्य**—मेंढक पानी में है, उसे देख।
6. **विडालः दुग्धं पिबति**—बिल्ला दूध पीता है।

क्रिया

पतति—(वह) गिरता है। **पतसि**—(तू) गिरता है। **पतामि**—गिरता हूँ। **चलति**—(वह) चलता है। **पतिष्यति**—(वह) गिरेगा। **पतिष्यसि**—(तू) गिरेगा। **पतिष्यामि**—गिरूँगा। **चलसि**—(तू) चलता है। **चलामि**—चलता हूँ। **चलिष्यति**—(वह) चलेगा। **चलिष्यसि**—(तू) चलेगा। **चलिष्यामि**—चलूँगा।

वाक्य

1. **रामचन्द्रस्य पुत्रः अतीव धावति, अतः पतति च** --रामचन्द्र का लड़का बहुत दौड़ता है, इसलिए गिरता है।
2. **यदि त्वम् एवं करिष्यसि तर्हि पतिष्यसि एव**—अगर तू ऐसा करेगा तो गिरेगा ही।
3. **त्वं श्वः प्रातःकाले भ्रमणाय चलिष्यसि किम्**—तू कल सवेरे घूगने चलेगा क्या?
4. **अहम् इदानीं तस्य छत्रं नयामि, त्वं तस्मै कथय**—मैं अब उसका छाता ले जाता हूँ, तू उसे बता।
5. **तस्य गृहे अश्वः अस्ति तथा विडालः अपि अस्ति**—उसके घर घोड़ा है तथा बिल्ला भी है।
6. **तस्य वस्त्रं मया प्रक्षालितम्**—उसका वस्त्र मैंने धोया।

शब्द

प्रदीपः—दीया। **घृतम्**—घी। **तक्रम्**—लस्सी (दही की), मट्ठा। **भूतम्**—हो गया। **पचति**—(वह) पकाता है। **पचसि**—(तू) पकाता है। **पचामि**—पकाता हूँ। **पचिष्यति**—वह पकाएगा। **पचिष्यसि**—तू पकाएगा। **पचिष्यामि**—पकाऊँगा।

वाक्य

1. **सः तस्य गृहे अन्नं पचति**—वह उसके घर में अन्न पकाता है।
2. **तस्य पेटकः कुत्र अस्ति यस्मिन् तेन स्वकीयं द्रव्यं रक्षितम् अस्ति**—उसका सन्दूक कहाँ है, जिसमें उसने अपना धन रखा है?
3. **यदा सः पुरुषः स्वगृहं गतः तदा तेन स्वकीयः पेटकः कुत्र स्थापितः इति अहं न जानामि**—जब वह व्यक्ति अपने घर गया तब उसने अपना ट्रंक कहाँ रखा, यह मैं नहीं जानता।
4. **भूमित्रः जानाति किम्**—क्या भूमित्र जानता है?
5. **हे भूमित्र! किं त्वं जानासि**—भूमित्र! क्या तू जानता है?
6. **अहमपि नैव जानामि परन्तु सूर्यसिंहः जानाति**—मैं भी नहीं जानता, परन्तु सूर्यसिंह जानता है।
7. **तर्हि तं पृच्छ**—तो उससे पूछ।
8. **सः वदति स्वपेटकः अपि तेन स्वगृहं नीतः इति**—वह कहता है कि वह अपना ट्रंक भी वही अपने घर ले गया।
9. **ईश्वरस्य पूजनम् अवश्यं कर्तव्यम्**—ईश्वर का पूजन अवश्य करना चाहिए।
10. **अध्यापकस्य समीपं सत्वरं गच्छ**—गुरु के समीप जल्दी जा।

नपुंसकलिंग सर्वनामों के एकवचन में रूप

(1)	सर्व–	**प्रथमा**	**सर्वम्**	सब
	,,	**द्वितीया**	,,	सबको
(2)	किम्–	**प्रथमा**	**किम्**	कौन
	,,	**द्वितीया**	,,	किसको
(3)	यत्–	**प्रथमा**	**यत्**	जो
	,,	**द्वितीया**	,,	जिसको
(4)	तत्–	**प्रथमा**	**तत्**	वह
	,,	**द्वितीया**	,,	उसको

इनकी शेष विभक्तियों के रूप सर्वनामों के पुल्लिंग रूपों के समान होते हैं। देखिए पाठ 17 में 'सर्व' शब्द, पाठ 18 में 'किम्' शब्द, पाठ 22 में 'यद्' तथा 'तद्' शब्द। पाठक इनके रूप बनाकर लिखें, जिससे वे इनको कभी भूल न सकें।

पाठ 40

शब्द

कथयति–(वह) कहता है। **कथयसि**–(तू) कहता है। **कथयामि**–कहता हूँ। **वहति**–(वह) बोझ उठाता है। **वहसि**–(तू) बोझ उठाता है। **वहामि**–(मैं) बोझ उठाता हूँ। **शकटः**–गड्डा, छकड़ा। **बलीवर्दः**–बैल। **कथयिष्यसि**–(तू) कहेगा। **कथयिष्यति**–(वह) कहेगा। **वहिष्यति**–(वह) बोझ उठाएगा। **कथयिष्यामि**–कहूँगा। **वहिष्यामि**–(मैं) बोझ उठाऊँगा। **वहिष्यसि** (तू) बोझ उठाएगा। **छत्रम्**–छाता। **भृत्यः**–नौकर। **विष्टरः**–कुर्सी, स्टूल, आसन।

वाक्य

1. **सः पण्डितः रात्रौ रामस्य कथां कथयिष्यति, त्वमपि श्रोतुम् आगच्छ**–पण्डित रात को राम की कथा करेगा, तुम भी सुनने के लिए आना।
2. **बलीवर्दः शकटं वहति, ग्रामात् ग्रामं चलति च**–बैल गाड़ी खींचता है और एक गाँव से दूसरे गाँव जाता है।
3. **रजकस्य महिषः अद्य अत्र न अस्ति, यत्र कुत्र अपि गतः**–धोबी का भैंसा आज यहाँ नहीं है, कहीं इधर-उधर चला गया है।
4. **मम भृत्यः इदानीमेव आपणं गतः, सः अद्य सायम् आगमिष्यति**–मेरा नौकर

अभी बाज़ार गया है, वह आज शाम को आएगा।

5. **कथय, ह्यः तेन किं किं कृतं, कथं च दिनं गतम् इति**—बता, कल उसने क्या-क्या किया और दिन कैसे बीता?

शब्द

ज्वलसि—(तू) जलता है। **ज्वलामि**—जलता हूँ। **जल्पति**—(वह) बोलता है। **जल्पसि**—(तू) बोलता है। **जल्पामि**—बोलता हूँ। **योग्य**—लायक। **दीपशलाका-पेटिका**—दियासलाई की डिब्बी। **दीपशलाका**—दियासलाई। **ज्वलिष्यति**—(वह) जलेगा। **ज्वलिष्यसि**—(तू) जलेगा। **ज्वलिष्यामि**—जलूँगा। **जल्पिष्यति**—(वह) बोलेगा। **जल्पिष्यसि**—(तू) बोलेगा। **जल्पिष्यामि**—बोलूँगा। **गाढः**—घना। **प्रज्वालय**—जला।

वाक्य

1. **तत्र अग्निः ज्वलति, अतः तत्र त्वं न गच्छ**—वहाँ आग जलती है, इसलिए तू वहाँ न जा।
2. **सः एवं वृथा जल्पति, तत् न श्रोतुं योग्यम् अस्ति**—वह इस प्रकार व्यर्थ बोलता है, वह सुनने योग्य नहीं।
3. **इदानीं रात्रिः आगता, गाढः अन्धकारः भविष्यति, अतः प्रदीपं प्रज्वालयिष्यामि**—अब रात्रि आ गई, घना अंधेरा हो जाएगा, इसलिए दिया जलाऊँगा।
4. **तेन अग्निशलाका-पेटिका कुत्र रक्षिता इति न जानामि**—उसने दियासलाई की डिब्बी कहाँ रखी, मुझे पता नहीं।
5. **तत्र मञ्चके दीपशलाका अस्ति। तां गृहीत्वा दीपं प्रज्वालय शीघ्रं च अत्र आनय**—वहाँ मेज़ पर दियासलाई है। उसे लेकर दिया जला, और जल्दी यहाँ ले आ।

शब्द

निर्मितः—बनाया। **चोरयति**—(वह) चुराता है। **चोरयसि**—(तू) चुराता है। **चोरयामि**—चुराता हूँ। **चोरयिष्यति**—(वह) चुराएगा। **चोरयिष्यसि**—(तू) चुराएगा। **चोरयिष्यामि**—चुराऊँगा। **अपहृता**—चुराई। **चपेटिका**—चपत। **कटः**—चटाई। **शिक्यम्**—छिक्का। **पुच्छम्**—पूँछ, दुम। **व्रश्चनः**—चाकू।

वाक्य

1. **त्वं तं कटं कुत्र नयसि**—तू उस चटाई को कहाँ ले जाता है?
2. **अहं तं स्वगृहं नयामि**—मैं उसे अपने घर ले जाता हूँ।

3. **तव यष्टिका कुत्र अस्ति**—तेरी सोटी कहाँ है?
4. **मम यष्टिका चौरेण ह्यः अपहृता**—मेरी सोटी कल चोर ने चुरा ली।
5. **तस्य खट्वा कुत्र अस्ति**—उसकी चारपाई कहाँ है?
6. **तस्य अश्वस्य पुच्छं पश्य**—उसके घोड़े की पूँछ देख।
7. **तस्मिन् शिक्ये तेन पात्रं रक्षितम्**—उस छींके में उसने बर्तन रखा।
8. **तस्मिन् पात्रे मया दुग्धं रक्षितम्**—उस बर्तन में मैंने दूध रखा।
9. **तद् दुग्धं बिडालेन अद्य पीतम्, अतः तत्र दुग्धं नास्ति**—वह दूध बिल्ले ने आज पिया, इसलिए वहाँ दूध नहीं है।
10. **यः लोहस्य पेटकः तेन लोहकारेण निर्मितः सः अतीव शोभनः**—जो लोहे का ट्रंक उस लोहार ने बनाया, वह बहुत अच्छा है।

शब्द

भाद्रपदः—भादों। **कृष्ण**—कृष्ण-पक्ष। **सप्तम्याम्**—सप्तमी के दिन। **ऊर्णा**—ऊन। **ऊर्णावस्त्रम्**—दुशाला, ऊनी वस्त्र। **प्राचीनतमः**—अत्यन्त पुराना। **मनोरमः**—मन को आनन्द देने वाला। **प्राचीनः**—पुराना। **प्रसन्नः**—आनन्दित। **घर्मः**—गरमी। **गुणसम्पन्नः**—गुणी। **नगरदर्शनाय**—शहर दिखाने के लिए। **निश्चयः**—निश्चय। **अलम् अतिविस्तरेण**—बहुत विस्तार व्यर्थ है। **द्वन्द्वम्**—युद्ध। **काव्यम्**—काव्य। **छिद्रम्**—सूराख़। **तैलम्**—तेल। **प्रेषितः**—भेजा हुआ। **शम्**—सुख। **अनुसृत्य**—अनुसरण करके। **द्रष्टव्यम्**—देखने योग्य। **शर्मणः**—शर्मा का। **क्रेतुम्**—ख़रीदने के लिए। **अतीव**—बहुत ही। **इतिहासः**—तवारीख़, इतिहास। **नाम्ना**—नाम से। **आसीत्**—था। **चिह्न**—निशान। **पराकाष्ठा**—ऊँचे दर्जे तक। **धनाढ्य**—पैसे वाला। **अश्व-रथः**—घोड़ा-गाड़ी। **तैलवाष्पम्**—तेल की भाप। **पदातिना**—पैदल। **प्रशंसा**—स्तुति। **निन्दा**—निन्दा। **निद्रा**—नींद। **कौमुदी**—चाँदनी।

पत्र-लेखनम्

ॐ

दिल्ली नगरे
विक्रमीये 2008 संवत्सरे
भाद्रपदस्य कृष्ण-सप्तम्याम्

भोः प्रियमित्र यज्ञदत्त!

नमस्ते! तव आज्ञाम् अनुसृत्य अहम् अत्र अद्य प्रातः एव आगतः। अस्मिन् नगरे यत् किंचिद् अपि द्रष्टव्यम् अस्ति तद् दृष्ट्वा श्वः वा परश्वः वा अस्मात् स्थानात् अमृतसरनगरं गमिष्यामि। यदा अहम् अमृतसरं गमिष्यामि तदा तव मित्रस्य चन्द्रकेतुशर्मणः कृते एकं ऊर्णावस्त्रं क्रेतुम् इच्छामि।

भोः प्रियवयस्य ! एतद् दिल्लीनगरम् अतीव सुन्दरम् अस्ति। अस्य प्राचीनतमः इतिहासः च अतीव मनोरमः अस्ति। अद्य एव इन्द्रप्रस्थं तथा 'कुतुबमीनार' इति नाम्ना प्रसिद्धं स्थानम् अपि मया दृष्टम्। पाण्डवानां समये एतद् एव दिल्लीनगर 'इन्द्रप्रस्थः' इति नाम्ना प्रसिद्धम् आसीत्। हस्तिनापुरं तु मेरठमण्डले अस्ति।

ईदृशस्य प्राचीनतमस्य स्थानस्य दर्शनेन मम मनः प्रसन्नं भवति। पाण्डवकालस्य स्मरणम् अपि पुरुषम् आनन्दस्य पराकाष्ठां नयति।

अत्र तु अस्मिन् मासे शीतं न भवति। सूर्यस्य आतपेन घर्मः एव भवति। शीतकाले बहुशीतं तथा उष्णकाले अतीव घर्मः भवति।

अत्र अहं महाशयस्य कुन्दनलालस्य गृहे स्थितः। महाशयः कुन्दनलालः अतीव धनाढ्यः पुरुषः अस्मिन् नगरे अस्ति। तस्य पुत्रः चन्दनलालनामकः गुणसम्पन्नः अस्ति। एष चन्दनलालः मया सह नगरदर्शनाय भ्रमति।

अहं न अश्वरथेन भ्रमामि नापि 'मोटर'-इति नाम्ना प्रसिद्धेन तैलवाष्प-रथेन। परन्तु यद् द्रष्टव्यम् अस्ति तत् सर्वं पदातिना एव द्रष्टव्यम् इति मया निश्चयः कृतः।

इदानीम् अलम् अतिविस्तरेण। मम अन्यत् पत्रम् अमृतसरात् प्रेषितं भविष्यति। इति शुभम्।

भवदीयः वयस्यः–
आनन्दसागरः

पाठ 41

शब्द

पुंल्लिंग	नपुंसकलिंग
अर्भकः—बालक।	**कुसुमम्**—फूल।
ग्रामः—गाँव।	**गरलम्**—ज़हर।
चरणः—पाँव।	**जलम्**—पानी।

नृपः—राजा। **पर्णम्**—पत्ता।
प्रसादः—कृपा, मेहरबानी। **पत्रम्**—पत्ता, पत्र।
रक्षकः—पहरेदार। **भूषणम्**—ज़ेवर।
वत्सः—बछड़ा, बालक। **पुरम्**—शहर।

ऊपर पुल्लिंग तथा नपुंसकलिंग शब्द दिए हैं, जिनके आगे विसर्ग है वे शब्द पुल्लिंग समझने चाहिएं, जैसे—नृपः, वत्सः इत्यादि। जिनके अन्त में 'अनुस्वार' अथवा 'म्' हो वे शब्द नपुंसकलिंग समझने चाहिएं, जैसे—पुरं, पत्रम् इत्यादि। आगे के पाठों में हम इसी प्रकार शब्द देंगे जिससे पाठकों को शब्दों के लिंगों का पता चल जाए।

जिन शब्दों के अन्त में 'आ' होता है, वे शब्द प्रायः स्त्रीलिंग होते हैं। देखिए—

शब्द

गङ्गा—गंगा नदी। **यमुना**—यमुना। **देवता**—देवी, देवता। **कला**—हुनर। **कन्या**—लड़की। **रेखा**—लकीर। **तारका**—तारा। **क्षमा**—शांति, पृथ्वी। **प्रिया**—प्यारी, धर्मपत्नी।

वाक्य

1. **मनुष्यः ईश्वरस्य प्रसादेन सर्वं सुखं प्राप्नोति**—मनुष्य ईश्वर की कृपा से सब सुख प्राप्त करता है।
2. **एषः मित्रस्य गृहस्य मार्गः अस्ति**—यह दोस्त के घर का मार्ग है।
3. **देवदत्तः नृपस्य प्रसादेन अतीव धनं प्राप्नोति**—देवदत्त राजा की कृपा से बहुत द्रव्य प्राप्त करता है।
4. **तव मित्रस्य निवासः कुत्र अस्ति**—तेरे मित्र का निवास कहाँ है?
5. **अद्य-श्वः मम मित्रस्य निवासः अमृतसरनगरे अस्ति**—आजकल मेरे मित्र का निवास अमृतसर में है।
6. **किं त्वं तं द्रष्टुम् इच्छसि**—क्या तू उसे देखना चाहता है?
7. **अथ किम्, अहं तं शीघ्रं द्रष्टुम् इच्छामि**—और क्या, मैं उसको जल्दी देखना चाहता हूँ।
8. **किमर्थं तं त्वम् एवं द्रष्टुम् इच्छसि**-तू उसे इस प्रकार किसलिए देखनाचाहता है ?
9. **अतीव कालः जातः यदा मया सः दृष्टः, अतः अहं तं द्रष्टुम् इच्छामि**—बहुत समय हुआ जब मैंने उसको देखा था, इसलिए मैं उसे देखना चाहता हूँ।
10. **तर्हि अद्य मध्याह्ने गच्छ**—तो आज दोपहर को जा।
11. **यद्यहम् इतः मध्याह्ने चलिष्यामि, तर्हि अमृतसरं कदा गमिष्यामि**—अगर मैं यहाँ से दोपहर को चलूँगा तो अमृतसर कब पहुँचूँगा?

12. **यदि त्वं मध्याह्ने त्रिवादनसमये अग्निरथेन चलिष्यसि, तर्हि पञ्चवादनसमये अमृतसरं गमिष्यसि**—अगर तू दोपहर तीन बजे के समय रेलगाड़ी से चलेगा तो पाँच बजे अमृतसर पहुँचेगा।
13. **तर्हि तदा एव अहं गमिष्यामि**—तो तभी मैं जाऊँगा।
14. **यदा त्वं तत्र गमिष्यसि तदा मम पुस्तकम् अपि तत्र नय**—जब तू वहाँ जाए तब मेरी पुस्तक भी ले जाना।
15. **गङ्गाजलम् अतीव निर्मलम् अस्ति, अतः तद् एव पातुम् इच्छामि**—गंगाजल बहुत ही स्वच्छ है, अतः वही पीना चाहता हूँ।
16. **रक्षकः द्वारात् बहिः तिष्ठति**—पहरेदार दरवाज़े के बाहर खड़ा है।
17. **पुरात् बहिः वनम् अस्ति**—शहर से बाहर जंगल है।
18. **तस्य पुत्रः पाठशालायां पठति**—उसका लड़का स्कूल में पढ़ता है।
19. **समुद्रे अतीव जलं भवति**—समुद्र में बहुत जल होता है।
20. **त्वं गरलं मा पिब**—तू ज़हर न पी।

शब्द

लेखनम्—लिखना। **धनिकः**—पैसेवाला। **अन्यः**—दूसरा। **वाचनम्**—बांचना, पढ़ना। **धृत्वा**—पकड़कर। **विचार्य**—विचार करके। **उपविश्य**—बैठकर। **पालितः**—पाला हुआ। **निक्षिप्य**—रखकर। **साहित्यम्**—सामान। **आसनम्**—बैठने का स्थान। **बहिः**—बाहर। **यावत्**—जब तक। **एकः**—एक। **उक्तवान्**—बोला। **तावत्**—तब तक। **प्रारम्भः**—आरम्भ। **स्वकीयः**—अपना। **विहस्य**—हँसकर। **विलोक्य**—देखकर। **यथापूर्वम्**—पहले के समान।

वानरस्य कथा

एकस्मिन् नगरे केनचिद् धनिकेन एकः वानरः पालितः। सः धनिकः नित्यं वानरस्य समीपे एव उपविश्य लेखनं वाचनं च करोति स्म। एकदा सः धनिकः लेखनस्य साहित्यं तत्र एव निक्षिप्य अन्यं कार्यं कर्तुं बहिः गतः। 'अहम् अपि धनिकवत् लिखामि' इति विचार्य वानरः धनिकस्य आसने उपविश्य एकेन हस्तेन पत्रं गृहीत्वा द्वितीयेन लेखनीं धृत्वा यावत् लेखनस्य प्रारम्भं कृतवान् तावद् धनिकः अपि तत्र आगतः। तं वानरं विलोक्य विहस्य उक्तवान्—'भोः वानरश्रेष्ठ! इदं किं करोषि? कस्मै पत्रं लिखसि?' इति वानरः अपि शीघ्र स्वकीयस्थानं गत्वा यथापूर्वम् उपविष्टः।

पाठ 42

शब्द

पिष्टम्—आटा, पीसी हुई कोई वस्तु। **कुसुमम्**—फूल। **एकदा**—एक समय। **इतः**—यहाँ से। **ततः**—वहाँ से। **कुतः**—कहाँ से। **सर्वतः**—सब ओर। **अक्षः**—पांसा। **अक्षैः**—पाँसों से। **अग्रम्**—नोक। **अनृतम्**—असत्य। **ऋतम्**—सत्य। **अमृतम्**—अमृत। **अम्बरम्**—आकाश। **अम्बुजम्**—कमल। **अरण्यम्**—जंगल। **अङ्गरागः**—उबटन। **हृदयम्**—दिल। **कम्पनम्**—काँपना। **अन्यायः**—अन्याय। **अपराधः**—गुनाह। **अभिप्रायः**—मतलब। **अलङ्कारः**—ज़ेवर। **सैनिकः**—फ़ौजी आदमी **भारवाहकः**—कुली। **अशुभम्**—पाप। **अक्षरम्**—अक्षर, हर्फ़। **अङ्गम्**—अंग, शरीर। **अञ्जनम्**—सुरमा। **अध्ययनम्**—पढ़ाई। **अद्भुतम्**—अजीब। **कारागृहम्**—जेलख़ाना। **चाञ्चल्यम्**—चंचलता।

क्रिया

परिदधाति—(वह) पहनता है। **परिदधासि**—(तू) पहनता है। **परिदधामि**—पहनता हूँ। **परिधास्यति**—(वह) पहनेगा। **परिधास्यसि**—(तू) पहनेगा। **परिधास्यामि**—पहनूँगा। **यामि**—जाता हूँ। **यासि**—(तू) जाता है। **याति**—(वह) जाता है। **यास्यामि**—जाऊँगा। **यास्यसि**—(तू) जाएगा। **यास्यति**—(वह) जाएगा।

वाक्य

1. **एकदा अहं वनं गतः**—एक समय मैं वन को गया।
2. **तत्र मया एकः वृक्षः दृष्टः**—वहाँ मैंने एक वृक्ष देखा।
3. **तस्य फलम् अतीव मधुरम्**—उसका फल बहुत ही मीठा था।
4. **तत् फलं मया भक्षितम्**—वह फल मैंने खाया।
5. **तस्य कन्या अलङ्कारं परिदधाति**—उसकी लड़की ज़ेवर पहनती है।
6. **अलङ्कारः सुवर्णस्य रजतस्य च भवति**—ज़ेवर सोने तथा चाँदी का होता है।
7. **तस्य कः अपराधः आसीत् यतः सः कारागृहे स्थापितः**—उसका क्या कसूर था, जिस कारण वह ज़ेलख़ाने में रखा गया।
8. **अक्षैः मा क्रीड**—पाँसों से न खेल।
9. **वृथा मा अट**—व्यर्थ न घूम।
10. **सदा अध्ययनं कुरु**—हमेशा पढ़।
11. **कदापि अन्यायं न कुरु**—कभी अन्याय न कर।
12. **तस्य कः अभिप्रायः अस्ति**—उसका क्या मतलब है?

13. **अद्य अनेन मार्गेण यास्यामि**—आज इस मार्ग से जाता हूँ।
14. **तेन अद्‌भुतम् आलेख्यं निर्मितम्**—उसने अद्‌भुत तस्वीर बनाई।
15. **सः भारवाहकः कुत्र अस्ति येन तव पेटकः नीतः**—वह कुली कहाँ है जिसने तेरा ट्रंक उठाया?

शब्द

तडागः—तालाब। **उत्कण्ठे**—समीप। **समीपम्**—पास। **प्रभूतम्**—बहुत। **तृणम्**—घास। **खगः**—पक्षी।

वाक्य

1. **एकदा कश्चिद् बालकः तडागस्य समीपं गतः**—एक बार कोई बालक तालाब के पास गया।
2. **तेन बालकेन तत्र तडागे एकः मण्डूकः दृष्टः**—उस बालक ने वहाँ तालाब में एक मेंढक देखा।
3. **जलपानार्थं तत्र एकः बलीवर्दः अपि आगतः**—पानी पीने के लिए वहाँ एक बैल भी आया।
4. **तेन वृषभेण प्रभूतं जलं पीतम्**—उस बैल ने बहुत जल पिया।
5. **तेन बालकेन तस्मै वृषभाय भक्षणार्थं तृणं दत्तम्**—बालक ने उस बैल को खाने के लिए घास दी।
6. **तत् तृणं तेन वृषभेण शीघ्रमेव भक्षितम्**—वह घास उस बैल ने जल्दी से खा ली।
7. **पश्चात् तत्र एकः खगः आगतः**—फिर वहाँ एक पक्षी आ गया।
8. **तस्मै केनचिद् एकः मोदकः दत्तः**—उसको किसी ने एक लड्डू दिया।

संख्यावाचक शब्द

पुंल्लिंग		स्त्रीलिंग	नपुंसकलिंग
1. **एकः**	(एक)	**एका**	**एकम्**
2. **द्वौ**	(दो)	**द्वे**	**द्वे**
3. **त्रयः**	(तीन)	**तिस्रः**	**त्रीणि**
4. **चत्वारः**	(चार)	**चतस्रः**	**चत्वारि**

नीचे दिए हुए शब्दों के पुल्लिंग, स्त्रीलिंग तथा नपुंसकलिंग में एक जैसे ही रूप होते हैं।

5. **पञ्च**	(पाँच)	17. **सप्तदश**	(सत्रह)
6. **षट्**	(छः)	18. **अष्टादश**	(अठारह)
7. **सप्त**	(सात)	19. **एकोनविंशतिः**	(उन्नीस)
8. **अष्ट**	(आठ)	20. **विंशतिः**	(बीस)
9. **नव**	(नौ)	21. **एकविंशतिः**	(इक्कीस)
10. **दश**	(दस)	22. **द्वाविंशतिः**	(बाईस)
11. **एकादश**	(ग्यारह)	29. **एकोनत्रिंशत्**	(उनत्तीस)
12. **द्वादश**	(बारह)	30. **त्रिंशत्**	(तीस)
13. **त्रयोदश**	(तेरह)	31. **एकत्रिंशत्**	(इकत्तीस)
14. **चतुर्दश**	(चौदह)	40. **चत्वारिंशत्**	(चालीस)
15. **पञ्चदश**	(पन्द्रह)	50. **पञ्चाशत्**	(पचास)
16. **षोडश**	(सोलह)	60. **षष्टिः**	(साठ)

बारह महीनों के नाम (पुल्लिंग)

1. चैत्रः 2. वैशाखः 3. ज्येष्ठः 4. आषाढ 5. श्रावणः 6. भाद्रपदः 7. आश्विनः 8. कार्तिकः 9. मार्गशीर्षः 10. पौषः 11. माघः 12. फाल्गुनः।

तिथियों के नाम (स्त्रीलिंग)

1. प्रतिपदा 2. द्वितीया 3. तृतीया 4. चतुर्थी 5. पंचमी 6. षष्ठी 7. सप्तमी 8. अष्टमी 9. नवमी 10. दशमी 11. एकादशी 12. द्वादशी 13. त्रयोदशी 14. चतुर्दशी 15. पूर्णिमा 30. अमावस्या।

पक्षों के नाम (पुल्लिंग)

शुक्ल-पक्ष—चाँदनी पाख, जिन पन्द्रह दिनों में शाम के समय चाँद होता है। **कृष्ण-पक्ष**—अंधेरा पाख, दूसरे पन्द्रह दिन, जिन दिनों में शाम के समय चाँद नहीं होता।

पाठ 43

इस पाठ में एक ब्राह्मण की कथा दी गई है। इसके कठिन शब्दों का अर्थ पाठ के अन्त में दिया है।

1. **कस्मिंश्चिद् ग्रामे यज्ञप्रियनामकः एकः ब्राह्मणः प्रतिवसति स्म**—किसी गाँव में

यज्ञप्रिय नामक एक ब्राह्मण रहता था।

2. **सः कस्मैचिद् कारणाय एकस्मिन् दिने अन्यं ग्रामं प्रस्थितः**—वह किसी कारण एक दिन दूसरे गाँव को चला।
3. **तदा तस्य माता तम् आह**—तब उसकी माता ने उसे कहा—
4. **हे पुत्र! एकाकी मा व्रज**—पुत्र! अकेला न जा।
5. **यज्ञप्रियः आह—हे मातः ! भयं न कुरु। अस्मिन् मार्गे किमपि भयं नास्ति। अतः अहम् एकाकी एव गमिष्यामि**—यज्ञप्रिय बोला—माता! भय मत कर। इस मार्ग में कुछ भी भय नहीं है। इसलिए मैं अकेला ही जाऊँगा।
6. **तस्य निश्चयं ज्ञात्वा एकं कुक्कुरं हस्ते कृत्वा माता आह**—उसका निश्चय जानकर, एक कुत्ता हाथ में देकर माता बोली।
7. **यदि त्वं गन्तुम् इच्छसि तर्हि एनं कुक्कुरं गृहीत्वा गच्छ**—अगर तू जाना ही चाहता है तो इस कुत्ते को साथ ले जा।
8. **तेन उक्तं तथा एव करोमि इति**—उसने कहा, ऐसा ही करता हूँ।
9. **ततः सः कुक्कुरं गृहीत्वा प्रस्थितः**—फिर वह कुत्ते को लेकर चला।
10. **अथ सः मार्गे गमनश्रमेण श्रान्तः कस्यचिद् वृक्षस्य अधस्तात उपविश्य प्रसुप्तः**—फिर वह मार्ग में चलने की मेहनत से थककर किसी वृक्ष के नीचे सो गया।
11. **तत्र कश्चित् सर्पः आगतः**—वहाँ कोई एक साँप आ गया।
12. **सर्पः तेन कुक्कुरेण हतः**—उस साँप को कुत्ते ने मार डाला।
13. **यदा सः ब्राह्मणः प्रबुद्धः तदा तेन दृष्टं कुक्कुरेण सर्पः हतः इति**—जब वह ब्राह्मण जागा तब उसने देखा कि कुत्ते ने एक साँप मार दिया है।
14. **तं हतं सर्पं दृष्ट्वा प्रसन्नः ब्राह्मणः तदा अब्रवीत्**—उस मारे हुए साँप को देखकर खुश हुआ ब्राह्मण बोला—
15. **अरे ! सत्यम् उक्तं मम मात्रा—पुरुषेण कः अपि सहायः कर्तव्यः इति**—अरे! सच कहा था मेरी माता ने कि मनुष्य को कोई सहायक लेना ही चाहिए।
16. **एकाकिना एव न गन्तव्यम् इति**—उसे अकेले नहीं जाना चाहिए।
17. **एवम् उक्त्वा सः ब्राह्मणः ग्रामं गतः**—यह कहकर वह ब्राह्मण वापस गाँव चला गया।
18. **तत्र गत्वा स्वकीयं कार्यं च तेन कृतम्**—वहाँ जाकर वह फिर अपना कार्य करने लगा।

शब्द

'चित्' शब्द का संस्कृत में अर्थ 'एक' होता है।

कः चित्—कोई एक। **केनचिद्**—किसी एक ने। **कस्मिंश्चित्**—किसी एक में। **कस्यचित्**—किसी एक का।

प्रसुप्तः—सो गया। **सर्पः**—सांप। **हतः**—मारा। **प्रबुद्धः**—जागा। **ब्राह्मणः**—ब्राह्मण। **प्रतिवसति**—रहता है। **कारणम्**—कारण। **आह**—बोला। **एकाकी**—अकेला। **व्रज**—जा। **व्रजति**—(वह) जाता है। **व्रजसि**—(तू) जाता है। **व्रजामि**—जाता हूँ। **मातः**—हे माता। **निश्चयम्**—निश्चय। **कुक्कुरम्**—कुत्ते को। **प्रस्थितः**—चला। **श्रमः**—मेहनत। **श्रान्तः**—थका हुआ। **अधः**—नीचे। **उपविश्य**—बैठकर। **दृष्टम्**—देखा। **दृष्ट्वा**—देखकर। **प्रसन्नः**—खुश। **अब्रवीत्**—बोला। **अरे**—अरे। **मात्रा**—माता से। **सहायः**—मददगार। **कर्तव्यम्**—करने योग्य। **एकाकिना**—अकेले। **गन्तव्यम्**—जाने योग्य। **वक्तव्यम्**—बोलने योग्य। **दातव्यम्**—देने योग्य। **पठितव्यम्**—पढ़ने योग्य। **लेखितव्यम्**—लिखने योग्य। **द्रष्टव्यम्**—देखने योग्य। **अत्तव्यम्**—खाने योग्य। **स्थातव्यम्**—रहने योग्य।

मन्त्रः

विश्वानि देव सवितर्दुरितानि परा सुव। यद् भद्रं तन्न आ सुव ॥1॥

अर्थ—हे (देव) ईश्वर, हे (सवितर्) सविता, सबके उत्पन्न करने वाला ईश। (विश्वानि) सब (दुरितानि) बुराइयाँ, पाप (परा) दूर (सुव) फेंक। (यद) जो (भद्रं) कल्याण (तत्) वह (नः) हमारे लिए (आ सुव) समीप कर।

अद्भिर्गात्राणि शुध्यन्ति, मनः सत्येन शुध्यति।
विद्यातपोभ्यां भूतात्मा, बुद्धिर्ज्ञानेन शुध्यति ॥2॥ मनुस्मृति

अर्थ—(अद्भिः) पानी से (गात्राणि) इन्द्रिय, शरीर के अवयव (शुध्यन्ति) शुद्ध होते हैं। (मनः) मन (सत्येन) सचाई से (शुध्यति) शुद्ध होता है। (विद्यातपोभ्यां) विद्या और तप से (भूतात्मा) जीवात्मा, तथा (बुद्धिः) बुद्धि (ज्ञानेन) ज्ञान से (शुध्यति) शुद्ध होती है।

सत्यं ब्रूयात् प्रियं ब्रूयात्, न ब्रूयात् सत्यमप्रियम्।
प्रियं च नानृतं ब्रूयात् एष धर्मः सनातनः ॥3॥ मनुस्मृति

अर्थ—(सत्यं) सत्य (ब्रूयात्) बोले (प्रियं) प्रिय (ब्रूयात्) बोले। (न ब्रूयात्) न बोले (सत्यं) सच (अप्रियं) कड़वा। (च) और (प्रिय) प्यारा, परन्तु (अनृतं) असत्य (न) न (ब्रूयात्) बोले। (एष) यह (सनातनः) हमेशा का (धर्मः) धर्म है।

पाठ 44

1. **एकदा नारदः भगवन्तम् उपेत्य पप्रच्छ**—एक बार नारद ने भगवान् के पास जाकर

पूछा–

2. **भगवन्! कः तव परमः भक्तः इति**–हे भगवन्! तेरा परम भक्त कौन है?
3. **भगवान् नारदम् आह–हे नारद ! भूतले मम एकः परमः भक्तः अस्ति**–भगवान् ने नारद से कहा–नारद! पृथ्वी पर मेरा एक परम भक्त है।
4. **यदि इच्छसि तं द्रष्टुं तर्हि गच्छ भूतलं तत्र च तं पश्य**–अगर उसे देखना चाहता है तो भूमि पर जा और वहाँ उसे देख।
5. **भगवन्! तस्य किं नामधेयम् अस्ति, कस्मिन् नगरे च सः निवसति**–हे भगवन्! उसका क्या नाम है और किस शहर में वह रहता है?
6. **सः विदिशानामके नगरे निवसति। तस्य च नामधेयं भद्रदत्त इति। सः कृषीवलः अस्ति**–वह विदिशा नामक नगर में रहता है। उसका नाम भद्रदत्त है। वह किसान है।
7. **नारदः एतत् श्रुत्वा विस्मितः भूत्वा भूतलं प्रस्थितः**–नारद यह सुनकर चकित होकर भूमि को चला।
8. **तत्र गत्वा च तं कृषीवलं प्रत्यक्षीचकार**–और वहाँ जाकर उसने किसान को प्रत्यक्ष किया (देखा)।
9. **सः भद्रदत्तः कृषीवलः दिने दिने शुद्धे स्थाने उपविश्य एकाग्रेण मनसा क्षणमात्रं भगवन्तं स्मरति, ततः कृषिकर्म करोति**–वह भद्रदत्त किसान रोज़ शुद्ध स्थान में बैठ एकाग्र मन से क्षण-मात्र भगवान् का स्मरण करता है, फिर खेती का काम करता है।
10. **तं दृष्ट्वा नारदः प्राह**–उसे देखकर नारद बोला–
11. **का अत्र भक्तिः**–कौन-सी यहाँ भक्ति है?
12. **इति उक्त्वा पुनः सः नारदः भगवन्तं प्रति गतः**–ऐसा कहकर फिर नारद भगवान् के पास गया।
13. **तेन पृष्टम्–हे नारद! किं त्वया परमः भक्तः भद्रदत्तः दृष्टः**–उसने पूछा–हे नारद! क्या तूने परम भक्त भद्रदत्त को देखा?
14. **नारदः प्रत्याह–भगवन् ! सः मया दृष्टः परन्तु न तस्मिन् का अपि विशेषता अस्ति**–नारद ने उत्तर दिया कि भगवन्! उसे मैंने देखा परन्तु उसमें कोई विशेषता नहीं है।
15. **भगवता उक्तम्–यः मनः एकाग्रं कृत्वा सन्ध्यां करोति, सः एव परमः भक्तः भवति, न अन्यः, इति त्वं जानीहि**–भगवान् ने कहा कि जो मन एकाग्र करके सन्ध्या करता है, वही परम भक्त होता है, दूसरा नहीं। ऐसा तू जान।
16. **यः तु मनः एकाग्रं न कृत्वा उपासनां करोति, सः भक्तः भवितुं न योग्यः इति**–जो मन एकाग्र न करके उपासना करता है, वह भक्त होने के योग्य नहीं है।

शब्द

उपेत्य—पास जाकर। **भगवन्तम्**—भगवान को। **परमः**—सबसे बड़ा। **पप्रच्छ**—पूछा। **स्थानम्**—जगह। **भक्तः**—भगत। **उपविशति**—बैठता है। **उपविश्य**—बैठकर। **प्रत्यक्षीकरिष्यति**—साक्षात् करेगा। **उपविशसि**—(तू) बैठता है। **वसति**—(वह) रहता है। **वससि**—(तू) रहता है। **वसामि**—रहता हूं। **वत्स्यति**—(वह) रहेगा। **वत्स्यसि**—(तू) रहेगा। **वत्स्यामि**—रहूँगा। **उपवेक्ष्यसि**—(तू) बैठेगा। **उपवेक्ष्यति**—(वह) बैठेगा। **आह**—कहा। **भूतलम्**—पृथ्वी, भूलोक। **निवसति**—(वह) रहता है। **निवससि**—(तू) रहता है। **निवसामि**—रहता हूँ। **कृषीवलः**—किसान। **विस्मितः**—हैरान। **प्रस्थितः**—चला। **प्रत्यक्षीचकार**—साक्षात् किया। **प्रत्यक्षीकरोषि**—(तू) प्रत्यक्ष करता है। **प्रत्यक्षीकृतम्**—साक्षात् किया। **प्रत्यक्षीकरोमि**—प्रत्यक्ष करता हूँ। **पृष्टम्**—पूछा। **प्रत्यक्षीकरोति**—(वह) प्रत्यक्ष करता है। **दृष्टम्**—देखा। **प्रत्याह**—जवाब दिया। **विशेष**—ख़ास (बात)। **मनः**—मन। **एकाग्रम्**—स्थिर। **जानीहि**—जान। **उपासना**—भक्ति। **भवितुम्**—होने के लिए। **उपविष्टः**—बैठ गया। **उषित्वा**—रहकर। **उषितः**—रहा हुआ। **निवत्स्यति**—(वह) रहेगा। **वसितुम्**—रहने के लिए। **निवत्स्यामि**—रहूँगा। **निवत्स्यसि**—(तू) रहेगा।

श्लोक

यत्र नार्यस्तु पूज्यन्ते रमन्ते तत्र देवताः।
यत्रैतास्तु न पूज्यन्ते सर्वास्तत्राऽफलाः क्रियाः।। 1।। (मनुस्मृति)

अर्थ—**(यत्र)** जहाँ **(तु)** तो **(नार्यः)** स्त्रियां **(पूज्यन्ते)** पूजी जाती हैं, **(तत्र)** वहाँ **(देवताः)** देवता **(रमन्ते)** निवास करते हैं। **(तु)** परन्तु **(यत्र)** जहाँ **(एताः)** ये स्त्रियां **(न पूज्यन्ते)** नहीं पूजी जातीं **(तत्र)** तहाँ **(सर्वाः)** सब **(क्रियाः)** कार्य **(अफलाः)** निष्फल हैं।

उपकारोऽपि नीचानाम् अपकाराय जायते।
पयःपानं भुजङ्गानां केवलं विषवर्धनम्।।

अर्थ—**(नीचानां)** नीचों की **(उपकारः)** भलाई **(अपि)** भी **(अपकाराय)** अपने नुकसान के लिए **(जायते)** होती है। जैसे **(भुजङ्गानां)** सांपों को **(पयःपानं)** दूध पिलाना **(केवलं)** केवल **(विषवर्धनम्)** विष बढ़ानेवाला होता है।

सुलभाः पुरुषाः राजन् सततं प्रियवादिनः।
अप्रियस्य च पथ्यस्य वक्ता श्रोता च दुर्लभः।।

अर्थ—हे **(राजन्)** राजा ! **(सततं)** हमेशा **(प्रियवादिनः)** प्यारा बोलने वाले **(पुरुषाः)** मनुष्य **(सुलभाः)** आसानी से मिलते हैं। परन्तु **(अप्रियस्य)** अप्रिय **(च)** और **(पथ्यस्य)** हितकारक बात **(वक्ता)** कहनेवाला **(च श्रोता)** और सुननेवाला **(दुर्लभः)** मुश्किल से मिलता है।

वाक्य

1. यत्र नार्यः पूज्यन्ते तत्र एव देवताः रमन्ते। परन्तु यत्र एताः न पूज्यन्ते तत्र सर्वाः क्रिया अफलाः भवन्ति।
2. नीचानाम् उपकारः अपि अपकराय जायते। यथा भुजङ्गाना पयःपानं विषवर्धनं भवति।
3. हे राजन्, सततं प्रियवादिनः पुरुषाः सुलभाः परन्तु पथ्यस्य अप्रियस्य यथा वक्ता दुर्लभः तथा श्रोता अपि दुर्लभः।

पाठ 45

1. **कस्मिंश्चिद् ग्रामे धर्मदत्तनामकः कृषीवलः आसीत्**—किसी एक गाँव में धर्मदत्त नामक एक किसान रहता था।
2. **सः एकं वानरं पालितवान्**—उसने एक बन्दर पाला था।
3. **सः मर्कटः प्रभूतम् अन्नं भक्षयित्वा अतीव पुष्टः जातः**—वह बन्दर बहुत अन्न खाकर बहुत ही पुष्ट हो गया।
4. **एकदा सः कृषीवलः दध्योदनं गृहीत्वा कस्मैचित् प्रयोजनाय तेन सह अन्यं ग्रामं प्रस्थितः**—एक बार किसान दही-चावल लेकर किसी उद्देश्य से उस (बन्दर) के साथ दूसरे गाँव को चला।
5. **मार्गे एकं तडाग दृष्ट्वा तत्र दध्योदनं भक्षयितुम् उपविष्टः**—रास्ते में एक तालाब देखकर वहाँ वह दही-चावल खाने बैठ गया।
6. **तत्र कस्यचित् वृक्षस्य मूले दध्योदनं स्थापयित्वा मुखप्रक्षालनार्थं तडागं गत्वा तीरे उपविष्टः**—वहाँ एक वृक्ष के मूल में दही-चावल रखकर, मुँह धोने के लिए तालाब के किनारे गया।
7. **अत्रान्तरे तेन दुष्टेन मर्कटेन तत् सर्वं दध्योदनं भक्षितम्**—इस बीच उस दुष्ट बन्दर ने वह सब दही-चावल खा लिए।
8. **हस्तेन किञ्चिद् दधि गृहीत्वा, समीपे स्थितस्य कस्यचिद् अजस्य मुखे क्षिप्त्वा, किम् अपि अजानन् इव दूरं गत्वा स्थितः**—फिर हाथ में थोड़ा-सा दही लेकर, पास खड़े एक बकरे के मुँह पर उसे लगाकर, कुछ भी न जानते हुए के समान, दूर जाकर बैठ गया।
9. **कृषीवलः मुखं प्रक्षाल्य वृक्षस्य मूलम् आगत्य दृष्टवान्, यद् सर्वं दध्योदनं केनापि निःशेषं भक्षितम् इति**—किसान ने मुँह धोकर वृक्ष के पास आकर देखा कि

सब दही-चावल किसी ने खा लिए हैं।

10. **समीपे स्थितस्य अजस्य मुखे किञ्चिद् दधि दृष्ट्वा तेन एव सर्वम् अन्नं भक्षितम् इति ज्ञात्वा तम् एव ताडयामास**—पास खड़े बकरे के मुँह में थोड़ा-सा दही लगा देखकर उसने सोचा कि उसी ने सब खाया है, इसलिए उसे पीट डाला।
11. **दुष्टः अपराधं स्वयं कृत्वा अन्येन सः अपराधः कृतः इति दर्शयति**—दुष्ट (मनुष्य) स्वयं अपराध करके यह दिखलाता है कि दूसरे ने वह अपराध किया है।
12. **मूढः तत् तथा एव अस्ति इति जानाति**—जो ऐसा सोचे वह मूर्ख होता है।
13. **परन्तु ज्ञानी सर्व परीक्ष्य अपराधिनम् एव यथायोग्यं ताडयति**—परन्तु ज्ञानी सब प्रकार परीक्षा करके अपराधी को ही उचित दंड देता है।

शब्द

पालितवान्—पालन किया। **पालयति**—(वह) पालन करता है। **पालयिष्यति**—(वह) पालन करेगा। **पालयिष्यसि**—(तू) पालन करेगा। **पालयिष्यामि**—पालन करूँगा। **पालयित्वा**—पालन करके। **पालयितुम्**—पालने के लिए। **मर्कटः**—बन्दर। **पुष्टः**—पुष्ट, मोटा-ताज़ा। **स्थापयित्वा**—रखकर। **तीरम्**—तीर, किनारा। **अत्रान्तरे**—इस बीच में। **दुष्टः**—दुष्ट। **अजः**—बकरा, आत्मा, परमात्मा। **अजा**—बकरी, प्रकृति। **दर्शयितुम्**—दिखाने के लिए। **ताडयामास**—ताड़न किया, पीटा। **अपराधः**—दोष, अपराध। **ज्ञानी**—समझदार। **परीक्ष्य**—परीक्षा करके। **अपराधी**—गुनहगार, दोषी। **पालयामि**—पालन करता हूँ। **पालयसि**—तू पालन करता है। **अजानन्**—न जानता हुआ। **क्षिप्त्वा**—फेंककर। **तावत्**—तब तक। **यावत्**—जब तक। **दृष्टवान्**—देखा। **निःशेषम्**—सम्पूर्ण। **उपविष्टः**—बैठ गया। **प्रयोजनम्**—उद्देश्य। **स्वयम्**—स्वयं, ख़ुद, अपने-आप। **मूलम्**—जड़। **दर्शयसि**—(तू) दिखाता है। **दर्शयति**—(वह) दिखाता है। **दर्शयिष्यति**—(वह) दिखाएगा। **दर्शयामि**—दिखाता हूँ। **दर्शयिष्यामि**—दिखाऊँगा। **दर्शयिष्यसि**—(तू) दिखाएगा। **परीक्षसे**—(तू) परीक्षा करता है। **दर्शयित्वा**—दिखलाकर। **परीक्षिष्ये**—परीक्षा करूँगा। **परीक्षते**—परीक्षा करता है। **परीक्षिष्यते**—(वह) परीक्षा करेगा। **परीक्षिष्यसे**—(तू) परीक्षा करेगा।

वाक्य

1. यतः धर्मः ततः जयः। 2. धर्मः एव हतः हन्ति। 3. रक्षितः धर्मः एव रक्षति।

पाठ 46

निरवयवः (निः अवयवः) निराकार, अवयवरहित। **शब्दमयः**—शब्दों से पूर्ण।

सर्वशक्तिमत्—सब शक्तियों से युक्त। **उपपद्यते**—बनती है, सजती है, योग्य होती है। **अन्तरेण, अन्तरा**—बिना, सिवाय। **विद्यमान**—रहना, होना। **अस्मदादीनाम् (अस्मद् आदीनाम्)**—हम जिनमें पहले हैं ऐसे मनुष्यों का। **अध्ययनानन्तरम् (अध्ययन-अनन्तरम्)**—पठन के पश्चात्। **पशुवत्**—पशुओं के समान। **आदिसृष्टिः**—आरम्भ की सृष्टि। **प्रवृत्ति**—स्वभाव। **परमेश्वरः—(परम-ईश्वरः)** बड़ा स्वामी। **उत्पद्यते**—बनता है, उत्पन्न होता है। **ईश्वरः**—मालिक, शासक। **कुतः**—किस कारण, क्यों ? **सदैव (सदा-एव)**—हमेशा ही। **खलु**—निश्चय से। **सकलम्**—सम्पूर्ण। **महारण्यम् (महा-अरण्यम्)**—बड़ा बन। **आरभ्य**—प्रारम्भ करके। **वेदोपदेशः (वेद-उपदेशः)**—वेद का उपदेश।

आगे के पाठों का अर्थ हम संस्कृत शब्दों के क्रम से दे रहे हैं। इससे पता लगेगा कि दोनों भाषाओं की वाक्य-रचना में क्या अंतर है। कठिन संस्कृत शब्दों के ऊपर छोटे टाइप में संख्या दी गई है और हिंदी के जो शब्द इनके अर्थ हैं, उनके साथ भी यही संख्या लगाई गई है।

गुरु-शिष्य-संवादः

शिष्यः—निरवयवात्[1] परमेश्वरात् शब्दमयः[2] वेदः कथम् उत्पद्यते—निराकार[1] परमेश्वर से, शब्दों से भरा हुआ[2] वेद कैसे उत्पन्न होता है?

गुरुः—सर्वशक्तिमति ईश्वरे इयं शङ्का न उपपद्यते—सर्वशक्तिमान् ईश्वर के लिए यह शंका ठीक नहीं लगती।

शिष्यः—कुतः—क्यों?

गुरुः—मुखादिसाधनम् अन्तराऽपि तस्य, कार्यं कर्तुं सामर्थ्यस्य सदैव विद्यमानत्वात्—मुख आदि साधन के बिना भी उसका कार्य करने के लिए सामर्थ्य सदा रहता है।

यः अस्ति खलु[3] सर्वशक्तिमान् स नैव कस्याऽपि साहाय्यं, कार्यं कर्तुं, ग्रह्णाति—जो है निश्चय[3] से सर्वशक्तिमान् वह नहीं किसी की भी सहायता कार्य करने के लिए, लेता है।

यथा अस्मदादीनां सहायेन बिना कार्यं कर्तुं सामर्थ्यं नास्ति। न च ईश्वरे—जैसे हम जैसों का, सहायक के बिना कार्य करने के लिए सामर्थ्य नहीं है। ना ही और ईश्वर में (अर्थात् हमारी जैसी अवस्था ईश्वर में नहीं)।

यदा निरवयवेन ईश्वरेण[4] सकलं जगत् रचितम्[5], तथा वेदरचने का शङ्काऽस्ति—जब निराकार ईश्वर ने[4] सब जगत् रचा[5] है, तब वेद रचने में क्या शंका है?

शिष्यः—जगद्-रचने तु खलु ईश्वरम् अन्तरेण[6], न कस्याऽपि सामर्थ्यम् अस्ति—जगत् रचने में तो निश्चय से ईश्वर को छोड़कर[6], नहीं किसी का भी सामर्थ्य है।

वेद-रचने तु अन्यस्य ग्रन्थ-रचनावत् स्यात्—वेद रचने में तो दूसरे ग्रन्थ की रचना

के समान (सामर्थ्य) हो सकता है।

गुरुः–**ईश्वरेण रचितस्य वेदस्य अध्ययनानन्तरम्**[1] **एव ग्रन्थ-रचने कस्याऽपि सामर्थ्यं स्यात्। न च अन्यथा**–ईश्वर द्वारा रचे हुए वेद के अध्ययन के पश्चात्[1] ही ग्रन्थ रचने में किसी का भी सामर्थ्य होता है। नहीं और (किसी) प्रकार से।

नैव कश्चित् अपि पठन-पाठनम् अन्तरा विद्वान् भवति–नहीं कोई भी पढ़ने-पढ़ाने के बिना विद्वान् होता है।

किञ्चिद्[2] **अपि शास्त्रं पठित्वा, उपदेशं श्रुत्वा, व्यवहारं च दृष्ट्वा एव, मनुष्याणां ज्ञानं भवति**–कोई[2] एक भी शास्त्र पढ़कर उपदेश सुनकर और व्यवहार देखकर ही मनुष्यों को ज्ञान होता है।

यथा महारण्यस्थानां मनुष्याणां, उपदेशम् अन्तरा, पशुवत्प्रवृत्तिः भवति–जिस प्रकार बड़े जंगल में रहने वाले मनुष्यों की, उपदेश के बिना पशु-समान प्रवृत्ति होती है।

तथैव आदि-सृष्टिम् आरभ्य, अद्यपर्यन्तं, वेदोपदेशम् अन्तरा सर्वमनुष्याणां प्रवृत्तिः भवेत्–वैसे ही आदिसृष्टि से प्रारम्भ करके, आज तक, वेद के उपदेश के बिना, सब मनुष्यों की प्रवृत्ति होवे।

वाक्य

निराकारेण ईश्वरेण एव यथा जगत् निर्मितं तथैव वेदः अपि निर्मितः। हस्तपादादिसाधनं विना सः ईश्वरः यथा सृष्टिं रचयति तथैव वेदम् अपि सः एव रचयति। यथा सहायेन विना मनुष्याः कार्यं कर्तुं न शक्नुवन्ति तथा ईश्वरे नास्ति। सः अन्यस्य सहायेन विना अपि सर्वं स्वकीयं रचनाकार्यं कर्तुं शक्नोति। सः रार्वशक्तिमान् अस्ति, मनुष्यवत् अल्पशक्तिमान् नैवास्ति।

पाठ 47

मनुष्येभ्यः–सब मनुष्यों के लिए। **स्वाभाविकम्**–जन्म के साथ पाया हुआ। **वेदानाम्**–राब वेदों का। **अर्हति**–योग्य होता है। **मन्यते**–माना जाता है। **वेदोत्पादनम्**–(वेद-उत्पादन) वेदों का उत्पन्न होना **विदुषाम्**–विद्वानों के। **सकाशात्**–पास से। **रच्यते**–रचा जाता है। **सृष्टेः**–सृष्टि के। **आसीत्**–था। **क्रमः**–सिलसिला। **विद्या-सम्भवः**–विद्या का होना। **ग्रन्थेभ्य**–बहुत पुस्तकों से। **उत्कृष्ट**–उत्तम। **तदुन्नत्या**–(तत् उन्नत्या)–उसकी उन्नति (बुद्धि) से। **ग्रन्थ-रचनाम्**–पुस्तक बनाना। **मात्र**–केवल। **अस्मदादिभिः**–हम हैं आदि। **अनेकविधिम्**–अनेक प्रकार का।

अपेक्षा—आवश्यकता, ज़रूरत। **अवश्यम्**—ज़रूर। **आरम्भ-समयः**—प्रारम्भ का समय। **ईश्वरोपदेशः**—(ईश्वर-उपदेशः) ईश्वर का उपदेश। **रचयेत्**—रचे।

गुरु-शिष्य-संवादः

शिष्यः वदति—ईश्वरेण मनुष्येभ्यः स्वाभाविकं ज्ञानं दत्तम्—शिष्य बोलता है—ईश्वर ने मनुष्यों को स्वाभाविक ज्ञान दिया है।

यत् च सर्वग्रन्थेभ्यः उत्कृष्टम् अस्ति—और वह सब पुस्तकों से उत्तम है।

न तेन बिना वेदानाम् अपि ज्ञानं भवितुम्[1] अर्हति[2]—न ही उसके बिना वेदों का भी ज्ञान हो[1] सकता[2] है।

तदुन्नत्या[3] ग्रन्थरचनम्[4] अपि करिष्यन्ति एव—उसकी उन्नति[3] से पुस्तक की रचना[4] भी करेंगे ही।

पुनः किमर्थं[5] मन्यते[6] वेदोत्पादनम्[7] ईश्वरेण कृतम् इति—फिर किसलिए[5] माना[6] जाता है वेदों की उत्पत्ति[7] ईश्वर ने की, ऐसा?

गुरुः वदति—न विना अध्ययनेन स्वाभाविक[8] ज्ञानमात्रेण[9], कस्य अपि निर्वाहः[10] भवितुम् अर्हति—गुरु कहता है—नहीं, बिना अध्ययन के स्वाभाविक[8] ज्ञान से केवल[9], किसी का भी निर्वाह[10] हो सकता है।

यथा अस्मदादिभिः[1] अपि अन्येषां[2] सकाशात् अनेकविधं[3] ज्ञानं गृहीत्वा एव ग्रन्थः रच्यते[4]—जैसे, हम जैसे लोग भी[1] अन्य विद्वानों[2] के पास अनेक प्रकार का[3] ज्ञान लेकर ही ग्रन्थ रचते[4] हैं।

तथा ईश्वरज्ञानस्य[5] सर्वेषां[6] मनुष्याणाम् अपेक्षा अवश्यं[7] भवति—वैसे ईश्वर के ज्ञान[5] की सब मनुष्यों के लिए आवश्यकता[6] अवश्य[7] होती है।

किं च, न सृष्टेः आरम्भसमये पठनपाठनक्रमः ग्रन्थः च कश्चिद् अपि आसीत्—और, नहीं सृष्टि के प्रारम्भ काल में पढ़ने-पढ़ाने का सिलसिला और ग्रन्थ कोई भी था।

तदानीम् ईश्वरोपदेशम् अन्तरा, न च कस्य अपि, विद्यासंभवः बभूव—तब ईश्वर के उपदेश के बिना, नहीं किसी को भी विद्या की प्राप्ति हुई थी।

पुनः कथं कश्चित् जनः ग्रन्थं रचयेत्—फिर कैसे कोई मनुष्य ग्रन्थ रच ले?

पाठ 48

ईशा—ईश्वर ने। **वास्यम्**—ढाँपने योग्य, व्यापने व रहने योग्य। **स्वित्**—भी, ही। **कर्म**—उद्योग, प्रयत्न। **लिप्यते**—लेप (धब्बा) लगाता है। **नरः**—मनुष्य। **अन्धंतमः**—गाढ़ा

अन्धकार। **हिरण्मय**—सुवर्णमय। **पात्रम्**—बर्तन। **सत्यम्**—सचाई। **पूषन्**—पुष्ट करने वाला, बढ़ाने वाला। **दृष्टये**—दर्शन के लिए। **वित्तम्**—धन। **तर्पणीयः**—तृप्त होने योग्य। **अपावृणु**—खोल। **आप्यायन्तु**—बढ़ें, वृद्धि और उन्नति को प्राप्त हो जाएं। **तर्कः**—शक्य-अशक्य का विचार। **आमनन्ति**—विचार करते हैं। **तपांसि**—अनेक प्रकार के तप। **त्यक्त**—दत्त, दान, त्याग किया हुआ। **भुञ्जीथाः**—भोगो। **गृधः**—ललचाओ। **जिजीविषेत्**—जीने की इच्छा करे। **शतम्**—सौ। **समाः**—वर्ष, साल। **प्रविशन्ति**—घुसते हैं। **अविद्या**—जो विद्या से उल्टी हो। **उपासते**—(उप-आसते)—पास बैठते हैं, उपासना करते हैं। **अपिहितम्**—ढका। **पदः**—स्थान, अवस्था, प्राप्तव्य। **चरन्ति**—करते हैं, आचरण करते हैं। **संग्रह**—संक्षेप, सार।

उपनिषद् का उपदेश

1. **ईशा वास्यम् इदं सर्वम्**—ईश्वर के व्यापने योग्य है यह सब।
2. **तेन त्यक्तेन भुञ्जीथाः**—उसके दिए हुए से भोग करो।
3. **मा गृधा कस्य स्विद्धनम्**—न ललचाओ किसी के भी धन पर।
4. **कुर्वन् एव इह कर्माणि जिजीविषेत् शतं समाः**—करता हुआ ही यहाँ कर्म, जीने की इच्छा करे सौ वर्ष।
5. **न कर्म लिप्यते नरे**—नहीं कर्म का लेप होता है नर में।
6. **अन्धं तमः प्रविशन्ति ये अविद्याम् उपासते**—घने अँधेरे को प्राप्त होते हैं जो अज्ञान के पास रहते हैं।
7. **हिरण्मयेन पात्रेण सत्यस्य अपिहितं मुखम्**—सोने के बर्तन से सत्य का ढका है मुख।
8. **तत् त्वं पूषन् अपावृणु सत्य-धर्माय दृष्टये**—उसको तू, हे पोषक, खोल दे सत्य-धर्म को देखने के लिए।
9. **कृतं स्मर**—किए हुए को स्मरण कर।
10. **आप्यायन्तु मम अङ्गानि, वाक्, प्राणः, चक्षुः, श्रोत्रम् अथो बलम्, इन्द्रियाणि च**—बढ़ जाए मेरे अवयव, वाणी, प्राण, आँख, कान, बल और इन्द्रियाँ।
11. **न तत्र चक्षुः गच्छति, न वाक् गच्छति**—न ही वहाँ आँख जाती है, न ही वाणी जाती है।
12. **न वित्तेन तर्पणीयः मनुष्यः**—न ही धन से तृप्त होता है मनुष्य।
13. **न एषा तर्केण मतिः आपनीया**—न ही यह तर्क से बुद्धि प्राप्त होने वाली है।
14. **सर्वे वेदा यत् पदम् आमनन्ति**—सब वेद जिस स्थान का मनन करते हैं।
15. **तपांसि[1] सर्वाणि[2] च यद् वदन्ति**—और जो सब[2] तप[1] बोलते हैं।
16. **यद् इच्छन्तः ब्रह्मचर्यं चरन्ति**—जिसकी इच्छा करते हुए ब्रह्मचर्य पालते हैं।

17. तत् ते पदं संग्रहेण ब्रवीमि—वह तुमको स्थान संक्षेप से कहता हूँ।

18. ओम् इति एतत्—ओ३म् ही यह है।

पाठ 49

मूल्यम्—कीमत, मूल्य। **पञ्च**—पाँच। **रूप्यम्**—रुपया। **मुद्रा**—रुपया। **मुद्रयैकया**—(**मुद्रया-एकया**) एक रुपये से। **अष्ट**—आठ। **पणः**—पैसा। **हट्टम्**—दुकान, हट्टी। **अच्छम्**—अच्छा। **वणिक्**—बनिया। **कीदृशः**—कैसा। **कियान्**—कितना। **व्ययः**—ख़र्च। **पञ्चलक्षाणि**—पाँच लाख। **हानिः**—नुकसान। **संवत्सरः**—वर्ष। **जातः**—हो गया। **लक्षद्वयम्**—दो लाख। **लक्षत्रयम्**—तीन लाख। **कुतः**—कहाँ से। **क्व**—कहाँ। **केदारम्**—खेत। **पक्वः**—पका हुआ। **भावः**—भाव। **अर्घः**—भाव। **प्रस्थम्**—सेर। **सपाद**—सवा। **सेटकः**—सेर। **गुडः**—गुड़। **प्राप्येते**—मिलते हैं, प्राप्त होते हैं। **एला**—इलायची। **मिथ्याकरी**—झूठा व्यवहार करने वाला। **क्रय-विक्रयौ**—लेन-देन, ख़रीद-बिक्री। **बहुमूल्यम्**—कीमती। **आविकम्**—ऊनी कपड़ा। **शाकम्**—साग-भाजी। **लुनाति**—काटता है। **लुनन्तु**—काटें।

अस्य किं मूल्यम्—इसका क्या मूल्य है? **पञ्च रूप्याणि गृहाण**—पाँच रुपये लो। **इदम् वस्त्रं देहि**—यह वस्त्र दो। **अद्य-श्वः घृतस्य कः अर्घ**—आजकल घी का क्या भाव है? **मुद्रैकया सपादप्रस्थं विक्रीयते**—एक रुपया का सवा सेर बिकता है। **गुडस्य को भावः**—गुड़ का क्या भाव है? **अष्टभिः पणैः एकसेरकमात्रं ददाति**—आठ पैसों का एक सेर-भर देता है। **त्वम् आपणं गच्छ**—तू बाज़ार जा। **एलाम् आनय**—इलायची ले आ। **आनीता, गृहाण**—ले आया, लो **कस्य हट्टे दधिदुग्धे अच्छे प्राप्येते**—किसकी दुकान पर दही और दूध अच्छा मिलता है। **धनपालस्य**—धनपाल को। **सः सत्येन एव क्रय-विक्रयौ करोति**—वह सत्य ही से लेन-देन करता है। **श्रीपतिः वणिक् कीदृशः अस्ति**—श्रीपति बनिया कैसा है? **सः मिथ्याकारी**—वह झूठा है। **अस्मिन् संवत्सरे कियान् लाभो व्ययः च जातः**—इस वर्ष में कितना लाभ और ख़र्च हुआ। **पञ्चलक्षाणि लाभः**—पाँच लाख (रुपये) लाभ। **लक्षद्वयस्य व्ययः च** —और दो लाख का ख़र्च (हुआ)। **मम खलु अस्मिन्वर्षे लक्षत्रयस्य हानिः जाता**—मेरी तो इस वर्ष में तीन लाख की हानि हो गई। **कस्तूरी कस्माद् आनीयते**—कस्तूरी कहाँ से लाई जाती है? **नयपालात्**—नेपाल से। **बहुमूल्यम् आविकं कुतः आनयन्ति**—कीमती दुशाला कहाँ से लाते हैं? **कश्मीरात्**—कश्मीर से। **कुत्र गच्छसि**—कहाँ जाते हो? **पाटलिपुत्रम्**—पटना को। **कदा आगमिष्यसि**—कब आओगे? **एकस्मिन् मासे**—एक महीने में। **स क्व गतः**—वह कहाँ गया? **शाकम् आनेतुम्**—शाक लाने को। **सम्प्रति केदाराः पक्वाः**—इस समय खेत पक गए हैं। **यदि पक्वाः तर्हि लुनीत**—यदि पके हैं तो काटो।

पाठ 50

प्रतिदिनम्—हर रोज़, नित्य। **महिषी**—भैंस। **प्रत्यहम्**—प्रतिदिन। **कियत्**—कितना। **खारी**—मन। **मिलति**—मिलता है। **भुज्यते**—खाया जाता है। **मुद्रापादः**—रुपये का चौथा हिस्सा। **त्रि**—तीन। **पाद**—पाव, चौथा हिस्सा। **ऋणम्**—कर्ज़, ऋण। **तदानींतनः**—उस समय का। **अजावयः (अजा-अवयः)**—बकरी। **अजा**—बकरी। **अविः**—भेड़। **सन्ति**—हैं। **किं परिमाणम्**—कितने परिमाण में। **द्वादश**—बारह। **सार्धम् (स-अर्धम्)**अधर्म के साथ। **सार्धद्वादश**—साढ़े बारह। **सार्धपञ्च**—साढ़े पाँच। **सार्धद्वौ**—अढ़ाई। **द्वयम्**—दो। **कति**—कितने। **सहस्रम्**—हज़ार। **साक्षी**—गवाह। **वर्तते**—है।

गौः दुग्धं ददाति न वा—गौ दूध देती है या नहीं? **ददाति**—देती है। **इयं महिषी कियत् दुग्धं ददाति**—यह भैंस कितना दूध देती है? **दशप्रस्थाः**—दस सेर। **तव अजावयः सन्ति न वा**—तेरे बकरी-भेड़ें हैं या नहीं? **सन्ति**—हैं। **प्रतिदिनं ते कियद् दुग्धं जायते**—नित्य तेरा कितना दूध होता है? **पञ्च खार्यः**—पांच मन। **नित्यं किं परिमाणं घृतं भवति**—प्रतिदिन कितना घी होता है? **द्वादशप्रस्थम्**—बारह सेर। **प्रत्यहं कियद् भुज्यते**—प्रतिदिन कितना खाया जाता है? **सार्धद्विप्रस्थम्**—अढ़ाई सेर। **एतत् रूप्यैकेण कियत् मिलति**—यह एक रुपये का कितना मिलता है? **त्रित्रिप्रस्थम्**—तीन-तीन सेर। **तैलस्य कियत् मूल्यम्**—तेल का क्या मूल्य है? **मुद्रापादेन सेटकद्वयं प्राप्यते**—चार आने का दो सेर मिलता है। **अस्मिन् नगरे कति हट्टाः सन्ति**—इस नगर में कितनी दुकानें हैं? **पञ्च सहस्राणि**—पांच हज़ार। **भोः राजन्! अयं मम ऋणं न ददाति**—हे राजन्! यह मेरा ऋण नहीं देता। **यदा तेन गृहीतं तदानींतनः कश्चित् साक्षी वर्तते न वा**—जब उसने लिया था उस समय का कोई गवाह वर्तमान है या नहीं? **अस्ति**—है। **तर्हि आनय**—तो ले आओ। **आनीतः**—लाया। **अयम् अस्ति**—यह है।

आचरति—आचरण करता है। **चरति**—चलता है। **श्रेष्ठः**—अच्छा। **लोकः**—लोग, जन, मनुष्य। **उद्धरेत्**—उन्नति करे। **आत्मा**—आत्मा ने। **आत्मनः**—आत्मा को, अपनी। **आत्मानम्**—आत्मा को, अपने को। **आत्मा**—आत्मा (रूह)। **पूज्यः**—सत्कार करने योग्य। **गुरुः**—उपदेशक, बड़ा। **गरीयान्**—श्रेष्ठ। **समः**—समान। **त्वत्समः**—तेरे जैसा। **अधिकः**—अधिक। **अभ्यधिकः (अभि+अधिकः)**—सब प्रकार से अधिक। **प्रभावः**—शक्ति, सामर्थ्य। **प्रमाणम्**—प्रामाणिक, मान्य, पसन्द। **इतरः**—अन्य। **अनुवर्तते**—पीछे चलता है, अनुकरण करता है। **कुरुते**—करता है। **रिपुः**—शत्रु, दुश्मन। **बन्धुः**—भाई। **चरः**—चलने वाला, जंगम। **पिता**—बाप, पालक। **अचरः**—न चलने वाला, स्थावर। **चराचरः (चर-अचर)**—हिलने वाले और न हिलने वाले, जंगम और स्थावर। **अन्यः**—दूसरा। **अप्रतिमः**—अतुल। **लोकत्रयम्**—तीन लोक।

यद्यदाचरति श्रेष्ठः तत्तदेवेतरो जनः।
सः यत्प्रमाणं कुरुते लोकस्तदनुवर्तते।।

पदच्छेद–**यद्। यद्। आचरति। श्रेष्ठः। तद्। तद्। एव। इतरः जनः। सः। यद्। प्रमाणम्। कुरुते। लोकः। तद्। अनुवर्तते।**

अन्वय–**यद् यद् श्रेष्ठः[1] आचरति[2]। तद् तद् एव इतरः जनः[3] (आचरति)। सः (श्रेष्ठः) यत् प्रमाणं[4] कुरुते[5]। लोकः तद् अनुवर्तते[6]।**

अर्थ–जो-जो श्रेष्ठ[1] (पुरुष) आचरण करता[2] है, वह-वह ही (उसको) इतर लोक[3] आचरता है। वह (श्रेष्ठ पुरुष) जो प्रमाण[4] करता[5] है (मानता है)। (इतर) लोग भी उसी के पीछे चलते[6] हैं।

अर्थात् जैसा श्रेष्ठ पुरुष आचरण करते हैं, वैसा ही दूसरे लोग करते हैं। श्रेष्ठ लोग जिसको प्रमाण मानते हैं, उसी को दूसरे लोग भी प्रमाण मानते हैं।

उद्धरेदात्मनात्मानं नात्मानमवसादयेत्।
आत्मैव ह्यात्मनो बन्धुः आत्मैव रिपुरात्मनः।।

पदच्छेद–**उद्धरेत्। आत्मना। आत्मानम्। न। नात्मानम्। अवसादयेत्। आत्मा। एव। हि। आत्मनः। बन्धुः। आत्मा। एव। रिपुः। आत्मनः।**

अन्वय–**आत्मना[1] आत्मानम् उद्धरेत्[2]। आत्मानम् न अवसादयेत्[3]। हि[4] आत्मा एव आत्मनः बन्धुः[5], आत्मा एव आत्मनः रिपुः[6]।**

अर्थ–आत्मा[1] से आत्मा की उन्नति करे[2]। आत्मा को नहीं गिराए[3]। क्योंकि[4] आत्मा ही आत्मा का भाई[5] है, आत्मा ही आत्मा का शत्रु[6] है।

अपनी उन्नति आप करनी चाहिए। अपनी गिरावट आप ही नहीं करनी चाहिए। क्योंकि अपना आप ही भाई और अपना आप ही शत्रु है।

संस्कृत स्वयं-शिक्षक

द्वितीय भाग

मूलाक्षर-व्यवस्था

1–स्वर

अ आ, इ ई, उ ऊ, ऋ ॠ, ऌ ॡ, ए ऐ, ओ औ, अं अः

1 –कण्ठ – स्वर के स्वर – आ आ आ३
2 –तालु – स्थान के स्वर – इ ई ई३
3 –ओष्ठ – स्थान के स्वर – उ ऊ ऊ३
4 –मूर्धा – स्थान के स्वर – ऋ ॠ ॠ३
5 –दन्त – स्थान के स्वर – ऌ (*ॡ) ॡ३
6 –कण्ठतालु – स्थान के स्वर – ए ऐ
7 –कण्ठौष्ठ – स्थान के स्वर – ओ औ
8 –अनुस्वार (नासिका-स्थान) अं, इं, ऊं, एं इत्यादि
9 –विसर्ग (कण्ठ-स्थान) अः, इः, उः, अः इत्यादि
10 –ह्रस्व स्वर अ, इ, उ, ऋ, ऌ
11 –दीर्घ स्वर आ, ई ऊ, ॠ, (*ॡ)
12 –प्लुत स्वर आ3, ई3, ऊ३, ॠ३, ॡ३,

ह्रस्व स्वर के उच्चारण की लम्बाई एक मात्रा दीर्घ स्वर के उच्चारण की दो मात्रा, प्लुत स्वर के उच्चारण की तीन मात्रा होती हैं। अर्थात् जितना समय ह्रस्व के लिए लगता है, उससे दुगुना दीर्घ के लिए तथा तीन गुना प्लुत के लिए लगता है। दूर से किसी को पुकारने के समय अन्तिम स्वर प्लुत होता है। जैसा 'हे धनञ्जय३ अत्र आगच्छ' (हे धनञ्जया३ यहां आ)।

इस वाक्य में 'धनञ्जय' के यकार में जो आकार है वह प्लुत है, और उसकी उच्चारण की लम्बाई तीन गुनी है। शहरों में मार्ग पर तथा स्टेशन आदि पर चीज़ें बेचनेवाले अपनी चीज़ों के विषय में प्लुत स्वर से पुकारते हैं, जैसे :–

1. ख...टा...इ...यां...

---

* ऌ स्वर के लिए दीर्घत्व नहीं है। परन्तु ध्यान में रखना चाहिए कि विवृत-प्रयत्न ऌ वर्ण के लिए दीर्घत्व नहीं है, ईषत् स्पृष्टप्रयत्न ऌ वर्ण के लिए दीर्घत्व है। प्रयत्नों का विचार आगे के विभागों में होगा।

2. हि...न्दू...पा...नी...

3. चा...य...ग...र...म...

इसी प्रकार अन्य सैकड़ों स्थानों पर प्लुत स्वर का श्रवण होता है। वेदों के मन्त्रों में जहां 3 (तीन) संख्या दी हुई रहती है, उसके पूर्व का स्वर प्लुत बोला जाता है। मुरगी 'कु1 कू2 कू3' ऐसी आवाज़ देती है; उसमें पहला 'उ' ह्रस्व, दूसरा दीर्घ तथा तीसरा प्लुत होता है।

इन स्वरों के भेदों के सिवाय 'उदात्त, अनुदात्त, स्वरित' ऐसे प्रत्येक स्वर के तीन भेद हैं, जो केवल वेद में आते हैं। इनका वर्णन आगे के विभागों में होगा। संकेतार्थ अ, अ॒, अ॑, स्वर उदात्त, अनुदात्त, तथा स्वरित अकार वेद में आते हैं।

13 –गुण स्वर–अ, ए, ओ, अर्, अल्

14 –वृद्धि स्वर–आ, ऐ, औ, आर्, आल्

उक्त गुण-वृद्धि क्रम से अ, इ, उ, ऋ, लृ, इन स्वरों को समझना चाहिए। इस प्रकार स्वरों का सामान्य विचार समाप्त हुआ।

2–व्यञ्जन

(1) कण्ठ स्थान–कवर्ग–क, ख, ग, घ, ङ

(2) तालु स्थान–चवर्ग–च, छ, ज, झ, ञ

(3) मूर्धा स्थान–टवर्ग–ट, ठ, ड, ढ, ण

(4) दन्त स्थान–तवर्ग–त, थ, द, ध, न

(5) ओष्ठ स्थान–पवर्ग–प, फ, ब, भ, म

इन पच्चीस व्यञ्जनों को 'स्पर्श वर्ण' कहते हैं।

(6) अन्तःस्थ व्यञ्जन–य (तालु-स्थान); व (दन्त तथा ओष्ठ-स्थान); र (मूर्धा-स्थान); ल (दन्त-स्थान)।

इन चार वर्णों को 'अन्तःस्थ व्यञ्जन' कहते हैं।

(7) ऊष्म व्यञ्जन–श (तालव्य); ष (मूर्धन्य); स (दन्त्य); ह (कण्ठ्य)।

इन चार वर्णों को 'ऊष्म व्यञ्जन' कहते हैं।

(8) मृदु अथवा घोष व्यञ्जन–ग, घ, ङ, ज, झ, ञ
ड, ढ, ण, द, ध, न
ब, भ, म, य, र, ल, व, ह

इन बीस व्यञ्जनों को मृदु व्यञ्जन कहते हैं, क्योंकि इनका उच्चारण मृदु अर्थात् नरम, कोमल होता है। (इनकी श्रुति स्पष्टतर अनुभव होने से इन्हें 'घोष' भी कहते हैं।)

(9) कठोर अथवा अघोष व्यञ्जन—क, ख, च, छ, ट, ठ,
त, थ, प, फ, श, ष, स।

इन तेरह व्यञ्जनों को कठोर व्यञ्जन बोलते हैं, क्योंकि इनका उच्चारण कठोर अर्थात् सख्त होता है। (इनकी श्रुति अस्पष्टतर अनुभव होने से इन्हें 'अघोष' भी कहते हैं।)

(10) अल्पप्राण व्यञ्जन— क, ग, ङ, च, ज, ञ
ट, ड, ण, त, द, न
प, ब, म, य, र, ल, व

इन उन्नीस व्यञ्जनों को अल्पप्राण कहते हैं, क्योंकि इनका उच्चारण करने के समय मुख में श्वास (हवा) पर ज़ोर नहीं दिया जाता।

(11) महाप्राण व्यञ्जन—ख, घ, छ, झ
ठ, ढ, थ, ध,
फ, भ, श, ष, स, ह

इन चौदह व्यञ्जनों को महाप्राण कहते हैं, क्योंकि इनके उच्चारण के समय मुख में हवा पर बहुत दबाव दिया जाता है।

(12) अनुनासिक व्यञ्जन—ङ, ञ, ण, न, म

ये पांच व्यञ्जन अनुनासिक कहलाते हैं, क्योंकि इनका उच्चारण नाक के द्वारा होता है। स्थान-व्यवस्थानुसार—

कण्ठ-नासिका स्थान—ङ
तालु-नासिका स्थान—ञ
मूर्धा-नासिका स्थान—ण
दन्त-नासिका स्थान न
ओष्ठ-नासिका स्थान—म

इस प्रकार व्यञ्जनों की सामान्य व्यवस्था है। इसके अतिरिक्त जो और सूक्ष्म भेद हैं, वे अगले विभागों में बताए जाएंगे।

वर्णों की उत्पत्ति

मुख के अन्दर स्थान-स्थान पर हवा को दबाने से भिन्न-भिन्न वर्णों का उच्चारण होता है। मुख के अन्दर पांच विभाग हैं, (प्रथम भाग में जो चित्र दिया है वह देखिए) जिनको स्थान कहते हैं। इन पांच विभागों में से प्रत्येक विभाग में एक-एक स्वर उत्पन्न होता है। स्वर उसको कहते हैं, जो एक ही आवाज़ में बहुत देर तक बोला जा सके, जैसे—

अ... आ... इ...
ई... उ... ऊ...
ऋ... ॠ... ऌ... ॡ...

'ऋ-ऌ' स्वरों के उच्चारण के विषय में प्रथम भाग में जो सूचना दी हुई है, उसको स्मरण रखना चाहिए। उत्तर भारत के लोग इनका उच्चारण 'री' तथा 'ल्री' ऐसा करते हैं, यह बहुत ही अशुद्ध है! कभी ऐसा उच्चारण नहीं करना चाहिए। 'री' में 'र ई' ऐसे दो वर्ण मूर्धा और तालु स्थान के हैं। 'ऋ' यह केवल मूर्धास्थान का शुद्ध स्वर है। केवल मूर्धा स्थान के शुद्ध स्वर का उच्चारण मूर्धा और तालु स्थान दो वर्ण मिलाकर करना अशुद्ध है और उच्चारण की दृष्टि से बड़ी भारी गलती है।

ऋ' का उच्चारण—धर्म शब्द बहुत लम्बा बोला जाए और ध और म के बीच का रकार बहुत बार बोला जाए (समझने के लिए) तो उसमें से एक रकार के आधे के बराबर है। इस प्रकार जो 'ऋ' बोला जा सकता है, वह एक जैसा लम्बा बोला जा सकता है। छोटे लड़के आनन्द से अपनी जिह्वा को हिलाकर इस ऋकार को बोलते हैं।

जो लोग इसका उच्चारण 'री' करते हैं उनको ध्यान देना चाहिए कि 'री' लम्बी बोलने पर केवल 'ई' लम्बी रहती है। जोकि तालु स्थान की है। इस कारण 'ऋ' का यह 'री' उच्चारण सर्वथैव अशुद्ध है।

ऌकार का 'ल्री' उच्चारण भी उक्त कारणों से अशुद्ध है। उत्तरीय लोगों को चाहिए कि वे इन दो स्वरों का शुद्ध उच्चारण करें। अस्तु।

पूर्व स्थान में कहा है कि जिनका लम्बा उच्चारण हो सकता है, वे स्वर कहलाते हैं। गवैये लोग स्वरों को ही अलाप सकते हैं, व्यञ्जनों को नहीं, क्योंकि व्यञ्जनों का लम्बा उच्चारण नहीं होता। इन पांच स्वरों में भी 'अ इ उ' ये तीन स्वर अखण्डित, पूर्ण हैं। और 'ऋ, ऌ' ये खण्डित स्वर हैं। पाठकगण इनके उच्चारण की ओर ध्यान देंगे तो उनको पता लगेगा कि इनको खण्डित तथा अखण्डित क्यों कहते हैं। जिनका उच्चारण एक-रस नहीं होता, उनको खण्डित बोलते हैं।

इन पांच स्वरों से व्यञ्जनों की उत्पत्ति हुई है, क्रमशः—

मूल स्वर

अ इ ऋ ऌ उ

इनको दबाकर उच्चारण करते-करते एकदम उच्चारण बन्द करने से क्रमशः निम्न व्यञ्जन बनते हैं।

ह य र ल व

इनका मुख से उच्चारण होने के समय हवा के लिए कोई रुकावट नहीं होती।

जहां इनका उच्चारण होता है, उसी स्थान पर पहले हवा का आघात करके, फिर उक्त व्यञ्जनों का उच्चारण करने से निम्न व्यञ्जन बनते हैं–

घ झ ढ ध भ

इनको ज़ोर से बोला जाता है। इनके ऊपर जो बल–ज़ोर होता है, उस ज़ोर को कम करके यही वर्ण बोले जाएं तो निम्न वर्ण बनते हैं–

ग ज ड द ब

इनका जहां उच्चारण होता है, उसी स्थान के थोड़े से ऊपर के भाग में विशेष बल न देने से निम्न वर्ण बनते हैं–

क च ट त प

इनका हकार के साथ ज़ोरदार उच्चारण करने से निम्न वर्ण बनते हैं–

ख छ ठ थ फ

अनुस्वारपूर्वक इनका उच्चारण करने से इन्हीं के अनुनासिक बनते हैं

अङ्क पञ्च घण्टा इन्द्र कम्बल

सकार का तालु, मूर्धा तथा दन्त स्थान में उच्चारण किया जाए तो क्रम से, श, ष, स, ऐसा उच्चारण होता है। 'ल' का मूर्धा स्थान में उच्चारण करने से 'ळ' बनता है।

इस प्रकार वर्णों की उत्पत्ति होती है। इस व्यवस्था से वर्णों के शुद्ध उच्चारण का भी पता लग सकता है।

ऊपर जहां-जहां व्यञ्जन लिखे हैं वे सब 'क, ख, ग' ऐसे–अकारान्त लिखे हैं। इससे उच्चारण करने में सुगमता होती है। वास्तव में वे 'क्, ख्, ग्' ऐसे–अकांररहित हैं, इतनी बात पाठकों के ध्यान धरने योग्य है।

वर्णों के ऊपर बहुत विचार संस्कृत में हुआ है। उसमें से एक अंश भी यहां नहीं दिया। हमने जो कुछ थोड़ा-सा दिया है, उससे पाठकों की समझ में आ जाएगा कि संस्कृत की वर्ण-व्यवस्था बहुत सोचकर बनाई गई है, अन्य भाषाओं की तरह ऊटपटांग नहीं है।

संस्कृत में कोमल पदार्थों के नाम कोमल वर्णों में पाए जाते हैं, जैसे–कमल, जल, अन्न आदि।

कठोर पदार्थों के नामों में कठोर वर्ण पाए जाएंगे, जैसे–खर, प्रस्तर, गर्दभ, खड्ग आदि।

कठोर प्रसंग के लिए जो शब्द होंगे, उनमें भी कठोर वर्ण पाए जाएंगे, जैसे–युद्ध, विद्रावित, भ्रष्ट, शुष्क, आदि।

आनन्द के प्रसंगों के लिए जो शब्द होंगे, उनमें कोमल अक्षर पाए जाएंगे, जैसे–आनन्द, ममता, सुमन, दया आदि।

पाठ 1

जिन पाठकों ने प्रथम भाग अच्छी प्रकार पढ़ा है, और उसमें जो वाक्य तथा नियम दिए हुए हैं, उनको ठीक-ठीक याद किया है, तथा जिन्होंने उस के परीक्षा-प्रश्नों का उत्तर ठीक-ठीक दिया है—अर्थात् जो परीक्षा में उत्तीर्ण हुए हैं, उनको ही द्वितीय भाग के अभ्यास से लाभ होगा। इसलिए पाठकों से निवेदन है कि वे शीघ्रता न करें, तथा पहली पढ़ाई कच्ची रखकर आगे बढ़ने का यत्न न करें।

प्रथम भाग के भली-भाँति पढ़ने से पाठकों के मन में इस शिक्षा-प्रणाली की सुगमता स्पष्ट हो गई होगी। इस दूसरे भाग से पाठकों की योग्यता बहुत बढ़ेगी। इस भाग का सही अभ्यास करने से पाठक न केवल संस्कृत में अच्छी तरह बातचीत करने में समर्थ होंगे, अपितु वे रामायण, महाभारत तथा नाटक आदि संस्कृत ग्रन्थों के सुगम अध्यायों को स्वयं पढ़ भी सकेंगे।

प्रथम भाग में शब्दों की सात विभक्तियों का उल्लेख किया हुआ है। परन्तु उस में केवल एक ही वचन के रूप दिए गए हैं। अब इस पुस्तक में तीनों वचनों के रूप दिए जा रहे हैं।

संस्कृत में तीन वचन हैं—1. एकवचन 2. द्विवचन तथा 3. बहुवचन। हिन्दी भाषा में केवल दो वचन हैं—1. एकवचन तथा 2. बहुवचन।

एकवचन से एक की संख्या का बोध होता है जैसे—एकः आम्रः (एक आम)।

द्विवचन से दो की संख्या का बोध होता है, जैसे—द्वौ आम्रौ (दो आम)।

बहुवचन से तीन या तीन से अधिक की संख्या का बोध होता है, जैसे—त्रयः आम्राः (तीन आम), पञ्च आम्राः (पांच आम), दश आम्राः (दस आम)।

हिन्दी भाषा में दो की संख्या बतानेवाला कोई वचन नहीं, परन्तु संस्कृत में दो की संख्या बतानेवाला 'द्विवचन' है। संस्कृत में दो की संख्या के लिए द्विवचन का ही प्रयोग करना आवश्यक है। अब सातों विभक्तियों, तीनों वचनों में, शब्दों के रूप यहाँ दे रहे हैं।

अकारान्त पुल्लिंग 'देव' शब्द के रूप

एकवचन	द्विवचन	बहुवचन
1. देवः	देवौ(÷)	देवाः (*)
2. देवम्	देवौ(÷)	देवान्
3. देवेन	देवाभ्याम्	देवैः
4. देवाय	देवाभ्याम् (+)	देवेभ्यः (=)
5. देवात्	देवाभ्याम् (+)	देवेभ्यः (=)

	6. देवस्य	देवयोः (×)	देवानाम्
	7. देवे	देवयोः (×)	देवेषु
सम्बोधन	(हे) देव	(हे) देवौ(÷)	(हे) देवाः (*)

इसी प्रकार सब अकारान्त पुल्लिंग शब्दों के रूप होते हैं। पाठकों ने देखा होगा कि विभक्तियों में कई रूप एक जैसे होते हैं। इस शब्द में जो-जो रूप एक जैसे हैं, उनके आगे कोष्ठ में एक-सा चिह्न लगा है, जैसे—'÷, ×, +, * (=)' ये चिह्न हैं जो उक्त प्रकार के समान रूपों पर लगाए गए हैं। अगर पाठक इन समान रूपों को ध्यान में रखेंगे तो याद करने का उनका परिश्रम बच जाएगा। यह समान रूप-शैली ध्यान में रखने के लिए 'काल' शब्द के रूप नीचे दिए जा रहे हैं, और जो समान रूप हैं, वहाँ कोई रूप न देकर (,,) चिह्न-मात्र दिया गया है।

एकवचन	द्विवचन	बहुवचन
1. कालः	कालौ	कालाः
(हे) काल	(हे) कालौ	(हे) कालाः
2. कालम्	कालौ	कालान्
3. कालेन	कालाभ्याम्	कालैः
4. कालाय	,,	कालेभ्यः
5. कालात्	,,	,,
6. कालस्य	कालयोः	कालानाम्
7. काले	,,	कालेषु

उक्त रूप देने के समय सम्बोधन के रूप प्रथमा विभक्ति के सदृश होने के कारण साथ दिए हुए हैं। इनको देखने से पता लगेगा कि कौन-कौन-सी विभक्तियों के कौन-कौन-से रूप समान होते हैं।

अब पाठक इन रूपों को ध्यान में रखें, या इन्हें याद करें, क्योंकि इसी शब्द के समान सब अकारान्त पुल्लिंग शब्दों के रूप होंगे।

धनञ्जय, देवदत्त, यज्ञदत्त, नारायण, कृष्ण, नाग, भद्रसेन, मृत्युञ्जय इत्यादि अकारान्त पुल्लिंग शब्दों के रूप इसी प्रकार चलते हैं।

नियम 1—जिन अकारान्त पुल्लिंग शब्दों के अन्दर 'र' अथवा 'ष' वर्ण होता है, उन शब्दों की तृतीया विभक्ति का एकवचन तथा षष्ठी विभक्ति का बहुवचन करने में 'न' को 'ण' बनाना पड़ता है, जैसे—

एकवचन	द्विवचन	बहुवचन
1. रामः	रामौ	रामाः
2. रामम्	,,	रामान्
3. रामेण	रामाभ्याम्	रामैः

4. रामाय	,,	रामेभ्यः
5. रामात्	रामाभ्याम्	,,
6. रामस्य	रामयोः	रामाणाम्
7. रामे	,,	रामेषु

सम्बोधन के रूप पाठक पूर्ववत् बना सकेंगे। इस शब्द में तृतीया का एकवचन **'रामेण'** तथा षष्ठी का बहुवचन **'रामाणाम्'** इन दो रूपों में नकार के स्थान पर णकार हुआ है। इसी प्रकार निम्नलिखित शब्दों के रूप होते हैं–

पुरुष, नृप, नर, रामस्वरूप, सर्प, कर, रुद्र, इन्द्र, व्याघ्र, गर्भ इत्यादि।

परन्तु कई ऐसे शब्द हैं जिनमें 'र' अथवा 'ष' आने पर भी नकार का णकार नहीं बनता। जैसे–

कृष्णेन। कृष्णानाम्।

कर्दमेन। कर्दमानाम्।

नर्तनेन। नर्तनानाम्।

इस विषय में नियम ये हैं–

नियम 2–जिस शब्द में 'र' अथवा 'ष' हो, और उसके बाद 'न' आए, तो उस 'न' का 'ण' बन जाता है, जैसे–

कृष्ण, तृष्णा, विष्णु इत्यादि शब्दों में षकार के बाद नकार आने से नकार का णकार बन गया है।

(**सूचना**–पदान्त के नकार का णकार नहीं बनता, जैसे रामान् करान् इत्यादि का।)

नियम 3–'र' अथवा 'ष' और 'न' के बीच में कोई स्वर, ह, य, व, र, कवर्ग, पवर्ग, अनुस्वार इन वर्णों में से एक अथवा अनेक वर्ण आने पर भी नकार का णकार हो जाता है। जैसे–

रामेण, पुरुषेण, नरेण इत्यादि शब्दों में इस नियम के अनुसार नकार का णकार बना है।

इन दो नियमों को और अधिक स्पष्ट करने के लिए नीचे पढ़िये–

'र' के पश्चात् 'न' आने से 'न' का 'ण' बन जाता है।

'ष' के पश्चात् 'न' आने से 'न' का 'ण' बन जाता है।

'र'	के बीच में नीचे दिये वर्ण आने पर भी	
	अ आ इ ई उ ऊ ऋ	'न' का
अथवा	ऌ ए ऐ ओ औ अं	'ण' बन
'ष'	ह य व र	जाता
तथा	क ख ग घ ङ	है।
'न'	प फ ब भ म	

र् +[आ + म् +ए] न् + अ = रामेन = रामेण। इस शब्द में र् और न् के मध्य में 'आ + म् +ए' ये तीन वर्ण आए हैं। इस प्रकार अन्य शब्दों के विषय में भी जानना चाहिए।

क् +ऋ +ष् + [ण]+ए + न् + अ = कृष्णेन। इस शब्द में षकार और नकार के बीच में 'ण' आने से नकार का णकार नहीं हुआ, क्योंकि जो वर्ण बीच में होने पर भी णकार बनता है, उन वर्णों में 'ण' की गणना नहीं हुई है। इसी कारण 'मर्त्येन' शब्द में नकार का णकार नहीं होता है, देखिए–

म् + र् + [त्] +यूए + न् + अ = मर्त्येन–इसमें तकार बीच में है, और उसके होने से नकार का णकार नहीं बनता।

ये नियम अच्छी तरह समझ लेना चाहिए।

वाक्य

1. **मृगः अरण्ये मृतः** = हिरण वन में मर गया।
2. **बालकेन क्रीड़ा त्यक्ता** = बालक ने खेल छोड़ा।
3. **मनुष्येण नगरं दृष्टम्** = मनुष्य ने शहर देखा।
4. **जनैः रामस्य चरित्रं श्रुतम्** = लोगों ने राम का चरित्र सुना।
5. **बालकैः दुग्धं पीतम्** = बालकों ने दूध पिया।
6. **सर्पेण मूषकः हतः** = सांप ने चूहा मारा।
7. **मनुष्यैः द्रव्यम् लब्धम्** = मनुष्यों ने धन प्राप्त किया।
8. **पुष्पैः शरीरं भूषितम्** = फूलों से शरीर सजा।
9. **आचार्यैः पुस्तकं पाठितम्** = अध्यापकों ने पुस्तक को पढ़ाया।
10. **वृक्षेभ्यः फलानि पतितानि** = वृक्षों से फल गिरे।
11. **मया इष्टं फलं प्राप्तम्** = मैंने मनचाहा फल प्राप्त किया।
12. **स ब्राह्मणेभ्यः दक्षिणां ददाति** = वह ब्राह्मणों के लिए दक्षिणा देता है।
13. **विश्वामित्रः अयोध्याम् आगतः** = विश्वामित्र अयोध्या आ गया।
14. **सूर्यः अस्तं गतः** = सूर्य अस्त हो गया।
15. **दुःखेन हृदयं भिन्नम्** = दुःख से हृदय फट गया।
16. **आकाशे चन्द्रः उदितः** = आकाश में चन्द्र उदय हुआ।

इन वाक्यों गें जो शब्द आये हैं, उनके अर्थ हिन्दी के वाक्यों से जाने जा सकते हैं।

पाठ 2

शब्द–पुल्लिंग

मूषकः = चूहा। **काकः** = कौवा। **शावकः** = बच्चा, लड़का। **नीवारकणः** = धान का कण, सूजी का दाना। **मार्जारः** = बिडाल, बिल्ला। **कुक्कुरः** = कुत्ता। **व्याघ्रः** = शेर। **महर्षिः** = बड़ा ऋषि। **क्रोडः** = गोद, छाती।

नपुंसकलिंग

तपोवनम् = तप करने का स्थान। **स्वरूपम्** = अपना रूप। **स्वरूपाख्यानम्** = अपने रूप का आख्यान। **आख्यानम्** = कथा, चरित्र। **संनिधानम्** = समीप।

विशेषण

भ्रष्ट = गिरा हुआ। **अकीर्तिकर** = बदनामी करनेवाला। **दृष्ट** = देखा हुआ। **वर्धित** = पाला, बढ़ाया हुआ। **सव्यथम्** = दुःख के साथ।

क्रियापद

धावति = दौड़ता है। **विवेश** = घुस गया था। **संवर्धित** = पाला हुआ। **वर्धिता** = पाली, बढ़ाई। **पलायते** = भागता है। **वदन्ति** = बोलते हैं। **पलायिष्यते** = भागेगा। **भव** = हो, बन जा। **बिभेषि** = डरता है(तू)। **प्रविवेश** = घुस गया। **बिभेति** = डरता है (वह)। **आलोकयति** = देखता है (वह)। **बिभेमि** = डरता हूँ (मैं)। **आलोकयामि** = देखता हूँ (मैं)।

धातु साधित

खादितुम् = खाने के लिए।**आलोक्य** = देखकर।**दृष्ट्वा** = देखकर।**जीवितव्यम्** = जीने योग्य (विशेषण) जीना चाहिए।

(क्रियापद)

स्त्रीलिंग

कीर्तिः = यश, नाम। **व्याघ्रता** = शेरपन। **अकीर्तिः** = बदनामी।

इतर (अलिंग अथवा अव्यय)

पश्चात् = पीछे से। **इदम्** = यह। **यावत्** = जब तक। **द्रुतम्** = सत्वर या

जल्दी। **तावत्** = तब तक। **विलम्बितम्** = देरी से।

विशेषणों का उपयोग और उनके लिंग

दृष्टं तपोवनम्। वर्धितः वृक्षः। दृष्टा नगरी। वर्धिता लेखमाला। हृष्टः मनुष्यः। वर्धितम् कमलम्। भ्रष्टः पुरुषः। अकीर्तिकरः उद्यमः। भ्रष्टा स्त्री। अकीर्तिकरी कथा। भ्रष्टं पात्रम्। अकीर्तिकरम् आख्यानम्। पालितः पुत्रः। रक्षितः बालकः। पालिता पुत्रिका। रक्षिता पुष्पमाला। पालितं गृहम्। रक्षितं जलम्। शुद्धः विचारः। पवित्रः मन्त्रः। शुद्धा बुद्धिः। पवित्रा स्त्री। शुद्धं चरित्रम्। पवित्रं पात्रम्। गतः सूर्यः। आगतः जनः। गता रात्रिः। आगता अध्यापिका। गतं नक्षत्रम्। आगतं पुस्तकम्। प्राप्तः ग्रीष्मकालः। भक्षितः मोदकः। प्राप्तं यौवनम्। पुष्पिता वाटिका। प्राप्तं वार्धकम्। भक्षितं फलम्।

पूर्वोक्त शब्दों में 'मूषकः, शावकः, काकः, बिडालः, मार्जारः, कुक्कुरः, व्याघ्रः' इत्यादि अकारान्त पुल्लिंग शब्द हैं। और उनके रूप पूर्वोक्त देव, राम आदि शब्दों के समान होते हैं। पाठक इन शब्दों के सब रूप लिखें और उनका उक्त रूपों के साथ मिलान करके ठीक करें। 'भ्रष्टः, दृष्ट, संवर्धितः, सव्यथः' इत्यादि शब्द भी अकारान्त पुल्लिंग विशेषण होने से 'देव', 'राम' की ही तरह चलते हैं। विशेषणों का स्वयं कोई लिंग नहीं होता, वे विशेष्य के लिंग के अनुसार चलते हैं।

वाक्य

यहाँ हिन्दी अनुवाद संस्कृत वाक्य-रचना के क्रमानुसार दिये गये हैं—

संस्कृत	हिन्दी
(1) अस्ति गङ्गातीरे हरिद्वारं नाम नगरम्।	(1) है गंगा के किनारे पर हरिद्वार नामक शहर।
(2) अस्ति महाराष्ट्रे मुम्बापुरी नाम नगरी।	(2) है महाराष्ट्र में बम्बई नामक शहर।
(3) बिडालः मूषकं खादति।	(3) बिल्ला चूहे को खाता है।
(4) व्याघ्रः वृषभं खादितुं धावति।	(4) शेर बैल को खाने के लिए दौड़ताहै।
(5) बिडालः कुक्कुरं दृष्ट्वा पलायते।	(5) बिल्ला कुत्ते को देखकर भागता है।
(6) स पुरुषः व्याघ्रं दृष्ट्वा बिभेति पलायते च।	(6) वह पुरुष शेर को देखकर डरता और भागता है।
(7) ऋषिणा मूषकः व्याघ्रतां नीतः।	(7) ऋषि ने चूहे को व्याघ्र बना दिया।
(8) मुनिना व्याघ्रः मूषकत्वं नीतः।	(8) मुनि ने व्याघ्र को चूहा बना दिया।
(9) स मुनिः अचिन्तयत्।	(9) वह मुनि सोचने लगा।
(10) स पुरुषः सव्यथः अचिन्तयत्।	(10) वह पुरुष कष्ट के साथ सोचनेलगा।

इन वाक्यों में कई बातें ध्यान में रखने योग्य हैं–

संस्कृत में कथा के आरंभ में 'अस्ति' आदि क्रिया के शब्द वाक्य के प्रारम्भ में आते हैं, जिनका हिन्दी में वाक्य के अन्त में अर्थ दिया जाता है, जैसे–

संस्कृत में–अस्ति गौतमस्य तपोवने कपिलो नाम मुनिः।

हिन्दी में–गौतम के आश्रम में कपिल नामक मुनि रहते हैं। संस्कृत में यह वाक्य-रचना, ललित (अच्छी) समझी जाती है।

नियम–किसी शब्द के साथ 'त्व' अथवा 'ता' शब्द जोड़ने से उसका भाववाचक शब्द बनता है, जैसे–**वृद्ध** = बुड्ढा। **वृद्धत्वम्** = बुड्ढापन। **मूषकः** = चूहा, मूषकता = चूहापन। **पुरुषः** = मनुष्य, पुरुषत्वम् = पुरुषपन। **पशु** = जानवर, हैवान। **पशुत्व** = पशुता, हैवानपन।

नियम–विशेषण का कोई अपना लिंग नहीं होता। विशेष्य के लिंग के अनुसार ही विशेषणों के लिंग बनते हैं, जैसे–

पुल्लिग	**स्त्रीलिंग**	**नपुंसकलिंग**
भ्रष्टः पुरुषः	भ्रष्टा स्त्री	भ्रष्टम् पुष्पम्
दृष्टः पुत्रः	दृष्टा नगरी	दृष्टं पुस्तकम्
संवर्धितः वृक्षः	संवर्धिता कीर्तिः	संवर्धितं ज्ञानम्
सव्यथः व्याघ्रः	सव्यथा नारी	सव्यथं मित्रम्

इसी प्रकार अन्य विशेषणों के सम्बन्ध में भी जानना चाहिए।

अब 'हितोपदेश'[1] नामक ग्रंथ से एक कथा यहाँ दी जा रही है। पूर्वोक्त शब्द और वाक्य जिन्होंने याद किए होंगे, वे पाठक इस कथा को अच्छी प्रकार समझ सकेंगे। इसलिए पाठक हिन्दी में दिया हुआ अर्थ बिना देखे केवल संस्कृत पढ़कर ही अर्थ करने का प्रयत्न करें। जब सम्पूर्ण कथा का अर्थ हो जाए, तो सम्पूर्ण पाठ को याद करें और इसके पश्चात् हिन्दी के वाक्य देखकर उनकी संस्कृत बनाने का प्रयत्न करें।

(1) मुनिमूषकयोः कथा

(1) अस्ति गौतमस्य महर्षेः तपोवने महातपा नाम मुनिः। तेन आश्रमसन्निधाने मूषकशावकः काकमुखाद् भ्रष्टः दृष्टः।

(2) ततः स स्वभाव-दयाऽत्मना तेन मुनिना नीवारकणैः संवर्धितः। ततो बिडालः तं मूषकं खादितुं धावति।

(2) ऋषि और चूहे की कथा

(1) गौतम महर्षि के तपोवन में महातपा नामक एक मुनि रहता है। उसने आश्रम के पास कौवे के मुख से गिरा हुआ चूहे का बच्चा देखा।

(2) तत्पश्चात् उस (बच्चे) को स्वाभाविक दया-भाव से प्रेरित होकर मुनि ने धान के कणों को खिलाकर पाला,

(3) तम् अवलोक्य मूषकः तस्य मुनेः क्रोड प्रविवेश। ततो मुनिना उक्तम्–"मूषक, त्वं मार्जारो भव।" ततः स मार्जारो जातः।

(4) पश्चात् स बिडालः कुक्कुरं दृष्ट्वा पलायते। ततो मुनिना उक्तम्–'कुक्कुराद् बिभेषि, त्वम् एव कुक्कुरो भव' तदा स कुक्कुरो जातः।

(5) स कुक्कुरो व्याघ्राद् बिभेति। ततः तेन मुनिना कुक्कुरो व्याघ्रः कृतः। अथ व्याघ्रमपि तं मूषक-निर्विशेषं पश्यति स मुनिः।

(6) अथ तं मुनिं व्याघ्रं च दृष्ट्वा सर्वे वदन्ति–"अनेन मुनिना मूषको व्याघ्रतां नीतः।"

(7) एतत् श्रुत्वा स व्याघ्रः सव्यथोऽचिन्तयत्। 'यावद् अनेन मुनिना जीवितव्यं तावत् इदं मे स्वरूपाख्यानम् अकीर्तिकरं न गमिष्यति' इति आलोच्य स मुनिं हन्तुं गतः।

(8) ततो मुनिना ततः ज्ञात्वा, 'पुनर्मूषको भव' इत्युक्त्वा मूषक एव कृतः।

(हितोपदेशात्)

अब (एक) बिल्ला उस चूहे को खाने के लिए दौड़ता है।

(3) उस (बिल्ले) को देखकर चूहा उस मुनि की गोद में आ घुसा। तब मुनि ने कहा–"चूहे, तू बिल्ला बन जा।" सो वह बिल्ला बन गया।

(4) अब वह बिल्ला कुत्ते को देखकर भागने लगा। तब मुनि ने कहा–"कुत्ते से (तू) डरता है, तू कुत्ता ही बन जा।" सो वह कुत्ता बन गया।

(5) वह कुत्ता शेर से डरने लगा। तब मुनि ने कुत्ते को व्याघ्र (शेर) बना दिया। मुनि अब, व्याघ्र (बन चुके) को भी चूहे-सा ही देखता है!

(6) अब उस मुनि और (उस) शेर को देखकर सब कहने लगे–"इस मुनि ने चूहे को शेर बना दिया।"

(7) यह सुनकर वह शेर दुख से सोचने लगा–'जब तक मुनि ज़िन्दा रहेगा तब तक यह अपमान करनेवाला मेरा रूप (बदलने) की कहानी नहीं ख़त्म होगी'।यह सोचकर वह मुनि को मारने के लिए चला।

(8) इस पर मुनि ने "फिर चूहा बन जा" कहकर उसे फिर से चूहा ही बना दिया।

(हितोपदेश)

इस कथा में आए हुए कुछ समास इस प्रकार हैं–

(1) आश्रमसंन्निधानम्–आश्रमस्य संन्निधानम्=आश्रमस्य समीपम् इत्यर्थः।

(2) मूषकशावकः–मूषकस्य शावकः।

(3) काकमुखम्–काकस्य मुखम्।

(4) नीवारकणः–नीवाराणां कणः=नीवाराणां=धान्यविशेषणाम् अंशः।

(5) व्याघ्रता–व्याघ्रस्य भावः व्याघ्रता, व्याघ्रत्वम् इत्यर्थः।

(6) मूषकत्वम्–मूषकस्य भावः।

(7) सव्यथः=व्यथया सहितः सव्यथः, दुःखेन युक्तः इत्यर्थः।

(8) स्वरूपाख्यानम्–स्वस्य रूपं स्वरूपम्, स्वरूपस्य आख्यानं स्वरूपाख्यानम्= स्वरूपकथा इत्यर्थः।

पाठ 3

प्रथम पाठ में अकारान्त पुल्लिंग शब्दों के रूप बताये गये हैं। संस्कृत में आकारान्त पुल्लिग शब्द बहुत थोड़े होते हैं, तथा उनके रूप भी बहुत प्रसिद्ध नहीं होते, इसलिए उनको बनाने का प्रकार यहां नहीं दिया जा रहा। पाठक देखें कि आकारान्त शब्द प्रायः स्त्रीलिंग होते हैं, और अकारान्त शब्द स्त्रीलिंग नहीं होते। किस शब्द का क्या अन्त होता है, यह ध्यान रखने के लिए कुछ शब्द नीचे दिए जा रहे हैं–

1. **अकारान्त**–देव, राम, कृष्ण, धनञ्जय, ज्ञान, आनन्द
2. **आकारान्त**–रमा, विद्या, गङ्गा, कृष्णा, अम्बा, अक्का
3. **इकारान्त**–हरि, भूपति, अग्नि, रवि, कवि, पति
4. **ईकारान्त**–लक्ष्मी, तरी, तन्त्री, नदी, स्त्री, वाणी
5. **उकारान्त**–भानु, विष्णु, वायु, शम्भु, सूनु, जिष्णु
6. **ऊकारान्त**–चमू, वधू, श्वश्रू, यवागू, चम्पू, जम्बू
7. **ऋकारान्त**–दातृ, कर्तृ, भोक्तृ, गन्तृ, पातृ, वक्तृ
8. **ऐकारान्त**–रै (धन)
9. **औकारान्त**–द्यौ, गौ
10. **ककारान्त**–वाक्, सर्वशक्
11. **तकारान्त**–सरित्, भूभृत्, हरित्
12. **दकारान्त**–शरद्, तमोनुद्
13. **सकारान्त**–चन्द्रमस्, तस्थिवस्, मनस्

ये शब्द देखने से पाठक जान सकेंगे कि किस शब्द के अन्त में कौन-सा वर्ण आता है।

अब इकारान्त पुल्लिग 'हरि' शब्द के रूप देखिए–

	एकवचन	द्विवचन	बहुवचन
1.	हरिः	हरी	हरयः
सम्बो.	(हे) हरे	(हे) ,,	(हे) ,,
2.	हरिम्	,,	हरीन्
3.	हरिणा	हरिभ्याम्	हरिभिः

4. हरये	हरिभ्याम्	हरिभ्यः
5. हरेः	"	"
6. "	हर्य्योः	हरीणाम्
7. हरौ	"	हरिषु

इसी प्रकार भूपति, अग्नि, रवि, कवि आदि शब्दों के रूप बनते हैं। प्रथम पाठ में दिए नियम 3 के अनुसार हरि, रवि आदि शब्दों के रूपों में नकार का णकार हो जाता है।

प्रथम पाठ के नियम 1 में कहा गया है कि एकवचन एक की संख्या का बोधक, द्विवचन दो की संख्या का बोधक तथा बहुवचन तीन अथवा तीन से अधिक की संख्या का बोधक होता है, जैसे—

1. एकवचन—रामस्य चरित्रम् = (एक) राम का (एक) चरित्र।

2. द्विवचन—मुनिमूषकयोः कथा = मुनि और मूषक (इन दोनों) की कथा। रामस्य बांधवौ=एक राम के (दो) भाई।

3. बहुवचन—श्रीकृष्णभीमार्जुनाः जरासंधस्य गृहं गताः = श्रीकृष्ण, भीम तथा अर्जुन (ये तीनों) (एक) जरासन्ध के (एक) घर को गए। कुमारेण आम्राः आनीताः = (एक) लड़का (तीन अथवा तीन से अधिक अर्थात् दो से अधिक) आम लाया।

इस प्रकार संस्कृत में वचनों द्वारा संख्या का बोध होता है। हिन्दी में दो की संख्या का बोध करने के लिए कोई ख़ास वचन का चिह्न नहीं है। यही संस्कृत की विशेषता और पूर्णता का द्योतक है। अब हर विभक्ति के तीनों वचनों का उपयोग किस प्रकार किया जाता है, यह बताया जा रहा है।

प्रथमा विभक्ति

वाक्य में प्रथमा विभक्ति कर्त्ता का स्थान बताती है (कर्त्ता वह होता है जो क्रिया करता है)।

1. **रामः राज्यम् अकरोत्** = राम राज्य करता था।

2. **रामलक्ष्मणौ वनं गच्छतः** = राम लक्ष्मण (ये दो) वन को जाते हैं।

3. **पाण्डवाः श्रीकृष्णस्य उपदेशं शृण्वन्ति** = (तीन अथवा तीन से अधिक) पाण्डव श्रीकृष्ण का उपदेश सुनते हैं।

इन तीन वाक्यों में क्रम से 'रामः, रामलक्ष्मणौ, पाण्डवाः' ये पद एकवचन, द्विवचन, बहुवचन के हैं और उनके अपने-अपने वाक्यों में जो क्रिया आई है, उस-उस क्रिया के ये कर्त्ता हैं।

द्वितीया विभक्ति

वाक्य में कर्म द्वितीया विभक्ति में होता है (क्रिया जिस कार्य का किया जाना बताती है वह कर्म होता है।)

1. **दशरथः राज्यं करोति =** दशरथ राज्य करता है।

2. **कृष्णः कर्णौ पिधाय तिष्ठति =** कृष्ण (दोनों) कान बन्द करके खड़ा है।

3. **देबदत्तः ग्रन्थान् पठति =** देवदत्त (तीन या तीन से अधिक) ग्रन्थों को पढ़ता है।

इन तीन वाक्यों में 'राज्यं, कर्णौ, ग्रन्थान्' ये तीनों पद द्वितीय विभक्ति के हैं और वे अपने-अपने वाक्यों की क्रिया के कर्म हैं। क्रिया का करनेवाला (उस) क्रिया का कर्त्ता होता है और जो कार्य कर्त्ता द्वारा किया जाता है वह (उस) क्रिया का कर्म होता है। अर्थात्–'दशरथ राज्यं करोति' इस वाक्य में दशरथ कर्त्ता, 'राज्य' कर्म तथा 'करोति' क्रिया है। इसी प्रकार अन्य वाक्यों में जानना चाहिए।

तृतीया विभक्ति

क्रिया का साधन तृतीया विभक्ति में होता है। संस्कृत में उसे 'करण' बोलते हैं।

1. **कृष्णवर्मा खड्गेन व्याघ्रम् अहन् =** कृष्णवर्मा (ने) तलवार से शेर को मारा।

2. **स नेत्राभ्यां सूर्यं पश्यति =** वह (दोनों) आंखों से सूर्य को देखता है।

3. **अर्जुनः बाणैः युद्धं करोति =** अर्जुन (दो से अधिक) बाणों के साथ युद्ध करता है।

इन तीन वाक्यों में 'खड्गेन, नेत्राभ्यां, बाणैः' ये तीन शब्द तृतीया विभक्ति के हैं और क्रियाओं के साधन हैं। अर्थात् हनन करने का साधन खड्ग, देखने का साधन नेत्र और युद्ध करने का साधन बाण हैं।

चतुर्थी विभक्ति

क्रिया जिसके लिए की जाती है, उसकी चतुर्थी विभक्ति होती है। संस्कृत में इसे 'सम्प्रदान' कहते हैं क्योंकि 'के लिए' का सम्बन्ध विशेषकर प्रदान या देने की क्रिया से होता है।

1. **राजा ब्राह्मणाय धनं ददाति =** राजा ब्राह्मण को धन देता है।

2. **पुत्राभ्यां मोदकौ ददाति =** (वह) (दो) पुत्रों को दो लड्डू देता है।

3. **कृपणः याचकेभ्यः द्रव्यं न ददाति =** कृपण मांगनेवालों को द्रव्य नहीं देता।

इन तीन वाक्यों में 'ब्राह्मणाय, पुत्राभ्यां, याचकेभ्यः' ये तीन शब्द चतुर्थी विभक्ति में हैं और वे बता रहे हैं कि तीनों वाक्यों में जो प्रदान हुआ है, वह किनके लिए हुआ है।

पञ्चमी विभक्ति

वाक्य में पंचमी विभक्ति अर्थात् अपादान 'से' से घोषित होती है। अपादान का अर्थ है 'छोड़ना', 'अलग होना।'

1. **स नगराद् ग्रामं गच्छति** = वह नगर से गांव को जाता है।

2. **रामःवसिष्ठवामदेवाभ्यां प्रसादम् इच्छति** = राम, वसिष्ठ, वामदेव (इन दोनों) से प्रसाद चाहता है।

3. **मधुमक्षिका पुष्पेभ्यः मधु गृह्णाति** = शहद की मक्खी (दो से अधिक) फूलों से शहद लेती है।

इन तीनों वाक्यों में 'नगरात्, वसिष्ठवामदेवाभ्यां' पुष्पेभ्यः ये पद पांचवां अन्त है। और यह पांचवां अन्त रूप किससे किसका अपादान (प्राप्त हुआ) है, यह बताते हैं।

षष्ठी विभक्ति

वाक्य में षष्ठी विभक्ति 'सम्बन्ध' अर्थ में आती है।

1. **तद् रामस्य पुस्तकम् अस्ति** = वह राम की पुस्तक है।

2. **रामरावणयोः सुमहान् संग्रामः जातः** = राम रावण (इन दोनों) का बड़ा भारी युद्ध हुआ।

3. **नगराणाम् अधिपतिः राजा भवति** = शहरों का स्वामी राजा होता है।

इन तीनों वाक्यों में छठवें अन्त पदों से पता लगता है कि पुस्तक, संग्राम, अधिपति—इनका किनके साथ मुख्य सम्बन्ध (अर्थात् अधिकार अथवा स्वामी-सम्बन्ध) है।

सप्तमी विभक्ति

वाक्य में सप्तमी विभक्ति 'अधिकरण (आश्रय) स्थान' अर्थ में आती है।

1. **नगरे बहवः पुरुषाः सन्ति** = शहर में बहुत पुरुष हैं।

2. **तेन कर्णयोः अलंकारौ धृतौ** = उसने (दो) कानों में (एक-एक) भूषण (ज़ेवर) धारण किए।

3. **पुस्तकेषु चित्राणि सन्ति** = पुस्तकों के अन्दर तस्वीरें हैं।

इन वाक्यों में तीनों सातवां अन्त पद 'स्थान' (अधिकरण) अर्थ बताते हैं।

अर्थात् पुरुषों का नगर आश्रय है, अलंकारों का कान तथा चित्रों का स्थान पुस्तक है।

सम्बोधन विभक्ति

पुकारने के समय सम्बोधन का प्रयोग होता है।

1. **हे धनञ्जय! अत्र आगच्छ**—हे धनंजय! यहां आ।
2. **हे पुत्रौ! तत्र गच्छताम्**—हे (दोनों) लड़को! वहां जाओ।
3. **हे मनुष्याः! शृणुत**—हे (दो से अधिक) मनुष्यो! सुनो।

इस प्रकार सब विभक्तियों के अर्थ तथा उपयोग होते हैं। पाठकों को चाहिए कि वे बार-बार इनका विचार करके इनके अर्थों को ठीक-ठीक याद रखें और इन्हें कभी न भूलें क्योंकि इनका बहुत महत्व है। इसे अच्छी तरह याद रखने के लिए इसका सारांश नीचे दिया जा रहा है—

विभक्ति	**अर्थ**	**भाषा में प्रत्यय**
प्रथमा	कर्त्ता	क्रिया का करनेवाला—ने
द्वितीया	कर्म	जो किया जाता है—को
तृतीया	करण	क्रिया का साधन—ने, से, द्वारा
चतुर्थी	सम्प्रदान	जिनके लिए क्रिया की जाए—के लिए
पंचमी	अपादान	जिससे वियोग होता है—से एक का दूसरे
षष्ठी	सम्बन्ध	के ऊपर अधिकार—का
सप्तमी	अधिकरण	स्थान, आश्रय—में
सम्बोधन	आह्वान	पुकारना—हे

षष्ठी विभक्ति दो नामों का—एक पद का अन्य पद से—सम्बन्ध बताती है। शेष छः विभक्तियां एक नाम—पद का क्रिया से सम्बन्ध बताती हैं—वे कारक हैं। षष्ठी विभक्ति कारक नहीं होती।

इन विभक्तियों के अर्थ तथा उपयोग के सही ज्ञान से ही संस्कृत में वाक्य बनाने का कार्य तथा प्राचीन पुस्तकों का अर्थ-बोध होता है।

पाठ 4

क्रिया

प्रतिभाषेत् = (वह) उत्तर दे (गा)। **पृच्छेयम** = पूछूं (गा)। **प्रतिवदेत्** = (वह) उत्तर दे (गा)। **सेवसे** = (तू) सेवन करता है। **सेवते** = (वह) सेवन करता है।

सेवे = (मैं) सेवन करता हूं। **संभाष्य** = बोलकर। **आपृच्छय** = पूछकर। **आदिशत्** = (उसने) आज्ञा की। **प्रक्षिपति** = (वह) फेंकता है। **निष्कास्यता** = निकाल दिया जाए। **परित्यज** = (तू) फेंक दे। **प्रतिवदेत्** = (वह) जवाब दे (गा)। **प्रत्यवदत्** = (उसने) उत्तर दिया। **प्रत्यब्रवीत्** = (उसने) उत्तर दिया। **अवदत्** = (वह) बोला।

शब्द–पुल्लिंग

भगवत = ईश्वर। **भगवतः** = ईश्वर का। **व्रजन्** = चलनेवाला। **पथिन्** = मार्ग। **पथि** = मार्ग में। **अर्भकः** = लड़का। **चरण** = पांव। **देवः** = ईश्वर। **नृपः** = राजा। **प्रसादः** = दया। **पुरुषः** = मनुष्य। **इच्छन्** = इच्छा करता हुआ (अथवा करने वाला)। **ज्वरः** = बुख़ार। **आवेगः** = ज़ोर। **ज्वरावेगः** = बुख़ार का ज़ोर। **चिकित्सकः** = वैद्य। **वयस्यः** = मित्र। **यमः** = मृत्यु, यम। **क्षारः** = नमक। **चन्द्रः** = चांद। **अर्धचन्द्रम्** = गला पकड़कर (निकालना या धक्का देना)। **मन्दः** = मंद बुद्धिवाला। **परिजनः** = नौकर।

स्त्रीलिंग

गलहस्तिका = गला पकड़ना (क्रिया)। **मृत्तिका** = मिट्टी।

नपुंसकलिंग

प्रतिवचनम् = उत्तर, जवाब। **क्षतम्** = व्रण। **प्रतिवचः** = जवाब, उत्तर। **अरण्यम्** = वन।

विशेषण

विदग्ध = ज्ञानी, विद्वान, पका हुआ। **बहिर** = बहिरा, न सुननेवाला। **अविदग्ध** = अज्ञानी। **आर्त** = रोगी, पीड़ित। **प्रस्थित** = प्रवास के लिए चला, मुसाफ़िर हो गया। **पृष्ट** = पूछा हुआ। **रुग्ण** = बीमार। **भद्र** = हितकारक। **सह्य** = सहने योग्य। **भद्रतर** = दोनों में अधिक अच्छा। **समर्थ** = शक्तिमान्। **भद्रतम** = सबसे अधिक अच्छा। **दुःसह** = सहन करने में कठिन। **प्रतिकूल** = विरोधी। **निःसारित** = निकाला हुआ। **अनुकूल** = मुआफ़िक।

अन्य (अव्यय)

इति = ऐसा। **सकोपम्** = गुस्से से। **बहिः** = बाहर। **सादरम्** = नम्रता के साथ। **सन्निकाशम्** = पास। **तदनु** = उसके पश्चात्। **तथैव** = वैसा ही। **तदनुरूपम्**

= उसके अनुरूप (अनुकूल)।

उक्त शब्द कंठ करने के पश्चात् निम्न वाक्य स्मरण कीजिए–

वाक्य

संस्कृत	हिन्दी
(1) **कश्चित् पुरुषः स्वमित्रं दृष्टुम् इच्छति।**	कोई पुरुष अपने मित्र को देखना चाहता है।
(2) **मित्रस्य संनिकाशं गत्वा, स किं पृच्छति?**	वह मित्र के पास जाकर क्या पूछता है?
(3) **स मित्रसन्निकाशं गत्वा, अनुकूलं संभाष्य, पश्चात् तम् आपृच्छय, गृहम् आगमिष्यति।**	वह मित्र के पास जाकर, अनुकूल भाषण करके, बाद में उससे पूछकर, घर लौट आएगा।
(4) **स किं प्रतिवदति?**	वह क्या उत्तर देता है?
(5) **एवं स प्रतिकूलवचनं श्रुत्वा कुपितः।**	इस प्रकार विरुद्ध भाषण सुनकर वह गुस्सा हो गया।
(6) **स किं क्षते क्षारं प्रक्षिपति?**	वह क्यों घाव पर नमक डालता है?
(7) **तेन चौरः गलहस्तिकया गृहाद् बहिः निःस्सारितः।**	उसने चोर का गला पकड़कर घर से बाहर निकाल दिया।
(8) **स रुग्णः सकोपम् उच्चैः अवदत्।**	वह रोगी गुस्से में ऊंची आवाज़ से बोला।

(2) अविदग्धस्य बधिरस्य कथा

(1) **कोऽपि बधिरः स्वमित्रं ज्वरार्त्तं श्रुत्वा, तं द्रष्टुमिच्छन्, गृहात् प्रस्थितः। पथि व्रजन् एवं अचिंतयत्।**

(2) **मित्रसन्निकाशं गत्वा 'अपिसह्यो ज्वरनावेगः इति पृच्छेयम्।**

'किंचिद् इव सह्यः' इति स प्रतिवदेत्।

(3) **ततः 'किं औषधं सेवसे'**

(2) अज्ञानी बहिरे की कथा

(1) कोई बहिरा अपना मित्र ज्वर से पीड़ित है (ऐसा) सुनकर, उसको देखने की इच्छा करता हुआ घर से चला। मार्ग में जाता हुआ ऐसा सोचने लगा।

(2) मित्र के पास जाकर 'क्या बुख़ार सहन करने योग्य (है),' यह पूछूंगा।

'थोड़ा ही सहन करने योग्य है!' ऐसा वह उत्तर देगा।

(3) फिर 'क्या दवा लेते हो?' ऐसा

इतिपृच्छेयम्। 'इदं औषधं सेवे' इति प्रतिभाषेत। अनन्तरं 'कस्ते चिकित्सकः'? इति मया पृष्टः 'असौ मम चिकित्सकः' इति प्रतिवदेत्।

पूछूंगा। 'यह दवा लेता हूं' ऐसा वह उत्तर देगा। पश्चात् 'कौन तुम्हारा वैद्य (है)' ऐसा मेरे पूछने पर 'अमुक मेरा वैद्य है' ऐसा वह उत्तर देगा।

(4) अथ तत्तदनुरूपं संभाष्य, मित्रम् आपृच्छय, गृहम् आगमिष्यामि।

(4) अनन्तर इस प्रकार अनुकूल बोलकर, मित्र से पूछ-ताछकर घर आ जाऊंगा।

(5) एवं चिन्तयन् मित्रं प्राप्य, सादरम् अपृच्छत् ''वयस्य, अपि सह्यो ज्वरावेगः?'' इति। ''तथैव वर्तते। न विशेषः'' इति स प्रत्यवदत्।

(5) इस प्रकार विचार करता हुआ मित्र (के पास) पहुंचकर, आदर के साथ पूछा—''मित्र क्या सहन करने योग्य बुख़ार का ज़ोर (है)''। ''वैसा ही है, कोई फ़र्क नहीं'', ऐसा वह जवाब में बोला।

(6) ''भगवतः प्रसादेन तथैव वर्तताम्। कीदृशं औषधं सेवसे?'' इति। ज्वरार्तः प्रत्यब्रवीत् ''मम औषधं मृत्तिका एव'' इति।

(6) ''परमेश्वर की कृपा से वैसा ही रहे। कौन-सी औषध लेते हो?'' ऐसा पूछने पर रोगी ने ''मेरी दवा मिट्टी ही है'' ऐसा प्रत्युत्तर दिया।

(7) वयस्यः प्राह—''तदेव भद्रतरम्। ''कस्ते चिकित्सकः'' इति।

(7) मित्र बोला—''वही अधिक हितकारी (है)।''
''कौन-सा तेरा वैद्य (है)?''

(8) रुग्णः सकोपं अब्रवीत् ''मम भिषग् यम एव'' इति।

(8) रोगी क्रोध से बोला—''मेरा वैद्य यम ही (है)।''

(9) बधिरः प्रोवाच—''स एव समर्थः तं मा परित्यज' इति।

(9) बधिर बोला—''वही शक्तिमान है, उसको न छोड़।''

(10) एवं प्रतिकूलं प्रतिवचनं श्रुत्वा स रोगी दुःसहेन कोपेन समाविष्टः परिजनम् आदिशत्।

(10) इस प्रकार विरोधी वचन सुनकर उस रोगी ने असह्य क्रोध से युक्त होकर नौकर को आज्ञा की।

(11) ''भोः कथम् अयम् एवं क्षते क्षारं प्रक्षिपति। निष्कास्यतां अयम् अर्धचन्द्रदानेन'' इति।

(11) ''अरे क्यों यह इस प्रकार ज़ख़्म पर नमक डालता है। निकाल दे, इसको गला पकड़कर।

(12) अथ स बधिरो मंदधीः परिजनेन गलहस्तिकया बहिः निःसारितः।

(कथा-कुसुमाञ्जलेः)

(12) पश्चात् उस मूर्ख बधिर को नौकर ने गला पकड़कर बाहर निकाला।

(कथा कुसुमाञ्जलि)

नोट–हिन्दी में 'इति' शब्द का सब जगह भाषान्तर नहीं होता। संस्कृत के मुहावरे भी भाषा के मुहावरों से भिन्न होते हैं। यहां संस्कृत की शब्द-रचना के अनुसार ही हिन्दी की वाक्य-रचना रखी है। इस कारण भाषान्तर अटपटा लगेगा, और उसे सही ढंग से समझ लेना चाहिए।

समास-विवरण

1. **स्वमित्रम्**–स्वस्य मित्रं=स्वमित्रम्, स्ववयस्यः।
2. **ज्वरार्तः**–ज्वरेण आर्तः=पीड़ितः, ज्वरपीड़ितः।
3. **ज्वरावेगः**–ज्वरस्य आवेगः=ज्वरावेगः।
4. **सादरम्**–आदरेण सहितम्=आदरयुक्तम्।
5. **सकोपम्**–कोपेन सहितं=सकोपम्, सक्रोधम् इत्यर्थः।

पाठ 5

पिछले पाठों में अकारान्त तथा इकारान्त पुल्लिंग शब्दों के रूप दिए गये हैं। संस्कृत में दीर्घ ईकारान्त शब्द भी हैं, परन्तु उनके प्रयोग बहुत नहीं होते, इसलिए उनको छोड़कर यहां उकारान्त पुल्लिंग शब्द के रूप दिये जा रहे हैं–

	एकवचन	द्विवचन	बहुवचन
1.	भानुः	भानू	भानवः
सम्बोधन	हे भानो	(हे) „	(हे) „
2.	भानुम्	„	भानून्
3.	भानुना	भानुभ्याम्	भानुभिः
4.	भानवे	„	भानुभ्यः
5.	भानोः	„	„
6.	„	भान्वोः	भानूनाम्
7.	भानौ	„	भानुषु

इसी प्रकार सूनु, शम्भु, विष्णु, वायु, इन्दु, विधु इत्यादि उकारान्त पुल्लिंग शब्दों के रूप जानने चाहिए। पाठक इन शब्दों के रूप सब विभक्तियों में बनाकर लिखें, तथा तृतीय पाठ में दिए ढंग से हर रूप को वाक्य में प्रयुक्त करने का प्रयत्न करें। अगर दो विद्यार्थी साथ पढ़ते हों, तो एक-दूसरे से शब्दों के रूप सब विभक्तियों में परस्पर पूछकर, हर एक रूप का उपयोग भी परस्पर पूछें। इससे सब विभक्तियों के रूपों की स्थिति समझ में आ जाएगी तथा उनका उपयोग कैसे किया जाता है,

उसका भी ज्ञान हो जाएगा। परन्तु जहां पढ़नेवाला अकेला हो वहां सब रूप तथा वाक्य बनाकर काग़ज़ पर लिखने चाहिए और उनको बार-बार पढ़कर याद करना चाहिए।

संस्कृत में जहां-जहां दो स्वर अथवा दो व्यंजन एक-साथ आ जाते हैं वहां वे ख़ास ढंग से मिल भी जाते हैं। इन्हें संधियां कहते हैं। हमने जहां तक हो सका है इस प्रकार की सन्धियां नहीं दी हैं। प्रथम भाग की अपेक्षा द्वितीय भाग में ये सन्धियां अधिक दी जा रही हैं।

संधियां कहां और किस प्रकार करना चाहिए इसके नियम निम्नलिखित हैं–

नियम 1–एक पद (शब्द) के अन्दर जोड़ (सन्धि) अवश्य होनी चाहिए। जैसे–रामेषु, देवेषु, रामेण इत्यादि।

सप्तमी के बहुवचन का प्रत्यय 'सु' है परन्तु इसके पीछे 'ए' होने से 'सु' का 'षु' बनता है। एक पद (शब्द) में होने से यह सन्धि आवश्यक है। प्रथम पाठ में दिये गये नियम 3 के अनुसार 'रामेण' में नकार का णकार करना भी आवश्यक है क्योंकि यह भी पद है।

नियम 2 –धातु का उपसर्ग के साथ जहां सम्बन्ध होता है वहां सन्धि आवश्यक है। (केवल वेदों में धातुओं से उनका उपसर्ग अलग रहता है, इस कारण वहां यह नियम नहीं लगता।) जैसे उत्+गच्छति=उद्गच्छति। निः+बध्यते=निर्बध्यते।

नियम 3 – समास में भी सन्धि अवश्य करनी चाहिए। जैसे– जगत्+ जननी = जगज्जननी। तत् + रूपं = तद्रूपम्।

नियम 4– पद्यों में भी बहुत अंशों में सन्धि आवश्यक होती है।

नियम 5– बोलने के समय बोलनेवाला सन्धि करे अथवा न करे, यह उसकी इच्छा पर निर्भर होता है। जहां आसानी हो, वहां वह सन्धि करे, जहां न हो, न करे। अथवा जहां बोलनेवाला सन्धि करके सुननेवाले को अर्थ का बोध सुगमता से करा सके, वहाँ सन्धि करे, अन्यत्र न करे।

इस नियम के अनुसार इस पुस्तक में बहुत स्थानों पर सन्धि नहीं की गई है, जहां आवश्यक प्रतीत हुआ वहीं की गई है। 'स्वयं-शिक्षक' का उद्देश्य विद्यार्थियों का सुगमता से संस्कृत भाषा में प्रवेश कराना है। इसलिए आरंभिक अवस्था में सन्धि न करना ही उचित है। यदि आरम्भ में ही सन्धियां करके वाक्यों की लम्बी लड़ियां बनायी जाएंगी तो पाठक घबरा जाएंगे तथा उनकी बुद्धि में संस्कृत का प्रवेश नहीं होगा।

अब तक संस्कृत सिखाने की जो पुस्तकें बनी हैं, उनमें सब स्थानों पर सन्धियां होने से पाठक उनको स्वयं नहीं पढ़ सकते, न उनसे स्वयं लाभ उठा सकते हैं। सन्धियों के पत्थर तोड़कर संस्कृत-मन्दिर में प्रवेश कराने का कार्य इस पुस्तक का है। पाठक

भी स्वीकार करेंगे कि इस विधि से संस्कृत-मन्दिर में उनका प्रवेश सुगमता से हो रहा है।

अब इस नियम का सही ज्ञान कराने के लिए एक उदाहरण देते हैं—

[1] ततस्तमुपकारकमाचार्यमालोक्येश्वरभावनायाह।

यह वाक्य सन्धियां करके लिखा है। यद्यपि इसमें बड़ी सन्धि प्रायः कोई नहीं है तब भी सब जोड़कर लिखने से पाठक इसको उस तरह नहीं समझ सकते जैसे निम्न प्रकार से लिखने पर समझ सकते हैं—

[2] ततः तम् उपकारकम् आचार्यम् आलोक्य ईश्वर-भावनया आह [पश्चात् उस उपकार करनेवाले आचार्य को देखकर ईश्वर की भावना से (अर्थात् आदर भाव से) कहा।]

उपरोक्त दोनों वाक्य एक ही हैं परन्तु प्रथम वाक्य कठिन है; दूसरा आसान है। इसका कारण द्वितीय वाक्य में कोई सन्धि न होना है। इसी प्रकार बोलनेवाला अपनी मर्ज़ी के अनुसार सन्धि करे अथवा न करे—यह उसकी और सुनने वाले की सुविधा पर निर्भर है।

कुछ लोग समझते हैं कि संस्कृत में संधियाँ आवश्यक हैं, परन्तु यह ग़लत है। बोलनेवाला अपनी इच्छा से जहां चाहे सन्धि करे, जहां न चाहे वहां जैसे के तैसे शब्द रहने दें। यह बात सब प्रकार की सन्धियों के विषय में सही है। पुस्तक में मुख्य-मुख्य सन्धियों के नियम दिए जाएंगे, पाठक इन नियमों को अच्छी प्रकार समझकर, जहां-जहां सन्धि करने की आवश्यकता हो, वहां-वहां नियमानुसार सन्धि का उपयोग करें।

लोग समझते हैं कि ये सन्धियां केवल संस्कृत में ही हैं परन्तु यह उनकी भूल है। फ्रेंच, जर्मन आदि भाषाओं में भी सन्धियां हैं। इंगलिश में भी सन्धियां हैं, देखिए—

1. It is—इट् इज़्—यह वाक्य 'इटीज़' ही बोला जाता है।
2. It is arranged out of court

   इट् इज़् अरेंज्ड आउट ऑफ़ कोर्ट

यह वाक्य निम्नलिखित प्रकार बोला जाता है—

इ—टी—ज़रेंझ्डाउटाफ् कोर्ट

इस प्रकार इंगलिश में सहस्रों स्थानों पर बोलनेवाले के इच्छानुरूप संधियां होती हैं परन्तु अंग्रेज़ी व्याकरण में इनके विषय में कोई नियम नहीं दिये हैं। केवल इसी कारण लोग समझते हैं कि अंग्रेज़ी में कोई सन्धि नहीं होती।

जर्मन भाषा में तो संधियों की भरमार है। इसी प्रकार हिन्दी में भी स्थान-स्थान पर सन्धियां होती हैं। देखिए—

आप कब घर में जाते हैं।

यह वाक्य निम्न प्रकार से बोला जाता है–

आप्कब्धर्में जाते हैं।

अर्थात् बोलनेवाला 'आप, कब, घर' इन तीन शब्दों के अन्त के आकार का लोप करके बोलता है। परन्तु हिन्दी व्याकरणों में इस विषय में कोई नियम नहीं दिया गया। संस्कृत का व्याकरण ऋषियों ने बहुत सूक्ष्मतापूर्वक बनाया है, इस कारण उसमें सब नियम दिए गये हैं। इससे स्पष्ट है कि सब भाषाओं में सन्धियां हैं। परन्तु सन्धि करना या न करना वक्ता की इच्छा तथा अवसर के ऊपर निर्भर है।

वाक्य

संस्कृत	हिन्दी
(1) **नृपेण तस्मै धनं दत्तम्।**	(1) राजा ने उसको धन दिया।
(2) **रामः सीतया सह वनं गतः।**	(2) राम सीता के साथ वन को गया।
(3) **अपराधं विना तेन सः दण्डितः।**	(3) अपराध के बिना उसने उसको दंड दिया।
(4) **कुमारेण कण्ठे माला धृता।**	(4) लड़के ने गले में माला धारण की।
(5) **मया तस्य वार्ता अपि न श्रुता।**	(5) मैंने उसकी बात भी नहीं सुनी।
(6) **त्वया सुखं प्राप्तम्।**	(6) तूने सुख प्राप्त किया।
(7) **कृष्णस्य उपदेशेन अर्जुनस्य मोहः नष्टः।**	(7) कृष्ण के उपदेश से अर्जुन का मोह नाश हो गया।
(8) **गङ्गाया उदकं स्नानार्थम अत्र आनय।**	(8) गंगा का जल स्नान करने को यहां ले आ।
(9) **ते गृहं गच्छन्ति।**	(9) वे घर जाते हैं।
(10) **जनास्तं[1] मुनिं नैव[2] निन्दन्ति।**	(10) लोक उस मुनि को नहीं निंदते हैं।

पाठ 6

शब्द–पुल्लिंग

भावितचेताः = विचारयुक्त। **विषादः** = खेद, कष्ट। **विवेकः** = विचार, सोच।

1. जनाः+तं। 2. न+एव।

विप्रः = ब्राह्मण। **अविवेकः** = अविचार। **बालः** = छोटा लड़का। **राजाः** = राजा। **सर्पः** = सांप। **राज्ञः** = राजा का। **कृष्णसर्पः** = काला सांप। **वत्सः** = लड़का, बछड़ा। **चौरः** = चोर। **आचार्यः** = गुरु। **जनः** = मनुष्य। **कालः** = समय। **नकुलः** = नेवला। **अनुशयः** = पश्चात्ताप। **पाठकः** = पढ़नेवाला।

स्त्रीलिंग

भार्या = धर्मपत्नी। **बाला** = लड़की, स्त्री। **उज्जयिनी** = उज्जैन नगरी। **आचार्या** = स्त्री-अध्यापिका। **उज्जयिन्याम्** = उज्जैन नगरी में। **आचार्याणी** = गुरुपत्नी।

नपुंसकलिंग

पार्वणम् = पार्वणी में होनेवाला श्राद्धादि। **अपत्यम्** = सन्तान। **आह्वानम्** = निमन्त्रण। **श्राद्धम्** = श्राद्ध, मृतक्रिया, श्रद्धा से किया कर्म। **दारिद्रयम्** = दरिद्रता, ग़रीबी। **पुरम्** = शहर, नगर।

विशेषण

प्रसूता = प्रसूत हुई। **व्यापादितवान्** = हनन किया, मारा। **विलिप्त** = लेपन हुआ। **पर** = श्रेष्ठ, बहुत, दूसरा। **खादित** = खाया हुआ। **पालित** = पाला हुआ। **व्यापादित** = मारा हुआ, हनन किया हुआ। **खण्डित** = तोड़ा हुआ। **सुस्थ** = आराम से युक्त।

अन्य

निर्विशेषम् = समान। **सत्वरं** = शीघ्र। **अथ** = अनन्तर। **तथाविधम्** = वैसा।

क्रिया

अवस्थाप्य = रखकर। **स्नातुम्** = स्नान करने के लिए। **व्यवस्थाप्य** = रखकर। **लुलोठ** = पड़ा। **उपगम्य** = पास जाकर। **यातुम्** = जाने को। **अवधार्य** = समझकर। **ग्रहीष्यति** = लेगा। **उपसृत्य** = पास होकर। **उपगच्छति** = पास जाता है। **निरीक्ष्य** = देखकर। **व्यवस्था पयति** = ठीक रखता है।

वाक्य

संस्कृत	हिन्दी
(1) अस्ति कालिकाता नगरे सूर्यशर्मा नाम विप्रः।	(1) कलकत्ता शहर में सूर्यशर्मा नामक ब्राह्मण रहता है।
(2) प्रभावती नाम्नी तस्य भार्या सुशीला अस्ति।	(2) प्रभावती नामक उसकी धर्मपत्नी सुशीला है।
(3) एकदा सा नदीतीरे स्नानार्थं गता।	(3) एक बार वह नदी किनारे स्नान के लिए गई।
(4) सूर्यशर्मा ब्राह्मणः गृहे स्थितः।	(4) पं. सूर्यशर्मा घर में रहा।
(5) स अचिंतयत्।	(5) वह सोचने लगा।
(6) यदि सत्वरम् अहं न गमिष्यामि।	(6) अगर मैं शीघ्र नहीं जाऊंगा।
(7) अन्यःकोऽपि तत्र गमिष्यति।	(7) दूसरा कोई वहां जाएगा।
(8) तस्य भार्या स्नानं कृत्वा शीघ्रम् एव गृहम् आगता।	(8) उसकी धर्मपत्नी स्नान करके जल्दी से ही घर आ गई।
(9) सूर्यशर्मा स्वभार्याम् आगताम् अवलोक्य अवदत्।	(9) पं. सूर्यशर्मा अपनी धर्मपत्नी को आई हुई देखकर बोला।
(10) देवि! अहम् इदानीं बहिर्गन्तुम् इच्छामि।	(10) देवी, मैं अब बाहर जाना चाहता हूं।
(11) पत्नी ब्रूते–भगवन्, कुत्र गन्तुम् इच्छा इदानीम् ?	(11) पत्नी बोलती है–भगवन्, कहां जाने की इच्छा है अब?
(12) राज्ञः गृहे निमन्त्रणम् अस्ति।	(12) राजा के घर निमंत्रण है।
(13) तर्हि गन्तव्यम्। शीघ्रमेव आगन्तव्यम्।	(13) तो जाइए। जल्दी (वापस) आइए।
(14) सत्वरं पाकादिकं सिद्धं भविष्यति।	(14) शीघ्र ही भोजन तैयार होगा।

(3) अविवेकोऽनुशयाय कल्पते	*(3) अविचार पश्चात्ताप के लिए होता है*
(1) अस्ति उज्जयिन्यां माधवः नाम विप्रः। तस्य भार्या प्रसूता। सा बालाऽपत्यस्य रक्षणार्थं पतिम् अवस्थाप्य	(1) उज्जयिनी नगरी में माधव नामक ब्राह्मण है। उसकी धर्मपत्नी प्रसूता हुई। वह बालसंतान की रक्षा के लिए पति को

स्नातुं गता।

रखकर स्नान के लिए चली।

(2) अथ ब्राह्मणाय राज्ञः पार्वणश्राद्धं दातुम् आह्वानम् आगतम्। तत् श्रुत्वा स विप्रः सहजदारिद्र्याद् अचिन्तयत्।

(2) अनन्तर ब्राह्मण के लिए राजा का पार्वणश्राद्ध देने के लिए निमन्त्रण आ गया। यह सुनकर वह ब्राह्मण स्वाभाविक दरिद्रता से सोचने लगा।

(3) यदि सत्वरं न गच्छामि तदा तत्र अन्यः कश्चित् श्राद्धं गृहीष्यति।

(3) अगर शीघ्र नहीं जाता हूं तो वहां दूसरा कोई श्राद्ध ले लेगा।

(4) किन्तु बालकस्य अत्र रक्षको नास्ति। तत् किं करोमि? यातु। चिरकाल-पालितम् इमं नकुलं पुत्रनिर्विशेषं बालकरक्षणार्थं व्यावस्थाप्य गच्छामि। तथा कृत्वा गतः।

(4) परन्तु बालक का यहां रक्षण करनेवाला नहीं। तो क्या करूं? जाने दो। बहुत समय से पाले हुए इस पुत्र के समान नेवले को संतान की रक्षा के लिए रखकर जाता हूं। वैसा करके गया।

(5) ततः तेन नकुलेन बालकस्य समीपम् आगच्छन् कृष्णसर्पो दृष्ट्वा व्यापादितः खण्डितः च।

(5) पश्चात् उस नेवले ने बालक के पास आते हुए काले सांप को देखकर (उसको) मारा और टुकड़े कर दिए।

(6) ततः असौ नकुलो ब्राह्मणं आयान्तम् अवलोक्य रक्तविलिप्त मुखपादः सत्वरम् उपगम्य तच्चरणयोः लुलोठ।

(6) अनन्तर यह नेवला ब्राह्मण को आते हुए देखकर खून से भरे हुए मुंह और पांव (के साथ) शीघ्र पास जाकर उसके पांव पड़ा।

(7) ततः स विप्रः तथाविधं तं दृष्ट्वा बालकोऽनेन खादितः इति अवधार्य नकुलं व्यापादितवान्।

(7) इसके बाद इस ब्राह्मण ने वैसे उसको देखकर, 'बालक इसने खाया' ऐसा समझकर नेवले को मार दिया।

(8) अनन्तरं यावद् उपसृत्य पश्यति तावद् बालकः सुस्थः सर्पः च व्यापादितः तिष्ठति।

(8) अनन्तर जब पास जाकर देखता है, तब बालक आराम (में) है और साँप मरा हुआ है।

(9) ततः तं उपकारकं नकुलं निरीक्ष्य भावितचेता स परं विषादं गतः।

(हितोपदेशात्)

(9) पश्चात् उस उपकार करने वाले नेवले को देखकर विचारमय होकर बहुत दुःख को प्राप्त हुआ।

(हितोपदेश)

समास-विवरण

1. अविवेकः—न विवेकः अविवेकः। अविचारः।
2. विप्रः—विशेषेण प्राज्ञः विप्रः। विशेषज्ञानयुक्तः।

3. सत्वरम्—त्वरया सहितं सत्वरम्। शीघ्रम्।

4. बालकरक्षणार्थम्—बालकस्य रक्षणं, बालकरक्षणम्। बालकरक्षणस्य अर्थः, बालकरक्षणार्थः तं, बालकरक्षणार्थम्।

5. बालकसमीपम्—बालकस्य समीपम् बालकसमीपम्।

6. कृष्णसर्पः—कृष्णश्च असौ सर्पः कृष्णसर्पः

7. रक्तविलिप्तमुखपादः—रक्तेन विलिप्तौ मुखं च पादः च मुखपादौ। रक्तविलिप्तौ मुखपादौ यस्य सः रक्तविलिप्तमुखपादः।

8. तच्चरणौ—यस्य चरणौर, तच्चरणौ।

9. उपकारकः—उपकारं करोति, इति उपकारकः।

10. भावितचेताः—भावितं चेतः (मनः) यस्य सः भावितचेताः।

सन्धि किए हुए कुछ वाक्य

1. **मूर्खो[1] भार्यामपि[2] वस्त्रं न परिधापयति**—मूर्ख धर्मपत्नी को भी कपड़े नहीं पहनाता।

2. **वसिष्ठो[3] राममुपदिशति[4]**—वसिष्ठ राम को उपदेश देता है।

3. **विप्रास्तत्त्वं[5] जानन्ति**—पंडित लोग तत्व जानते हैं।

4. **पर्वते वृक्षास्सन्ति[6]**—पर्वत पर वृक्ष हैं।

5. **अग्निर्गृहं[7] दहति**—आग घर जलाती है।

6. **आचार्यस्तं[8] नापश्यत्[9]**—गुरु ने उसको नहीं देखा।

7. **मूल्यमदत्वैव[10] तेन[11] धान्यमानीतम्[12]**—कीमत न देकर ही वह धान लाया।

8. **नमस्ते[13]**—तेरे लिए नमस्कार।

9. **नमो[14] भगवते वासुदेवाय**—नमस्कार भगवान वासुदेव के लिए।

10. **नमस्तुभ्यम्[15]**—तुम्हारे लिए नमस्कार।

11. **वसिष्ठविश्वामित्रभारद्वाजेभ्यो[16] नमः**—वसिष्ठ, विश्वामित्र, भारद्वाज इनके लिए नमस्कार।

12. **साधु[17]भिर्जनै[18]स्तव मित्रत्व मस्ति[19]**—साधु जनों के साथ तेरी मित्रता है।

13. **श्रीरामचन्द्रो[20] जयतु**—श्रीरामचन्द्र की जय हो।

14. **श्रीधरो[21] नद्यां स्नाति**—श्रीधर नदी में स्नान करता है।

15. **त्वामभिवादये[22]**—तुमको (मैं) नमस्कार करता हूं।

---

1. मूर्खः+भार्या। 2. भार्याम्+अपि। 3. वसिष्ठः+रामं। 4. रामं+उपदिशति। 5. विप्राः+तत्वम्। 6. वृक्षाः+सन्ति। 7. अग्निः+गृहं। 8. आचार्यः+तं। 9. न+अपश्यत्। 10. मूल्यम्+अदत्वा। 11. अदत्वा+एव। 12. धान्यम्+आनीतम्। 13. नमः+ते। 14. नमः+भगवते। 15. नमः+तुभ्यम्। 16. भारद्वाजेभ्यः+नमः। 17. साधुभिः+जनः। 18. जनैः+तव। 19. मित्रत्वम्+अस्ति। 20. चन्द्रः+जयतु। 21. श्रीधरः+नद्याम्। 22. त्वाम्+अभिवादये।

पाठ 7

पूर्वोक्त छः पाठों में अकारान्त, इकारान्त तथा उकारान्त पुल्लिग शब्द बनाने का ढंग बताया है। इकारान्त तथा उकारान्त पुल्लिग शब्द एक जैसे ही बनते हैं। इकारान्त पुल्लिग शब्दों में जहां 'य' आता है, वहां उकारान्त पुल्लिग शब्दों में 'व' आता है, तथा 'इ और उ' के स्थान पर क्रमशः 'ए और ओ' आते हैं, यह पाठकों के ध्यान में आया होगा। इसे याद रखने से शब्द याद करने की बहुत-सी मेहनत बच जाएगी।

दीर्घ आकारान्त, ईकारान्त तथा उकारान्त पुल्लिग शब्द बहुत प्रसिद्ध न होने के कारण यहां नहीं दिये जा रहे। उनका विचार आगे करेंगे। अब इसी क्रम में ऋकारान्त शब्द के रूप देखिए—

ऋकारान्त पुल्लिंग 'धातृ' शब्द

	एकवचन	द्विवचन	बहुवचन
1.	धाता	धातारौ	धातारः
सम्बोधन	हे धातः (धातर्)	हे ,,	हे ,,
2.	धातारम्	,,	धातृन्
3.	धात्रा	धातृभ्याम्	धातृभिः
4.	धात्रे	,,	धातृभ्यः
5.	धातुः	,,	,,
6.	धातुः	धात्रोः	धातृणाम्
7.	धातरि	,,	धातृषु

इसी प्रकार कर्तृ, नेतृ, नप्तृ, शास्तृ, उद्गातृ, दातृ, ज्ञातृ, विधातृ इत्यादि शब्द चलते हैं। इन सब शब्दों के रूप लिखें, ताकि सब विभक्तियों के रूप ठीक-ठीक याद हो जाएं। जितना बल पाठक इन शब्दों की तैयारी में लगायेंगे, उसी अनुपात में उनकी संस्कृत बोलने, लिखने आदि की शक्ति बढ़ेगी।

समास और उनके नियम

पूर्वोक्त छः पाठों में पाठकों ने देखा होगा कि वाक्यों में कई शब्द अकेले होते हैं तथा कई शब्द दो-दो तीन-तीन अथवा अधिक शब्दों से मिलकर बनते हैं। दो अथवा दो से अधिक शब्दों से बने हुए शब्द-समूह को 'समास' कहते हैं। जैसे—रामकृष्ण, गंगाधर, कृष्णार्जुन, ज्वरार्त, तपोवन, मुनिमूषक, इत्यादि। ये तथा इसी

प्रकार के सहस्रों सामासिक शब्द संस्कृत में प्रतिदिन प्रयुक्त होते हैं। समासों के द्वारा थोड़ा बोलने से ज़्यादा अर्थ व्यक्त होता है।

1. 'गंगायाः लहरी' ऐसा कहने की अपेक्षा 'गंगालहरी' कहने से ही 'गंगा की लहर' अर्थ व्यक्त होता है।

2. 'पीतम् अम्बरं यस्य सः' कहने की अपेक्षा 'पीताम्बरम्' ही कहने से 'पीला है वस्त्र जिसका वह (विष्णु)' अर्थ निष्पन्न होता है।

3. तस्य वचनम्=तद्वचनम्।

4. प्रजायाः हितम्=प्रजाहितम्।

5. भरतस्य पुत्रः=भरतपुत्रः।

इसी प्रकार अन्यान्य शब्दों के विषय में जानना चाहिए। जब पाठकों के सामने इस प्रकार का सामासिक शब्द आ जाए, तब प्रथम उनके पद अलग-अलग करके और पूर्वापर सम्बन्ध देखकर उन पदों का अर्थ लगाना चाहिए। जैसे–

1. **अकीर्तिकरम्** = अ + कीर्ति + करम् = न कीर्तिः = अकीर्तिम्: अकीर्ति करोति इति = अकीर्तिकरम्।

2. **मूषकशावकः** = मूषक + शावकः = मूषकस्य शावकः = मूषकशावकः।

3. रक्तविलिप्तमुखपादः = रक्त + विलिप्त + मुख + पादः = रक्तेमु विलिप्तम् = रक्तविलिप्तम्। मुखं च पादः च = मुखपादौ। रक्तविलिप्तौ मुखपादौ यस्य सः = रक्तविलिप्तमुखपादः।

इस प्रकार समासों को तोड़ा जाता है, ऐसा करने से समास का अर्थ खुल जाता है। समासों के प्रकार बहुत से हैं। उन सबका वर्णन हम आगे करेंगे। यहां केवल नमूना दिया जा रहा है।

नियम 1–संस्कृत में अकार के बाद आनेवाले विसर्ग के सम्मुख अकार आ जाने से इस अकार सहित विसर्ग का 'ओ' बन जाता है, और आगे का अकार लुप्त हो जाता है तथा अकार के स्थान पर, अकार का सूचक ऽ ऐसा चिह्न लगा दिया है।

यह चिह्न अवश्य लिखना चाहिए, ऐसा कोई नियम नहीं है। कुछ लोग लिखते हैं, कुछ नहीं लिखते। बोलने में अकार का उच्चारण नहीं होता (परन्तु बोलनेवाले की इच्छा हो तो वह अकार का उच्चारण कर भी सकता है।) अर्थात् सन्धि का नियम वक्ता चाहे तो प्रयोग में ला सकता है। जैसे–

1. कः अपि=कोऽपि।
2. रामः अगच्छत्=रामोऽगच्छत्।
3. धन्यः अस्मि=धन्योऽस्मि।

} अः+अ=ओऽ

नियम 2–पदान्त के अनुस्वार का 'म्' हो जाता है और उसके आगे जो स्वर आएगा, उस स्वर के साथ वह मकार मिल जाता है। जैसे–

1. किम् अस्ति=किमस्ति।
2. वधम् अभिकांक्षन्=वधमभिकांक्षन्।
3. इदम् औषधम्=इदमौषधम्।

इस प्रकार सन्धियाँ जोड़कर वाक्य लिखने से पाठकों को कठिनता होगी, इसलिए इस पुस्तक में किसी-किसी स्थान पर सन्धि की है, अन्य स्थानों पर नहीं की है। अब पाठक इन नियमों के अनुसार पाठों में जहां-जहां सन्धि नहीं की है, वहां-वहां सन्धि करें, उसे लिखें, जिससे सन्धियों का उनका अभ्यास दृढ़ हो जाए।

शब्द–पुल्लिंग

दण्डः = सोटी, डण्डा। **महावीरः** = बड़ा शूर, एक देवता। **एकैकः** = हर एक। **मासः** = महीना। **मासि** = महीने में। **दुरात्मन्** = दुष्ट आत्मा। **विप्रवेशः** = पंडित की पोशाक। **वासरः** = दिन। **नन्दनः** = पुत्र, लड़का। **प्रहसन्** = हंसता हुआ। **भवताम्** = आपका। **भवन्तः** = आप (बहुवचन)। **भगान्** = आप (एकवचन)। **बलिः** = बली, भोजन। **दुष्टाशयः** = बुरे मनवाला। **महाशयः** = अच्छे मनवाला। **अभिकाङ्क्षन्** = इच्छा करनेवाला। **जनपदः** = प्रदेश। **मधुपर्कः** = दधि, मधु, घी। **पार्थिवः** = राजा। **स्तुवन्** = स्तुति करता हुआ। **स्वः** = अपना।

स्त्रीलिंग

चतुर्दशी = चौदहवीं तिथि, चौदह तारीख़। **भूमिः** = पृथ्वी। **कारा** = जेलख़ाना।

नपुंसकलिंग

वक्तव्यम् = बोलने योग्य। **अभिलषितम्** = इच्छित। **भीषणम्** = भयंकर। **द्वन्द्वम्** = मल्लयुद्ध। **वस्तु** = पदार्थ। **स्ववेश्मन्** = अपना घर। **वेश्मन्** = घर। **आसन्** = आसन। **गृहम्** = घर। **मद्गृहम्** = मेरा घर। **कारागृहम्** = जेलख़ाना।

विशेषण

मन्वान = माननेवाला। **भीषण** = भयंकर। **संशोधित** = शुद्ध किया हुआ। **कारागृहीत** = जेल में पड़ा हुआ। **कृतकृत्य** = कृतार्थ। **दीक्षित** = जिसने दीक्षा ली हुई है। **बलिष्ठ** = बलवान। **उचित** = योग्य, ठीक, मुनासिब।

अन्य

बहुधा = अनेक प्रकार से। **पुरा** = प्राचीन काल में। **किल** = निश्चय से। **यथोचित** = योग्यतानुसार। **इति** = ऐसा। **द्विधा** = दो प्रकार से। **दण्डवत्** = सोटी के समान। **वस्तुतः** = सचमुच।

क्रिया

जित्वा = जीत करके। **निरुध्य** = बंद करके। **समुपवेश्य** = बिठाकर। **आकर्ण्य** = सुनकर। **प्रणम्य** = प्रणाम करके। **सम्पूज्य** = पूजा करके। **हत्वा** = हनन करके। **घातयित्वा** = हनन करके। **वृणीष्व** = चुन। **वरयामास** = चुना। **आसीत्** = था। **अकरोत्** = करता था। **प्रदास्यामि** = दूंगा। **प्रवर्तते** = होता है। **मोचयामास** = खोल दिया, मुक्त कर दिया। **निपातयामास** = गिरा दिया। **प्रतिपेदिरे** = प्राप्त हुआ।

वाक्य

(1) पुरा किल कृष्णकृत्यो नाम एकः क्षत्रियः आसीत्।

(1) प्राचीन काल में कृष्णकृत्य नामक एक क्षत्रिय था।

(2) स दृष्टाशयोऽन्यायेन राज्यमकरोत्।

(2) वह दुष्टआत्मा अन्याय से राज्य करता था।

(3) तेन बहवः क्षत्रियाः कारागृहे स्थापिताः।

(3) उसने बहुत-से क्षत्रिय जेलख़ाने में डाल रखे थे।

(4) तस्मिन् राज्ये शासति* न कोऽपि सुखं प्राप्तवान्।

(4) उसके राज्य शासन के समय किसी को भी सुख प्राप्त नहीं हुआ।

(5) सर्वे धार्मिकाः तस्य राज्यं त्यक्त्वा अन्यत्र गताः।

(5) सब धार्मिक (पुरुष) उसका राज्य छोड़कर दूसरे स्थान पर गए।

(6) श्रीकृष्णः तस्य वधमिच्छन् तस्य राजधानीं गतः।

(6) श्रीकृष्ण उसके वध की इच्छा करता हुआ उसकी राजधानी में गया।

(7) तेन सह भीमोऽपि आसीत्।

(7) उसके साथ भीम भी था।

(8) भीमसेनः कृष्णकृत्येन सह मल्लयुद्धमकरोत्।

(8) भीमसेन ने कृष्णकृत्य के साथ मल्लयुद्ध किया।

---

* यहाँ शासति सप्तमी है। संस्कृत में इस प्रकार के प्रयोग बहुत आते हैं, जिनका वर्णन हम आगे विस्तारपूर्वक करेंगे।

## (4) जरासंध-कथा	## (4) जरासंध-कथा
(1) पुरा किल जरासंधो नाम कोऽपि क्षत्रियः आसीत्। स दुरात्मा महावीरान् क्षत्रियान् युद्धे निर्जित्य स्ववेश्मनि निरुध्य मासि-मासि कृष्णचतुर्दश्यां एकैकं हत्वा भैरवाय तेषां बलिम् अकरोत्।	(1) पूर्वकाल में निश्चय से जरासंध नामक कोई एक क्षत्रिय था। वह दुष्टाशय बड़े शूर क्षत्रियों को युद्ध में जीतकर अपने घर में बन्द करके प्रत्येक महीने में कृष्ण (पक्ष की) चतुर्दशी के दिन एक-एक को हनन करके भैरव के लिए उनकी बलि करता था।
(2) एवं सकल-जनपद क्षत्रियवधे दीक्षितस्य तस्य दुष्टाशयस्य वधं अभिकाङ्क्षन् श्रीकृष्णः भीमार्जुनसहितः तस्य गृहं विप्रवेषेण प्रविवेश।	(2) इस प्रकार सम्पूर्ण देश के क्षत्रियों का हनन करने की दीक्षा (व्रत) लिए हुए, उस दुरात्मा के वध की इच्छा करनेवाला श्रीकृष्ण, भीम तथा अर्जुन के साथ उसके घर में ब्राह्मण की पोशाक में प्रविष्ट हुआ।
(3) स तु तान् वस्तुतो विप्रान् एव मन्वानो दण्डवत् प्रणम्य यथोचितम् आसनेषु समुपवेश्य मधुपर्कदानेन सम्पूज्य, धन्योऽस्मि, कृतकृत्योऽस्मि, किमर्थ भवन्तो मद्गृहम् आगताः तद्वक्तव्यम्।	(3) वह तो उनको सचमुच ब्राह्मण ही समझकर सोटी के समान (दण्डवत्) प्रणाम करके, यथायोग्य आसनों के ऊपर बिठाकर मधुपर्क देकर पूजा करके, (मैं) धन्य हूं, (मैं) कृतकृत्य हूं, किसलिए आप मेरे घर आए, वह कहिए।
(4) यद् यद् अभिलषितं तत्सर्वं भवतां प्रदास्यामि इति उवाच। तद् आकर्ण्य भगवान् श्रीकृष्णः प्रहसन् पार्थिवं तं अब्रवीत्।	(4) जो जो आपको इच्छित होगा वह सब आपको दूंगा, ऐसा बोला। यह सुनकर भगवान श्रीकृष्ण हंसता हुआ उस राजा से बोला।
(5) 'भद्र, वयं कृष्ण-भीमार्जुनाः युद्धार्थं समागताः। अस्माकं अन्यतमं द्वन्द्वयुद्धार्थं वृणीष्व इति।'	(5) 'हे कल्याण, हम कृष्ण, भीम, अर्जुन युद्ध के लिए आए हैं। हमारे में से किसी एक को द्वन्द्वयुद्ध के लिए चुनो' (ऐसा)।
(6) सोऽपि महाबलः 'तथा' इति वदन् द्वन्द्वयुद्धाय भीमसेनं वरयामास। अथ भीमजरासंधयोः भीषणं मल्लयुद्धं पञ्चविंशति त्रासरान् प्रवर्तते स्म।	(6) उस महाबली ने भी 'ठीक' ऐसा कहकर मल्लयुद्ध के लिए भीमसेन को चुना। पश्चात् भीम और जरासंध इनका भयंकर मल्लयुद्ध पच्चीस दिन हुआ।
(7) अन्ते च भगवता देवकीनन्दनेन	(7) अन्त में भगवान देवकी-पुत्र

सम्बोधितः स भीमसेनः तस्य शरीरं द्विधा कृत्वा भूमौ निपातयामास।

(कृष्ण) से कहे हुए, उस भीमसेन ने उसके शरीर के दो हिस्से करके भूमि पर गिराए।

(8) एवं बलिष्ठं जरासन्धम् पाण्डुपुत्रेण घातयित्वा तेन कारागृहीतान् पार्थिवान् वासुदेवो मोचयामास।

(8) इस प्रकार बलवान जरासंध को पाण्डु के उस पुत्र द्वारा मरवाकर, जेलखाने में बन्द किए हुए राजाओं को श्रीकृष्ण ने छोड़ दिया।

(9) तेऽपि तं भगवन्तं बहुधा स्तुवन्तः स्वान् स्वान् जनपदान् प्रतिपेदिरे।

(9) वे भी उस भगवान की बहुत प्रकार स्तुति करते हुए अपने प्रदेश को प्राप्त हुए।

(महाभारतात्)

(महाभारत)

समास-विवरण

1. दुष्टाशयः—दुष्टः आशयः यस्य सः, दुष्टाशयः, दुरात्मा।

2. भीमार्जुनसहितः—भीमः च अर्जुनः च भीमार्जुनौ। भीमार्जुनाभ्यां सहितः, भीमार्जुनसहितः।

3. मधुपर्कदानम्—मधुपर्कस्य दानं, मधुपर्कदानम्।

4. कृष्णभीमार्जुनाः—कृष्णश्च भीमश्च अर्जुनश्च, कृष्णभीमार्जुनाः।

5. देवकीनन्दनः—देवक्याः नन्दनः, देवकीनन्दनः।

6. सकलजनपदक्षत्रियवधः—सकलं च यत् जनपदं च, सकलजनपदम्। सकलजनपदस्य क्षत्रियाः, सकलजनपदक्षत्रियाः। सकलजनपदक्षत्रियाणां वधः—सकलजनपदक्षत्रियवधः।

पाठ 8

संस्कृत में पुल्लिंग के लृकारान्त, एकारान्त, ऐकारान्त, ओकारान्त तथा औकारान्त शब्द होते हैं, परन्तु उनमें बहुत ही थोड़े ऐसे हैं जो व्यावहारिक वार्तालाप में आते हैं। इसलिए इनको छोड़कर व्यञ्जनान्त पुल्लिंग शब्दों के रूपों का प्रकार दिया जा रहा है—

अन्नन्त पुल्लिंग 'ब्रह्मन्' शब्द

	एकवचन	द्विवचन	बहुवचन
1.	ब्रह्मा	ब्रह्माणौ	ब्रह्माणः
सम्बोधन	(हे) ब्रह्मन्	(हे) ,,	(हे) ,,
2.	ब्रह्माणम्	,,	ब्रह्मणः
3.	ब्रह्मणा	ब्रह्मभ्याम्	ब्रह्मभिः
4.	ब्रह्मणे	,,	ब्रह्मभ्यः
5.	ब्रह्मणः	,,	,,
6.	,,	ब्रह्मणोः	ब्रह्मणाम्
7.	ब्रह्मणि	,,	ब्रह्मसु

इसी प्रकार जिनके अन्त में 'अन्' आता है ऐसे आत्मन्, यज्वन्, सुशर्मन्, कृष्णवर्मन्, अर्यमन् इत्यादि अन्नन्त शब्द चलते हैं। पाठक इनको स्मरण करके इनके रूप लिखें। अन्नन्त शब्दों में कई ऐसे शब्द भी हैं जिनके रूप 'ब्रह्मन्' शब्द से कुछ भिन्न प्रकार के होते हैं। उनमें 'राजन्' शब्द मुख्य है।

अन्नन्त पुल्लिग 'राजन्' शब्द

	एकवचन	द्विवचन	बहुवचन
1.	राजा	राजानौ	राजानः
सम्बोधन	(हे) राजन्	(हे) ,,	(हे),,
2.	राजानम्	,,	राज्ञः
3.	राज्ञा	राजभ्याम्	राजभिः
4.	राज्ञे	,,	राजभ्यः
5.	राज्ञः	,,	,,
6.	,,	राज्ञोः	राज्ञाम्
7.	राज्ञि राजनि	राज्ञोः	राजसु

इस शब्द के समान 'मज्जन्, सीमन्, गरिमन्, लघिमन्, सुनामन्, दुर्णामन्, अणिमन्' इत्यादि शब्द चलते हैं। पाठक इनके रूप बनाकर लिखें, जिससे कि इनके रूप बनाना वे भूल न जाएं।

अब कुछ स्वरसन्धि के नियम लिखते हैं।

नियम—अ, इ, उ, ऋ स्वरों के सम्मुख सजातीय ह्रस्व अथवा यही दीर्घ स्वर आएं तो, उन दोनों स्वरों का एक सजातीय दीर्घ स्वर बनता है। जैसे—

अ+अ = आ	अ+आ = आ
आ+अ = आ	आ+आ = आ
इ+इ = ई	ई+इ = ई
इ+ई = ई	ई+ई = ई
उ+उ = ऊ	ऊ+उ = ऊ
उ+ऊ = ऊ	ऊ+ऊ = ऊ
ऋ+ऋ = ॠ	

इनके उदाहरण नीचे दिए हैं, उनको देखने से उक्त नियम ठीक प्रकार से समझ में आ जाएगा।

[अ]

वसिष्ठ+आश्रमः = वसिष्ठाश्रमः = अ+आ = आ
रमा+आनन्दः = रमानन्दः = आ+आ = आ
दिव्य+अरुणः = दिव्यारुणः = अ+अ = आ
देवता+अंशः = देवतांशः = आ+अ = आ

इन उदाहरणों में पहले दो शब्द दिए हैं, फिर उनकी सन्धि रूप दिया है, तत्पश्चात् कौन-से स्वर मिलने से कौन-सा स्वर बना है, यह बताया है। इसी प्रकार अन्य स्वरों के उदाहरण नीचे दिए जा रहे हैं–

[इ]

कवि+इष्टम् = कवीष्टम् = इ+इ = ई
नदी+इच्छा = नदीच्छा = ई+इ = ई
कवि+ईश्वरः = कवीश्वरः = इ+ई = ई
लक्ष्मी+ईश्वरः = लक्ष्मीश्वरः = ई+ई = ई

[उ]

भानु+उदयः = भानूदयः = उ+उ = ऊ
चमू+ऊर्मिः = चमूर्मिः = ऊ+ऊ = ऊ
वधू+उच्छिष्टम् = वधूच्छिष्टम् = ऊ+उ = ऊ
सूनु+ऊरुः = सूनूरुः = उ+ऊ = ऊ

ऋकार की सन्धि प्रचलित नहीं है, इसलिए नहीं दी जा रही।

पाठक इस सन्धि-नियम को ठीक से स्मरण रखें क्योंकि यह नियम बहुत उपयोगी है। अब नीचे कुछ शब्द दिए जा रहे हैं, उनको याद कीजिए–

शब्द–पुल्लिंग

अधिपतिः = राजा। **भ्रातृ** = भाई। **पतिः** = स्वामी। **भ्रातरम्** = भाई को। **दुर्गः** = किला। **अधीशः** = स्वामी, राजा। **अधिकारः** = हुकूमत। **दीनारः** = मोहर। **उदन्तः** = वृत्तान्त। **स्वामिन्** = स्वामी। **बहुमानः** = बहुत सम्मान। **स्वामी** = स्वामिने के लिए। **ईशः** = स्वामी। **वदन्** = बोलता हुआ।

नपुंसकलिंग

वादित्वम् = बोलना। **यौवनम्** = तारुण्य, जवानी। **सहस्रम्** = हज़ार। **तेजस्** = तेज, चमक। **आर्जवम्** = सरलता। **तेजसा** = तेज से।

विशेषण

पीन = मोटा-ताज़ा। **अधर्मशील** = अधार्मिक। **कृपण** = कंजूस। **भ्रष्टाधिकार** = जिसका अधिकार छीना है। **इतर** = अन्य। **गत** = प्राप्त, गया हुआ। **सुलभ** = सुप्राप्य, आसान। **दुर्गगत** = क़िले के भीतर। **दुर्विनीत** = नम्रतारहित। **कारित** = कराया। **क्रूर** = क्रोधी, गुस्सा करनेवाला। **तुष्ट** = खुश। **अन्याय-प्रवृत्त** = अन्याय में प्रवृत्त।

अन्य

इह = इस लोक में। **अमुत्र** = परलोक में। **मह्यम्** = मुझे, मेरे लिए। **अग्रे** = सम्मुख।

धातु साधित

भेतव्यम् = डरने योग्य। **रक्षितव्यम्** = रक्षा करने योग्य।

क्रिया

लभते = प्राप्त करता है। **अपृच्छत्** = पूछा (उसने)। **बिभेमि** = (मैं) डरता हूं। **अब्रवीत्** = बोला (वह)। **बिभेषि** = डरता है (तू)। **अभाषत** = बोला (वह)। **शास्ति** = राज्य करता है (वह)। **अवदत्** = बोला (वह)। **बिभेति** = डरता है (वह)। **अवदम्** = (मैंने) कहा। **अपृच्छम्** = (मैंने) पूछा। **अवदः** = (तूने) कहा। **अपृच्छः** = (तूने) पूछा **अब्रवीः** = (तूने) कहा। **अगच्छत्** = गया (वह)। **शास्मि** = (मैं) राज्य करता हूं।

वाक्य

संस्कृत	हिन्दी
(1) मालवदेशस्य राजा कञ्चित् पुरुषं दुर्गस्य वृत्तमपृच्छत्।	(1) मालव देश के राजा ने किसी एक पुरुष से क़िले का वृत्तान्त पूछा।
(2) किमर्थं स राजा तमेव पुरुषमपृच्छत्?	(2) क्यों उस राजा ने उसी पुरुष से पूछा ?
(3) यतः सः पुरुषः दुर्गप्रदेशाद् आगतः।	(3) क्योंकि वह पुरुष दुर्ग-देश से आया था।
(4) पुरुषेण राज्ञे किं कथितम्?	(4) पुरुष ने राजा को क्या कहा?
(5) दुर्गपालः कृपणोऽधार्मिकः क्रूरोऽविनीतः च अस्ति इति पुरुषोऽवदत्।	(5) दुर्गपाल कंजूस, अधार्मिक, क्रूर, और अनम्र है, ऐसा मनुष्य ने कहा।
(6) तद् आकर्ण्य राजा क्रोधं प्राप्तः।	(6) यह सुनकर राजा क्रोध को प्राप्त हुआ।
(7) पुरुषेण उक्तम्—क्रोधः किमर्थ क्रियते। यन्मया उक्तं तत्सत्यम् अस्ति।	(7) पुरुष ने कहा—ग़ुस्सा किसलिए किया जाता है। जो मैंने कहा, वह सत्य है।
(8) यः पुरुषः ईश्वराद् बिभेति स इतरस्माद् कस्माद् अपि न बिभेति।	(8) जो मनुष्य ईश्वर से डरता है, वह ईश्वर से भिन्न दूसरे किसी से भी नहीं डरता।
(9) राजा तस्य वचनेन तुष्टः सन् तस्मै वीनाराणां सहस्रं ददौ।	(9) राजा (ने) उसके भाषण से सन्तुष्ट होकर उसको हज़ार मोहरें दीं।
(10) यः सत्यं वदति तम् ईश्वरः सदैव रक्षति।	(10) जो सत्य बोलता है, उसकी ईश्वर हमेशा रक्षा करता है।
(11) अतः सर्वे सत्यमेव वदन्ति।	(11) इस कारण सब सत्य बोलते हैं।

(5) कृतार्थसत्यवादित्वम्	*(5) सच बोलने से कृतिकारिता*
(1) मालवाधिपतिः दर्पसारः दुर्गात् आगतं कञ्चित् पुरुषं दुर्गपालगतं उदन्तं अपृच्छत्।	(1) मालवदेश के राजा दर्पसार ने दुर्ग से आए हुए किसी एक पुरुष को दुर्गपाल-सम्बन्धी वृत्तान्त पूछा।

(2) पुरुषः अब्रवीत्–स दुर्गपालः पीनः यौवन-सुलभेन तेजसा बलेन च युक्तः स्वर्गाधिपतिरिव कालं नयति।

(2) पुरुष बोला–वह दुर्गपाल मोटा-ताज़ा, तारुण्य के कारण प्राप्त हुए तेज से तथा बल से युक्त स्वर्ग के राजा के समान समय व्यतीत करता है।

(3) दर्पसारः प्राह–नाहं तस्य शरीरस्वास्थ्यं पृच्छामि किन्तु कथं स प्रजाः शास्ति इति मह्यं कथय।

(3) दर्पसार बोला–मैं उसके शरीर का स्वास्थ्य नहीं पूछता हूं, परन्तु कैसा वह प्रजा के ऊपर राज्य करता है, यह मुझे कह।

(4) पुरुषोऽभाषत–स कृपणः अधर्मशीलः दुर्विनीतः क्रूरः च अस्ति। राजा अभाषत–प्रजाभिः दाषान् तस्य स्वामिने कथयित्वा किमर्थं भ्रष्टाधिकारो न कारितः।

(4) पुरुष बोला–वह कंजूस, अधार्मिक, नम्रता-रहित और क्रोधी है। राजा बोला-प्रजाओं ने उसके दोष राजा को कथन करके क्यों अधिकार-भ्रष्ट न कराया।

(5) पुरुषोऽकथयत्–तस्य स्वामी स्वयमेव अन्याय-प्रवृत्तः अस्ति।

(5) पुरुष बोला–उसका स्वामी स्वयं भी अन्याय करनेवाला है।

(6) राजा उवाच–पुरुष, न जानासि कोऽहमिति। पुरुषः प्रत्यभाषत–जानामि त्वां दुर्गपालस्य ज्येष्ठभ्रातरं मालवाधीशम्।

(6) राजा बोला–हे मनुष्य तू नहीं जानता मैं कौन हूं। पुरुष बोला–मैं जानता हूं कि तुम दुर्गपाल के बड़े भाई मालव देश के राजा हो।

(7) राजा अवदत्–एतद् वृत्तान्तं मम अग्रे कथयितुं कथं न बिभेषि ?

(7) राजा बोला–यह वृत्तान्त मेरे सामने कहने के लिए तू कैसे नहीं डरता है?

(8) पुरुषः अवदत्–ईश्वराद् बिभ्यत्पुरुषः तदितरस्मात् कस्माद् अपि न बिभेति।

(8) पुरुष बोला–ईश्वर से डरनेवाला मनुष्य उसके सिवाय अन्य किसी से भी नहीं डरता।

(9) तथा च सत्यं वदन् जनो मनसाऽपि असत्यं न चिन्तयति।

(9) उसी प्रकार सच बोलने वाला मनुष्य झूठ को मन से भी नहीं चिन्तन करता है।

(10) अनेन वचनेन तुष्टो राजा पुरुषस्य आर्जवं दृष्ट्वा तस्मै दीनार-सहस्रम् अददात् अवदत् च–सत्यभाषणे कृतनिश्चयेन पुरुषेण न कस्मादपि भेतव्यम्।

(10) इस भाषण से खुश हुए राजा ने, पुरुष की सरलता को देखकर उसको हज़ार मोहरें दीं और कहा–सत्यभाषण करने का निश्चय किए हुए पुरुष को किसी से भी नहीं डरना चाहिए।

(11) यतः स सदा ईश्वरेण रक्षितव्यः। सत्यवादी इह अमुत्र च बहुमानं लभते।	(11) कारण वह सदैव परमेश्वर से रक्षित होता है। सत्य भाषण करनेवाला इस लोक में तथा परलोक में बहुत सम्मान प्राप्त करता है।

समास-विवरण

1. मालवाधिपतिः—मालवस्य अधिपतिः, मालवाधिपतिः।
2. शरीरस्वास्थ्यम्—शरीरस्यस्वास्थयं, शरीरस्वास्थ्यम्।
3. अधर्मशीलः—न धर्मः अधर्मः। अधर्मे शीलं यस्य सः अधर्मशीलः।
4. भ्रष्टाधिकारः—भ्रष्टः अधिकारः यस्मात् सः भ्रष्टाधिकारः।
5. अन्यायप्रवृत्तः—अन्याये प्रवृत्तः, अन्यायप्रवृत्तः।
6. दीनारसहस्रं—दीनाराणां सहस्र, दीनारसहस्रम्
7. सत्यभाषणं—सत्यं च तत् भाषणं, सत्यभाषणम्।
8. कृतनिश्चयः—कृतः निश्चयः येन सः कृतनिश्चयः।

पाठ 9

नकारान्त पुल्लिग शब्दों में 'श्वन्, युवन्, मघवन्,' शब्दों के रूप कुछ विलक्षण से होते हैं। उनको नीचे दे रहे हैं—

नकारान्त पुल्लिग 'श्वन्' शब्द

	एकवचन	द्विवचन	बहुवचन
1.	श्वा	श्वानौ	श्वानः
सम्बोधन	(हे) श्वन्	(हे) ,,	(हे) ,,
2.	श्वानम्	,,	शुनः
3.	शुना	श्वभ्याम्	श्वभिः
4.	शुने	,,	श्वभ्यः
5.	शुनः	,,	,,
6.	,,	शुनोः	शुनाम्
7.	शुनि	,,	,,

नकारान्त पुल्लिंग 'युवन्' शब्द

	एकवचन	द्विवचन	बहुवचन
1.	युवा	युवानौ	युवानः
सम्बोधन	(हे) युवन्	(हे) "	(हे) "
2.	युवानम्	"	यूनः
3.	यूना	युवभ्याम्	युवभिः
4.	यूने	"	युवभ्यः
5.	यूनः	"	"
6.	यूनः	यूनोः	यूनाम्
7.	यूनि	"	युवसु

नकारान्तः पुल्लिंग 'मघवन्' शब्द

	एकवचन	द्विवचन	बहुवचन
1.	मघवा	मघवानौ	मघवानः
सम्बोधन	(हे) मघवन्	(हे) "	(हे) "
2.	मघवानम्	"	मघोनः
3.	मघोना	मघवभ्याम्	मघवभिः
4.	मघोने	"	मघवभ्यः
5.	मघोनः	"	"
6.	"	मघोनोः	मघोनाम्
7.	मघोनि	"	मथवसु

श्वन् (कुत्ता), युवन् (जवान), मघवन् (इन्द्र) इनके अर्थ हैं। इनके प्रयोग संस्कृत में बहुत बार आते हैं इसलिए पाठक इनका ठीक-ठीक स्मरण रखें।

अब सन्धि के कुछ और नियम देते हैं–

नियम 1–पदान्त के मकार के सम्मुख क, च, ट, त, प, इन पांच वर्गों में से कोई व्यंजन आ जाए तो उस मकार का अनुस्वार बन जाता है अथवा उसी वर्ग का अनुनासिक (पांचवां व्यंजन) बनता है जैसे–

पीतम्+कुसुमम् = पीतं कुसुमम्,	अथवा	पीतङ्कुसुमम्
रक्तम्+जलम् = रक्तं जलम्	"	रक्तञ्जलम्
चक्रम्+ढौकति = चक्रं ढौकति	"	चक्रण्ढौकति
पुस्तकम्+दर्शय = पुस्तकं दर्शय	"	पुस्तकन्दर्शय
दुग्धम्+पीतम् = दुग्धं पीतम्	"	दुग्धम्पीतम्

नियम 2–शब्द के अन्दर के अनुस्वार अथवा मकार के सम्मुख पूर्वोक्त पांच वर्ग के व्यंजन आने से, उस अनुस्वार अथवा मकार का, उसी वर्ग का अनुनासिक बनता है जैसे–

अलंकार = अलङ्कारः [ज़ेवर]
पंचांगम् = पञ्चाङ्गम् [जन्त्री]
मंदिरम् = मन्दिरम् [घर]
पंडितः = पण्डितः [विद्वान्]
पंपा = पम्पा [एक सरोवर]

परन्तु आजकल यह नियम कुछ शिथिल हो गया है। छपाई तथा लिखने के सुभीते के लिए दोनों प्रकार के रूप छापे तथा लिखे जाते हैं। पाठकों को यही समझना चाहिए कि ये नियम विशेषतया उच्चारण के लिए होते हैं। अनुस्वार लिखा जाए अथवा परसवर्ण अनुनासिक लिखा जाए, दोनों का उच्चारण एक ही प्रकार का होना चाहिए। जैसे–

गंगा
गङ्गा } इन दोनों का उच्चारण 'गङ्गा' ही करना चाहिए।

हिन्दी में भी यह नियम बहुतांश में चलता है, जैसे 'कंघी, घंटा, धंधा, अंदर, जंग, गंज, गुंफा' इत्यादि शब्द 'कङ्घी, घण्टा, धन्धा, अन्दर, जङ्ग, गञ्ज, गुम्फा' ऐसे ही बोले जाते हैं। कोई ग़लती से 'घम्टा, धम्धा उच्चारण करेगा तो उस पर लोग हंसने लगेंगे। यही बात संस्कृत शब्दों की भी समझनी चाहिए।

सातवें पाठ के नियम 2 के विषय में भी यही समझना चाहिए कि अनुस्वार अथवा 'म्' के आगे अलग स्वर भी लिखा जाए तो दोनों को मिलाकर ही उच्चारण करना चाहिए। जैसे–

गृहम् आगच्छ	=	(इसका उच्चारण)	गृहमागच्छ
तम् आनय	=	,,	तमानय
वृक्षम् आलोक्य	=	,,	वृक्षमालोक्य
दृष्टम् अस्ति	=	,,	दृष्टमस्ति

सुगमता के लिए किसी भी प्रकार लिखा जाए परन्तु उच्चारण एक जैसा होना चाहिए। यदि किसी कारण वक्ता उनको अलग-अलग बोलना चाहे तो बोल सकता है। इस पुस्तक में पाठकों के सुभीते के लिए मकार, अनुस्वार तथा स्वर अनेक स्थानों पर अलग ही छापे हैं। अब कुछ शब्द नीचे दिये जा रहे हैं।

शब्द–पुल्लिंग

स्पृशन्=स्पर्श करता हुआ। **व्यपदेशः**=कुटुम्ब, नाम, जाति। **अभावः**=न होना। **नाथः**=स्वामी। **गजः**=हाथी। **यूथः**=समुदाय। **अभ्युपायः**=उपाय। **पर्वतः**=पहाड़। **दूतः**–दूत, नौकर। **पतिः**=स्वामी। **जन्तुः**=प्राणी। **शशकः**=खरगोश। **चंद्रः**=चांद। **शशाङ्क**=चांद। **प्रतीकारः**=प्रतिबंध, उपाय। **वाचकः**=बोलनेवाला।

स्त्रीलिंग

पिपासा=प्यास। **तृषा**=प्यास। **वृष्टिः**=वर्षा। **आहतिः**=आघात। **वृष्ट्याः**=वर्षा के।

नपुंसकलिंग

कुसुमम्=फूल। **जीवनम्**=ज़िन्दगी। **निमज्जनम्**=स्नान, डुबकी। **कुलम्**=कुटुम्ब। **चन्द्रबिम्बम्**=चंद्र की छाया। **अज्ञानम्**=ज्ञान रहितता। **ह्रदः**=तालाब। **तीरम्**–किनारा। **शस्त्रम्**=हथियार। **सरः**=तालाब।

विशेषण

पीत=पीला। **क्षुद्र**=छोटा। **तृषार्त्त**=प्यासा। **कर्तव्य**=करने योग्य। **समायात**=आया हुआ। **प्रेषित**=भेजा हुआ। **कम्पमान**=कांपता हुआ। **आकुल**=व्याकुल। **अवध्य**=वध न करने योग्य। **आलोकित**=देखा हुआ। **रक्त**=लाल। **सञ्जात**=हो गया। **निर्मल**=साफ़। **आगन्तव्य**=आने योग्य, आना। **चलित**=चला हुआ। **निःसारित**=हटाया हुआ। **चूर्णित**=चूरण किया हुआ। **अनुष्ठित**=किया हुआ। **उद्यत**=तैयार, ऊंचा किया हुआ। **युक्त**=योग्य।

इतर शब्द

कदाचित्=किसी समय। **क्व**=कहां। **वारान्तरम्**=दूसरे दिन। **अन्तिकम्**=पास। **अन्यथा**=दूसरे प्रकार। **अज्ञानतः**=अज्ञान से। **नातिदूरम्**=पास। **प्रत्यहम्**=हर दिन। **कुतः**=कहां से। **भवदन्तिकम्**=आपके पास। **यथार्थम्**=सत्य। **ज्ञानतः**=ज्ञान से।

क्रिया

दर्शितवान्=दिखाया। **उच्यताम्**=कहिए, कहो। **यामः**=(हम) जाते हैं। **कुर्मः**=करते हैं। **प्रतिज्ञाय**=प्रतिज्ञा करके। **आरुह्य**=चढ़कर। **सम्वादयामि**=(मैं) बुलाता हूं। **प्रणम्य**=प्रणाम करके। **गच्छ**=जा। **क्षम्यताम्**=क्षमा कीजिए। **विधास्यते**=करेगा।

विनश्यति=नाश होता है। **विषीदत**=दुःख करो।

वाक्य

संस्कृत	हिन्दी
(1) नृपति[1] भूमिं रक्षति।	(1) राजा भूमि की रक्षा करता है।
(2) वृक्षे खगाः कूजन्ति।	(2) वृक्ष के ऊपर पक्षी शब्द करते हैं।
(3) पर्वतस्य शिखरे मृगाश्चरन्ति।[2]	(3) पर्वत के शिखर पर हरिण घूमते हैं।
(4) उद्याने बालाश्चरन्ति[3]।	(4) बाग़ में लड़के घूमते हैं।
(5) मार्गे रथाश्चरिन्त[4]।	(5) मार्ग में रथ घूमते हैं।
(6) ततो नरपतिरतिदूरंगत्वा[5] वनं दर्शितवान्।	(6) पश्चात् राजा ने बहुत दूर जाकर वन दिखाया।
(7) अनन्तरं रामस्वरूपोऽन्चितयत्[6]।	(7) बाद में रामस्वरूप सोचने लगा।
(8) शृणृत, मया[7]द्येष[8] लेखो[9] लेखनीयः।	(8) सुनिए, मैंने आज यह लेख लिखना है।
(9) तथाऽ[10]नुष्ठितेऽश्व[11]पति र्नल[12]मुवाच[13]।	(9) वैसा करने पर अश्वपति नल को बोला।
(10) शृणु, एते ग्रामरक्षाकास्त्वया[14] हताः। एतत्तवा[15]या नैव[16] साधु कृतम्।	(10) सुनो, ये ग्राम के रक्षक तुमने मारे हैं। यह तुमने नहीं अच्छा किया।

(6) व्यपदेशे अपि सिद्धिः स्यात् — *(6) नाम में भी सिद्धि होगी*

(1) कदाचित् वर्षासु अपि वृष्टेः अभावात् तृषार्तो गजयूथो यूथपतिम् आह– "नाथ, कोऽभ्युपायोऽस्माकं[1] जीवनाय।

(1) किसी समय बरसात में भी वृष्टि न होने के कारण प्यास से दुःखित हाथियों के समूह ने समुदाय के राजा से

1. नृपतिः+भूमि। 2. मृगाः+चरन्ति। 3. बालाः+चरन्ति। 4. रथाः+चरन्ति। 5. नरपतिः+अति। 6. स्वरूपः+अचिंतयत्। 7. मया+अद्य। 8. अद्य+एष। 9. लेखः+लेखः। 10. तथा+अनुष्ठिते। 11. अनुष्ठिते+अश्व०। 12. पतिः+नलं। 13. नलं+उवाच। 14. रक्षकाः+त्वया। 15. एतत्+त्वया। 16. न+एव।

1. कः+अभि+उपायः+अस्माकम्।

कहा—"हे स्वामिन्! कौन-सा उपाय है हमारे जीने के लिए।

(2) अस्ति अत्र क्षुद्रजन्तूनां निमज्जन-स्थानम्। वयं तु निमज्जनाऽभावाद्[2] अन्धा इव सञ्जाताः।

(2) यहां छोटे प्राणियों के लिए स्नान का स्थान है। हम तो स्नान न होने से अन्धे के समान हो गए हैं।

(3) क्व यामः? किं कुर्मः?" ततो हस्तिराजो नातिदूरं गत्वा निर्मलं ह्रदं दर्शितवान्।

(3) कहां जाएं, क्या करें?" पश्चात् हाथियों के राजा ने समीप ही जाकर एक स्वच्छ तालाब दिखलाया।

(4) ततो दिनेषु गच्छत्सु तत्तीरावस्थिताः[3] क्षुद्रशशकाः गजपादाहति[4]भिः चूर्णिताः।

(4) तब दिन व्यतीत होने पर उस किनारे पर रहनेवाले छोटे ख़रगोश हाथियों के पांवों के आघात से चूर्ण हुए।

(5) अनन्तरं शिलीमुखो नाम शशकः चिन्तयामास—अनेन गजयूथेन पिपासा[5]कुलेन प्रत्यहम्[6] अत्र आगन्तव्यम्

(5) बाद में शिलीमुख नामक एक ख़रगोश सोचने लगा—इस प्यास से त्रस्त हाथियों के समूह ने हर दिन यहां आना है।

(6) अतो विनश्यति अस्मत्कुलम्। ततो विजयो नाम वृद्धशशकोऽवदत्।

(6) इसलिए नाश होता है हमारा परिवार। तब विजय नामक बूढ़ा ख़रगोश बोला।

(7) "मा विषीदत। मया अत्र प्रतीकारः कर्तव्यः।" ततोऽसौ[7] प्रतिज्ञाय चलितः।

(7) "दुःख न कीजिए, मैंने यहां प्रतिबन्ध करना है" पश्चात् वह प्रतिज्ञा करके चला।

(8) गच्छता च तेन आलोचि तम्—कथं मया गजयूथस्य समीपे स्थित्वा वक्तव्यम्। यतः गजः स्पृशन् अपि हन्ति। अतो अहम् पर्वत् शिखरम् आरुह्य यूथनाथं संवादयामि।

(8) जाते हुए उसने सोचा—किस प्रकार मैंने हाथियों के समूह के पास रहकर बोलना है, क्योंकि हाथी स्पर्श करने से ही मारता है। इस कारण मैं पहाड़ की चोटी पर चढ़कर हाथियों के समुदाय के स्वामी के साथ बातचीत करता हूं।

(9) तथा अनुष्ठिते यूथनाथः उवाच—"कः त्वम्। कुतः समायातः?" स ब्रूते—"शशकोऽहम्।[8] भगवता चन्द्रेण

(9) वैसा करने पर समूह का स्वामी बोला—"तू कौन है। कहां से आया है?" वह बोलता है—"मैं ख़रगोश (हूं)।

---

2. निमज्जन+अभाव। 3. तत्+तीर+अवस्थिताः। 4. पाद्+आहर्तिः। 5. पिपासा+आकुल 6. प्रति+अहम्। 7. ततः+असौ। 8. शशक+अहं।

भवदन्तिकं प्रेषितः ।''

(10) यूथपतिः आह–''कार्यं उच्यताम्'' विजयो ब्रूते–''उद्यतेषु अपि शस्त्रेषु दूतोऽन्यथा न वदति । सदा एव अवध्यभावेन यथार्थस्य एव वाचकः ।

(11) तद् अहं तवाज्ञया ब्रवीमि । शृणु, यद् एते चन्द्रसरो-रक्षकाः[9] शशकाः त्वया निःसारिताः तत् न युक्तं कृतम् ।

(12) यतः ते चिरम् अस्माकं रक्षिताः । अत एव मे शशांकः इति प्रसिद्धिः । एवं उक्तवति दूते यूथपतिः मयाद् इदम् आह ।

(13) ''इदम् अज्ञानतः कृतम् । पुनः न गमिष्यामि ।''

''यदि एवं तद् अत्र सरसि कोपात् कम्पमानं भगवन्तं शशांकः प्रणम्य प्रसाद्य गच्छ ।''

(14) ततो रात्रौ यूथपतिं नीत्वा जले चञ्चलं चन्द्रबिम्बं दर्शयित्वा यूथपतिः प्रणामं कारितः ।

(15) उक्तं च तेन–''देव,अज्ञानाद् अनेन अपराधः कृतः । ततः क्षम्यताम् । न एवं वारान्तरं विधास्यते ।'' इति उक्त्वा प्रस्थितः ।

(हियोपदेशात्)

भगवान चन्द्र ने आपके पास भेजा है।''

(10) समुदाय के राजा ने कहा–''काम कहिए।'' विजय बोलता है–''शस्त्र खड़े होने पर भी दूत असत्य नहीं बोलता, हमेशा ही अवध्य होने के कारण सत्य का ही बोलनेवाला (होता है)।

(11) तो मैं तेरी आज्ञा से बोलता हूं। सुन, जो ये ।चन्द्र के तालाब के रक्षक ख़रगोश तूने हटाए (मारे) वह नहीं ठीक किया।

(12) क्योंकि वे बहुत समय से हमारे रखे हुए (रक्षित) हैं इसलिए मेरी 'शशांक' ऐसी प्रसिद्धि है।'' इस प्रकार दूत के बोलने पर हाथियों का पति भय से यह बोला।

(13) ''यह अनजाने में किया, फिर नहीं जाऊंगा।''

''अगर ऐसा है तो यहां तालाब में ग़ुस्से से कांपनेवाले भगवान चन्द्रमा को प्रणाम करके, तथा प्रसन्न करके जा।''

(14) पश्चात् रात्रि में हाथी-समूह के राजा को लेकर जल में हिलनेवाली चन्द्र की छाया बतलाकर समूहपति से नमस्कार करवाया।

(15) और वह बोला–''हे देव ! अनजाने में इसने अपराध किया। इसलिए क्षमा कीजिए। इस प्रकार दूसरे दिन नहीं करेगा'' ऐसा कहकर चल पड़ा।

(हितोपदेश)

---

9. सरः+रक्षकाः ।

समास-विवरण

1. तृषार्तः—तृषया आर्तः तृषार्तः। पिपासाकुलः।

2. यूथपतिः—यूथस्य पतिः यूथपतिः। यूथनायः।

3. निमज्जनस्थानम्—निमज्जनाय स्थानं निमज्जनपस्थानम्।

4. तत्तीरावस्थिताः—तस्य तीरं तत्तीरं। तत्तीरे अवस्थिताः तत्तीरावस्थिताः।

5. अस्मत्कुलम्—अस्माकं कुलम् अस्मत्कुलम्।

6. चन्द्रसरोरक्षकाः—चन्द्रस्य सरः चन्द्रसरः। चन्द्रसरसः रक्षकाः तस्य चन्द्रसरोरक्षकाः।

7. अज्ञानम्—न ज्ञानम् अज्ञानम्।

8. वारान्तरम्—अन्यः वारः वारान्तरम्ः

9. ग्रामान्तरम्—अन्यः ग्रामः ग्रामान्तरम्।

10. देशान्तरम्—अन्यः देशः देशान्तरम्।

पाठ 10

इन्नन्तः पुल्लिंग 'करिन्' शब्द

	एकवचन	द्विवचन	बहुवचन
1.	करी	करिणौ	करिणः
सम्बोधन	(हे) करिन्	(हे) ,,	(हे) ,,
2.	करिणम्	,,	,,
3.	करिणा	करिभ्याम्	करिभिः
4.	करिणे	,,	करिभ्यः
5.	करिणः	,,	,,
6.	,,	करिणोः	करिणाम्
7.	करिणि	,,	करिषु

इसी प्रकार हस्तिन् (हाथी), दण्डिन् (दण्डी), शृङ्गिन् (सींगवाला), चक्रिन् (चक्रवाला), स्रग्विन् (मालाधारी) इत्यादि शब्द चलते हैं। पाठक इन शब्दों को बना कर अभ्यास करें।

वस्वन्त पुल्लिंग 'विद्वस्' शब्द

	एकवचन	द्विवचन	बहुवचन
1.	विद्वान्	विद्वांसौ	विद्वांसः
सम्बोधन	(हे) विद्वन्	(हे) ,,	(हे) ,,
2.	विद्वांसम्	विद्वांसौ	विदुषः
3.	विदुषा	विद्वद्भ्याम्	विद्वद्भिः
4.	विदुषे	,,	विद्वद्भ्यः
5.	विदुषः	,,	,,
6.	,,	विदुषोः	विदुषाम्
7.	विदुषि	,,	विद्वत्सु

इसी शब्द के समान 'तस्थिवस् (खड़ा), सेदिवस् (बैठा हुआ), शुश्रुवस् (सुनता हुआ), दाश्वस् (दाता), मीढ्वस् (सिंचक), जगन्वस् (संचारक) इत्यादि वस्वन्त शब्द चलते हैं। जिनके अन्त में प्रत्यय होता है उनको वस्वन्त शब्द कहते हैं।

संस्कृत में एक शब्द के समान ही कई शब्दों के रूप हुआ करते हैं। जब पाठक एक शब्द को याद करेंगे तब उनमें उसके समान शब्द के रूप बनाने की शक्ति आ जाएगी। इसी प्रकार कई एक पुल्लिंग शब्दों के रूप बनाने में पाठक इस समय तक कुशल हो गए होंगे। अकारान्त, इकारान्त, उकारान्त, ऋकारान्त, अन्नन्त, इन्नन्त; वस्वन्त, नान्त इतने पुल्लिग शब्द पाठकों को याद हो चुके हैं और इनके समान शब्दों के रूप बना भी सकते हैं। अब पुल्लिग शब्दों में मुख्य-मुख्य दो-चार शब्द देने हैं। तत्पश्चात् कुछ सर्वनाम के रूप बताकर नपुंसकल्लिंग शब्दों के रूप दिखलाने हैं। पाठकों से निवेदन है कि वे देरी की परवाह न करते हुए हर एक पाठ को पक्का बनाकर आगे बढ़ें।

इस पुस्तक में पढ़ाई का जो क्रम दिया गया है, वह बहुत ही सुगम है जो पाठक प्रत्येक पाठ दस बार पढ़ेंगे उनको सब बातें याद हो जाएंगी, इसमें कोई संदेह नहीं। कुछ व्याकरण के अब नियम देते हैं–

विसर्ग

नियम 1–क, ख, प, फ, के पूर्व जो विसर्ग आता है वह जैसे-का-तैसा ही रहता है। जैसे–दुष्टः पुरुषः। कृष्णः कंसः। गतः खगः। मधुरः फलागमः।

नियम 2–पदान्त के विसर्ग का च, छ के पूर्व श् बन जाता है। जैसे–

[illegible]चन्द्रः–पूर्णश्चन्द्रः

हरेः+छत्रम्–हरेश्छत्रम्

रामः+तत्र–रामस्तत्र

कवेः+टीका–कवेष्टीका

नियम 3–पदान्त के विसर्ग के सम्मुख श, ष, स आने से विसर्ग का श, ष, स बन जाता है, परन्तु कभी-कभी विसर्ग ही बना रहता है। जैसे–

धनञ्जयः+सर्वः=धनञ्जयस्सर्वः (अथवा) धनञ्जयः सर्वः

देवाः+षट्=देवाष्षट् „ देवाः षट्

श्वेतः+शंखः=श्वेतश्शंखः „ श्वेतः शंखः

ये नियम अच्छी प्रकार याद करने के पश्चात् निम्नलिखित शब्दों को याद कीजिए–

शब्द-क्रियापद

निश्चिक्युः–निश्चय किया (उन्होंने) **त्रुट्यन्ति**–टूटते हैं (वे)। **ऊचुः**–कहा (उन्होंने)। **कुर्यात्**–करें। **चर्वामः**–चर्वण करें (हम)। **अशुष्यन्**–दुबले हो गए या (वे) सूख गए। **सङ्गृह्णीमः**–संग्रह करते हैं (हम) **रचयामास**–रचा (उसने)। **क्लिश्नीमः**–दुःखित होते हैं (हम)। **श्रमित्वा**–थककर। **उन्मीलित**–खुला। **विदध्मः**–(हम) करते हैं। **श्राम्यामः**–(हम) थकते हैं। **अकृत्वा**–न करके। **अमन्त्रयत**–विचार किया (उसने)। **सम्प्रधार्य**–रखकर (उसने)।

शब्द–पुल्लिंग

दण्डिन्–संन्यासी, दण्डधारी। **शृङ्गिन**–सींग जिसके हैं। **चक्रिन्**–चक्रधारी। **स्रग्विन्**–मालाधारी। **अवयव**–शरीर का हिस्सा। **अमात्यः**–दीवान साहब। **तस्करः**–चोर। **ग्रासः**–कौर, टुकड़ा **दन्तः**–दांत। **भंगः**–टूटना। **अतिक्रमः**–उल्लंघन। **संकोचः**–लज्जा। **व्ययः**–ख़र्च। **करिन्**–हाथी। **हस्तिन्**–हाथी। **बलिः**–देव-भेंट। **भागधेयः**–राजा का कर। **आयासः**–परिश्रम। **आत्मन्**–अपना, आत्मा। **कृमिः**–कीड़ा। **उपद्रवः**–कष्ट। **अनुरोधः**–आग्रह। **आवासः**–निवासस्थान। **प्रमाथः**–अन्याय।

स्त्रीलिंग

मर्यादा–हद। **राजधानी**–राजा का नगर। **अंगुलिः**–अंगुली। **नगरी**–शहर।

नपुंसकलिंग

उदरम्–पेट। **सुखम्**–सुख। **धनम्**–धन। **लुण्ठनम्**–लूट। **भरणम्**–भरना। **दुःखम्**–तकलीफ़।

अन्य

अद्ययावत्—आज तक। **अद्यप्रभृति**—आज से। **सशपथम्**—शपथपूर्वक। **व्ययोपयोगार्थम्**—ख़र्च के लिए।

वाक्य

संस्कृत	हिन्दी
(1) **वानरा वृक्षे[1] तिष्ठन्ति।**	(1) बन्दर वृक्ष पर ठहरते हैं।
(2) **सर्पो वनमगच्छत्[2]।**	(2) सांप बन को गया।
(3) **मम शरीरं ज्वरेण कृशं जातम्।**	(3) मेरा शरीर ज्वर से कमज़ोर हुआ है।
(4) **कुमारस्य एकः शुचिः करोऽस्ति[3] तथा अन्यो न[4]।**	(4) लड़के का एक हाथ शुद्ध है तथा दूसरा नहीं।
(5) **मया सह तौ कुमारौ नगरं गच्छतः।**	(5) मेरे साथ वे दोनों कुमार शहर जाते हैं।
(6) **अहं तत्र यामि यत्र पण्डिता वसन्ति।[5]**	(6) मैं वहां जाता हूं जहां पंडित लोग रहते हैं।
(7) **यस्य बुद्धिर्बलपि[6] तस्यैव।**	(7) जिसकी बुद्धि (होती है) शक्ति भी उसी की है।
(8) **खगा[7] वृक्षा[8]दुड्डीयन्ते।**	(8) पक्षी वृक्ष से उड़ते हैं।
(9) **तस्य हस्तान्माला[9] पतिता।**	(9) उसके हाथ से माला गिरी।
(10) **तत्र नैव गमिष्यामि।**	(10) वहां नहीं जाऊंगा।

(7) उदरावऽयवानां कथा	*(7) पेट तथा अंगों की कथा*
(1) **एकदा हस्तपादाद्यवयवा अचिंतयन् यद् वयं[1] श्राम्यामः संगृह्मिश्च[2]।**	(1) एक समय हाथ-पांव आदि अवयव सोचने लगे कि हम थकते हैं और

1. वानरा+वृक्षे। 2. वनम्+अगच्छत्। 3. करः+अस्ति। 4. अन्यः+न। 5. पण्डिताः+वसन्ति 6. बुद्धिः+बलम्। 7. खगाः+वृक्षात्। 8. वृक्षात्+उड्डीयन्ते। 9. हस्तात्+माला।

1. यत्+वयं। 2. गृहीमः+च।

(भोजन आदि) इकट्ठा करते हैं।

(2) इदम्, उदरम् आयासान् अकृत्वा सुखं खादति।

(2) परन्तु यह पेट श्रम न करके आराम से खाता है।

(3) यद् अद्ययावज्जातं[3] तद् अस्तु नाम। अद्यप्रभृति इदं श्रमित्वा आत्मानो[4] भरणं कुर्यात्। न अस्माकं अनेन प्रयोजनम्।

(3) जो आज तक हुआ सो हुआ। आज से यह श्रम करके अपना भरण (पोषण) करे। हमारा इससे (कोई) वास्ता नहीं।

(4) एवं सशपथं सर्वे निश्चिक्युः। हस्तौ ऊचतुः–यदि अस्य उदरस्य अर्थे अंगुलिम् अपि चालयेव त्रुट्यन्तु नो[5] अखिलाङ्गुलयः।

(4) इस प्रकार शपथपूर्वक सबने निश्चय किया। हाथ बोलने लगे–अगर इस पेट के लिए अंगुली भी चलाएं तो टूट जाएं हमारी सब अंगुलियां।

(5) मुखम् उवाच–अहं शपथं करोमि, यदि अस्य अर्थम् एकम् अपि ग्रासं गृहामि कृमयः आक्रमन्तु माम्।

(5) मुख बोला–मैं शपथ करता हूं, अगर इसके लिए एक भी कौर लूं, तो कीड़े आ पड़ें मुझ पर।

(6) दन्ता ऊचुः[6]–यदि अस्य कृते ग्रासं चर्वामः[7] भंगः उपैतु अस्मान्।

(6) दांत बोले–अगर इसके लिए एक टुकड़ा भी चबाएं तो टूट आ जाए हम पर।

(7) एवं शपथेषु कृतेषु यो निश्चयः कृतस्तस्य[8] पालन आवश्यकं बभूव।

(7) इस प्रकार शपथें कर चुकने पर जो निश्चय किया गया, उसका पालन आवश्यक हो गया।

(8) एवं जाते सर्वे अवयवा अशुष्यन्। अस्थि चर्म-मात्रं अवशिष्यत्।

(8) इस प्रकार होने पर सब अवयव सूख गये। हड्डी-चमड़ी-भर शेष रह गई।

(9) तदा ''न साधु कृतं अस्माभिः'' इति सर्वेषां चक्षुषी उन्मीलिते–''उदरेण विना वयं अगतिकाः।''

(9) तब, ''ठीक नहीं किया हमने,'' सो सबकी आँखें खुल गईं–''पेट के बिना हमारी गति नहीं है।''

(10) तत् स्वयं न श्राम्यति। परं यावद वयं तस्य पोषं विदध्मः तावद् अस्माकं पोषणं भवति इति सर्वे सम्यग् जज्ञिरे।

(10) वह (पेट) स्वयं तो नहीं श्रम करता, परन्तु जब तक हम उसका पोषण करते हैं, तब तक (ही) हमारा पोषण होता है, ऐसा सबने ठीक प्रकार जान लिया।

---

3. यावत्+जातम्। 4. आत्मनः+भरणं। 5. नः+अखिल+अंगुलयः। 6. दन्ताः+ऊचुः 7. चर्वामः+भंग। 8. कृतः+तस्य।

(11) तात्पर्यम्–कस्मिंश्चित् काले एकस्यां राजधान्यां चिरयुद्ध प्रसंगात् राज्ञः कोशागारे द्युम्नसंकोचे समुत्पन्ने स राजा प्रजाभ्यो बलिं जग्राह।

(11) तात्पर्य–किसी समय एक राजधानी में हमेशा युद्ध होने के कारण राजा के ख़ज़ाने में (पैसा) कम होने पर उस (शहर के) राजा ने प्रजाओं से 'कर' लिया।

(12) तत् प्रजा नाभिमेनिरे। ता उपद्रवोऽयम्'[9] इति गणयित्वा नगराद् बहिः आवासं रचयामासुः।

(12) वह प्रजा (जनों) ने नहीं माना। वे 'कष्ट (है)' यह ऐसा मानकर, शहर के बाहर घर बनाने लगे।

(13) तत्र वर्तमानाभिः ताभिः संहतिः कृता। ता मिथो अमन्त्रयन–वयं क्लिश्नीमः। राजा तु अस्मत् किमिति मुधा गृह्णाति?

(13) वहां रहते हुए उन्होंने एकता की। वे परस्पर सलाह करने लगे–हम क्लेश पाते हैं, राजा हमसे किसलिए व्यर्थ (कर) लेता है।

(14) अतः परं न वयं राज्ञे किंञ्चिदपि दास्यामः। इति सर्वा निश्चिक्युः।

(14) इसके बाद हम राजा को कुछ भी नहीं देंगे। सबने ऐसा निश्चय किया।

(15) तासां एवं निर्णयं सम्प्रधार्य राजाऽऽत्मनो[10]ऽमात्यं तान् प्रति प्रेषयामास।

(15) उनका यह निर्णय देखकर, राजा ने अपना मन्त्री उनके पास भेजा।

(16) सोऽमात्यः[11] प्रजाभ्यः 'उदरावयवानां कथां' निवेद्य तासाम् आनुकूल्यं प्राप। राजा प्रजाश्च[12] सुखम् अन्वभवन्।

(16) उस मन्त्री ने प्रजाओं को 'पेट तथा अंगों की कथा' सुनाकर उनकी अनुकूलता प्राप्त कर ली। राजा तथा प्रजा सुख का अनुभव करने लगे।

(17) यदि वयं राज्ञे भागधेयं न दद्याम तस्य व्ययोपयोगाय धनं न शिष्यते। एवं समापतिते तस्करा बद्धपरिकरा[13] दिवाऽपि[14] लुण्ठनं विधास्यन्ति।

(17) अगर हम राजा को कर न देंगे, उसके ख़र्च के लिए धन नहीं बचेगा। ऐसा आ पड़ने पर चोर कमर कसकर दिन में भी लूट-पाट किया करेंगे।

(18) एकोऽन्यं[15] न अनुरोत्स्यते। मर्यादातिक्रमः प्रमाथाश्च[16] उद्भविष्यन्ति। राजाप्रजाश्च समम् एव न शिष्यन्ति।

(18) एक-दूसरे को नहीं मनाएगा। मर्यादा का उल्लंघन तथा अन्याय होंगे। राजा एवं प्रजा, एक समान, न बच रहेगी।

---

9. उपद्रवः+अयम्। 10. राजा+आत्मनः। 11. सः+अमात्यः। 12. प्रजाः+च। 13. तस्कराः+लद्धपरिकराः+दिवा+अपि। 14. दिवा+अपि। 15. एकः+अन्यं। 16. प्रमाथाः+च।

समास-विवरण

1. हस्तापादाद्यवयवाः—हस्तश्च पादश्च हस्तपादौ। हस्तपादौ आदि येषां ते हस्तपादादयः। हस्तपादादयश्चते अवयवाः हस्तपादाद्यवयवाः।

2. आनुकूल्यम्—अनुकूलस्य भावः=आनुकूल्यम्।

3. बद्धपरिकराः—बद्धाः परिकरा यैः ते=बद्धपरिकराः।

4. मर्यादातिक्रमः—मर्यादाया अतिक्रमः=मर्यादातिक्रमः।

5. सशपथम्—शपथेन सह, सशपथम्।

पाठ 11

तकारान्त पुल्लिग 'धीमत्' शब्द

	एकवचन	द्विवचन	बहुवचन
1.	धीमान्	धीमन्तौ	धीमन्तः
सम्बोधन	(हे) धीमन	(हे) „	(हे) „
2.	धीमतन्म्	„	धीमतः
3.	धीमता	धीमद्भ्याम्	धीमद्भिः
4.	धीमते	„	धीमद्भ्यः
5.	धीमतः	„	„
6.	„	धीमतोः	धीमताम्
7.	धीमति	„	धीमत्सु

'धीमत्' शब्द 'मत्' प्रत्यय से बना है। 'मत्' प्रत्ययवाले तथा 'वत्' 'यत्' प्रत्ययवाले शब्द इसी प्रकार बनते हैं।

मत् प्रत्ययवाले शब्द—श्रीमत्, बुद्धिमत्, आयुष्मत्, इत्यादि।

वत् प्रत्ययवाले शब्द—भगवत्, मघवत्, भवत्, यावत्, तावत्, एतावत्, इत्यादि।

यत् प्रत्ययवाले शब्द—कियत्, इयत्, इत्यादि।

तकारान्त पुल्लिंग 'महत्' शब्द

	एकवचन	द्विवचन	बहुवचन
1.	महान्	महान्तौ	महान्तः
सम्बोधन	(हे) महत्	(हे) „	(हे) „
2.	महान्तम्	„	महतः

3.	महता	महद्भ्याम्	महद्भिः
4.	महते	,,	महद्भ्य
5.	महतः	,,	,,
6.	महतः	महतोः	महताम्
7.	महति	,,	महत्सु

पूर्वोक्त 'धीमत्' और 'महत्' शब्द में भेद यह है कि, 'धीमत्' शब्द के (प्रथमा का एकवचन छोड़कर) प्रथमा, सम्बोधन और द्वितीया के रूपों में म का मा नहीं होता, परन्तु 'महत्' शब्द के रूपों में ह का हा होता है। उदाहरणार्थ–

1. धीमान्	धीमन्तौ	धीमन्तः–प्रथमा
2. महान्	महान्तौ	महान्तः–प्रथमा

इसी प्रकार अन्य शब्द पाठकों को जानने चाहिए।

सन्धि

नियम 1 –'सः' शब्द के अन्त का विसर्ग, 'अ' के सिवा कोई अन्य वर्ण सम्मुख आने पर, लुप्त हो जाता है–

सः+आगतः–स आगतः। सः+गच्छति–स गच्छति। सः+श्रेष्ठ–स श्रेष्ठः।

'सः' के सामने 'अ' आने से दोनों का 'सोऽ' बनता है। जैसे–

सः+अगच्छत्–सोऽगच्छत्। सः+अवदत्–सोऽवदत्। सः+अस्ति–सोऽस्ति।

नियम 2 –जिसके पहले अकार हो, ऐसे पदान्त के विसर्ग के पश्चात् मृदु व्यञ्जन आने से, उस अकार और विसर्ग का 'ओ' बन जाता है। जैसे–

मनुष्यः+गच्छति=मनुष्यो गच्छति। अश्वः+मृतः=अश्वो मृतः। पुत्रः+लब्धः=पुत्रो लब्धः। अर्थः।गतः=अर्थो गतः।

नियम 3–जिसके पूर्व आकार है ऐसे पदान्त का विसर्ग उसके सम्मुख स्वर अथवा मृदु व्यञ्जन आने से लुप्त हो जाता है, जैसे–

मनुष्याः+अवदन्=मनुष्या अवदन्। असुराः+गताः=असुरा गताः। देवाः+आगताः=देवा आगताः। वृक्षाः+नष्टाः=वृक्षा नष्टाः।

नियम 4 –अ, आ को छोड़कर अन्य स्वरों के बाद आनेवाले विसर्ग का अगर उसके सम्मुख स्वर अथवा मृदु व्यञ्जन आया हो, 'र' बनता है। जैसे–

हरिः+अस्ति=हरिरस्ति। भानुः+उदेति=भानुरुदेति।

कवेः+आलेख्यम्=कवेरालेख्यम्।

ऋषिपुत्रैः+आलोचितम्–ऋषिपुत्रैरालोचितम्।

देवैः+दत्तम्–देवैर्दत्तम्। हरेः+मुखम्–हरेमुखम्।

हस्तैः+यच्छति=हस्तैर्यच्छति।

विसर्ग के पूर्व 'अ' अथवा 'आ' आने पर नियम 1 तथा 2 के अनुसार सन्धि होगी।

नियम 5—'र्' के सामने 'र्' आने से प्रथम 'र्' का लोप हो जाता है, और लुप्त रकार का पूर्व स्वर दीर्घ हो जाता है। जैसे—

ऋषिभिः+रचितम्=ऋषिभी रचितम्। भानुः+राधते=भानू राधते। शस्त्रैः+रक्षितम्=शस्त्रै रक्षितम्। हरेः+रक्षकः=हरे रक्षकः।

पाठक इन सन्धि-नियमों को बारम्बार पढ़कर ठीक-ठीक याद करें। प्राचीन पुस्तकें पढ़ने के लिए संधि-नियमों के ज्ञान के बिना काम नहीं चल सकता तथा प्रगल्भ संस्कृत बोलने के लिए स्थान-स्थान पर संधि करने की आवश्यकता होती है।

शब्द—पुल्लिग

चरन्—घूमता हुआ। **कुशः**—दर्भः, घास। **लोभः**—लालच। **अर्थः**—द्रव्य, पैसा। **एतावान्**—इतना। **विश्वासभूमिः**—विश्वास का स्थान, पात्र। **दाराः**—स्त्री (यह शब्द सदा बहुवचन में चलता है)। **पान्थः**—प्रवासी, पथिक। **सन्देह**—संशय। **आत्म-सन्देहः**—अपने (विषय) में संशय। **लोकापवादः**—लोकों में निन्दा। **भवान्**—आप। **विरहः**—रहित होना। **गतानुगतिकः**—अंध-परम्परा से चलने वाला। **बधः**—हनन। **वंशः**—कुल। **मूर्ध्नि**—शिर में। **यत्नः**—प्रयत्न। **महापङ्कः**—बड़ा कीचड़।

स्त्रीलिंग

प्रवृत्तिः—प्रयत्न, पुरुषार्थ। **यौवन दशा**—जवानी (की अवस्था)।

नपुंसकलिंग

भाग्य—सुदैव। **कंकण**—चूड़ी। **शील**—स्वभाव। **सरः**—तालाब। **तीर**—किनारा। **अर्जन**—कमाना। **ललाट**—सिर। **वचः**—भाषण।

विशेषण

समीहित—युक्त, इष्ट। **अनिष्ट**—जो इष्ट नहीं। **भद्र**—कल्याण। **वंशहीन**—कुलहीन। **अधीत**—अध्ययन किया। **आलोचित**—देखा हुआ। **विधेय**—करने योग्य। **मारात्मक**—हिंसा-प्रवृत्तिवाला। **गलित**—गला हुआ। **हस्तस्थ**—हाथ में रक्खा हुआ। **प्रतीत**—विश्वस्त। **धृत**—धरा हुआ। **आदिष्ट**—आज्ञापित। **निमग्न**—डूबा हुआ। **दुर्गत**—बुरी अवस्था में फँसा हुआ। **अक्षम**—असमर्थ। **दुर्वृत्त**—दुराचारी। **दुर्निवार**—दूर

करने के लिए कठिन। **सयत्न**—प्रयत्नशील।

अन्य

अविचारित—विचारा न गया।**तुभ्यम्**—तुमको।**अहह**—अरे! रे!!!।**प्राक्**—पहले। **प्रकाशम्**—बाहर।

क्रिया

प्रसार्य—फैलाकर। **उपगम्य**—पास जाकर। **गृह्यताम्**—लीजिए। **संभवति**—संभव है (होता है)। **निरूपयामि**—देखता हूं। **अपश्यम्**—देखा (मैंने)। **पलायितुम्**—दौड़ने के लिए। **प्रोज्झितुं**—मिटाने के लिए। **आसम्**—(मैं) था। **चरतु**—करे, चले (वह)। **उत्थापयामि**—उठाता हूं (मैं)।

(8) विप्र-व्याघ्रयोः कथा

(1) अहमेकदा[1] दक्षिणारण्ये चरन् अपश्यम्–एको[2] वृद्धो व्याघ्रः स्नातः कुशहस्तः सरस्तीरे ब्रूते।

(2) भो भो पान्थाः! इदं सुवर्ण कङ्कणं गृह्यताम्। ततो[3] लोभाकृष्टेन केनचित् पान्थेनालोचितम्[4]।

(3) भाग्येनैतत्[5] सम्भवति। किन्तु अस्मिन् आत्मसन्देहे प्रवृत्तिर्न[6] विधेया।

(4) यतो[7] जातेऽपि समीहितलाभे अनिष्टाच्छुभा[8] गतिर्न जायते।

(5) किन्तु सर्वत्र अर्थार्जने प्रवृत्तिः संदेह एव। उक्तं च संशयम् अनारुह्य नरो भद्राणि न पश्यति।

(8) ब्राह्मण और शेर की कथा

(1) मैंने एक समय दक्षिण अरण्य में घूमते हुए देखा—एक बूढ़ा शेर स्नान करके दर्भ हाथ में धरकर तालाब के तीर पर कह रहा है।

(2) हे पथिको! यह सोने की चूड़ी ले लो। इसके बाद लोभ से खिंचे हुए किसी पथिक ने सोचा—

(3) सुदैव से यह संभव होता है। परन्तु इस आत्मा के संशय (वाले कार्य) में प्रयत्न नहीं करना चाहिए।

(4) क्योंकि अच्छा लाभ होने पर भी अनिष्ट से अच्छा परिणाम नहीं होता (है)।

(5) परन्तु सब जगह पैसा कमाने में प्रयत्न संशयवाला ही (होता) है। कहा भी है—संशय के ऊपर चढ़े बिना मनुष्य

---

1. अहं+एकदा। 2. एकः+वृद्ध। 3. ततः+लोभ। 4. पान्थेन+आलो.। 5. भाग्येन+एतत्। 6. प्रवृत्तिः+न। 7. यतः+जाते। 8. अनिष्टात्+शुभा।

कल्याण को नहीं देखता।

(6) तत् निरूपयामि तावत्। प्रकाशं ब्रूते "कुत्र तव कङ्कणम्" व्याघ्रो हस्तं प्रसार्य दर्शयति।

(6) इसलिए देखता हूं। बाहर (खुले आवाज़ में) बोलता है—"कहां (है)? तेरी चूड़ी?" शेर हाथ खोल कर दिखाता है।

(7) पान्थोऽवदत्[9] कथमारात्मके त्वयि विश्वासः। व्याघ्र[10] उवाच—"शृणु रे पान्थ। प्राग् एव यौवनदशायाम् अतिदुर्वृत्त आसम्।

(7) पथिक बोला—किस प्रकार हिंसारूप तेरे में विश्वास (हो)? शेर बोला—"सुन रे पथिक ! पहले ही जवानी में (मैं) बहुत दुराचारी था।

(8) अनेक 'गोमानुषाणां वधान्मृता[11] में पुत्राः दाराश्च। वंशहीनश्च[12] अहम्।

(8) बहुत गौओं, मनुष्यों के वध से मेरे पुत्र मर गए और स्त्रियां; और वंशरहित मैं (हुआ)।

(9) तत् केनचिद् धार्मिकेणाहम्[13] आदिष्टः—दानधर्मादिकं चरतु भवान्।

(9) तब किसी धार्मिक ने मुझे कहा—दान धर्मादिक कीजिए आप।

(10) तदुपदेशादिदानीम्[14] अहं स्नानशीलो दाता वृद्धो गलितनखदन्तो कथं न विश्वासभूमिः।

(10) उसके उपदेश से अब मैं स्नानशील, दाता, बुड्ढा, जिसके नाख़ून और दांत गल गए हैं, क्योंकर विश्वासयोग्य नहीं हूं।

(11) मम च एतावान् लोभ विरहो[15] येन स्वहस्तस्थम् अपि सुवर्णकङ्कणं यस्मै-कस्मै-चिद् दातुं इच्छामि।

(11) और मेरा इतना लोभ से छुटकारा है कि अपने हाथ में पड़ा भी सोने का कंकण जिस-किसीको देना चाहता हूं।

(12) तथापि व्याघ्रो मानुषं खादति इति लोकापवादो दुर्निवारः। यतो लोकः गतानुगतिकः मया च धर्मशास्त्राणि अधीतानि।

(12) तथापि शेर मनुष्य को खाता है, लोगों में ऐसी निंदा है, वह दूर होनी कठिन है क्योंकि लोग अंधविश्वासी हैं, और मैंने धर्मशास्त्र पढ़े हैं।"

(13) त्वं च अतीव दुर्गतस्तेन[16] तुभ्यं दातुं सयत्नोऽहम्[17]। तदत्र[18] सरसि स्नात्वा सुवर्णकङ्कणं गृहाण।

(13) और तू बहुत बुरी हालत में है इसलिए तुझे देने के लिए मैं प्रयत्नवान् हूं। तो इस तालाब में स्नान करके सोने की चूड़ी ले लो।

---

9. पान्थाः+अवदत्। 10. व्याघ्रः+उवाच। 11. वधात्+मृता। 12. हीनः+च। 13. धार्मिकेण+अहं। 14. देशात्+इदानीं। 15. विरहः+येन। 16. दुर्गतः+तेन। 17. सयत्नः+अहं। 18. तद्+अत्र।

(14) ततो यावद् असौ तद्वचः प्रतीतो लोभात् सरः स्नातुं प्रविशति, तावत् महापङ्के निमग्नः पलायितुम् अक्षमः।

(14) बाद, जब उसके भाषण पर विश्वास कर लोभ से तालाब में स्नान के लिए प्रविष्ट हुआ, तब बड़े कीचड़ में फंसा, और भागने के लिए असमर्थ रहा।

(15) पङ्के पतितं दृष्ट्वा व्याघ्रोऽवदत्। अहह ! महापङ्के पति तोऽसि अतः त्वाम् अहम् उत्थापयामि।

(15) कीचड़ में फंसा हुआ (उसे) देखकर शेर बोला—अरे रे! बड़े कीचड़ में फंस गए हो, इसलिए तुमको मैं उठाता हूं।

(16) इति उक्त्वा शनैः शनैः उपगम्य, तेन व्याघ्रेण धृतः स पान्थः अचिन्तयत्।

(16) यह कहकर आहिस्ता-आहिस्ता पास जाकर, उस शेर से पकड़ा गया वह पथिक सोचने लगा—

(17) तन् मया भद्रं न कृतं यद् अत्र मारात्मके विश्वासः कृतः। स्वभावो हि सर्वान् गुणान् अतीत्य मूर्ध्नि वर्तते।

(17) सो मैंने अच्छा नहीं किया जो इस हिंसा-रूप में विश्वास किया। स्वभाव ही सब गुणों को अतिक्रमण करके सिर पर होता है।

(18) अन्यच्च—ललाटे लिखितं प्रोज्झितुं कः समर्थः इति चिन्तयन् एव असौ व्याघ्रेणव्यापादितः खादितः च।

(18) और भी है—माथे पर लिखा हुआ दूर करने के लिए कौन समर्थ है? ऐसा सोचता हुआ ही उसे शेर ने मार डाला और खा लिया।

(19) अतः अहं ब्रवीमि सर्वथाऽविचारितं कर्मं न कर्तव्यम् इति।

(19) इसलिए मैं कहता हूं—सब प्रकार से न सोचा हुआ कार्य नहीं करना चाहिए।

(हितोपदेशात्)

(हितोपदेश)

समास-विवरण

1. कुशहस्तः—कुशाः हस्ते यस्य सः कुशहस्तः।
2. लोभाकृष्टः—लोभेन आकृष्टः लोभाकृष्टः।
3. आत्मसन्देहः—आत्मनः सन्देहः आत्मसन्देहः।
4. अनेकगोमानुषाणाम्—गावश्च मानुषाश्च गोमानुषाः; अनेके गोमानुषा= अनेकगोमानुषाः तेषाम्।
5. दानधर्मादिकम्—दानं च धर्मश्च दानधर्मौ। दानधर्मौ आदि यस्य तत् दानधर्मादिकम्।
6. अविचारितम्—न विचारितम्=अविचारितम्।

पाठ 12

ऋकारान्त पुल्लिंग 'पितृ' शब्द

	एकवचन	द्विवचन	बहुवचन
1.	पिता	पितरौ	पितरः
सम्बोधन	(हे) पितः	(हे) ,,	(हे) ,,
2.	पितरम्	,,	पितॄन्
3.	पित्रा	पितृभ्याम्	पितृभिः
4.	पित्रे	,,	पितृभ्यः
5.	पितुः	,,	,,
6.	,,	पित्रोः	पितॄणाम्
7.	पितरि	,,	पितृषु

चतुर्थ पाठ में 'धातृ' शब्द दिया गया है। उसमें और इस 'पितृ' शब्द में प्रथमा, सम्बोधन और द्वितीया के रूपों में कुछ भेद है। देखिए–

धातृ–धाता धातारौ धातारः
पितृ–पिता पितरौ पितरः

जैसे 'धातृ' शब्द के रकार के पूर्व 'आ' है, वैसे–'पितृ' शब्द के रकार के पूर्व नहीं हुआ। यह विशेष भ्रातृ, जामातृ, देवृ, शस्तृ सव्येष्ट्र, नृ–इन छः शब्दों में भी पाया जाता है।

इन्नन्त पुल्लिग 'पथिन्' शब्द

	एकवचन	द्विवचन	बहुवचन
1.	पन्थाः	पन्थानौ	पन्थानः
सम्बोधन	(हे) ,,	(हे) ,,	(हे) ,,
2.	पन्थानम्	,,	पथः
3.	पथा	पथिभ्याम्	पथिभिः
4.	पथे	,,	पथिभ्यः
5.	पथः	,,	,,
6.	पथः	पथोः	पथाम्
7.	पथि	,,	पथिषु

इसी प्रकार मथिन्, ऋभुक्षिन आदि शब्द चलते हैं।

इकारान्त पुल्लिग 'सखि' शब्द

	एकवचन	द्विवचन	बहुवचन
1.	सखा	सखायौ	सखायः
सम्बोधन	(हे) सखे	(हे) ,,	(हे) ,,
2.	सखायम्	,,	सखीन्
3.	सख्या	सखिभ्याम्	सखिभिः
4.	सख्ये	,,	सखिभ्यः
5.	सख्युः	,,	,,
6.	,,	सख्योः	सखीनाम्
7.	सख्यौ	,,	सखिषु

'सखि' इकारान्त होने पर भी 'हरि' शब्द के समान रूप नहीं बनाता, यह बात ध्यान रखनी चाहिए। इसी प्रकार 'पति' आदि शब्द हैं जो विशेष प्रकार से चलते हैं, जिनका विचार हम आगे करेंगे।

नियम 1—विसर्ग के पूर्व अकार हो तथा उसके बाद 'अ' के अलावा दूसरा कोई स्वर आ जाए तो विसर्ग का लोप हो जाता है। जैसे—

रामः	+	इति	=	राम इति
देवः	+	इच्छति	=	देव इच्छति
सूर्यः	+	उदयते	=	सूर्य उदयते

नियम 2—शब्दान्त के 'ए, ऐ, ओ औ,' के सामने कोई स्वर आने से उनके स्थान में क्रमशः 'अय्, आय्, अव्, 'आव्' ऐसे आदेश होते हैं—

ने	+	अ	=	नय
भो	+	अ	=	भव
गै	+	अ	=	गाय

नियम 3—पदान्त के नकार के पूर्व 'अ, इ, उ, ऋ, ऌ,' में से कोई एक स्वर हो और उसके पश्चात् कोई स्वर आ जाए तो, उस नकार को द्वित्त्व प्राप्त होता है। जैसे—

अस्मिन्	+	उद्याने	=	अस्मिन्नुद्याने
तस्मिन्	+	इति	=	तस्मिन्निति
आसन्	+	अत्र	=	आसन्नत्र

यह नकार दीर्घ स्वर के पश्चात् आए तो द्वित्त्व नहीं होता। जैसे—

तान्	+	अपि	=	तानपि
ऋषीन्	+	इच्छति	=	ऋषीनिच्छति
रवीन्	+	उपास्ते	=	रवीनुपास्ते

शब्द–पुल्लिंग

चतुर्थः–चौथा। **प्रतिग्रहः**–दान लेना। **प्रभावः**–सामर्थ्य। **मूर्खः**–मूढ़। **महानुभावः**–महाशय। **संविभागिन्**–हिस्सेदार। **प्रत्ययः**–अनुभव। **सञ्चय**–एकीकरण। **पार**–परला किनारा।

स्त्रीलिंग

अटवी–अरण्य। **उपार्जना**–प्राप्ति। **वसुधा**–भूमि। **अटव्याम्**–अरण्य में। **विफलता**–निष्फलता। **बाला**–स्त्री। **धरणिः**–भूमि।

नपुंसकलिंग

देशान्तरम्–अन्य देश। **अधिष्ठानम्**–ग्राम। **अस्थिन्**–हड्डी। **बाल्य**–बालपन। **कुटुम्बक**–परिवार। **औत्सुक्य**–उत्सुकता।

विशेषण

हीन–न्यून। **उपागत**–प्राप्त। **अभिहित**–कहा हुआ। **पराङ्मुख**–पीछे मुंह किए हुए। **क्रीडित**–खेले हुए। **लघु-चेतस्**–क्षुद्र बुद्धिवाला। **त्रयः**–तीन। **मंत्रित**–सोचा हुआ। **स्वोपार्जित**–अपनी कमाई। **निषिद्ध**–मना किया हुआ। **ज्येष्ठ**–बड़ा। **ज्येष्ठतर**–दोनों में बड़ा। **ज्येष्ठतम**–सबसे बड़ा। **उदारचरित**–बड़े दिलवाला। **संयोजित**–मिलाया हुआ।

अन्य

धिक्–धिक्कार। **क्षणं**–क्षण-भर। **भोः**–अरे।

क्रिया

वसन्ति–रहते हैं। **लभ्यते**–प्राप्त होता है। **संचारयति**–संचार कराता है। **प्रतीक्षस्व**–ठहर। **आरोहामि**–चढ़ता हूं। **उपदिश्य**–उपदेश करके। **परितोष्य**–संतुष्ट करके। **अवतीर्य**–उतरकर। **क्रियते**–किया जाता है। **युज्यते**–योग्य है। **निष्पाद्यते**–बनाया जाता है। **उत्थाय**–उठकर।

विशेषणों का उपयोग

बुद्धिहीनः पुरुषः।	निषिद्धो ग्रन्थः।	ज्येष्ठो भ्राता।
बुद्धिहीना स्त्री।	निषिद्धा कथा।	ज्येष्ठा भगिनी।
बुद्धिहीनं मित्रम्।	निषिद्धं पुस्तकम्।	ज्येष्ठं मित्रम्।

(9) बुद्धिहीना विनश्यन्ति

(1) कस्मिं[1]श्चिदधि[2]ष्ठाने चत्वारो ब्राह्मणपुत्राः परं मित्रभावं उपगताः वसन्ति स्म। (2) तेषु त्रयः शास्त्रपारङ्गताः परन्तु बुद्धिरहिताः एकस्तु[3] बुद्धिमान् केवलं शास्त्रपराङ्मुखः।

अथ कदाचित् तैः मित्रैः मन्त्रितम्। (3) को गुणो[4] विधाया येन देशान्तरं गत्वा भूपतीन् परितोष्य अर्थोपार्जना न क्रियते। तत् पूर्वदेशं गच्छामः। तथाऽनुष्ठिते[5] किञ्चिन् मार्गं गत्वा ज्येष्ठतरः प्राह। अहो अस्माकं एकश्चतुर्थो[6] मूढ़ः[7] केवलं बुद्धिमान्। (4) न च राजप्रतिग्रहो बुद्धया लभ्यते, विद्यां बिना। तत् न अस्मै। स्वोपार्जित दास्यामः। तद् गच्छतु गृहम्। ततो[8] द्वितीयेन अभिहितम्। (5) अहो न युज्यते एवं कर्तुम् यतो (6) वयं बाल्यात्-प्रभृति एकत्र क्रीडिताः। तद् आगच्छतु। (7) महानुभावो[9]ऽस्म-दुपार्जितवित्तस्य संविभागी भविष्यति इति। (8) उक्तं च—अयं निजः परो वेति गणना लघुचेतसाम्। उदारचरितानां तु वसुधैव[10] कुटुम्बकम् इति (9) तद् आगच्छतु एषोऽपि[11] इति। तथाऽनुष्ठिते[12], मार्गाश्रितै[13]रटव्याम्[14] मृतसिंहस्य अस्थीनि दृष्टानि। (10) ततश्च[15] एकेन अभिहितम्—यद् अहो विद्याप्रत्ययः क्रियते। किञ्चिद् एततू सत्व मृतं तिष्ठति। तद् विद्याप्रभावेण जीवसहितं कुर्मः (11) अहम् अस्थिसञ्चयं करोमि।

---

(1) (परं मित्रभावं उपगता)—बड़े मित्र बन गए। (2) (शास्त्रपराङ्मुखः)—शास्त्र न पढ़ा हुआ। (3) (भूपतीन् परितोष्य अर्थोपार्जना न क्रियते) राजाओं को खुश कर द्रव्य प्राप्ति नहीं की जाती है। (4) (न च राजप्रतिग्रहो बुद्धया लभ्यते) न ही राजा से दान बुद्धि के कारण मिलता है। (5) (न युज्यते एवं कर्तुम्) नहीं योग्य है ऐसा करना। (6) (वयं बाल्यात्-प्रभृति एकत्र क्रीडिताः) हम बचपन से एक स्थान पर खेले हैं। (7) (वित्तस्य संविभागी) द्रव्य का हिस्सेदार। (8) (अयं निजः परो वा इति गणना लघु चेतसाम्) यह अपना यह पराया ऐसी गिनती छोटे दिलवालों की है। (उदारचरितानां तु वसुधैव कुटम्बकम्) उदार बुद्धिवालों का पृथ्वी ही परिवार है। (9) (तै मार्गाश्रितैः) उनके मार्ग का आश्रय लेने पर—चलने पर। (10) (विद्याप्रत्ययः क्रियते) विद्या का अनुभव लिया जाता है। (जीवसहितंकुर्मः) सजीव करेंगे। (11) (अस्थिसंचयं करोमि)

---

1. कस्मिन्+चित्। 2. चित्+अषि.। 3. एकः+तु। 4. कः+गुणः+विद्या। 5. तथा+अनुष्ठिते। 6. एकः+चतु 7. चतुर्थः+मूढः। 8. ततः+द्वितीय। 9. महानुभावः+अस्मद्। 10. वसुधा+एव। 11 एषः+अपि। 12 तथा+अनु.। 13 मार्ग+आश्रितैः। 14 तैः+अटव्यां। 15 ततः+च।

ततश्च एकेन औत्सुक्याद् अस्थिसंचयः कृतः (12) द्वितीयेन चर्म-मांस-रुधिरं संयोजितम् तृतीयोऽपि[16] यावद् जीवं संचारयति, तावद् सुबुद्धिना निषिद्धः। (13) 'भोः! तिष्ठतु भवान्। एष सिंहो निष्पद्यते। यदि एनं सजीवं करिष्यसि, ततः सर्वानपि स व्यापादयिष्यति।' (14) स प्राह। 'धिङ्[17] मूर्ख ! नाहं विद्याया विफलतां करोमि।' ततस्तेन अभिहितम्–'तर्हि प्रतीक्षस्व क्षणम्। यावद् अहं वृक्षम् आरोहामि।' (15) तथानुष्ठिते, यावत् सजीवः कृतः, तावत् ते त्रयोऽपि[18] सिंहेनोत्थाय[19] व्यापादिताः। (16) स पुनः वृक्षाद् अवतीर्य गृहं गतः। अतोऽहं ब्रवीमि 'बुद्धिहीना विनश्यन्ति' इति।

(पञ्चतन्त्रात्)

सूचना–इस पाठ का भाषा में भाषान्तर नहीं दिया है। पाठक पढ़कर स्वयं समझने का यत्न करें। जो कठिन वाक्य हैं, उन्हीं का भाषान्तर दिया गया है।

समास-विवरण

1. ब्राह्मणपुत्राः–ब्राह्मणस्य पुत्राः ब्राह्मणपुत्राः।
2. शास्त्रपराङ्मुखः–शास्त्रात् पराङ् मुखः शास्त्रपराङ्मुखः।
3. अर्थोपार्जना–अर्थस्य उपार्जना अर्थोपार्जना।
4. अस्मदुपार्जितं–अस्माभिः उपार्जितम् अस्मदुपार्जितम्।
5. लघुचेतसा–लघु चेतः यस्य सः लघुचेताः तेषां लघुचेतसाम्।
6. मृतसिंहः–मृतः च असौ सिंहः च मृतसिंहः।
7. सुबुद्धिः–सुष्ठुः बुद्धि यस्य सः सुबुद्धिः।

मैं हड्डियां एकत्र करता हूं। (12) (यावज्जीवं संचारयति) जब जीव डालने लगा। (13) (तावत् सुबुद्धिना निषिद्धः) तब सुबुद्धि ने मना किया। (14) (विद्याया विफलतां करोमि) विद्या को निष्फल करूंगा। (15) (प्रतीक्षस्व क्षणम्) ठहर क्षण-भर। (16) (सिंहेनोत्थाय व्यापादिताः) शेर ने उठकर मारा।

---

16. तृतीयः+अपि। 17. धिक्+मूर्ख। 18. त्रयः+अपि। 19. सिंहेन+उत्थाय।

पाठ 13

इकारान्त पुल्लिंग 'पति' शब्द

	एकवचन	द्विवचन	बहुवचन
1.	पतिः	पती	पतयः
सम्बोधन	(हे) पते	(हे) ,,	(हे) ,,
2.	पतिम्	,,	पतीन्
3.	पत्या	पतिभ्याम्	पतिभिः
4.	पत्ये	,,	पतिभ्यः
5.	पत्युः	,,	,,
6.	,,	पत्योः	पतीनाम्
7.	पत्यौ	,,	पतिषु

जब 'पति' शब्द समास के अन्त में आये तो उसके रूप पूर्वोक्त 'हरि' शब्द (पाठ 3) के समान होते हैं। देखिए–

इकारान्त पुल्लिंग 'भूपति' शब्द

	एकवचन	द्विवचन	बहुवचन
1.	भूपतिः	भूपती	भूपतयः
सम्बोधन	(हे) भूपते	(हे) ,,	(हे) ,,
2.	भूपतिम्	,,	भूपतीन्
3.	भूपतिना	भूपतिभ्याम्	भूपतिभिः
4.	भूपतये	,,	भूपतिभ्यः
5.	भूपतेः	,,	,,
6.	,,	भूपत्योः	भूपतीनाम्
7.	भूपतौ	,,	भूपतिषु

सन्धि नियम 1–इ, उ, ऋ, लृ, के सामने विजातीय स्वर आने पर इनके स्थान में क्रमशः 'य्, द्, र्, ल्' आदेश होते हैं।

हरि	+	अङ्गम्	=	हर्यङ्गम्
देवी	+	अष्टकम्	=	देव्यष्टकम्
भानु	+	इच्छा	=	भान्विच्छा
स्वभू	+	आनन्दः	=	स्वभ्वानन्दः

धातृ	+	अंशः	=	धात्रशः
शक्लृ	+	अंतः	=	शक्लन्तः

शब्द–पुल्लिग

हस्तिन्, करिन्=हाथी। **महामात्र**=महावत, हाथीवाला। **संक्षोभ**=रौला, क्षोभ। **लोह**=लोहा। **आर्य**=श्रेष्ठ। **प्राव्रारक**=ओढ़ने का कपड़ा। **रद**=दाँत। **राजमार्ग**=बड़ा रास्ता, माल रोड। **परिव्राजक**=संन्यासी, भिक्षु। **दण्ड**=सोटी। **पराक्रम**=शौर्य। **आलानस्तम्भ**=(हाथी) बांधने का खम्भा। **चरण**=पांव। **महाकाय**=बड़े शरीर वाला। **वेश**–पोशाक।

स्त्रीलिंग

आर्या=श्रेष्ठ स्त्री। **कुण्डिका**=कमण्डलु। **भित्ति**=दीवार। **दृढ़मति**=स्थिर बुद्धिवाली।

नपुंसकलिंग

कर्म=कार्य। **नलिन**=कमल-दंड। **भाजन**=बर्तनप। **रदन**=रगड़, दाँत।

विशेषण

अवदात=उत्तर, प्रशंसायोग्य। **साधु**=अच्छा। **दीर्घ**=लम्बा। **अखिल**=सम्पूर्ण। **उद्युक्त**=तैयार। **समासादित**=पकड़ा हुआ। **विनीत**=नम्र। **अवतीर्ण**=उतरा हुआ। **विदारयन्**=तोड़ता हुआ। **शिखराभ**=शिखर के समान। **मोचित**=छुड़ाया हुआ।

अन्य

इतः=इस ओर। **उद्घुष्टम्**=पुकारा। **तरसा**=वेग से। **ततः**=वहां से।

क्रिया

शृणोतु=सुने (या आप सुनिए)।**आरोहत**=चढ़ो (तुम सब)।**मनुते**=मानता है। **उदघोषयन्**=बोले (वे सब)।**व्यापाद्य**=हनन करके।**आस्ते**=बैठा है (वह)।**अहनम्**=मैंने मारा। **जर्जरीकृत्य**=जर्जर करके। **बभञ्ज**=तोड़ा (उसने)। **अकरवम्**=मैंने किया। **संप्रधार्य**=निश्चय करके। **निश्वस्य**=साँस लेकर। **अपनयत**=ले जाओ (तुम सब)। **मर्दयितुम्**=रगड़ने के लिए। **परित्रातुम्**=रक्षा करने के लिये। **निवेदयितुम्**=कहने के लिये।

(10) अवदातं कर्म

(1) **शृणोतु आर्या मे पराक्रमम्। योऽसौ[1] आर्याया हस्ती[2] स महामात्रं व्यापाद्य आलानस्तम्भं बभञ्ज।**

(2) **ततः स महान्तं संक्षोभं कुर्वन् राजमार्गम् अवतीर्णः। अत्रान्तरे उद्घुष्टं जनेन–**

(3) **अपनयत बालकजनम्। आरोहत वृक्षन् भित्तीश्च[3]! हस्ती इत एति,[4] इति।**

(4) **करी कर-चरण-रदनेन अखिलं वस्तुजातं विदारयन्नास्ते[5]। एतां नगरीं नलिन-पूर्णा महासरसीम् इव मनुते।**

(5) **तेन ततः कोऽपि[6] परिव्राजकः समासादितः। तञ्च[7] परिभ्रष्ट-दण्ड-कुण्डिका-भाजनं यदा स चरणैर्मर्दयितुं[8] उद्युक्तो बभूव[9], तदा परिव्राजकं परित्रातुं दृढ़मतिम् अकरवम्।**

(6) **एवं संप्रधार्य सत्वरं लोहदण्डम् एकं तरसा गृहीत्वा तं हस्तिनं। अहनम्।**

(7) **विन्ध्यशैल-शिखराभं महाकायम् अपि तं जर्जरीकृत्य स परिव्राजको मोचितः[10]। ततः 'शूर साधु साधु' इति सर्वेऽपि[11] जनाः उच्चैरुदघोषयन्[12]।**

(10) उत्तम कार्य

(1) देवी ! आप सुनें मेरा पराक्रम। जो वह आर्या (आप) का हाथी है, उसने महावत को मारकर बन्धन-स्तम्भ को तोड़ डाला।

(2) इसके बाद, वह बड़ा रौला करता हुआ राजमार्ग पर आया। इतने में पुकारा लोगों ने–

(3) ले जाओ बालकों को। चढ़ो अभी वृक्षों और दीवारों पर। हाथी इधर आ रहा है।

(4) हाथी सूंड और पाँवों की रगड़ से सब पदार्थों को चूर कर रहा है। इस नगरी को (वह) कमलिनियों से भरे हुए बड़े तालाब के समान मानता है।

(5) तत्पश्चात् उसने कोई संन्यासी पकड़ा। जिसके दण्ड, कमंडल, बरतन गिर गये हैं, ऐसे उस (संन्यासी) को जब वह चरणों से रौंदने के लिए तैयार हुआ, तब संन्यासी की रक्षा करने की दृढ़ बुद्धि (मैंने) की।

(6) शीघ्र ही इस प्रकार निश्चय करके लोहे का एक सोटा शीघ्रता से पकड़कर (मैंने) उस हाथी को मारा।

(7) विन्ध्यपर्वत के शिखर के समान बड़े शरीर वाले उस (हाथी) को भी जर्जर करके, वह संन्यासी छुड़वाया। पश्चात् 'शूर शाबाश! शाबाश' ऐसा सब लोगों ने ऊंची आवाज़ से पुकारा।

---

1. यः+असौ। 2. आर्यायाः+हस्ती। 3. भित्तीः+च। 4. इतः+एति। 5. विदारयन्+आस्ते। 6. कः+अपि। 7. तम्+च। 8. चरणैः+मर्दयितुम्। 9. उद्युक्तः+बभूव। 10. परिव्राजकः+मोचितः। 11. सर्वे+अपि। 12. उच्चैः+उदघोषयन्।

(8) ततः एकेन विनीतवेषेण ऊर्ध्वंदीर्घ निश्वस्य स्वप्रावारकोऽपि[13] मनोपरि[14] क्षिप्तः।

(8) पश्चात् नम्र पोशाक वाले एक ने, ऊपर लम्बा सांस लेकर, अपना ओढ़ना भी मेरे ऊपर फेंका।

(9) तम् अहं गृहीत्वा, इमं वृत्तान्तम् आर्यायै निवेदयितुम् आगतः।

(9) उसको मैं लेकर यह वृत्तान्त आपको कहने के लिए आ गया।

(संस्कृत पाठावली)

(संस्कृत पाठावली)

समास-विवरण

1. करचरणरदनेन—करः च चरणौ च रदने च (तेषां समाहारः) करचरणरदनम्। तेन करचरणरदने।

2. नलिनपूर्णाम्—नलिनैः पूर्णाम्।

3. परिभ्रष्टदण्डकुण्डिकाभाजनम्—दण्डः च कुण्डिकाभाजनं च=दण्डकुण्डिका भाजने। परिभ्रष्टे दण्डकुण्डिकाभाजने यस्मात् (यस्य वा) सः=परिभ्रष्टदण्डकुण्डिकाभाजनः तम्।

4. लोहदण्डः—लोहस्य दण्डः=लोहदण्डः।

5. स्वप्रावारकः—स्वस्य प्रावारकः=स्वप्रावारकः।

6. विनीतवेषः—विनीतः वेषः यस्य सः=विनीतवेषः।

7. महाकायः—महान् कायः यस्य सः=महाकायः।

पाठ 14

शकारान्त पुल्लिंग 'विश्' शब्द

	एकवचन	द्विवचन	बहुवचन
1.	विट् विड्	विशौ	विशः
सम्बोधन	(हे) विट् विड्	(हे) विशौ	(हे) विशः
2.	विशम्	"	"

13. प्रावारकः+अपि। 14. मन+उपरि।

3.	विशा	विड्भ्याम्	विड्भिः
4.	विशे	,,	विड्भ्यः
5.	विशः	,,	,,
6.	,,	विशोः	विशाम्
7.	विशि	,,	विट्सु

इस शब्द के प्रथम सम्बोधन के एकवचन के रूप दो-दो होते हैं। जिस शब्द के अन्त में व्यंजन होता है, उसके दो रूप संभव हैं। इस शब्द के समान, विश्वसृज्, परिमृज्, देवेज्, परिव्राज्, विभ्राज्, राज्, सुवृश्च् भृज्ज्, त्विष्, द्विष्, रत्नमृष्, प्रावृष्, प्राच्छ्, प्राश्, लिह्—इत्यादि शब्द चलते हैं। तथा छ्, श्, ष्, ह् आदि व्यंजन जिनके अन्त में होते हैं, ऐसे शब्द भी इसी के समान चलते हैं। सुभीते के लिये 'परिव्राज्' शब्द के रूप नीचे दिये जा रहे हैं।

जकारान्त पुल्लिग 'परिव्राज' शब्द

	एकवचन	द्विवचन	बहुवचन
1.	परिव्राट्-ड्	परिव्राजौ	परिव्राजः
सम्बोधन	(हे) ,,	(हे) ,,	(हे) ,,
2.	परिव्राजम्	,,	,,
3.	परिव्राजा	परिव्राड्भ्याम्	परिव्राड्भिः
4.	परिव्राजे	,,	परिव्राड्भ्यः
5.	परिव्राजः	,,	,,
6.	,,	परिव्राजोः	परिव्राजाम्
7.	परिव्राजि	,,	परिव्राट्सु

जकारान्त पुल्लिग 'ऋत्विज्' शब्द

1.	ऋत्विक्-ग्	ऋत्विजौ	ऋत्विजः
3.	ऋत्विजा	ऋत्विग्भ्याम्	ऋत्विग्भिः
7.	ऋत्विजि	ऋत्विजोः	ऋत्विक्षु

चकारान्त पुल्लिग 'पयोमुच्' शब्द

1.	पयोमुक्-ग्	पयोमुचौ	पयोमुचः
4.	पयोमुचे	पयोमुग्भ्याम्	पयोमुग्भ्यः
7.	पयोमुचि	पयोमुचोः	पयोमुक्षु

जकारान्त पुल्लिंग 'विश्वसृज्' शब्द

1.	विश्वसृट्-ड्	विश्वसृजौ	विश्वसृजः
3.	विश्वसृजा	विश्वसृड्भ्याम्	विश्वसृड्भिः
5.	विश्वसृजः	"	विश्वसृड्भ्यः

'देवेज्' शब्द

1.	देवेट्-ड्	देवेजौ	देवेजः
4.	देवेजे	देवेड्भ्याम्	देवेड्भ्यः
7.	देवेजि	देवेजोः	देवेट्सु

'राज्' शब्द

1.	राट्-ड	राजौ	राजः
3.	राजा	राड्भ्याम्	राड्भिः
6.	राजः	राजोः	राजाम्
7.	राजि	राजोः	राट्सु

'द्विष्' शब्द

1.	द्विट्-ड्	द्विषौ	द्विषः
3.	द्विषा	द्विडभ्याम्	द्विड्भिः
5.	द्विषः	द्विड्भ्याम्	द्विड्भ्यः
7.	द्विषि	द्विषोः	द्विट्सु

'प्रावृष्' शब्द

1.	प्रावृट्-ड्	प्रावृषौ	प्रावृषः
7.	प्रावृषि	प्रावृषोः	प्रावृट्सु

'लिह' शब्द

1.	लिट्-ड्	लिहौ	लिहः
3.	लिहा	लिड्भ्याम्	लिडभिः
7.	लिहि	लिहोः	लिट्सु

'रत्नमुष्' शब्द

1.	रत्नमुट्-ड्	रत्नमुषौ	रत्नमुषः
4.	रत्नमुषे	रत्नमुड्भ्याम्	रत्नमुड्भ्यः
7.	रत्नमुषि	रत्नमुषोः	रत्नमुट्सु

'प्राच्छ्' शब्द

1.	प्राट्-ड्	प्राच्छौ	प्राच्छः
3.	प्राच्छा	प्राड्भ्याम्	प्राड्भिः
7.	प्राच्छि	प्राच्छोः	प्राट्सु

'प्राश्' शब्द

1.	प्राट्-ड्	प्राशौ	प्राशः
3.	प्राशा	प्राड्भ्याम्	प्राड्भिः
7.	प्राशि	प्राशोः	प्राट्सु

शब्द-पुल्लिंग

आहव = युद्ध। **भेक** = मेंढक। **दर्दुर** = मेंढक। **मण्डूक** = मेंढक। **आहारविरह** = भोजन न होना। **भुजङ्ग** = सांप। **प्रश्न** = सवाल। **श्रोत्रिय** = वैदिक। **बान्धव** = भाई। **स्नातक** = विद्या समाप्त कर ली है जिसने ऐसा ब्रह्मचारी। **राष्ट्रविप्लव** = ग़दर। **आहार** = भोजन। **महोदधि** = बड़ा समुद्र। **गुण** = गुण। **रागिन्** = लोभी। **नृ** = मनुष्य।

स्त्रीलिंग

विंशति = बीस। **परिवेदना** = शोक।

नपुंसकलिंग

उद्यान = बाग़। **भाग्य** = दैव। **विष** = ज़हर। **कौतुक** = कुतूहल, आश्चर्य। **दुर्भिक्ष** = अकाल। **व्यसन** = आपत्ति, बुरी अवस्था। **श्मशान** = मरघट। **काष्ठ** = लकड़ी। **अग्र** = नोक। **वाहन** = रथ आदि। **दैव** = भाग्य।

विशेषण

जीर्ण = पुराना। **मन्दभाग्य** = दुर्दैव। **देशीय** = देश का, उमर का। **पञ्च** =

पाँच। **प्रबुद्ध** = जगा हुआ। **सञ्जात** = उत्पन्न। **पृष्ट** = पूछा हुआ। **नृशंस** = क्रूर। **गुणसम्पन्न** = गुणी। **मूर्छित** = बेहोश। **दष्ट** = काटा हुआ। **आकुल** = व्याकुल। **कुत्सित** = निन्दित। **अकुत्सित** = अनिंदित।

इतर

परेद्युः = दूसरे दिन। **चित्रपदक्रमम्** = पाँव अजब रीति से रखते हुए। **सर्वथा** = सब प्रकार से।

क्रिया

अन्विष्यसि = (तुम) ढूँढते हो।**अन्वेष्टुम्** = ढूंढने के लिये।**कथ्यताम्** = कहिए। **पतित्वा** = गिरकर। **लुलोठ** = लुढ़क पड़ा। **समेयातां** = एकत्र होती हैं। **व्यपेयातां** = अलग होती हैं। **विलपसि** = रोते हो। **अनुसन्धेहि** = ध्यान रख। **परिहर** = छोड़। **निशम्य** = सुनकर। **वोढुम्** = उठाने के लिए।

(11) सर्प-मण्डूकयोः कथा

(1) अस्ति जीर्णोद्याने मंदविषो नाम सर्पः। सोऽति[1] जीर्णतया आहारमपि[2] अन्वेष्टुम् अक्षमः सरस्तीरे पतित्वा स्थितः। (2) ततो दूरादेव[3] केनचित् मण्डूकेन दृष्टः पृष्टश्च। किमिति अद्य त्वम् आहारं नान्विष्यसि[4]। (3) भुजङ्गोऽवदत्[5]– गच्छ भद्र, मम मन्दभाग्यस्य प्रश्नेन किं तव? ततः सञ्जात-कौतुकः सः च भेकः सर्वथा कथ्यतम्–इत्याह– (4) भुजङ्गोऽपि[6] आह–भद्र, ब्रह्मपुरवासिनः श्रोत्रियस्य कौण्डिन्यस्य पुत्रः विंशतिवर्षदेशीयः सर्वगुण सम्पन्नो दुर्दैवान् मया नृशंसेन दष्टः– (5) ततः सुशीलनामानं तं पुत्रं मृतम् आलोक्य मूर्च्छितः कौण्डिन्यः पृथिव्यां

---

(1) (सोऽतिजीर्णतया)–वह बहुत बूढ़ा-क्षीण होने से। (2) (आहारमपि अन्वेष्टुम् अक्षमः) भक्ष्य ढूंढ़ने के लिए अशक्त है। (3) (गच्छ भद्र) जा भाई (मम मन्दभाग्यस्य प्रश्नेन किम्–मेरे (जैसे) दुर्दैवी को प्रश्न (पूछकर तुम्हें)(क्या लाभ है।) (सञ्जात-कौतुकः)–जिसको उत्सुकता हो गई है ऐसा (सर्वथा कथ्यताम्)–सब (हाल) कहिये। (4) ब्रह्मपुरवासिनः–ब्रह्मपुर में रहने वाले। (विंशति-वर्ष-देशीयः) बीस साल

---

1. सः+अति। 2. आहारम्+अपि। 3. दूरात्+एव। 4. न+अन्विष्यसि। 5. भुजङ्ग+अवदत्। 6. भुजङ्गः+अपि।

लुलोठ। अनन्तरं ब्रह्मपुरवासिनः सर्वे बान्धवास्तत्र[7] आगत्य उपविष्टाः। (6) तथा च उक्तम्—आहवे, व्यसने, दुर्भिक्षे, राष्ट्रविप्लवे, राजद्वारे, श्मशाने च यस्तिष्ठति[8] स बान्धव इति। (7) तत्र कपिलो नाम स्नातकोऽवदत्[9]। अरे कौण्डिन्य! मूढ़ोऽसि तेन एवं प्रलपसि विलपसि च। (8) शृणु—यथा महोदधौ काष्ठं च काष्ठं च समेयाताम्, समेत्य च व्यपेयाताम्, तद्वद् भूतसमागमः। (9) तथा पञ्चभिः निर्मिते देहे पुनः पञ्चत्वं गते तत्र का परिवेदना। (10) तद् भद्र! आत्मानम् अनुसन्धेहि, शोकचर्चां च परिहर इति। ततः तद्ववचन निशम्य प्रबुद्ध इव कौण्डिन्य[10] उत्थाय अब्रवीत्—(11) तद् अलंगृहनरक-वासेन। वनम् एव गच्छामि। कपिलः पुनराह। (पुनः पञ्चत्वं गते) रागिणां वनेऽपि दोषाः प्रभवन्ति। (12) अकुत्सिते कर्मणि यः प्रवर्तते, तस्य निवृत्तरागस्य गृहं तपोवनम्। (13) कौण्डिन्यो ब्रूते—एवमेव ! ततोऽहं शोकाकुलेन ब्राह्मणेन शप्तः। यद् अद्य आरभ्य मण्डूकानां वाहनं भविष्यसि इति। (14) अतो ब्राह्मण-शापाद् बोढुं मण्डूकान् तिष्ठामि। अनन्तरं तेन मण्डूकेन गत्वा मण्डूकनाथस्य अग्रे तत् कथितम्। (15) ततो ऽसौ[11] आगत्य मण्डूकराजस्तस्य[12] सर्पस्य पृष्ठम् आरूढवान्। स च सर्पः तं पृष्ठे कृत्वा चित्रपदक्रमं बभ्राम। (16) परेद्युः चलितुम् असमर्थं तं दर्दुराधिपतिरुवाच[13]—किम् अद्य भवान् मन्दगतिः? सर्पो ब्रूते—देव! आहार-विरहाद् असमर्थोऽस्मि। मण्डूकराज आह—अस्मदाज्ञया भेकान् भक्षय।

आयु का। (5) (सुशीलनामानम् तं पुत्र मृतम् आलोक्य)—सुशील नामक उस पुत्र को मरा हुआ देखकर। (6) (आहवे व्यसने दुर्भिक्षे राष्ट्रविप्लवे। राजद्वारे श्मशाने च यः तिष्ठति स बांधवः)—युद्ध, कष्ट, अकाल, ग़दर, राजा की कचहरी, श्मशान इन स्थानों में जो (मदद करने के लिए) ठहरता है वही भाई है। (7) (मूढ़ोऽसि) तू मूर्ख है। (तेन एवं प्रलपसि विलपसिच)—इसलिए इस प्रकार रोता-पीटता है। (8) (यथा महोदधौ काष्ठं च काष्ठं च समेयाताम्) जिस प्रकार बड़े समुद्र में एक लकड़ी दूसरी लकड़ी के साथ मिलती है। (समेत्य च व्यपेयाताम्) और मिलकर फिर अलग होती है। (तद्वत्) उसके समान। (भूत-समागमः) प्राणियों का सहवास। (9) (पञ्चभिः निर्मिते देहे) पांचों तत्वों से बने हुए देह के। फिर पाँचों तत्त्वों में जाने पर (तत्र का परिवेदना) वहाँ किसलिए शोक (करते हो)। (10) (आत्मानम् अनुसंधेहि) अपने-आपको समझ। (11) (अलं गृहनरक-वासेन) बस (अब) काफी है, नरक रूप इस घर में रहना। (12) (रागिणां

---

7. बांधवाः+तत्र। 8. यः+तिष्ठति। 9. स्नातकः+अवदत्। 10. कौण्डिन्यः+उत्थाय। 11. ततः+असौ। 12. राजः+तस्य। 13. पतिः+उवाच।

(17) ततो गृहीतोऽय[14] महाप्रसादः इति उक्त्वा क्रमशो मण्डूकान् खादितवान्। अतो निर्मण्डूकं सरो विलोक्य, भेकाधिपतिरपि तेन भक्षितः।

(हितोपदेशः)

सूचना–इस पाठ का भाषान्तर नहीं दिया है। पाठक स्वयं समझने का प्रयत्न करें। केवल कठिन वाक्यों का ही अर्थ दिया गया है।

समास-विवरण

1. जीर्णोद्यानम्–जीर्णम् उद्यानम्=जीर्णोद्यानम्।
2. मन्दविषः–मन्दं विषं यस्य स, मन्दविषः।
3. भुजङ्गः–भुजैर्गच्छति इति भुजङ्गः=भुजबाहुः (सर्पः)।
4. ब्रह्मपुरवासी–ब्रह्मपुरे वसति इति स बह्मपुरवासी।
5. सर्वगुणसंपन्नः–सर्वैः गुणैः सम्पन्नः=सर्वगुणसम्पन्नः।
6. भूत-समागमः–भूतानां समागमः=भूतसमागमः।
7. शोकाकुलाः–शोकेन आकुलाः=शोकाकुलाः।
8. मण्डूकनाथः–मण्डूकानां नाथः=मण्डूकनाथः।
9. दर्दुराधिपतिः–दर्दुराणाम् अधिपतिः=दर्दुराधिपतिः।
10. निर्मण्डूकम्–निर्गताः मण्डूकाः यस्मात् तत्=निर्मण्डूकम्।

वनेऽपि दोषाः प्रभवन्ति) लोभियों के लिए दोष जंगल में भी पैदा होते हैं। (निवृत्तरागमस्य गृहं तपोवनम्) निर्लोभी मनुष्य के लिए घर ही तपोवन है। (13) (अहं ब्राह्मणेन शप्तः) मुझे ब्राह्मण ने शाप दिया। (अद्य आरभ्य)=आज से। (14) (वोढुं मण्डूकान्) मेंढकों को उठाने के लिये। (15) (तं पृष्ठे कृत्वा)–उसको पीठ पर उठा कर। (चित्र पदक्रमं बभ्राम)–विचित्र प्रकार नाचता हुआ घूमने लगा। (16) (किं अद्य भवान् मन्दगतिः) क्यों आज आप थक गए हैं। (17) (गृहीत अयं महाप्रसादः) लिया यह महाप्रसाद। (मण्डूकान् खादितवान्) मेंढकों को खाया। (निर्मण्डूकं सरः विलोक्य) मेंढकों से ख़ाली हुआ तालाब देखकर।

---

14. गृहीतः+अयम्।

पाठ 15

सकारान्त पुल्लिग 'चन्द्रमस्' शब्द

1.	चन्द्रमा	चन्द्रमसौ	चन्द्रमसः
सम्बोधन	(हे) चन्द्रम	(हे) „	(हे) „
2.	चन्द्रमसम्	„	„
3.	चन्द्रमसा	चन्द्रमोभ्याम्	चन्द्रमोभिः
4.	चन्द्रमसे	„	चन्द्रमोभ्यः
5.	चन्द्रमसः	„	„
6.	„	चन्द्रमसोः	चन्द्रमसाम्
7.	चन्द्रमसि	„	चन्द्रमस्सु

इस प्रकार वेधस्, सुमनस्, दुर्मनस इत्यादि शब्द चलते हैं।

सकारान्त पुल्लिग 'ज्यायस्' शब्द

1.	ज्यायान्	ज्यायांसौ	ज्यायांसः
सम्बोधन	(हे) ज्यायन्	(हे) „	(हे) „
2.	ज्यायांसम्	„	ज्यायसः
3.	ज्यायसा	ज्यायोभ्याम्	ज्यायोभिः
4.	ज्यायसे	„	ज्यायोभ्यः
5.	ज्यायसः	„	„
6.	„	ज्यायसोः	ज्यायसाम्
7.	ज्यायसि	„	ज्यायस्सु

इस शब्द के समान सब 'यस्' प्रत्ययान्त पुल्लिग शब्द बनते हैं। कनीयस्, गरीयस्, श्रेयस्, लघीयस्, महीयस्, इत्यादि शब्दों के रूप ज्यायस् शब्द के समान होते हैं।

सकारान्त पुल्लिग 'पुम्स्' शब्द

1.	पुमान्	पुमांसौ	पुमांसः
सम्बोधन	(हे) पुमन्	(हे) „	(हे) „
2.	पुमांसम्	„	पुंसः
3.	पुंसा	पुंभ्याम्	पुंभिः
4.	पुंसे	„	पुंभ्यः

5.	पुंसः	,,	,,
6.	,,	पंसोः	पुंसाम्
7.	पुंसि	,,	पुंसु

इस शब्द के रूपों में विशेषता यह है कि 'भ्याम्, भिः, भ्यसः' व्यञ्जनादि प्रत्ययों के आगे होने पर 'पुम्स' के सकार का लोप होता है तथा स्वरादि प्रत्यय आगे आने पर नहीं होता।

हकारान्त पुल्लिग 'अनडुह्' शब्द

1.	अनड्वान्	अनड्वाहौ	अनड्वाहः
सम्बोधन	(हे) अनड्वन्	(हे) ,,	(हे) ,,
2.	अनड्वाहम्	,,	अनडुहः
3.	अनडुहा	अनडुद्भ्याम्	अनडुद्भिः
4.	अनडुहे	,,	अनडुद्भ्यः
5.	अनडुहः	,,	,,
6.	अनडुहः	अनडुहोः	अनडुहाम्
7.	अनडुहि	,,	अनडुत्सु

इस शब्द में विशेषता यह है कि द्वितीया के बहुवचन से 'ड्व' स्थान पर 'डु' होता है, तथा स्वरादि प्रत्ययों के समय अन्त में 'ह' रहता है और व्यञ्जनादि प्रत्ययों के समय 'ह' के स्थान पर 'द्' हो जाता है, परन्तु 'सु' प्रत्यय के पूर्व 'त्' होता है।

शब्द–पुल्लिग

भृत्य = सेवक, नौकर। **असन्तोष** = गुस्सा। **अपरागः** = अप्रीति। **पादः** = चरणः, पाँव। **भर्तृ** = स्वामी। **स्नेह** = दोस्ती, मैत्री। **वाग्मिन्** = बोलने वाला, वक्ता। **महाहव** = बड़ा युद्ध। **पङ्गु** = लूला।

स्त्रीलिंग

सम्पत्ति = पैसा, दौलत। **विपत्ति** = मुसीबत, दारिद्रय। **तृष्णा** = प्यास। **लज्जा** = लाज, शरम। **वाचालता** = तीसमारखां का स्वभाव। **स्वाधीनता** = स्वातन्त्र्य।

नपुंसकलिंग

कार्पण्य = कृपणता, कंजूसी। **आनन** = मुख। **पृष्ठ** = पीठ। **व्यसन** = कष्ट।

विशेषण

स्तूयमान = जिनकी स्तुति हो रही है। **क्षिप्यमान** = धिक्कार किया जाता हुआ। **कथ्यमान** = कहा जाता हुआ। **समुन्नम्यमान** = सम्मानित। **समालाप** = बराबरी से बोलने वाला। **अनादिष्ट** = आज्ञा न किया हुआ। **मूक** = गूँगा। **जड़** = अज्ञानी, अचेतन। **आलप्यमान** = बोला जाता हुआ। **ध्वजभूत** = झंडे के समान। **अन्ध** = अंधा।

इतर

अग्रतः = आगे। **प्रतीपम्** = विरुद्ध।

क्रिया

विज्ञपयन्ति = बताते हैं। **विकत्थन्ते** = कहते हैं। **अभिवाञ्छन्ति** = इच्छा करते हैं। **पलाय्य** = भागकर। **निलीयन्ते** = छिपते हैं। **अल्पन्ति** = बोलते हैं। **सेवन्ते** = सेवा करते हैं। **पराक्रम्य** = शौर्य (प्रस्तुत) करके।

विशेषणों का उपयोग

कथ्यमाना कथा, उच्यमानः उपदेशः, क्षिप्यमान पात्रम्, स्तूयमानः पुरुषः, अन्धा स्त्री, स्वाधीनं दैवतम।

(12) भृत्य-धर्माः

(1) भृत्या अपि[1] न एव[2] ये सम्पत्तेः विपत्तौ सविशेषं सेवन्ते।

(2) समुन्नम्यमानाः सुतरौ अवनमन्ति। आलप्यमाना न समालापाः सञ्जायन्ते।

(3) स्तूयमाना[3] न गर्वमनुभवन्ति। क्षिप्यमाणा[4] न अपरागं गृणन्ति।

(12) नौकर के धर्म

(1) नौकर भी वे ही (हैं) जो दौलत से ग़रीबी में अधिक सेवा करते हैं।

(2) सम्मान दिये जाने पर बहुत नम्र होते हैं। बोलने पर भी नहीं बराबरी से बोलने वाले होते हैं।

(3) स्तुति पर घमण्डी नहीं होते हैं। धिक्कार करने पर अप्रीति नहीं लेते।

---

1. भृत्याः+अपि। 2. ते+एव। 3. मानाः+न। 4. माणाः+न।

(4) उच्चनाना न प्रतीपं भावन्ते पृष्टाहित[5] प्रियं विशपयन्ति।	(4) बोलने पर विरुद्ध नहीं बोलते। पूछने पर हितकर प्रिय बताते हैं।
(5) अनादिष्टाः कुर्वन्ति। कृत्वा न अल्पन्ति। पराक्रम्य न विकल्पन्ते।	(5) हुकुम न करने पर (कार्य) करते हैं, करके बोलते नहीं हैं। पराक्रम करके नहीं बोलते हैं।
(6) कथ्यमाना अपि[6] लज्जाम् उद्वहन्ति। महा[7]हवेष्अग्रतो ध्वजंभूता[9] इव लक्ष्यन्ते।	(6) कहे जाते हुए भी लज्जा करते हैं। बड़े युद्ध में आगे झण्डे के समान दीखते हैं।
(7) दानकाले पलाय्य पृष्ठतो निलीयन्ते। धनात्स्नेहं भूयांसं मन्यन्ते।	(7) दान के समय भागकर पीछे छिप जाते हैं। धन से मैत्री अधिक समझते हैं।
(8) जीवितात् पुरो मरणं अभिवाञ्छन्ति। गृहाद् अपिस्वामिपादमूले सुखं तिष्ठन्ति।	(8) जीने से बढ़कर मरण चाहते हैं। घर से भी स्वामी के पाँव के मूल में आनन्द से ठहरते हैं।
(9) येषां तृष्णा चरणपरिचिर्यायाम्, असन्तोषो[10] हृदयाऽऽराधने, व्यसनम् आननालोकने।	(9) (नौकर वह) जिनकी इच्छा चरणों की सेवा में है, असन्तोष हृदय के आराधन में है, व्यसन मुँह देखने में है (जिसमें)।
(10) वाचालता गुणग्रहणे, कार्पण्यम् अपरित्यागें भर्तुः।	(10) गुण लेने में बहुत बोलना, कंजूसी स्वामी के न छोड़ने में (हो)।
(11) ये च विद्यमाने स्वामिनी अस्वाधीनसकलेन्द्रियवृत्तयः, पश्यन्तोऽपि अन्धा[11] इव, शृण्वन्तोऽपि[12] बधिरा[13] इव, वाग्मिनोऽपि[14] मूका[15] इव, जानन्तोऽपि[16] जड़ा[17] इव, अनपहतकरचरणाः[18] अपि पङ्गवइव[19], आत्मनः स्वामिचिन्तादर्शे प्रतिबिम्बवद् वर्तन्ते।	(11) और जो स्वामी के रहते हुए अपनी इन्द्रियों की वृत्तियाँ अपने लिये नहीं रखते, देखते हुए भी अन्धे के समान हैं, सुनते हुए भी बहरे हैं, बोलने वाले होने पर भी गूंगे (हैं) जानते हुए भी जड़ के समान (हैं) हाथ-पांव साबुत होने पर भी लूले के समान (हैं), जो अपने स्वामी के चिन्ता रूपी शीशे में प्रतिबिम्ब के समान रहते हैं।
(कादम्बरी)	(कादम्बरी)

5. पृष्टाः+हित। 6. मानाः+अपि। 7. हवेषु+अग्रतः। 8. अग्रतः+ध्वज। 9. भूताँ+इव। 10. असन्तोषः+हृदया. 11. अन्धाः+इव। 12. शृण्वन्तः:+अपि। 13. बधिराः+इव। 14. वाग्मिनः+अपि 15. मूकाः+इव। 16. जानन्तः+अपि। 17. जड़ाः+इव। 18. चरणाः+अपि। 19. पङ्गवः+इवः।

समास-विवरण

1. भृत्यधर्माः—भृत्यस्य (सेवकस्य) धर्माः (कर्त्तव्याणि)।

2. सविशेषम्—विशेषेण सहितम्=सविशेषम्।

3. दानकालः—दानस्य कालः=दानकालः।

4. स्वामिपाद मूलम्—स्वामिनः पादौ=स्वामिपादौ। स्वामिपादयोः मूलम्= स्वामिपादमूलम्।

5. असन्तोषः—न सन्तोषः=असन्तोषः।

6. अस्वाधीनसकलेन्द्रियवृत्तयः—सकलानि इन्द्रियाणि=सकलेन्द्रियाणि। सकलेन्द्रियाणां वृत्तयः सकलेन्द्रियवृत्तयः। न स्वाधीनाः=अस्वाधीनाः। अस्वाधीनाः सकलेन्द्रियवृत्तयः येषां ते=अस्वाधीनसकलेन्द्रियवृत्तयः।

7. अनपहतकरचरणाः—करौ च चरणौ च करचरणाः। न अपहतः—अनपहतः। अनपहताः करचरणा येषां ते=अनपहतकरचरणाः।

पाठ 16

सर्वनाम

पाठकों से निवेदन है कि वे पिछले 15 पाठों का अध्ययन पूर्ण होने से पूर्व इस पाठ को प्रारम्भ न करें। दो बार या तीन बार अध्ययन करके उनमें दिये हुए नियमादि की अच्छी योग्यता प्राप्त करने के बाद इस पाठ को प्रारम्भ करें।

सर्वनामों के लिए प्रायः सम्बोधन नहीं होता परन्तु 'सर्व, विश्व' आदि कई ऐसे सर्वनाम हैं जिनका सम्बोधन होता है। नाम वे होते हैं जो पदार्थों के नाम हों, जैसे—कृष्णः, रामः, गृहम्, नगरम्, दीपः, लेखनी, पुस्तकम् इत्यादि, सर्वनाम उनको कहते हैं जो नाम के बदले में आते हैं, जैसे—सः (वह), त्वम् (तू), अहम् (मैं), सर्वम् (सबको), उभौ (दो), कः (कौन), अयम् (यह) इत्यादि।

अकारान्त पुल्लिंग 'सर्व' शब्द

1.	सर्वः	सर्वौ	सर्वे
सम्बोधन	(हे) सर्व	(हे) ,,	(हे) ,,
2.	सर्वम्	,,	सर्वान्
3.	सर्वेण	सर्वाभ्याम्	सर्वैः
4.	सर्वस्मै	,,	सर्वेभ्यः

5.	सर्वस्मात्	”	”
6.	सर्वस्य	सर्वयोः	सर्वेषाम्
7.	सर्वस्मिन्	”	सर्वेषु

इसी प्रकार 'विश्व, एक, उभय' इत्यादि सर्वनामों के रूप होते हैं। 'उभ' सर्वनाम का केवल द्विवचन में ही प्रयोग होता है।

1. सम्बोधन 2.	उभौ
3. 4. 5.	उभाभ्याम्
6. 7.	उभयोः

'उभ' शब्द के अर्थ 'दो' होने से उसका एकवचन तथा बहुवचन सम्भव नहीं।

अकारान्त पुल्लिग 'पूर्व' शब्द

1.	पूर्वः	पूर्वौ	पूर्वे, पूर्वाः
2.	पूर्वम्	”	पूर्वान्
3.	पूर्वेण	पूर्वाभ्याम्	पूर्वैः
4.	पूर्वस्मै, पूर्वाय	”	पूर्वेभ्यः
5.	पूर्वस्मात्, पूर्वात्	”	”
6.	पूर्वस्य	पूर्वयोः	पूर्वेषाम्, पूर्वाणाम्
7.	पूर्वस्मिन्, पूर्वे	”	पूर्वेषु

'पूर्व' शब्द के समान ही 'पर, अपर, उत्तर, अधर' इत्यादि शब्द चलते हैं।

नियम 1–'स्व' शब्द 'आत्मीय', स्वकीय, अर्थ में प्रयुक्त होता है। 'स्व' के रूप 'पूर्व' के समान होते हैं, परन्तु 'जाति' और 'धन' अर्थ में 'देव' शब्द के समान होते हैं।

नियम 2 –अन्तर शब्द 'बाह्य, परिधानीय' इन अर्थों में 'अन्तर' शब्द के समान चलता है, परन्तु अन्य अर्थों में 'देव' के समान है। जैसे–

स्व–	1. स्वः	स्वौ	स्वे, स्वाः
	5. स्वस्मात्, स्वात्	स्वाभ्याम्	स्वेभ्यः

7. स्वस्मिन्, स्वे	स्वयोः	स्वेषु
अंतर— 1. अन्तरः	अन्तरौ	अन्तरे
2. अन्तरम्	अन्तरौ	अन्तरान्
3. अन्तरेण	अन्तराभ्याम्	अन्तरैः
4. अन्तरस्मै, अन्तराय	"	अन्तरेभ्यः
5. अन्तरस्मात् अन्तरात्	अन्तराभ्याम्	अन्तरेभ्यः
6. अन्तरस्य	अन्तरयोः	अन्तरेषाम्, अन्तराणाम्
7. अन्तरस्मिन्, अन्तरे	अन्तरयोः	अन्तरेषु

नियम 3–'प्रथम' सर्वनाम के, पुल्लिग में केवल प्रथमा विभक्ति में 'पूर्व' के समान रूप होते हैं, अन्य विभक्तियों में 'देव' के समान होते हैं। इसी प्रकार 'कतिपय, अर्ध, अल्प, चरम, द्वितीय, तृतीय, चतुष्टय, पञ्चतय,' इत्यादि सर्वनामों के रूप होते हैं।

1. प्रथमः	प्रथमौ	प्रथमे, प्रथमाः
2. प्रथमम्	"	प्रथमान्

शेष 'देव' शब्द के समान होते हैं।

शब्द–पुल्लिग

सन्धिः–सुराख़, जोड़
पणवः–ढोल
प्रणयः–विनति
विषादः–दुःख
प्रदीपः–दीवा
मृदङ्गः–मृदंग (तबला)
वंशी–बांसुरी
सुतः–पुत्र
नाट्याचार्यः–नाटक का आचार्य
आक्रन्दः–पुकार, रोना

स्त्रीलिंग

वीणा–वीणा। **रजनी**–रात्रि। **शाटी**–चादर, धोती। **भाषा**–भाषण।

नपुंसकलिंग

भाण्ड = बरतन। **अलङ्करण** = अलंकार। **सदन** = घर। **स्तेय** = चोरी। **वाद्य** = वाद्य, बाजा। **चौर्य** = चोरी। **गान्धर्व** = गायन। **नाट्य** = नाटक।

विशेषण

सुप्त = सोया हुआ। **प्रबुद्ध** = जागा हुआ। **व्यवस्थित** = लगा हुआ। **निष्क्रान्त**

= चल पड़ा। **समासादित** = प्राप्त किया। **अतिक्रान्त** = समाप्त हुआ। **आशान्वित** = आशा से युक्त। **शापित** = शाप दिया गया। **निर्वापित** = बुझाया गया। **निबद्ध** = बाँधा हुआ। **निष्क्रान्त** = निकल गया।

क्रिया

अनुशुशोच = शोक किया। **अस्वप्नायत** = स्वप्न आया। **प्रविवेश** = घुस गया। **आप्तुम्** = प्राप्त करने के लिए। **प्रविश्य** = घुसकर। **वक्ति** = बोलता है। **कर्तित्वा** = काटकर। **सुष्वाप** = सो गया। **उत्पाद्य** = बनाकर। **कांक्षति** = इच्छा करता है।

अन्य

परमार्थतः = वास्तव में। **भूमिष्ठम्** = ज़मीन में गाड़ा हुआ।

विशेषणों का उपयोग

सुप्ता बालिका। सुप्तः पुत्रः। सुप्तं मित्रम्। निर्वापितो दीपः। प्रबुद्धा स्त्री। निष्क्रान्तः पुरुषः। शापिता नारी।

(13) चारुदत्तसदने चौर्यम्

(1) गच्छति काले कस्मिंश्चिद्[1] दिने गान्धर्वं श्रोतुं गतः चारुदत्तः अतिक्रान्तायाम् अर्धरजन्यां गृहम् आगत्य समैत्रेयःसुष्वाप।

(2) सुप्तयोरुभयोः[2] शर्विलक इति[3] कश्चिद् ब्राह्मणचौरः स्तेयेन द्रव्यम् आप्तु

---

(1) (गच्छति काले)—समय जाने पर। (अतिक्रातायाम्-अर्धरजन्याम्) आधी रात बीत जाने पर। (2) (सुप्तयोः उभयोः) दोनों के सो जाने पर (सन्धिम् उत्पाद्य प्रविवेश) सुराख़ करके घुस गया। (3) (परं विषादम् अगच्छत्) बहुत दुःख को प्राप्त हुआ। (4) (आत्मानं वक्ति) अपने-आप से बोलता है (परमार्थतः दरिद्रः) वास्तव में ग़रीब। (भूमिष्ठं द्रव्यं धारयति) भूमि के अन्दर पैसा रखता है। (5) (मैत्रेयः उदस्वप्नायत) मैत्रेय को स्वप्न आ गया। (6) (इतस्ततो दृष्ट्वा) इधर-उधर देखकर। (जर्जर-स्नान-शाटी निबद्धं) स्नान करने के पुराने कपड़े में बांधा हुआ (ग्रहीतुमनाः) लेने की इच्छा। (न

---

1. कस्मिन्+चित्। 2. सुप्तयोः+उभ.। 3. शर्विलकः+इति।

चारुदत्तस्य सदने सन्धिम् उत्पाद्य प्रविवेश। (3) प्रविश्य च मृदङ्ग-पणव-वीणा-वंशादीनि वाद्यानि दृष्ट्वा परं विषादम् अगच्छत्।[4] (4) आत्मानं वक्ति च 'कथं नाट्याचार्यस्य गृहम् इदम्? अथवा परमार्थतो[5] दरिद्रोऽयम्[6]? उत राजभयाच्चौर[7]-भयाद् वा भूमिष्ठं द्रव्यं धारयति? (5) ततः परमार्थदरिद्रोऽयम् इति निश्चित्य, भवतु, गच्छामि इति गन्तुं व्यवसिते मैत्रेये उदस्व[8]प्नायत—'भो वयस्य! सन्धिरिव दृश्यते, चौरमिव पश्यामि। तद् गृहणातु भवान् इदं सुवर्णभाण्डम् इति। (6) ततः च तद्वचनाद् इतस्ततो दृष्ट्वा, जर्जर-स्नान-शाटी-निर्बद्धम् अलङ्करणभाण्डम् उपलक्ष्य ग्रहीतुमना अपि न युक्तं तुल्यावस्थं कुलपुत्रजनं पीडयितुम्, तद् गच्छामि-इति मनश्चकार[9]। (7) ततो मैत्रे[10]श्यचचारुदत्तम्[11] उद्दिश्य पुनः उदस्वप्नायत 'भो वयस्य! शापितोऽसि[12] गोब्राह्मणकम्यया, यदि एतत् सुवर्णभाण्डं न गृहणासि' (8) ततो[13] निर्वापिते प्रदीपे, इदानीं करोमि ब्राह्मणस्य प्रणयम्—इति भाण्डं जग्राह शर्विलकः मैत्रेयस्य हस्तात्। (9) ग्रहणकाले च मैत्रेयः उत्स्वप्नायमान आह। 'भो वयस्य। शीतलस्ते[14] हस्तग्रहः, इति' तस्मिन् चौरे निष्क्रामति गृहाद् रदनिका सत्रासं प्रबुद्धा। हा धिक्, हा धिक्! अस्माकं गृहे सन्धिं कर्तित्वा चौरो निष्क्रान्तः! (10) आर्यमैत्रेय, उत्तिष्ठ-उत्तिष्ठ। अस्माकं गृहे सन्धिं कृत्वा चौरो निष्क्रान्तः इति उच्चैः आचक्रन्द। सोऽपि उत्थाय चारुदत्तं प्रबोधयामास। (11) चारुदत्तस्तु-आशान्वितः चौरोऽस्माकं महतीं निवासरचनां दृष्ट्वा सन्धिच्छेदनखिन्न इव निराशो गतः। किम् असौ कथयिष्यति तपस्वी सार्थवाहम्? तस्य गृहं प्रविश्य न किंचिन् मया समासादितम् इति तम् एव चौरम् अनुशुशोच।

—मृच्छकटिकम्

युक्तं तुल्यावस्थं कुलपुत्रजनं पीडयितुम्) समान अवस्था में रहने वाले कुलीन मनुष्यों को कष्ट देना योग्य नहीं। (इति मनश्चकार) ऐसा दिल किया। (7) (शापितोऽसि गोब्राह्मणकाम्यया) शाप है तुझे गाय और ब्राह्मण की शपथ का। (8) (निर्वापिते प्रदीपे) दीप बुझाने पर। (9) (शीतलस्ते हस्तग्रहः) ठण्डा है तेरे हाथ का स्पर्श। (10) (उत्तिष्ठोत्तिष्ठ) उठो उठो (उच्चैः आचक्रंद) ऊँचे से बोली। (11) (आशान्वितः चौरः) आशायुक्त चोर। (महतीं निवास-रचनां दृष्ट्वा) बड़ा महल देखकर। संधिच्छेदन खिन्न इव निराशो गतः) छेद करके दुःखी बनकर निराश होकर गया। (नकिंचिन्मयासमासादितं) नहीं कुछ भी मैंने प्राप्त किया।

---

4. विषादम्+अगच्छत्। 5. परम+अर्थतः। 6. दरिद्रः+अयं। 7. भयात्+चौरः। 8. मैत्रेयः+उदस्व। 9. मनः+चकार। 10. ततः+मैत्रेयः। 11. मैत्रेयः+चारुदत्तः। 12. शापितः+असि। 13. ततः+निर्वा.। 14. शीतलः+ते।

समास-विवरण

1. समैत्रेयः—मैत्रेयेण सहितः = समैत्रेयः।

2. मृदङ्गपणववंशादीनि—मृदङ्गश्च पणवश्च वंशश्च = मृदङ्गपणववंशाः। मृदङ्गपणववंशा आदीनि येषां तानि—मृदङ्गपणववंशादीनि।

3. भूमिष्ठम्—भूम्यां तिष्ठति इति भूमिष्ठम्।

4. आशान्वितः—आशया अन्वितः = आशान्वितः।

5. जर्जरस्नानशाटीनिबद्धम्—स्नानार्थं शाटी = स्नानशाटी, जर्जरा स्नानशाटी = जर्जरस्नानशाटी। जर्जर स्नानशाट्यानिबद्धम् = जर्जरस्नानशाटीनिबद्धम्।

6. सत्रासम्—त्रासेन सहितम् = सत्रासम्।

पाठ 17

'यत्' शब्द (पुल्लिंग)

1.	यः	यौ	ये
2.	यम्	"	यान्
3.	येन	याभ्याम्	यैः
4.	यस्मै	याभ्याम्	येभ्यः
5.	यस्मात्	"	"
6.	यस्य	ययोः	येषाम्
7.	यस्मिन्	"	येषु

इसी प्रकार 'अन्य, अन्यतर, इतर, कतर, कतम, त्व' इत्यादि सर्वनामों के रूप बनते हैं। 'अन्यतम' सर्वनाम के रूप 'देव' शब्द के समान होते हैं।

'किम्' शब्द (पुल्लिंग)

1.	कः	कौ	के
2.	कम्	"	कान्
3.	केन	काभ्याम्	कैः

इत्यादि रूप 'यत्' के समान ही होते हैं।

'तद्' शब्द (पुल्लिंग)

1.	सः	तौ	ते
2.	तम्	तौ	तान्
3.	तेन	ताभ्याम्	तैः

इत्यादि रूप 'यत्' के समान ही होते हैं।

'द्वि' शब्द (पुल्लिंग)

इस शब्द का केवल द्विवचन में ही प्रयोग होता है।

1.	द्वौ	5.	द्वाभ्याम्
2.	द्वौ	6.	द्वयोः
3.	द्वाभ्याम्	7.	द्वयोः
4.	द्वाभ्याम्		

'त्रि' शब्द (पुल्लिंग)

इस शब्द का केवल बहुवचन में ही प्रयोग होता है।

1.	त्रयः	5.	त्रिभ्यः
2.	त्रीन्	6.	त्रयाणाम्
3.	त्रिभिः	7.	त्रिषु
4.	त्रिभ्यः		

'चतुर्' शब्द (पुल्लिंग)

1.	चत्वारः	4-5	चतुर्भ्यः
2.	चतुरः	6	चतुर्णाम्
3.	चतुर्भिः	7	चतुर्षु

पञ्चन्, षष्, सप्तन्, अष्टन्, नवन्, दशन्, एकादशन्, द्वादशन्, त्रयोदशन्, चतुर्दशन्, पञ्चदशन्, षोडशन्, सप्तदशन्, अष्टदशन् भी इसी प्रकार नित्य बहुवचनान्त चलते हैं।

(1-2) पञ्च षट् सप्त अष्टौ नव दश
(3) पञ्चभिः षड्भिः सप्तभिः अष्टाभिः (अष्टभिः) नवभिः दशभिः (4-5) पञ्चभ्यः षड्भ्यः सप्तभ्यः अष्टाभ्यः (अष्टभ्यः) नवभ्यः दशभ्यः (6) पञ्चानाम् षण्णाम् सप्तानाम् अष्टानाम् नवानाम् दशानाम् (7) पञ्चसु षट्सु सप्तसु अष्टासु (अष्टसु) नवसु दशसु

सन्धि

नियम 1–पदान्त के 'न्' के पश्चात् 'च' अथवा 'छ' आने से 'न' का अनुस्वार+श् बनता है।

पदान्त के 'न्' के पश्चात् 'ट' अथवा 'ड' आने पर 'न्' का अनुस्वार+ष् बनता है।

पदान्त के 'न्' के पश्चात् 'त' अथवा 'थ' आने पर 'न्' का अनुस्वार+स् बनता है।

पदान्त के 'न्' के पश्चात् 'ज', 'झ', अथवा 'श' आने पर 'न्' के अनुस्वार का +'ञ्' बनता है।

पदान्त के 'न्' के पश्चात् 'ड' अथवा 'ढ' आने पर 'न्' के अनुस्वार का + 'ण्' बनता है।

पदान्त के 'त्' के पश्चात् 'ल्' आने पर

'न्' के अनुस्वार का अनुस्वार+ल् बनता है।

उदाहरण–	तान्	+	चौरान्	=	ताँश्चौरान्
	सर्वान्	+	छात्रान्	=	सर्वांश्छात्रान्
	तस्मिन्	+	टीका	=	तस्मिंष्टीका
	तान्	+	तरून्	=	तांस्तरून्
	कान्	+	जनान्	=	काञ्जनान्
	यान्	+	शत्रून्	=	याञ्छत्रून्
	तान्	+	डिम्भान्	=	ताण्डिम्भान्
	तान्	+	लोकान्	=	ताँल्लोकान्

शब्द–पुल्लिंग

सार्थवाह=व्यापारी। **मनीषिन्**=विद्वान्। **काक**=कौवा।**अनुचर**=नौकर, सेवक। **सार्थ**=झुण्ड, (व्यापारी)। **जम्बूक**=गीदड़। **आहार**=भोजन। **उष्ट्र**=ऊँट। **वायस**=कौवा। **खल**=दुष्ट। **उपवास**=व्रत, लंघन।

स्त्रीलिंग

उक्ति=भाषण। **कुक्षि**=पेट, बग़ल।

नपुंसकलिंग

पाप=पातक। **कूट**=कुटिल, सलाह। **शरीरवैकल्य**=शरीर की शिथिलता। **मांस**=गोश्त।

विशेषण

परिक्षीण=दुबला। **बुभुक्षित**=भूखा। **अनुगृहीत**=उपकार हुआ। **स्वाधीन**=स्वतन्त्र, पास रखा हुआ, अपने क़ाबू में। **व्यग्र**=दुःखी।

क्रिया

जग्मुः–गये। **विदार्य**–फाड़कर। **दोलायते**–हिलती है। **अकथयत्**–कहा।

विशेषणों का उपयोग

बुभुक्षितः मनुष्यः। क्षीणः पुरुषः। बुभुक्षिता नारी। क्षीणा माता। बुभुक्षितं मनः। क्षीणं मित्रम्।

(14) सिंहानुचराणां कथा

(1) अस्ति कस्मिंश्चिद् वनोद्देशे मदोत्कटो नाम सिंहः। तस्य सेवकास्त्रयः[1]–काको व्याघ्रो जम्बूकश्च[2]। (2) अथ तैर्भ्रमद्भिः सार्थाद् भ्रष्टः कश्चिद् उष्ट्रो[3] दृष्टः। पृष्टश्च[4]–कुतो[5]भवान् आगतः? (3) स च आत्मवृत्तान्तम् अकथयत्। ततस्तैर्नीत्वाऽसौ[6] सिंहाय समर्पितः। तेन अभयवाचं दत्वा चित्रकर्ण[7] इति नाम कृत्वा स्थापितः। (4) अथ कदाचित् सिंहस्य शरीरवै-कल्याद्! भूरिवृष्टिकारणात् च, आहारम् अलभमानास्ते[8]

---

(1) (वनोद्देशे)–जंगल के एक स्थान में। (मदोत्कटः)–घमंड से भरा हुआ, सिंह का नाम। (2) (सार्थाद्भ्रष्टः कश्चिदुष्ट्रो दृष्टः)–काफ़िले से अलग हुआ कोई एक ऊंट देखा। (पृष्टश्च)–और पूछा (कुतो भवानागतः)–कहां से आप आये। (3) (ततस्तैर्नीत्वाऽसौ सिंहाय समर्पितः) अनन्तर उन्होंने ले जाकर वह सिंह के लिए अर्पण किया। (तेन अभयवाचं दत्वा)–उसने अभय वचन देकर। (4) (शरीर-वैकल्यात्)–शरीर अस्वस्थ होने से (भूरिवृष्टिकारणात्) बहुत वर्षा होने से। (5) (तैरालोचितम्)–उन्होंने सोचा। (यथा स्वामी व्यापादयति तथाऽनुष्ठीयताम्) जिससे स्वामी मार डाले वैसा कीजिये। (6) (किमनेन कण्टकभुजा)–इस कांटे खाने वाले से क्या करना है। (अनुगृहीतः) मेहरबानी की (तत् कथमेवं सम्भवति)–तो कैसे ऐसा हो सकता है। (7) (परिक्षीणः) अशक्त। (बुभुक्षितः किं न करोति पापम्) भूखा कौन-सा पाप नहीं

---

1. सेवकः+त्रयः। 2. जम्बूकः+च। 3. उष्ट्रः+दृष्टः। 4. पृष्टः+च। 5. कुतः+भवान्। 6. ततः+तैः+नीत्वा+असौ। 7. कर्णः+इति। 8. मानाः+ते।

बभूवुः[9]। (5) ततस्तेः[10] आलोचितम्। चित्रकर्णम् एव यथा सवामी व्यापादयति तथाऽनुष्ठीयताम्[11]। (6) किम् अनेन कण्टकभुजा। व्याघ्र उवाच–स्वामिनाभयवाचं[12] दत्वाऽनुगृहीतः। तत्कथम् एवं संभवति। (7) काको ब्रूते–इह समये परिक्षीणः स्वामी पापम् अपि करिष्यति। बुभुक्षितः किं न करोति पापम्। (8) इति संचिन्त्य सर्वे सिंहान्तिकं जग्मुः। सिंहेन उक्तम्। आहाराय किञ्चित् प्राप्तम्? (9) तैः उक्तम् यत्नाद् अपि न प्राप्तं किञ्चित्। सिंहेनोक्तम्[13]–कोऽधुना[14] जीवनोपायः? (10) देव, स्वाधीनाहारपरित्यागात् सर्वनाशः अयम् उपस्थितः। (11) सिंहेनोक्तम्–अत्र आहारः कः स्वाधीनः? काकः कर्णे कथयति–चित्रकर्ण इति। (12) सिंहो भूमिं स्पृष्ट्वा कर्णौ स्पृशति, अभयवाचं दत्वा धृतोऽयम्[15] अस्माभिः। तत् कथं सम्भवति? (13) तथा च सर्वेषु दानेषु अभयप्रदानं महादानं वदन्ति इह मनीषिणः। (14) काको ब्रूते–नासौ[16] स्वामिना व्यापादयितव्यः, किंतु अस्माभिरेव[17] तथा कर्त्तव्यम्। असौ स्वदेहदानम् अङ्गी करोति। (15) सिंहः तत् श्रुत्वा तूष्णीं स्थितः। तेनाऽसौ[18] वायसः कूटं कृत्वा सर्वान् आदाय सिंहान्तिकं गतः। (16) अथ काकेन उक्तम्–देव, यत्नाद् अपि आहारो न प्राप्तः। अनेकोपवासखिन्नः स्वामी। (17) तद् इदानीं मदीयंमांसं उपभुज्यताम् सिंहेन उक्तम्–भद्र! वरं प्राणपरित्यागः, न पुनर् ईदृशी कर्मणि प्रवृत्तिः। (18) जम्बूकेन अपि तथोक्तम्। ततः सिंहेन उक्तम्–मैवम्। अथ चित्रकर्णोऽपि जात-विश्वासः तथैव आत्मदानम् आह। (19) तद् वदन् एव असौ व्याघ्रेण कुक्षिं विदार्य व्यापादितः

करता। (8) (इति सञ्चिन्त्य) इस प्रकार विचार करके। (सर्वे सिंहान्तिकं जग्मुः) सब शेर के पास गये। (आहारार्थम्) भोजन के लिए (9) (कोऽधुना जीवनोपायः)–कौन-सा अब ज़िंदा रहने के लिए उपाय है। (10) (स्वाधीनाहारपरित्यागात्) अपने पास का भोजन छोड़ने से। (सर्वनाशोऽयमुपस्थितः) सबका यह नाश आ रहा है। (11) (अत्राहारः कः स्वाधीनः) यहाँ कौन-सा भोजन अपने पास है। (12) (भूमिं स्पृष्ट्वा कर्णौ स्पृशति) ज़मीन का स्पर्श करके कानों को हाथ लगाता है। (13) (सर्वेषु दानेषु अभयदानं महादानं वदन्ति)–सब दानों में अभयदान बड़ा दान है ऐसा विद्वान् कहते हैं। (14) (असौ स्वदेहदानमंगीकरोति)–यह अपना शरीर देना स्वीकार करेगा। (15) (तूष्णीं स्थितः)–चुपचाप रहा। (वायसः कूटं कृत्वा) कौवा कपट की सलाह करके। (सर्वानादाय सिंहान्तिकं गतः) सब को लेकर शेर के पास गया। (16) (अनेकोपवासखिन्नः) अनेक

---

9. व्यग्राः+बभूवुः। 10. ततः+ते। 11. तथा+अनु.। 12. स्वामिना+अभय। 13. सिंहेन+उक्तं। 14. कः+अधुना। 15. धृतः+अयं। 16. न+असौ। 17. अस्माभिः+एव। 18. तेन+असौ।

सर्वैर्भक्षितश्च[19]। अतोऽहं[20] ब्रवीमि—सताम् अपि मतिः खलोक्तिभिः दोलायते[21] इति।

—हितोपदेशः।

पाठ 18

'अस्मद्' शब्द

इसके तीनों लिंगों में समान ही रूप होते हैं।

1. अहम्	आवाम्	वयम्
2. माम् (मा)	आवाम् (नौ)	अस्मान् (नः)
3. मया	आवाभ्याम्	अस्माभिः
4. मह्यम् (मे)	आवाभ्याम् (नौ)	अस्मभ्यम् (नः)
5. मत्	आवाभ्याम्	अस्मत्
6. मम (मे)	आवयोः (नौ)	अस्माकम् (नः)
7. मयि	आवयोः	अस्मासु

इस शब्द के द्वितीया, चतुर्थी, षष्ठी विभक्तियों के प्रत्येक वचन के दो-दो रूप होते हैं। इसी प्रकार 'युष्मद्' शब्द के भी होते हैं।

युष्मद्

1. त्वम्	युवाम्	यूयम्
2. त्वाम् (त्वा)	युवाम् (वाम्)	युष्मान् (वः)
3. त्वया	युवाभ्याम्	युष्माभिः
4. तुभ्यम् (ते)	युवाभ्याम् (वाम्)	युष्मभ्यम् (वः)
5. त्वत्	युवाभ्याम्	युष्मत्
6. तव (ते)	युवयोः (वाम)	युष्माकम् (वः)
7. त्वयि	युवयोः	युष्मासु

उपवासों से दुःखित। (17) (मदीयं मांसम् उपभुज्यताम्) मेरा गोश्त खाओ। (वरं प्राणपरित्यागः) मरना अच्छा है। (न पुनः कर्मणि ईदृशी प्रवृत्तिः) परन्तु कर्म में ऐसा प्रयत्न ठीक नहीं। (18) (जातविश्वासः) जिसका विश्वास हुआ है। (आत्मदानमाह) अपना दान बोला। (19) (कुक्षिं विदार्य) बग़ल फाड़कर। (सतामपि मतिः खलोक्तिभिः दोलायते)—सज्जनों की भी बुद्धि दुष्टों की बातों से चंचल हो जाती है।

---

19. सर्वैः+भक्षितः। 20. अतः+अहम्। 21. दोलायते+इति।

'अदस्' शब्द (पुल्लिंग)

1. असौ	अमू	अमी
2. अमुम्	,,	अमून्
3. अमुना	अमूभ्याम्	अमीभिः
4. अमुष्मै	,,	अमीभ्यः
5. अमुष्मात्	,,	,,
6. अमुष्य	अमुयोः	अमीषाम्
7. अमुष्मिन्	,,	अमीषु

सन्धि

नियम 1–निम्न दशाओं में क्रम से पदान्त त् का 'च्, ज्, ट्, ड्, ल् हो जाता है।

पदान्त		**परिवर्तित रूप**	**सामने का अक्षर**
त्	को	च्	च छ श
,,	,,	ज्	ज झ
	,,	ट्	ट ठ
	,,	ड्	ड ढ
	,,	ल्	ल

उदाहरण–

तत्	+	चरणौ	=	तच्चरणौ
तत्	+	छाया	=	तच्छाया
तत्	+	शास्त्रम्	=	तच्छास्त्रम्
तत्	+	जलम्	=	तज्जलम्
यत्	+	झज्झरः	=	यज्झज्झरः
तत्	+	टीका	=	तट्टीका
यत्	+	डयनम्	=	यड्डयनम्
तस्मात्	+	लोकात्	=	तस्माल्लोकात्

नियम 2–'त्' के बाद अनुनासिक आने से 'त्' का 'न्' अथवा 'द्' होता है।

तन्	+	मनः	=	तन्मनः,	तद्मनः
यत्	+	मतम्	=	यन्मतम्,	यद्मतम्
तस्मात्	+	नित्यम्	=	तस्मान्नित्यम्,	तस्माद्नित्यम्

पाठकों को स्मरण रखना चाहिए कि नकार वाला पहला रूप ही बहुत प्रसिद्ध है।

शब्द–पुल्लिंग

प्रबोधः = ज्ञान, जागृति। **प्रकाशः** = उजाला। **सचिवः** = मन्त्री। **महाभागः** = महाशय। **सौरभः** = सुगन्ध। **वत्सरः** = वर्ष, साल। **प्रधानः** = मुख्य (मन्त्री)। **महीपतिः, भूपालः** = राजा। **सार्वभौमः** = सम्राट्, राजाधिराज। **अञ्जलिः** = हाथ। **अञ्जलिबधः** = हाथ जोड़ना। **अंशः** = हिस्सा।

स्त्रीलिंग

निःसारता = ख़ुश्की, सार न होना। **निःश्रीकता** = निःसारता।

नपुंसकलिंग

कृत = करनेवाला। **रूपक** = अलंकार। **विभव** = धन-दौलत। **सदन** = घर। **विश्वमण्डल** = जगन्मण्डल। **द्वार** = दरवाज़ा। **तत्त्व** = सार। **अन्तर** = मन। **प्रयाण** = प्रवास।

विशेषण

सहज = साथ उत्पन्न हुआ (स्वाभाविक)। **वर्तिन्** = रहनेवाला। **मन्वान** = माननेवाला। **प्रतिश्रुतवत्** = प्रतिज्ञा करनेवाला, वचन देनेवाला। **नियोज्य** = सेवक। **सरल** = सीधा। **इतर** = अन्य। **भद्रमुख** = श्रेष्ठ, प्रियदर्शी। **प्रत्यावृत्त** = लौटा हुआ। **मृत** = मरा हुआ। **संवृत्त** = हुआ हुआ। **निश्चेतन** = अचेतन, जड़। **अपक्रान्त** = अलग हुआ हुआ। **विच्छिन्न** = टूटा हुआ। **बहु** = बहुत। **आक्रान्त** = व्याप्त। **निकृष्ट** = नीच। **अनुपयुक्त** = निरुपयोगी। **प्रतिनिवृत्त** = वापस आया हुआ। **विकल** = शिथिल। **सुव्यवस्थित** = ठीक-ठीक। **उन्नत** = उठा हुआ।

क्रिया

विश्वसिति = विश्वास करता है। **स्निह्यति** = स्नेह करता है। **मन्यन्ते** = मानते हैं। **उपगच्छेयुः** = पास आएंगे। **उपक्रम्य** = आरम्भ करके। **पालयति** = पालन करता है। **आकर्ण्य** = सुनकर। **वर्तेरन्** = रहेंगे। **अधिचिक्षिपुः** = नीचा मानने लगे। **उपाक्रंसत** = प्रारम्भ किया। **श्रूयताम्** = सुनिए। **प्रतिष्ठितः** = चल पड़ा। **पप्रच्छ** = पूछा। **प्रायात्** = चला। **निर्णीयताम्** = निश्चय कीजिए। **पर्यटय** = घूमकर। **उपयुज्यते** = उपयोग किया जाता है।

कथा में आए हुए विशेष शब्दों के आध्यात्मिक अर्थ

नवद्वारं नगरम् = शरीर। **सचिवः** = मन। **प्रकाशानन्दः** = आँख। **स्पर्शानन्दः** = त्वचा, चमड़ा। **संल्लापानन्दः** = वाक् मुंह। **आनन्दवर्मन्** = जीवात्मा। **सार्वभौम** = ईश्वर। **सौरभानन्दः** = नाक। **रसानन्दः** = जिह्वा।

ये अर्थ वास्तव में इन शब्दों के नहीं, अपितु कथा के प्रसंग से मानते हुए हैं—यह बात पाठकों को ध्यान रखनी चाहिए।

(15) प्रबोधकृद् रूपकम्

(15) ज्ञान देनेवाली आलङ्कारिक कथा

(1) अस्ति विश्वमण्डलेषु नवद्वारं नाम नगरम्। तत्र च बभूव पतिः आनन्दवर्मा नाम।

(1) इस जगत्-चक्र में नौ दरवाज़ों वाला शहर है। वहां आनन्दवर्मा नामक राजा हुआ।

(2) आसीच्च[1] अस्य कोऽपि[2] सचिवः, अन्ये च नियोज्या[3] बहवः।

(2) उसका कोई एक मंत्री था, और अन्य सेवक बहुत कम थे।

(3) सरलतममतिरसौ[4] भूपः सर्वेषु अपि एतेषु तथा विश्वसिति, तथा च सिन्ह्यति, तथैव चैतान्[5] पालयति, यथैते[6] सर्वेऽपि[7] प्रत्येकं वयमेव भूपाला इति मन्यन्ते स्म।

(3) अति सरल बुद्धिवाला यह राजा इन सबके ऊपर वैसा ही विश्वास रखता, और स्नेह करता, और इनको वैसा ही पालता, जिससे कि ये सब (हर एक) 'हम ही राजा हैं' ऐसा मानते रहे।

(4) गच्छता च कालेन विभवसहजेन अनात्मज्ञभावेन आक्रान्ताः सर्वेऽपि स्वेतरं निकृष्टम् आत्मानम् एव च प्रधानं मन्वानाः, आनन्दवर्माणम् अपि अधिचिक्षिपुः।

(4) कुछ समय जाने पर दौलत के साथ उत्पन्न होनेवाले आत्मविषयक अज्ञान से युक्त हुए सब अपने से गैर को नीच और अपने-आपको मुख्य मानते हुए आनन्दवर्मा को भी नीचा मानने लगे।

(5) उपाक्रंसत च विवादं अन्योऽन्यम्[8]। अथ एवं विवदमाना एते कमपि सार्वभौमम् उपगत्य प्रोचुः—महाभाग, निर्णीयतां कोऽस्मासु[9] प्रधान इति।

(5) प्रारम्भ हुआ झगड़ा एक-दूसरे से। इस प्रकार झगड़ते हुए वे किसी सम्राट् के पास जाकर बोले—हे श्रेष्ठ, निश्चय कीजिए, कौन हमारे में मुख्य है।

---

1. आसीत्+च। 2. कः+अपि। 3. नियोज्याः+बहवः। 4. मतिः+असौ। 5. च+एतान्। 6. यथा+एते। 7. सर्वे+अपि। 8. अन्यः+अन्यम्। 9. कः+अस्मासु।

(6) सार्वभौमः प्राह—भद्रमुखाः, श्रूयतां तत्त्वम्। युष्मासु यस्मिन् अपक्रान्ते सर्वेऽपि यूयं निःसारतां, चानुपयुक्ततां[10] चोपगच्छेयुः[11], स एव प्रधानतमः।

(6) महाराजाधिराज ने कहा—सज्जनो, तत्त्व सुन लीजिए। तुम्हारे अन्दर से जिसके जाने से तुम सब निःसत्त्व और निकम्मे हो जाओ (गे), वही सबमें श्रेष्ठ है।

(7) तत् क्रमशः उपक्रम्य निश्चीयतां कः प्रधान इति। तद् आकर्ण्य प्रसन्नान्तराः सर्वेऽपि तथा कर्तुं प्रतिश्रुतवन्तः।

(7) इसलिए क्रम से प्रारम्भ करके निश्चय कर लो कि कौन मुख्य है। यह सुनकर प्रसन्नचित्त होकर सबने वैसा करने के लिए प्रतीज्ञा की।

(8) अर्थतेषु[12] प्रथमं प्रातिष्ठत कोऽपि नियोज्यः प्रकाशानन्दो[13] नाम।

(8) अब इनमें से पहले निकल गया एक नौकर प्रकाशानन्द नामवाला।

(9) आ-वत्सरं च देशान्तरे पर्यट्य प्रत्यावृत्तोऽयम्[14] अन्यान् पप्रच्छ—कथं वा भवन्तो[15] मयि गतेऽवर्तन्त इति।

(9) एक वर्ष अन्य देश में घूम-घामकर लौटकर, यह दूसरों से पूछने लगा—किस प्रकार आप मेरे जाने पर रहे (थे)?

(10) अन्ये प्राहुः—यथा एक-सदन-वर्तिषु पुरुषेषु एकस्मिन् मृते अपरे वर्तेरंस्तथा इति।

(10) दूसरे बोले—जिस प्रकार एक मकान में रहनेवाले पुरुषों में से एक के मरने पर दूसरे रहते हैं वैसे।

(11) ततोऽपरः सौरमानन्दो नाम प्रायात्। तस्मिन् प्रतिनिवृत्ते स्पर्शानन्दः, तदुत्तरं[17] रसानन्दः, तदनुसंल्लापानन्दः, ततः परं सचिवः—इति एवं क्रमेण सर्वेऽपि प्रस्थाय, प्रतिनिवृत्य च विनाऽपि[18] आत्मानम् अन्वेषां अविच्छिन्नसुखशालितां प्रत्यक्षीचक्रु।

(11) तब (एक) दूसरा सौरभानन्द नामवाला चल पड़ा। उसके लौट आने पर स्पर्शानन्द, उसके बाद रसानन्द, उसके पीछे सल्लापानन्द, पश्चात् प्रधान (मन्त्री); इस प्रकार क्रम से सभी ने चले जाकर और लौट आकर अपने बिना दूसरों के सुख में अभेद-भाव प्रत्यक्ष किया।

(12) अथ महीपतिः आनन्दवर्मा प्रस्थातुम् उपाक्रमत। प्रतिष्ठमान एष[19] च अस्मिन् विकल-विकला वह अभवन् अन्ये।

(12) बाद राजा आनन्दवर्मा चलने लगा। उसके उठते ही शेष गलित-अशक्त हो गए।

(13) निःश्रीकतां च अवापुः ऊचुश्च[20] साञ्जलिबन्धम्—भवान् एव अस्मासु

(13) और शोभारहित हो गए। और बोलने लगे हाथ जोड़कर—आप ही हमारे

---

10. च+अनुपयु.। 11. च+उपग.। 12. अथ+एतेषु। 13. प्रकाशानन्दः+नाम। 14. वृत्तः+अयम्। 15. भवन्तः+मयि। 16. वर्तेरन्+तथा। 17. तद्+उत्तरम्। 18. बिना+अपि। 19. मानः+एव। 20. ऊचुः+च।

प्रधानः। तत् कृतं प्रयाणायासेन[21]।

श्रेष्ठ (हैं)—बस, अब जाने के कष्ट से बस।

(14) भवन्तम् अन्तरा हि निश्चेतनाँ[22] इव संवृत्ताः स्म इति।

(14) आपके बिना हम अचेतन जैसे हो गए (थे)।

(15) तद् आकर्ण्य प्रतिन्यवर्तत श्रीमान् आनन्दवर्मा भूपालः। आसीच्च यथापूर्व सुव्यवस्थितं सर्वम्।

(15) सो सुनकर वापस आ गए—श्रीमान् आनन्दवर्मा महाराज। और हो गया पूर्व के समान सब ठीक-ठाक।

(संस्कृत-चन्द्रिका)

(संस्कृत-चन्द्रिका)

समास-विवरण

1. प्रबोधकृत्—प्रबोध ज्ञानं करोतीति प्रबोधकृत्=ज्ञानकृत्।

2. नवद्वारम्—नव द्वाराणि यस्मिन् तत्—नवद्वारम्=नवद्वारयुक्तम्।

3. सरलतममतिः—अतिशयेन सरला सरलतमा। सरलतमा मतिः यस्य सः—सरलतममतिः=सरलतमबुद्धिः।

4. विभवसहजः—विभवेन सह जायते इति—विभवसहजः।

5. अनात्मज्ञभावः—आत्मानं जानाति इति आत्मज्ञः। न आत्मज्ञः=अनात्मज्ञः अनात्मज्ञस्य भावः अनात्मज्ञभावः=आत्मज्ञानहीनता।

6. प्रसन्नान्तराः—प्रसन्नम् अन्तरम् येषां ते=प्रसन्नान्तराः—हृष्ठमनस्काः।

7. अविच्छिन्नसुखशालितां—अविच्छिन्ना सुखशालिता=अविच्छिन्नसुखशालिताम्।

पाठ 19

'एतद्' शब्द पुल्लिंग

1. एषः	एतौ	एते
2. एतम्, (एनम्)	एतौ, (एनौ)	एतान् (एनान्)
3. एतेन, (एनेन)	एताभ्याम्	एतैः
4. एतस्मै	,,	एतेभ्यः
5. एतस्मात्	,,	,,
6. एतस्य	एतयोः, (एनयोः)	एतेषाम्
7. एतस्मिन्	,,	एतेषु

---

21. प्रयाण+आयास। 22. चेतनाः+इव।

'इदम्' शब्द पुल्लिंग

1. अयम्	इमौ	इमे
2. इमम्, (एनम्)	इमौ, (एनौ)	इमान, (एनान्)
3. अनेन, (एनेन)	आभ्याम्	एभिः
4. अस्मै	,,	एभ्यः
5. अस्मात्	,,	,,
6. अस्य	अनयोः (एनयोः)	एषाम्
7. अस्मिन्	,,	एषु

'प्रथम' शब्द पुल्लिंग

1. प्रथमः	प्रथमौ	प्रथमे, प्रथमाः
2. प्रथमम्	,,	प्रथमान्
3. प्रथमेन	प्रथमाभ्याम्	प्रथमैः

इसके शेष रूप 'देव' शब्द के समान होते हैं, केवल प्रथमा विभक्ति के बहुवचन के दो रूप होते हैं। पाठ सोलह के नियम 3 में इस बात का उल्लेख किया गया है। इसी प्रकार 'द्वितीय, तृतीय' इत्यादि नियम 3 में कहे हुए शब्दों के विषय में जानना चाहिए।

'द्वितीय' शब्द पुल्लिंग

1. द्वितीयः	द्वितीयौ	द्वितीये, द्वितीयाः
2. द्वितीयम्	,,	द्वितीयान्
3. द्वितीयेन	द्वितीयाभ्याम्	द्वितीयैः
4. द्वितीयस्मै, द्वितीयाय	,,	द्वितीयेभ्यः
5. द्वितीयस्मात्	,,	,,
6. द्वितीयस्य	द्वितीययोः	द्वितीयानाम्
7. द्वितीयस्मिन्, द्वितीये	,,	द्वितीयेषु

इसी प्रकार 'तृतीय' शब्द के रूप बनते हैं। इसके 'द्वितय', 'त्रितय' शब्द तथा यहां कहे हुए 'द्वितीय, तृतीय' शब्द भिन्न-भिन्न हैं, यह बात भूलनी नहीं चाहिए।

इस प्रकार सर्वनामों के रूपों का विचार पूरा हुआ। यहां तक नाम, तथा सर्वनाम का जो विचार हुआ है, तथा जो-जो रूप दिए हैं, वे सब पुल्लिंग के रूप हैं। स्त्रीलिंग तथा नपुंसकलिंग शब्दों के रूप भिन्न प्रकार के होते हैं। उनका वर्णन आगे किया जाएगा।

नियम 1–पदान्त के 'त्' के सामने 'श्' आने से 'च्' बनता है तथा शकार का विकल्प 'छ्' बनता है।

नियम 2–पदान्त के 'न्' के सामने 'श्' आने से 'ञ्' बनता है तथा शकार का विकल्प से 'छ' बनता है। उदाहरण–

तत् + शस्त्रम् = तच्शस्त्रम्, तच्छस्त्रम्

तान् + शावकान् = ताञ्शावकान्, ताञ्छावकान्

नियम 3–'ञ और श्' के बीच में, तथा 'ञ् और छ' के बीच में विकल्प से 'च्' लगाया जाता है। उदाहरण–

तान् + शत्रून् = ताञ्छत्रून्, ताच्छत्रून्।

शब्द–पुल्लिंग

अभिषेकः = स्नान। **राज्याभिषेकः** = राजगद्दी पर बैठना। **हारः** = कण्ठा, माला। **मुक्ताहारः** = मोतियों का कण्ठा।**आदेशः** = आज्ञा।**कलशः** = लोटा।**किरीटः** = मुकुट, ताज। **भ्रातृ** = भाई। **पोरः** = नागरिक। **जनपदः** = देश। **मूर्धनि** = शिर पर। **चामरः** = चँवर।

स्त्रीलिंग

प्रभृति = मुख्य, प्रारम्भ। **भार्या** = स्त्री। **मुक्ता** = मोती। **कोटि** = कोटि (करोड़) संख्या, अवस्था।

नपुंसकलिंग

पीठ = आसन। **रत्न** = ज़ेवर।

विशेषण

शुभ = पवित्र। **दिव्य** = स्वर्गीय, उत्तम। **वर** = श्रेष्ठ। **रत्नमय** = रत्नों से भरा हुआ। **सत्यसन्ध** = सत्य प्रतिज्ञा करनेवाला। **विसृष्ट** = भेजा हुआ। **महार्ह** = बहुमूल्य। **पूजित** = सत्कार किया हुआ। **पूर्ण** = भरा हुआ। **श्वेत** = सफ़ेद। **दीन** = अनाथ। **भूरि** = बहु। **यथार्ह** = योग्यता के अनुकूल।

क्रिया

प्रतिनिववृते = लौट आया(वह)। **आनिन्युः, समानिन्युः** = लाए (वे)। **दधतुः** = (दोनों ने) धारण किया। **अधिजग्मुः** = (वे) प्राप्त हुए। **सन्निवेशयाञ्चकार** =

बिठलाया। **प्रेषय** = भेजो। **निवेदयामास** = निवेदन किया। **अभिषिषिचुः** = अभिषेक किया। **निहत्य** = मारकर। **नियोजयामास** = नियुक्त किया। **जग्राह** = पकड़ा। **समर्पयाञ्चकार** = अर्पण किया।

(16) श्रीरामचन्द्रस्य राज्याऽभिषेकः

(1) श्रीरामचन्द्रः दशरथस्य आदेशाद् वनं गत्वा तत्र लङ्काधिपति रावणं निहत्य, चतुर्दश-संवत्सरान्ते, भार्यया सीतया, भ्रात्रा लक्ष्मणेन, हनूमत्प्रभृतिभिः वानरैः च सह अयोध्यां राजधानीं प्रतिनिववृते। (2) तदा श्रीरामचन्द्रस्य मातरः, भरतः, शत्रुघ्नः, मन्त्रिणः, सकलाः पौराश्च[1] आनन्दस्य परां कोटिम् अधिजग्मुः। (3) ततो भरतः सुग्रीवम् उवाच—हे प्रभो ! श्रीरामचन्द्रस्य अभिषेकार्थं शुभं सिन्धुजलमानेतुं[2] दूतान् आशु प्रेषय इति। (4) तदनु सुग्रीवो[3] वानरश्रेष्ठान् तस्मिन् कर्मणि नियोजयामास। (5) ते जलपूर्णान् सुवर्णकलशान् सत्वरं समानिन्युः। (6) तत्पश्चात् द् रामस्य अभिषेकार्थं शत्रुघ्नोवसिष्ठाय निवेदयामास। (7) ततो[4] वसिष्ठो[5] मुनिः सीतया सह रामं रत्नमये पीठे सन्निवेशयाञ्चकार। (8) अनन्तरं सर्वे मुनयः श्रीरामचन्द्रं पावनजलैरभिषिषिचुः। (9) तत्पश्चात् महार्हं रत्नकिरीटं वशी वसिष्ठः श्रीरामचन्द्रस्य मूर्धनि स्थापयामास। (10) तदानीं रामस्य शीर्षोपरि पाण्डुरं छत्रं शत्रुघ्नो जग्राह। (11) सुग्रीवविभीषणौ दिव्ये श्वेतचामरे दधतुः। (12) तस्मिन् काले इन्द्रः परमप्रीत्या धवलं मुक्ताहारं श्रीरामचन्द्राय समर्पयाञ्चकार। (13) एवं प्रजावत्सले, सत्यसंधे, धर्मात्मनि रामचन्द्रे राज्ये अभिषिच्यमाने, सर्वे जनपदाः आनन्दस्य परां कोटिं गताः। (14) तस्मिन् काले रामो[6] दीनेभ्यो[7] भूरिद्रव्यं ददौ। (14) ततः सुग्रीवादयः सर्वे तेन यथार्हं पूजिताः। विसृष्टाश्च।

---

(1) (चतुर्दश-संवत्सरान्ते) चौदह वर्षों के पश्चात्। (भ्रात्रा लक्ष्मणेन सह) भ्राता लक्ष्मण के साथ। (2) (श्रीरामचन्द्रस्य मातरः) श्रीरामचन्द्र की माताएं। (सकलाः पौराः) नगर के सब लोग। (आनन्दस्य परां कोटिं अधिजग्मुः) आनन्द की उच्चतम अवस्था को प्राप्त हुए। (3) (दूतानाशु प्रेषय) सेवकों को शीघ्र भेजो। (4) (तस्मिन्कर्मणि नियोजयामास) उस कार्य में लगाए (समानिन्युः) लाए। (8) (पावनजलैः अभिषिषिचुः) शुद्ध जलों से अभिषेक किया। (13) इस प्रकार प्रजापालक, सत्यप्रतिज्ञ धर्मात्मा रामचन्द्र का राज्य-अभिषेक होने के समय लोग आनन्द की अन्तिम सीमा तक पहुंच गए।

---

1. पौराः+च। 2. जलं+आनेतुम्। 3. सुग्रीवः+वानर। 4. ततः+वसिष्ठ.। 5. वसिष्ठः+मुनिः। 6. रामः+दीने। 7. दीनेभ्यः+भूरि।

समास-विवरण

1. सिन्धुजलम–सिन्धोः जलं=सिंधुजलम्।
2. वानरश्रेष्ठान्–वानरेषु श्रेष्ठान्=वानरश्रेष्ठान्।
3. जलपूर्णान्–जलेन पूर्णः, जलपूर्णः। तान जलपूर्णान्।
4. सुग्रीवविभीषणौ–सुग्रीवश्च विभीषणश्च=सुग्रीव विभीषणौ।
5. पावनजलम्–पावनं जलम् पावनजलम्।
6. मुक्ताहारः–मुक्तानां हारः–मुक्ताहारः।
7. सुग्रीवादयः–सुग्रीवः आदिर्येषां ते सुग्रीवादयः।
8. सत्यसन्धः–सत्यः (सत्यं) सन्धो यस्य सः सत्सन्धः=सत्यप्रतिज्ञ।

पाठ 20

यहां तक पाठकों के उन्नीस पाठ समाप्त हुए हैं। अब नपुंसकलिंग नामों के रूप बनाने का कार्य आरम्भ होता है। नपुंसकलिंग शब्द तृतीया विभक्ति से सप्तमी विभक्ति तक प्रायः पुल्लिंग शब्द की भांति ही चलते हैं, केवल प्रथमा, द्वितीया में पुल्लिंग से भिन्न और परस्पर प्रायः एक-से रूप होते हैं।

अकारान्त नपुंसकलिंग 'ज्ञान' शब्द

1.	ज्ञानम्	ज्ञाने	ज्ञानानि
सम्बोधन	(हे) ज्ञान	(हे) "	(हे) "
2.	ज्ञानम्	"	"
3.	ज्ञानेन	ज्ञानाभ्याम्	ज्ञानैः
4.	ज्ञानाय	"	ज्ञानेभ्यः
5.	ज्ञानात्	"	"
6.	ज्ञानस्य	ज्ञानयोः	ज्ञानानाम्
7.	ज्ञाने	"	ज्ञानेषु

'ज्ञान' शब्द के समान ही फल, धन, वन, कमल, गृह, नगर, भोजन, वस्त्र, भूषण इत्यादि अकारान्त नपुंसकलिंग शब्दों के रूप होते हैं।

इकारान्त नपुंसकलिंग 'वारि' शब्द

1.	वारि	वारिणी	वारीणि
सम्बोधन	(हे) वारे, वारि	,,	,,
2.	वारि	,,	,,
3.	वारिणा	वारिभ्याम्	वारिभिः
4.	वारिणे	,,	वारिभ्यः
5.	वारिणः	,,	,,
6.	,,	वारिणोः	वारीणाम्
7.	वारिणि	,,	वारिषु

इकारान्त नपुंसकलिंग 'मधु' शब्द

1.	मधु	मधुनी	मधूनि
सम्बोधन	(हे) मधो, मधु	,,	,,
2.	मधु	,,	,,
3.	मधुना	मधुभ्याम्	मधुभिः
4.	मधुने	,,	मधुभ्यः
5.	मधुनः	,,	,,
6.	,,	मधुनोः	मधूनाम्
7.	मधुनि	मधुनोः	मधुषु

इसी प्रकार वस्तु, जन्तु, अश्रु, वसु इत्यादि उकारान्त नपुंसकलिंग शब्द चलते हैं।

इकारान्त नपुंसकलिंग 'शुचि' शब्द

1.	शुवि	शुचिनी	शुचानि
सम्बोधन	(हे) शुचे, शुचि	,,	,,
2.	शुचि	शुचिनी	शुचीनि
3.	शुचिना	शुचिभ्याम्	शुचिभिः
4.	शुचये, शुचिनं	,,	शुचिभ्यः
5.	शुचेः, शुचिनः	,,	,,
6.	,, ,,	शुच्योः, शुचिनोः	शुचीनाम्
7.	शुचौ, शुचिनि	,, ,,	शुचिषु

इसी प्रकार अनादि, दुर्मति, कुमति, सुमति इत्यादि इकारान्त नपुंसकलिंग शब्द

चलते हैं। जिन विभक्तियों के दो-दो रूप होते हैं, उनकी ओर पाठकों को विशेष ध्यान देना चाहिए।

शब्द–पुल्लिंग

कुठारः, परशुः = कुल्हाड़ा। **विलापः** = शोक। **कण्ठः** = गला।

स्त्रीलिंग

सरित् = नदी। **मुद्** = आनन्द। **मुदा** = आनन्द से। **बुद्धिः** = ज्ञानशक्ति। **नदी** = दरिया। **नगरी** = शहर।

नपुंसकलिंग

श्रेयः = कल्याण। **पारतोषिकम्** = इनाम। **वृत्तम्** = वार्ता, हकीकत। **यन्त्रम्** = यंत्र, मशीन।

क्रिया

प्रातिष्ठत = रहा। **स्वीचकार** = स्वीकार किया। **अभजत्** = सेवन किया। **अरोदीत्** = रोया। **उदमज्जत्** = जल से बाहर आया। **निमज्य** = डूबकर। **शुशोच** = शोक किया। **आविरासीत्** = प्रकट था। **उद्गच्छत्** = ऊपर आया। **आजगाम** = आया। **निर्भर्त्स्य** = निन्दा करके। **अकथयत्** = कहा। **उददीधरन्** = ऊपर धर दिया। **परिदेवितुम्** = शोक करने के लिए। **प्राक्रंस्त** = प्रारम्भ किया। **अदत्वा** = न देकर।

विशेषण

राजत = चांदी का। **लुनत्** = काटनेवाला। **मुक्तकंठ** = खुले गले से। **कुटिल** = कपटी। **बुद्धिपूर्वक** = जान-बूझकर। **श्रेयस्कर** = कल्याण कारक।

(17) श्रेयः सत्ये प्रतिष्ठितम्

(1) कस्यचित् पुरुषस्य एकं वृक्षं लुनतो हस्तात् सहसा निसृतः कुठारो जलम[1]भजत्। (2) ततः स शुशोच, मुक्तकण्ठं च अरोदीत्। (3) तस्य विलापं श्रुत्वा वरुणःआवि[2]रासीत्। (4) तं वरुणं स पुरुषः शोककारणम् अकथयत्। (5) तदा वरुणो जलान्तः प्रविश्य सुवर्णमयं कुठारं हस्तेन आदाय उदमज्जत्। तस्मै पुरुषाय तं कुठारं

---

1. कुठारः+जलं। 2. वरुणः+आवि.।

दर्शयित्वा पृच्छति–रे! किमयं ते परशुः? इति। (6) स उवाच–नायं मदीय इति। ततः भूयोऽपि[3] निमज्य राजतं कुठारं उददीधरत्। (7) तं दृष्ट्वा, नायम् अपि मम[4] इति स उवाच। (8) तृतीये उन्मज्जने तथ्य नष्टं कुठारं गृहीत्वोदगच्छत्[5]। तं स मुदा स्वीचकार। (9) तदा तस्य पुरुषस्य सरलतां दृष्ट्वा संतुष्टो वरुणः सुवर्ण-राजतौ द्वौ अपि कुठारौ तस्मै पारितोषिकत्वेन ददौ। (10) वृत्तम् एतत् श्रुत्वा कश्चित् कुटिलो मनुष्यः सरितं गत्वा स्वकीय-कुठारं बुद्धिपूर्वकं सलिले अपातयत्। कुठारनाशं सत्यीकृत्य परिदेवितुं प्राक्रंस्त। तच्छ्रुत्वा[6] यथापूर्वं वरुण आजगाम। (11) स सलिले निमज्य सौवर्ण परशुम् आदाय अपृच्छत्–किम् अयं ते परशुः इति (12) तं सुवर्णपरशुं दृष्ट्वा तस्य बुद्धिभ्रंशो संजातः। (13) स वँणमुवाच–वाढम् अयमेव मम कुठार इति। (14) एवमुक्त्वा लोभेन वरुणास्य हस्तात् तम् आदातुं प्रवृक्राः। (15) तदा वरुणास्तं[7] निर्भर्त्स्य, सुर्वणकुठारम् अदत्वा, तस्य कुठारमपि तस्मै न ददौ।

---

(1) (वृक्षं लुनतः) वृक्ष काटनेवाले का। (2) (मुक्तकण्ठं अरोदीत्) खुले गले से रोया। (3) (वरुणः आविरासीत्) वरुण प्रकट हुआ। (6) (नायं मदीयः) यह मेरा नहीं। (भूयोऽपि निमज्य) फिर डुबकी लगाकर। (9) (पारितोषिकत्वेन ददौ) इनाम के तौर पर दिए। (10) (कुठार-नाशं सत्यीकृत्य) कुल्हाड़े का नाश सत्य करके। (13) (बाढं)–सच, निश्चय से। (14) (आदातुं प्रवृत्तः) लेने के लिए तैयार हुआ।

समास-विवरण

1. शोककारणम्–शोकस्य कारणं=शोककारणम्। शोकप्रयोजनम्।
2. सरलाताम्–सरलस्य भावः=सरलता (सरलत्वम्, ताम्।
3. बुद्धेः भ्रंशः=बुद्धिभ्रंशः।

पाठ 21

उकारान्त नपुंसकलिंग 'लघु' शब्द

1.	लघु	लघुनी	लघूनि
सम्बोधन	(हे) लघो, लघु	,,	,,
2.	लघु	,,	,,
3.	लघुना, लघ्वा	लघुभ्याम्	लघुभिः

---

3. भूयः+अपि। 4. मम+इति। 5. गृहीत्वाः+उद्ग.। 6. तत्+श्रुत्वा। 7. वरुणः+तं।

4.	लघवे, लघुने	''	लघुभ्यः
5.	लघोः, लघुनः	''	''
6.	'' ''	लघ्वोः लघुनोः	लघूनाम्
7.	लघौ, लघुनि	'' ''	लघुषु

लघु अथवा शुचि विशेषण हैं। विशेषणों का कोई अपना खास लिंग नहीं होता। जहाँ ये विशेषण पुल्लिंग शब्द का गुण वर्णन करते हैं, वहाँ ये पुल्लिंग शब्द के समान चलते हैं तथा जहाँ ये नपुंसकलिंग शब्द के गुणों का वर्णन करते हैं, वहाँ नपुंसकलिंग शब्दों के समान चलते हैं। पुल्लिंग में 'शुचि' शब्द के 'हरि' शब्द के समान रूप होते हैं तथा लघु शब्द के भानु शब्द के समान।

पाठ 20 में शुचि शब्द का तथा इस पाठ में नपुंसकलिंग लघु शब्द को चलाने का ढंग बताया गया है।

लघु शब्द की ही तरह नपुंसकलिंग, पृथु, गुरु, ऋजु, इत्यादि शब्दों के रूप बनते हैं। 'कति' शब्द तीनों लिंगों में एक जैसा चलता है तथा वह हमेशा बहुवचन होता है।

'कति' शब्द

1.	कति	(4)	कतिभ्यः
सम्बोधन	(हे) कति	(5)	''
2.	कति	(6)	कतीनाम्
3.	कतिभिः	(7)	कतिषु

इकारान्त नपुंसकलिंग 'दधि' शब्द

1.	दधि	दधिनी	दधीनि
सम्बोधन	हे ''	''	''
3.	दध्ना	दधिभ्याम्	दधिभिः
4.	दध्ने	''	दधिभ्यः
5.	दध्नः	''	''
6.	''	दध्नोः	दधीनाम्
7.	दध्नि	''	दधिषु

सकारान्त नपुंसकलिंग 'मनस्' शब्द

1.	मनः	मनसी	मनांसि
सम्बोधन	(हे) "	"	"
2.	"	"	"

तृतीया विभक्ति से इसके 'चन्द्रमस्' शब्दवत् रूप होते हैं। 'पयस्, महस्, वचस्, श्रेयस्, तरस्, तमस्, रजस्' इत्यादि शब्दों के रूप इसी प्रकार बनते हैं।

ऋकारान्त नपुंसकलिंग 'धातृ' शब्द

1.	धातृ	धातृणी	धातृणि
सम्बोधन	(हे) धातः, धातृ	"	"
2.	धातृ	"	"
3.	धात्रा, धातृणा	धातृभ्याम्	धातृभिः
4.	धात्रे, धातृणे	"	धातृभ्यः
5.	धातुः, धातृणः	"	"
6.	" "	धात्रोः, धातृणोः	धातृणाम्
7.	धातरि, धातृणि	" "	धातृषु

इसी प्रकार 'कर्तृ, नेतृ, ज्ञातृ' इत्यादि ऋकारान्त नपुंसकलिंग शब्दों के रूप चलते हैं।

शब्द–पुल्लिंग

जलाशयः = तालाब। **मत्स्यः** = मछली। **प्रत्युत्पन्नमतिः** = स्थिति उत्पन्न होने पर समझनेवाला। **विधाता** = करनेवाला। **अनागत-विधाता** = भविष्य को लक्ष्य में रखकर करनेवाला। **यद्भविष्यः** = दैववादी। **मत्स्यजीविन्** = धीवर।

नपुंसकलिंग

प्रभात = सवेरा। **अभीष्ट** = इच्छित।

विशेषण

अन्वेषित = ढूंढा हुआ। **अतिक्रान्त** = गया हुआ।

क्रिया

प्रतिभाति = मालूम होता है। **विहस्य** = हंसकर।

(18) यद्भविष्यो विनश्यति

(1) कस्मिंश्चित्[1] जलाशये, अनागतविधाता, प्रत्युत्पन्नमतिः यद्भविष्यश्चेति[2] त्रयो[3] मत्स्याः सन्ति। (2) अथ कदाचित् तं जलाशयं दृष्ट्वा आगच्छद्भिः मत्स्यजीविभिः उक्तम्। (3) यद् अहो, बहुमत्स्योऽयं[4] ह्रदः ! कदाचित् अपि नाऽस्मा[5]भिरन्वेषितः[6]। तद् अद्य आहारवृत्तिः संजाता। सन्ध्यासमयश्च[7] संभूतः। ततः प्रभातेऽत्र[8] आगन्तव्यमिति निश्चयः। (4) अतस्तेषां[9], तद् वज्रपातोपमं वचः समाकर्ण्य अनागतविधाता सर्वान् मत्स्यान् आहूय इदम् ऊचे—(5) अहो, श्रुतं भवद्भिर्यत्[10] मत्स्यजीविभिः अभिहितम्। तद् रात्रौ एव किञ्चित् गम्यतां समीपवर्त्ति सरः। (6) तत् नूनं प्रभातसमये मत्स्यजीविनोऽत्र समागत्य मत्स्यसंक्षयं करिष्यन्ति। (7) एतत् मम मनसि वर्तते। तत् न युक्तं साम्प्रतं क्षणम् अपि अत्राऽवस्थातुम्[11]। (8) तद् आकर्ण्य प्रत्युत्पन्नमतिः प्राह—अहो सत्यमभिहितं भवता। ममाऽपि[12] अभीष्टम् एतत्। तद् अन्यत्र गम्यताम्। (9) अथ तत् समाकर्ण्य, प्रोच्चैः[13] विहस्य यद्भविष्यः प्रोवाच। (10) अहो न भवद्भ्यां मन्त्रितं सम्यगेतत्। यतः किं तेषां वाङ्मात्रेणापि पितृपैतामहिकं सर एतत् त्यक्तुं युज्यते। (11) तद् यद् आयुःक्षयोऽस्ति[14] तद् अन्यत्र गतानामपि मृत्युर्भविष्यति एव। तदहं न यास्यमि। भवद्भ्यां यत् प्रतिभाति तत् कार्यम्। (12) अथ तस्य तं निश्चयं ज्ञात्वा अनागतविधाता, प्रत्युपन्नमतिश्च निष्क्रान्तौ सह परिजनेन। (13) अथ प्रभाते

---

(1) किसी एक तालाब में अनागतविधाता, प्रत्युत्पन्नमति तथा यद्भविष्य इस नाम के तीन मत्स्य थे। (2) (आगच्छद्भि मत्स्य-जीविभिः उक्तम्) आने वाले धीवरों ने कहा। (3) (बहुमत्स्यः अयं ह्रदः) यह तालाब बहुत मछलियोंवाला है। (आहारवृत्तिः संजाता)—भोजन का प्रबन्ध हो गया। (प्रभाते अत्र आगन्तव्यम्) सवेरे यहां आना चाहिए। (4) (वज्रपातोपमं वचः) वज्र के आघात के समान भाषण। (5) (गम्यतां समीपवर्त्तिसरः)—जाइए पास के तालाब के पास। (8) (ममापि अभीष्ट-मेतत्)—मुझे भी यही इष्ट है। (तत्समाकर्ण्य प्रोच्चैः विहस्य प्रोवाच)—यह सुनकर ऊंचा हंसकर बोला। (10) (सम्यगेतत्) यही ठीक है। (किं तेषां वाङ्मात्रेणापि पितृपैतामहिकं सरः एतत् त्यक्तुं युज्यते) क्या उनके बड़बड़ाने से हमारे बाप-दादा के सम्बन्ध का यह तालाब छोड़ना अच्छा है। (11) (भवद्भ्यां च यत्प्रतिभाति तत्कार्यम्) आप जैसा चाहते

---

1. कस्मिन्+चित। 2. भविष्यः+च। 3. त्रयः+मत्स्याः। 4. मत्स्यः+अयं। 5. न+अस्माभिः। 6. अस्माभिः+अन्वेषितः। 7. समयः+च। 8. प्रभाते+अत्र। 9. अतः+तेषां। 10. भवद्भिः+यत्। 11. अत्र+अवस्था.। 12. मम+अपि। 13. प्र+उच्चैः। 14. क्षयः+अस्ति।

तैर्म[15]त्स्यजीविभि[16]र्जालैस्तं[17] जलाशयम् आलोड्य यद्भविष्येण सह स जलाशयो निर्मत्स्यतां नीतः।

समास-विवरण

1. जलाशयः—जलस्य आशयः=जलाशयः।

2. मत्स्यजीविभिः—मत्स्यैः जीवन्ति इति मत्स्यजीविनः। तैः मत्स्यजीविभिः।

3. बहुमत्स्यः—बहवः मत्स्याः यस्मिन् सः=बहुमत्स्यः।

4. समीपवर्त्ति—समीपं वर्त्तते इति समीपवर्ति।

5. प्रत्युत्पन्नमतिः—प्रत्युत्पन्न मतिः यस्य सः=प्रत्युत्पन्नमतिः।

6. निर्मत्स्यता—निर्गताः मत्स्याः यस्मात् स=निर्मत्स्यः। निर्मत्स्यस्य भावः निर्मत्स्यता।

पाठ 22

षकारान्त नपुंसकलिंग 'धनुष्' शब्द

1. सम्बोधन 2.	धनुः	धनुषी	धनूंषि
3.	धनुषा	धनुर्भ्याम्	धनुर्भिः
4.	धनुषे	,,	धनुर्भ्यः

'चन्द्रमस्' शब्द के समान ही इसके रूप होते हैं। इसी प्रकार 'चक्षुष्, हविष्' इत्यादि शब्दों के रूप बनाने चाहिए।

नकारान्त नपुंसकलिंग 'नामन्' शब्द

1. सम्बोधन 2.	नाम	नाम्नी, नामनी	नामानि

हैं वैसा कीजिए। (12) (सहपरिजनेन) परिवार के साथ। (13) (स जलाशयः निर्मत्स्यतां नीतः) वह तालाब मत्स्यहीन किया।

15. तैः+मत्स्य। 16. जीविभिः+जालैः। 17. जालैः+तं।

3.	नाम्ना	नामभ्याम्	नामभिः
4.	नाम्ने	,,	नामभ्यः
5.	नाम्नः	,,	,,
6.	नाम्नः	नाम्नोः	नाम्नाम्
7.	नाम्नि, नामनि	नाम्नोः	नामसु

इसी प्रकार 'लोमन्, सामन्, व्योमन्, प्रेमन्' इत्यादि शब्द चलते हैं।

नकारान्त नपुंसकलिंग 'अहन्' शब्द

1. सम्बोधन 2.	अहः	अहनी	अहानि
3.	अह्ना	अहोभ्याम्	अहोभिः
4.	अह्ने	,,	अहोभ्यः
5.	अह्नः	,,	,,
6.	,,	अह्नोः	अह्नाम्
7.	अहनि	,,	अहस्सु

तकारान्त नपुंसकलिंग 'जगत्' शब्द

1. सम्बोधन 2.	जगत्	जगति	जगन्ति
3.	जगता	जगद्भ्याम्	जगद्भिः

इसी प्रकार 'पृषत्' इत्यादि शब्द चलते हैं।

इकारान्त नपुंसकलिंग 'अक्षि' शब्द

1.	अक्षि	अक्षिणी	अक्षीणि
सम्बोधन	हे ,, अक्षे	हे ,,	हे ,,
2.	,,	,,	,,
3.	अक्ष्णा	अक्षिभ्याम्	अक्षिभिः
4.	अक्ष्णे	,,	अक्षिभ्यः
5.	अक्ष्णः	,,	,,
6.	,,	अक्ष्णोः	अक्ष्णाम्
7.	अक्ष्णि, अक्षणि	,,	अक्षिषु

इसी प्रकार 'अस्थि, सक्थि' आदि शब्दों के रूप होते हैं।

1.-2.	अस्थि	अस्थिनी	अस्थीनि
3.	अस्थ्ना	अस्थिभ्याम्	अस्थिभिः
4.	अस्थ्ने	अस्थिभ्याम्	अस्थिभ्यः
5.	अस्थ्नः	"	"
6.	"	अस्थ्नोः	अस्थ्नाम्
7.	अस्थिनि, अस्थनि	"	अस्थिषु

सकारान्त नपुंसकलिंग 'आयुस्' शब्द

1.	आयुः	आयुषी	आयूंषि
सम्बोधन	"	"	"
2.	"	"	"
3.	आयुषा	आयुर्भ्याम्	आयुर्भिः
4.	आयुषे	"	आयुर्भ्यः
5.	आयुषः	"	"
6.	"	आयुषोः	आयुषाम्
7.	आयुषि	"	आयुष्षु

इसी प्रकार 'अर्चिस्' शब्द के रूप बनते हैं। पाठक इनके साथ पुल्लिंग शब्दों के रूपों की तुलना करें, और विशेष बातों का ध्यान रखें।

शब्द–क्रियाएं

क्रीत्वा = ख़रीदकर। **उपदेक्ष्यामि** = उपदेश करूंगी (गा)। **निष्पाद्य** = तैयार करके। **प्राभातिकं** = सवेरे सम्बन्धी। **अवज्ञातुम्** = धिक्कार करने के लिए। **अर्हसि** = (तू) योग्य है। **प्रयतिष्ये** = प्रयत्न करूंगा। **श्रामयामि** = कष्ट दूंगीं (गा)। **विलोक्यताम्** = देखिए। **निर्विश्यताम्** = घुस जाइए। **निषेधति** = प्रतिबन्ध करता है। **अर्जयति** = कमाता है। **विलोक्य** = देखकर। **प्रतिपद्यते** = मानती है। **उत्सहे** = मुझे उत्साह होता है। **हीयते** = न्यून होता है। **निर्मातुम्** = उत्पन्न करने के लिए। **प्रभवेत्** = समर्थ हो। **विभज्य** = बांटकर। **अंगीकृत्य** = स्वीकार करके। **विस्मापयन्ति** = आश्चर्य युक्त करते हैं।

शब्द–पुल्लिंग

शिल्पी = कारीगर। **श्रमः** = कष्ट, मेहनत। **पाणिः** = हाथ। **विभागः** = हिस्सा, बांट। **पादः** = पांव। **सर्वात्मना** = तन-मन से। **विपश्चित्** = विद्वान।

स्त्रीलिंग

दृष्टि = नज़र। **यात्रा** = गमन। **चिन्ता** = फिक्र। **गृहिणी** = गृहपत्नी। **संसारयात्रा** = दुनिया का जीवन-व्यवहार। **श्रुति** = श्रवण, सुनना।

नपुंसकलिंग

तल = ऊपरला हिस्सा। **मूल** = जड़। **प्रभात** = सवेरा। **वस्तुजात** = वस्तुओं का समूह। **आत्मबल** = अपनी शक्ति। **निदर्शन** = उदाहरण। **बीज** = बीज। **शिरः** = सिर। **साहाय्य** = मदद। **लोकाराधन** = लोकसेवा। **उदर** = पेट। **नैपुण्य** = निपुणता।

विशेषण

प्राभातिक = सवेरे का। **सुगम** = आसान। **साध्य** = सिद्ध करने योग्य। **आकुल** = कष्टमय। **सुजात** = अच्छा पैदा हुआ। **निवृत्त** = हो गया। **सुसंस्कृत** = उत्तम बनाया हुआ। **सम्यक्** = ठीक। **आत्मबलातिग** = अपनी शक्ति से बाहर के। **अद्भुत** = आश्चर्यकारक। **बहुमत** = बहुतों का मान्य। **इयत्** = इतना। **विभक्त** = बांटा हुआ। **सुसह** = सहने योग्य। **प्रीत** = संतुष्ट।

(19) श्रम-विभाग

(1) **रुक्मिणी**—सखि कमले ! श्वः प्रभाते मे बहु करणीयम् तत् कथं निवर्तये इति चिन्ताकुलं मे मनः।

(2) **कमला**—काऽत्र चिन्ता। अहं तव साहाय्यं करिष्यामि, नर्मदामपि तत्कर्तुमुपदेक्ष्यामि[1]। इत्यावयोः[2] साहाय्येन सुलभा कार्यसिद्धिः।

(3) **रुक्मिणी**—अपि नर्मदा प्रतिपद्यते तत्कर्तुम्। यावत्ता[3]मेव पृच्छामि—अयि नर्मदे, प्रभाते मम बहु करणीयम्, कंच्चिदल्प[4]साहाय्यं करिष्यसि।

---

(1) (मे बहु करणीयम्)—मुझे बहुत कार्य है। (कथं निवर्तये) कैसा किया जाए? (2) (कात्र चिन्ता)—कौन-सी यहां चिन्ता। (इत्यावयोः साहाय्येन सुलभा कार्यसिद्धिः)—इस प्रकार हम दोनों के सहाय्य से कार्य की सिद्धि सुगम होगी। (3) (अपि नर्मदा प्रतिपद्यते) क्या नर्मदा मानेगी। (कंच्चिदल्प) कुछ थोड़ा। (4) (तन्नकर्तुमुत्सहे) वह करने के लिए (मैं) उत्साहित नहीं हूं। (प्रभातिकम्) सवेरे का कार्य। (5) (अवज्ञातुम् अर्हसि) अपमान करने के लिए योग्य हो। (अन्योन्य-सहाय्यम्) परस्पर मदद करनी। (साहाय्यं

---

1. कर्तुम्+उपदे.। 2. इति+आवयोः। 3. यावत्+ताम्+एवं। 4. कच्चिद्+अल्पम्।

(4) **नर्मदा**—ततः को मे लाभः? तन्न कर्तुमुत्सहे[5]! पुनर्म मापि प्राभातिकम् अस्त्येव[6]। तत् का करिष्यति?

(5) **कमला**—सखि नर्मदे! मैवं[7] रुक्मिणी वचः अवज्ञातुम् अर्हसि। अन्योऽन्यसाहाय्यं मनुष्यधर्मः। तत् साहाय्यं कुर्वन्त्याः तव किं हीयते? तव गृहकृत्यं च अल्पम्। तत् पश्चादूअपि एकाकिन्या सुकरम्। तत्रापि चेद् अन्यापेक्षा अहं साहाय्यं करिष्यामि।

(6) **नर्मदा**—न श्रामयामि त्वाम्। अहम् एव एकाकिनी तल्लघुलघुसमाप्य विश्रान्तिसुखं कथं न अनुभवेयम्।

(7) **कमला**—सुखं निर्विश्यतां विश्रान्तिसुखम्। तथा कर्तुं का निषेधति। परं एतावदेव[8] पृच्छामि तव गृहकृत्यं त्वम् एकाकिनी लघुतरं करिष्यसे किम्!

(8) **नर्मदा**—असंशयं त्वद्वितीया[9] एव।

(9) **कमला**—तर्हि, साहाय्यं किमिति नानुमन्यसे[10]?

(10) **नर्मदा**—स्वावलम्बम् एव अहं बहु मन्ये, न परसाहाय्यम्, आत्मबलेनैव[11] सर्वाः क्रिया निर्वर्तयामि।

(11) **रुक्मणी**—आर्ये नर्मदे! स्वावलम्बः ममापि[12] बहुमतः। किन्तु आत्मबलातिगे

कुर्वन्त्यास्तव किं हीयते) मदद करने से तुम्हारी क्या हानि है ? (एककिन्या सुकरं) अकेली से भी किया जा सकता है। (चेयम् अन्यापेक्षा) अगर दूसरे की ज़रूरत है। (6) (न श्रामयामि त्वाम्) तुमको कष्ट नहीं दूंगी। (तल्लघुलघु समाप्य) वह जल्दी-जल्दी समाप्त करके। (7) (सुखं निर्विश्यतां विश्रान्ति-सुखम्) आराम से लीजिए विश्राम का आनन्द (लघुतरं करिष्यसे) अधिक जल्दी करेगी। (8) (असंशयं त्वद्वितीया एव) निस्संशय अकेली ही। (9) (किमिति नानुमन्यसे) क्यों नहीं मानती। (11) (स्वावलम्बगू एव अहं बहुमन्ये) अपने ऊपर ही निर्भर रहना—मुझे बहुत पसन्द है। (एक पुरुषसाध्याः सकलाः क्रियाः)—एक मनुष्य से सिद्ध होनेवाले सब कार्य। (निर्मातुं न प्रभवेत्)—उत्पन्न करने के लिए समर्थ नहीं होगा। (अतः विपश्चितः—परिशीलयन्ति)—इसलिए विद्वान परस्पर में श्रमों को बांटकर एक-एक बात को ही अपनी-सी करके उसी को तन-मन से विचारते हैं। (तस्मिन्—सुखकरी भवति)—उसी में प्रवीणता संपादन करके लोक-सेवा के लिए प्रवृत्त होते हैं। इस प्रकार श्रम-विभाग से संसार-यात्रा सुखमय होती है। (पर-राष्ट्राणां) दूसरे देशों की। (12) (आफलोदयकर्माणः) फल प्राप्त होने तक काम

---

5. कर्तुम्+उत्सहे। 6. अस्ति+एव। 7. मा+एवं। 8. एतावद्+एव। 9. तु+अद्वितीया। 10. न+अनु। 11. बलेन+एव। 12. मम+अपि।

कार्ये परसाहाय्यप्रार्थनम् आवश्यकं भवति नर्हि एकपुरुषसाध्याः सकलाः क्रियाः। कोऽपि[13] गृहवस्त्रादिकं स्वयमेको[14] निर्मातुं न प्रभवेत्। किमुत च तत्तत् शिल्पिसंधनिर्मितम् एव सुभगम्! अतः विपश्चितः परस्परं श्रमान् विभज्य एकैकमेव विषयम् अङ्गीकृत्य, तं सर्वात्मना परिशीलयन्ति। तस्मिन् नैपुण्यं उपगताः च, लोकाऽराधनाय प्रवर्तन्ते। एवं श्रमविभागेन संसारयात्रा सुखकरी भवति।

(12) **कमला**—परिचिन्त्यतां पराराष्ट्राणाम् उद्योगपद्धतिः। आफलोदयकर्माण उद्यमशीला यूरोपीयाः निजाद्भुद्तकृत्यैः लोकान् विस्मापयन्ति। सुसंस्कृतं सुजातं च वस्तुजातं निर्मितताां तेषाम् श्रमविभाग[15] एव बीजम्।

(13) **रुक्मिणी**—पाणितलस्थे निदर्शने, कुत इयद्दूरम्[16]? अस्माकं गृहव्यवस्था एव सूक्ष्मदृष्ट्या विलोक्यताम्। गृहपतिः सकलारम्भमूलं धनम् अर्जयति। तेन च धान्यादि वस्तुजातं क्रीत्वा गृहिण्यै समर्पयति। सा तत्साधु व्यवस्थाप्य, पाकादि च निष्पाद्य सकलं कुटुम्बं सुखयति। सोऽयं जीवनक्रमः श्रमविभागेन एव सुखकरो भवति नान्यथा। विभक्तः खलु श्रमोऽतीव[17] सुसहो भूत्वा, महते फलोदयाय कल्पते।

(14) **नर्मदा**—स्फुटतरम् अज्ञासिषं श्रमविभागतत्वम्। युवाभ्यां विवृतं च तत्, सम्यक् प्रविष्टं मे हृदयम्। अधुना शिरसा धारयामि युवयोः वचः। यावच्छक्यं, तव अर्थसाधने प्रयतिष्ये।

(15) **रुक्मिणी**—प्रीतास्मि युवयोः परमादरेण।

समास-विवरण

1. चिन्ताकुलम्—चिन्तया आकुलम्=चिन्ताकुलम्।
2. कार्यसिद्धिः—कार्यस्य सिद्धिः=कार्यसिद्धिः।

करनेवाले। (निजाद्भुतकृत्यैर्लोकान् विस्मापयन्ति)—अपने अद्भुत कामों से दूसरों को आश्चर्य युक्त करते हैं। (13) (पाणितलस्थे निदर्शने कुत इयद्दूरम्)—हाथ के तले पर का पदार्थ देखने के लिए इतना दूर क्यों (जाना है)। (सकलारम्भमूलं) संपूर्ण कार्यों के प्रारम्भ में उपयोगी—जिससे सकल कार्य बन सकते हैं। (पाकादि निष्पाद्य) अन्न पकाकर। (विभक्तः श्रमः सुसह भवति) बांटा हुआ श्रम सहा जा सकता है। (महते फलोदयाय कल्पते)—महान फल प्राप्ति के लिए होता है। (14) (स्फुटतरम् अज्ञाषिम्) अधिक स्पष्टता से जान लिया। (युवाभ्यां विवृतम्) तुम दोनों से समझाया हुआ। (शिरसा धारयामि युवयोर्वचः) शिर से धरती हूं तुम दोनों का भाषण। (तव अर्थसाधने प्रयतिष्ये) तुम्हारा कार्य सिद्ध करने में प्रयत्न करूंगी। (15) (प्रीतास्मि युवयोः परमादरेण) खुश हो गई हूं तुम दोनों के बड़े आदर से।

---

13. कः+अपि। 14. स्वयं+एकः। 15. विभागः+एव। 16. इयत्+दूरं। 17. श्रमः+अतीव।

3. रुक्मिणीवचः—रुक्मिण्याः वचः=रुक्मिणीवचः।

4. अन्यापेक्षा—अन्यस्य अपेक्षा=अन्यापेक्षा।

5. लघुतरम्—अतिशयेन लघु=लघुतरम्।

6. आत्मबलातिगे—आत्मनः बलम्=आत्मबलम्। आत्मबलम् अतिक्रम्य गच्छति तत्=आत्मबलातिगम्, तस्मिन्।

7. शिल्पिसंघनिर्मितं—शिल्पिनाम् संघः=शिल्पिसंघ। शिल्पिसङ्घेन निर्मितं=शिल्पिसङ्घनिर्मितम्।

8. आफलोदयकर्माणः=फलस्य उदयः=फलोदयः। फलोदयपर्यन्त कर्म येषां ते=आफलोदय-कर्माणः।

9. पाणितलस्थः—पाणेः तलः=पाणितलः। पाणितले तिष्ठतीति=पाणितलस्थः।

10. सूक्ष्मदृष्टिः—सूक्ष्मा चासौ दृष्टिश्च=सूक्ष्मदृष्टिः।

पाठ 23

सर्वनामों के नपुंसकलिंग में कैसे रूप होते हैं, इसका ज्ञान इस पाठ में दिया जा रहा है। सर्वनामों के तृतीया से सप्तमी पर्यन्त विभक्तियों के रूप पूर्वोक्त पुल्लिंग सर्वनामों के समान ही होते हैं। केवल प्रथमा, द्वितीया के रूपों की विशेषता ही पाठकों को ध्यान में रखनी होगी।

'सर्व' शब्द (नपुंसकलिंग)

1.	सर्वम्	सर्वे	सर्वाणि
सम्बोधन	सर्व	,,	,,
2.	सर्वम्	,,	,,

शेष रूप 'सर्व' शब्द के पुल्लिंग रूपों के समान होते हैं। इसी प्रकार 'विश्व', 'एक', 'उभ', 'उभय' इनके रूप होते हैं। 'उभ' शब्द द्विवचन में ही चलता है तथा 'उभय' के लिए द्विवचन नहीं है।

इसी प्रकार 'पूर्व, पर, अवर, दक्षिण, उत्तर, अपर, अधर, स्व, अन्तर, नेम' इत्यादि शब्द चलते हैं। 'स्व', 'अन्तर' के विषय में जो कुछ पहले लिखा है, उसे ध्यान में रखना चाहिए।

'प्रथम' शब्द 'ज्ञान' के समान ही नपुंसक में चलता है। इसी प्रकार 'चरम, द्वितय, त्रितय, चतुष्टय, पञ्चतय, अल्प, अर्ध, कतिपय' इत्यादि शब्द चलते हैं।

'द्वितीय, तृतीय' भी सर्वनाम 'सर्व' शब्द के समान ही नपुंसकलिंग में चलते हैं।

'यत्' शब्द (नपुंसकलिंग)

1.	यत्	ये	यानि
2.	"	"	"

शेष रूप पुल्लिंग 'यत्' शब्द के समान होते हैं।

इसी प्रकार 'अन्य, अन्यतर, इतर, कतर, कतम, त्व' इत्यादि सर्वनामों के नपुंसकलिंग में रूप होते हैं। 'अन्यतम' शब्द नपुंसकलिंग में 'ज्ञान' के समान चलता है।

'किम्' शब्द (नपुंसकलिंग)

1.	किम्	के	कानि
2.	"	"	"

अन्य रूप पुल्लिंग 'किम्' शब्द के समान होते हैं।

'तत्' शब्द (नपुंसकलिंग)

1.-2.	तत्	ते	तानि

अन्य रूप 'तत्' शब्द के पुल्लिंगी रूपों के समान होते हैं।

'एतत्' शब्द (नपुंसकलिंग)

1.	एतत्	एते	एतानि
2.	एतत्, एनत्,	एते, एने,	एतानि, एनानि

अन्य रूप 'एतत्' शब्द के पुल्लिंगी रूपों के समान होते हैं।

'इदम्' शब्द (नपुंसकलिंग)

1.	इदम्	इमे	इमानि
2.	इदम्, एनत्	इमे, एने	इमानि, एनानी

अन्य रूप पुल्लिंग 'इदम्' शब्द के समान होते हैं।

'अदस्' शब्द (नपुंसकलिंग)

1.-2.	अदः	अमू	अमूनि

अन्य रूप पुल्लिंग 'अदस्' के समान होते हैं। 'द्वि' शब्द द्विवचन में ही चलता है। इसके प्रथमा, द्वितीया में 'द्वे' रूप होता है। तृतीयादि विभक्ति के अन्य रूप पुल्लिंग के समान होते हैं।

'त्रि' शब्द बहुवचन में ही चलता है। 'त्रीणि' यह रूप प्रथमा तथा द्वितीया में होता है। अन्य रूप पुल्लिंग के समान होते हैं।

'चतुर' शब्द बहुवचनान्त ही है। 'चत्वारि', यह रूप प्रथमा द्वितीया में होता है। शेष पुल्लिंग के समान हैं।

'पञ्चन्, षट्, सप्तन्, दशन्' के रूप पुल्लिंग के समान ही नपुंसकलिंग में भी होते हैं। केवल 'अष्ट' शब्द के नपुंसकलिंग में पुल्लिंग के भिन्न रूप होते हैं।

1.	अष्ट	4-5	अष्टभ्यः
2.	अष्ट	6	अष्टानाम्
3.	अष्टाभिः	7	अष्टसु

'शत, सहस्र, आयुत, लक्ष, प्रयुत' ये नपुंसकलिंग में 'ज्ञान' शब्द के समान चलते हैं।

शब्द–पुल्लिंग

सन्धिः = सुलह, मैत्री। **यशस्विन्** = यशवाला, कीर्त्तिमान्। **व्याघ्र** = शेर। **पुरुषव्याघ्रः** = पुरुषों में श्रेष्ठ। **पित्र्यंशः** = पैतृक (धन) का हिस्सा। **विग्रहः** = युद्ध। **भरतर्षभः** = भरत (वंश में) श्रेष्ठ। **पुरोचनः** = एक पुरुष का नाम। **वज्रभृतः** = वज्र उठानेवाला अर्थात् इन्द्र।

नपुंसकलिंग

पैतृक = पिता सम्बन्धी। **किल्विष** = पाप। **अफल** = निष्फल। **क्षेम** =कल्याण।

क्रिया

रोचते = पसन्द है। **क्रियते** = किया जाता है। **प्रदीयताम्** = दीजिये। **ध्रियन्ते** = धारण किये जाते हैं। **आतिष्ठ** = रहो।

विशेषण

मधुर = मीठा। **निरस्त** = अलग किया। **सम्मन्तव्यम्** = सम्मान योग्य। **तुल्य** = समान।

अन्य

विशेषतः = ख़ासकर। **असंशयम्** = निःसंशय। **कथञ्चन** = किसी प्रकार। **दिष्ट्या** = सुदैव से।

(20) भीष्मो धृतराष्ट्रादीन् सन्धिमुपदिशति

न रोचते विग्रहो मे पाण्डपुत्रैः कथञ्चन।
यथैव[1] धृतराष्ट्रो मे तथा पाण्डुरसंशयम्[2]।।1।।
गान्धार्याश्च[3] यथा पुत्रास्तथा[4] कुन्तीसुता मम।
यथा च मम ते रक्ष्या धृतराष्ट्र तथा तव।।2।।
दुर्योधन, यथा राज्यं त्वमिदं[5] तात पश्यसि।
मम पैतृकमित्येवं[6] तेऽपि पश्यन्ति पाण्डवाः।।3।।
यदि राज्यं न ते प्राप्तं पाण्डवेया यशस्विनः।
कुतः तव तवापीदं[7] भारतस्यापि कस्यचित्।।4।।
अधर्मेण च राज्यं त्वं प्राप्तवान् भरतर्षभ।
तेऽपि[8] राज्यमनुप्राप्ताः पूर्वमेवेति[9] मे मतिः।।5।।

---

(20) भीष्मपितामह का धृतराष्ट्रादि को सुलह का उपदेश

(पाण्डु-पुत्रैः सह) पाण्डवों के साथ। (विग्रहः) युद्ध, झगड़ा। (कथञ्चन) किसी प्रकार भी। (मे न रोचते) मुझे पसन्द नहीं। (यथा एव मे धृतराष्ट्रः) जैसा मेरे लिए धृतराष्ट्र है। (तथा असशयं पाण्डुः) वैसा ही निश्चय से पाण्डु है।।1।।

(यथा च गान्धार्याः पुत्राः) और जैसे गांधारी के पुत्र। (तथा मम कुन्ती-सुताः) वैसे ही मेरे लिए कुन्ती के लड़के हैं। (यथा च मम ते रक्ष्याः) और, जैसे मुझे वे रक्षणीय हैं। (धृतराष्ट्र, तथा तव) हे धृतराष्ट्र ! वैसे ही तुम्हारे हैं।।2।।

(दुर्योधन) हे दुर्योधन ! (तात) हे प्रिय (यथा तत्वं इदं राज्यं) जैसा तुम यह राज्य (मम पैतृकं इति) मेरे पिता का है ऐसा, (पश्यसि) देखते हो (एवं ते पाण्डवाः अपि) इस प्रकार वे पांडव भी देखते हैं।।3।।

(ते यशस्विनः पाण्डवेयाः) वे कीर्त्तिमान् पांडव (यदि राज्यं न प्राप्तम्) अगर

---

1. यथा+एव। 2. पाण्डुः+अस.। 3. गान्धार्याः+च। 4. पुत्राः+तथा। 5. त्वं+इदं। 6. पैतृकं+इति+एवं। 7. तव+अपि+इदम्। 8. ते+अपि। 9. पूर्वम्+एव+इति।

मधुरेणैव[10] राज्यस्य तेषामर्धं प्रदीयताम्।
एतद्धि पुरुषव्याघ्र, हितं सर्वजनस्य च।।6।।
अतोऽन्यथा चेत् क्रियते, न हितं न भविष्यति।
तवाप्यकीर्तिः[11] सकला भविष्यति न संशयः।।7।।
कीर्तिरक्षणमातिष्ठ कीर्त्तिर्हि परमं बलम्।
नष्टकीर्त्तेर्मनुष्यस्य[12] जीवितं ह्यफलं[13] स्मृतम्।।8।।
दिष्ट्या ध्रियन्ते पार्था[14] हि, दिष्ट्या जीवति सा पृथा।
दिष्ट्या पुरोचनः पापो, न सकामोऽत्ययं[15] गतः।।9।।
न मन्येत तथा लोको दोषेणात्र[16] पुरोचनम्।
यथा त्वां पुरुषव्याघ्र लोको दोषेण गच्छति।।10।।
तदिदं जीवितं तेषां तव किल्विषनाशनम्।
सम्मन्तवयं महाराज पाण्डवानां सुदर्शनम्।।11।।
न चापि तेषां वीराणां जीवतां, कुरुनन्दन।
पित्र्यंशः शक्य आदातुमपि वज्रभृता स्वयम्।।12।।

राज्य को प्राप्त न हुए (कुतः तव अपि इदं) तुमको भी यह कैसे प्राप्त होगा (भारतस्य अपि कस्यचित्) किसी भारत के लिए भी कैसे मिलेगा।।4।।

(भरतर्षभ) हे भरत-श्रेष्ठ ! (त्वम् अधर्मेण राज्यं प्राप्तवान्) तुम अधर्म से राज्य को प्राप्त हो गये हो। (ते अपि पूर्वम् एव) वे भी पहिले ही (राज्यमनुप्राप्ताः) राज्य को प्राप्त हुए (इति मे मतिः) ऐसा मेरा मत है।।5।।

(मधुरेण एव) मीठेपन से ही (राज्यस्य अर्धं) राज्य का आधा भाग (तेषां प्रदीयताम्) उनको दीजिए। (पुरुषव्याघ्र) हे पुरुष-श्रेष्ठ ! (हि एतत् सर्वजनस्य हितम्) कारण कि यही सब लोकों का हितकारी है।।6।।

(चेत् अन्यथा क्रियते) अगर इससे भिन्न किया जाय (नः हितं न भविष्यति) हमारा हित नहीं होगा। (तव अपि सकलाः अकीर्त्तिः) तेरी भी दुष्कीर्ति (भविष्यति न संशयः) होगी इसमें कोई संदेह नहीं।।7।।

(कीर्त्तिरक्षणम् आतिष्ठ) कीर्ति की रक्षा करो। (कीर्त्तिः हि परमं बलम्) कारण कि कीर्ति ही बड़ा बल है। (हि नष्टकीर्त्तेः मनुष्यस्य) कारण कि जिसकी कीर्ति नाश हुई है, ऐसे मनुष्य का (जीवितम् अफलं स्मृतम्) जीवन निष्फल है, ऐसा कहते हैं।।8।।

---

10. मधुरेण+एव। 11. तव+अपि+अकीर्तिः। 12. कीर्त्तेः+मनुष्यः। 13. हि+अफलम्। 14. पार्थाः+हि। 15. सकामः+अत्ययम्। 16. दोषेण+अत्र।

ते सर्वेऽवस्थिता धर्मे, सर्वे चैवैकचेतसः।
अधर्मेण निरस्ताश्च तुल्ये राज्ये विशेषतः।।13।।
यदि धर्मस्त्वया कार्यो यदि कार्यं प्रियं च मे।
क्षेमं च यदि कर्त्तव्यं तेषामर्धं प्रदीयताम्।।14।।

(महाभारतम्)

पाठक श्लोकों में शब्दों का तथा अर्थ में अन्वय के शब्दों का क्रम देख लें और अन्वय बनाना सीखें। बोलने के समय जैसे शब्दों की पूर्वापर रचना होती है, उसी प्रकार शब्दों की रचना को अन्वय कहते हैं। श्लोकों में छन्द के अनुसार शब्द इधर-उधर रखे जाते हैं।

(दिष्ट्या हि पार्था ध्रियन्ते) सुदैव से पांडव ज़िंदा रहे हैं (सा पृथा दिष्ट्या जीवति) वह कुन्ती सुदैव से ज़िंदा है। (पापः पुरोचनः) पापी पुरोचन राजा (दिष्ट्या सकामः) सुदैव से कृतकार्य होकर (अत्ययं न गतः) विनाश को प्राप्त न हुआ।।9।।

(लोकः अत्र तथा) लोग यहां वैसा (पुरोचनं दोषेण न मन्येत) पुरोचन को दोष से (युक्त) नहीं मानते (पुरुषव्याघ्र! यथा त्वां) हे मनुष्य-श्रेष्ठ! जिस प्रकार तुमको (लोकः दोषेण गच्छति) लोक दोष से (युक्त) समझते हैं।।10।।

(तत् इदं तेषां जीवितम्) वह यह उनका जीवन है। (तव किल्विषनाशनम्) तुम्हारे पाप का नाशक है। इसलिए (महाराज) हे महाराज! (पाण्डवानां सुदर्शनं सम्मन्तव्यम्) पाण्डवों का उत्तर दर्शन मानिये।।11।।

(कुरुनन्दन) है कुरुपुत्र! (तेषां वीराणां जीवताम्) उन वीरों की ज़िन्दगी तक (स्वयं वज्रभृता अपि) स्वयं इन्द्र के द्वारा भी (पित्र्यंशः आदातु अपि च न शक्यः) पैतृक धन लेना शक्य नहीं।।12।।

(ते सर्वे धर्मे अवस्थिताः) वे सब धर्म में ठहरे हैं। (सर्वे च एकचेतसः) और सब एक दिलवाले हैं। (विशेषतः तुल्ये राज्ये) विशेषकर समान राज्य में (अधर्मेण निरस्ताः च) अधर्म से हटाये गये हैं।।13।।

(यदि त्वया धर्मः कार्यः) अगर तूने धर्म करना है। (यदि मे प्रियं च कार्यम्) अगर मेरे लिए प्रिय करना है। (च यदि क्षेमं कर्त्तव्यम्) और अगर कल्याण करना है। (तेषाम् अर्धं प्रदीयताम्) उनको आधा भाग दीजिए।।14।।

पाठ 24

शब्द–पुल्लिंग

आश्रयः = निवास, आधार। **बकः** = बगला, सारस। **कुलीरः** = केंकड़ा। **प्रदेशः** = स्थान। **शोषः** = खुश्की। **जलचरः** = पानी में चलने वाला प्राणी। **वत्सः** = पुत्र। **वियोगः** = अलग होना। **क्षुत्क्षामः** = भूख से थका हुआ। **दैवज्ञः** = ज्योतिषी। **क्रमः** = क्रम, सिलसिला। **तातः** = पिता। **मातुलः** = मामा। **मिथ्यावादिन्** = झूठ बोलने वाला। **अभिप्रायः** = मतलब। **पर्वतः** = पहाड़। **मन्दधीः** = मन्दबुद्धि।

स्त्रीलिंग

वृद्धिः = बधाई। **क्षुधा** = भूख। **इच्छा** = चाहना। **स्वेच्छा** = अपनी इच्छा। **ग्रीवा** = गर्दन। **वृष्टिः** = वर्षा। **अनावृष्टिः** = अवर्षण, वर्षा न होना। **शिला** = पत्थर। **आहारवृत्तिः** = भोजन का गुज़र।

नपुंसकलिंग

प्रायोपवेशंन = उपोषण (करके मरने का निश्चय करना)। **पृष्ठः** = पीठ। **व्यञ्जन** = चटनी। **तोय** = जल। **त्राण** = रक्षा। **पादत्राण** = जूता। **प्राणत्राण** = प्राणों की रक्षा। **अस्थिन्** = हड्डी।

विशेषण

समेत = युक्त। **क्रीडित** = खेला। **त्रस्त** = दुःखी। **कुपित** = गुस्से हुआ। **लग्न** = लगा हुआ। **उपलक्षित** = देखा। **द्वादश** = बारह। **निर्विण्ण** = दुःखी।

क्रिया

समेत्य = आकर। **ऊचे** = बोला। **सम्पद्यते** = बनाता है। **रुरोद** = रोया। **आससाद** = प्राप्त हुआ। **वञ्चयित्वा** = फँसाकर। **चिरयति** = देरी करता है। **प्रक्षिप्य** = फेंककर। **व्यापादयितुम्** = मारने के लिए। **अनुष्ठीयते** = की जाती है। **यास्यन्ति** = जाएंगे, प्राप्त होंगे। **अनुष्ठीय** = करके। **आरोप्य** = चढ़ाकर। **समासाद्य** = प्राप्त करके। **प्रक्षिप्य** = फेंककर।

अन्य

नाना = अनेक। **सादरम्** = आदर के साथ। **जातु** = किसी समय, कदाचित्। **अलम्** = पर्याप्त, काफ़ी।

(21) बक-कुलीरकयोः कथा

(1) अस्ति कस्मिंश्चित् प्रदेशे नानाजलचरसनाथं सरः। तत्र च कृताश्रयः एकः बकः वृद्धभावम् उपागतः, मत्स्यान् व्यापादयितुम् असमर्थः। ततश्च क्षुत्क्षामकण्ठः, सरस्तीरे उपविष्टो रुरोद। एकः कुलीरको नानाजलचरसमेतः समेत्य, तस्य दुःखेन दुःखितः सादरम् इदं ऊचे—(2) किमद्य त्वया आहारवृत्तिर्न अनुष्ठीयते। स बक आह—वत्स, सत्यम् उपलक्षितं भवता। मया हि मत्स्यादनं प्रति परमवैराग्यतया, सांम्प्रतं प्रायोपवेशनं कृतम्। तेन अहं समीपागतानपि मत्स्यान् न भक्षयामि। (3) कुलीरकस्तच्छ्रुत्वा[1] प्राह—कि तद् वैराग्यकारणम्। स प्राह—अहम् अस्मिन् सरसि जातो वृद्धिं गतश्च। तन्मया एतच्छ्रुतं[2] यद् द्वादशवार्षिकी अनावृष्टिः लग्ना सम्पद्यते। (4) कुलीरक आह—कस्मात् तच्छ्रुतम्। बक आह—दैवज्ञमुखात्। वत्स, पश्य—एतत् सरः स्वल्पतोयं वर्त्तते। शीघ्रं शोषं यास्यति। अस्मिन् शुष्के यैः सह अहं वृद्धिं गतः सदैव क्रीडितश्च, ते सर्वे तोयाभावात् नाशं यास्यन्ति। तत् तेषां वियोगं द्रष्टुम् अहम् असमर्थः, तेन एतत् प्रयोपवेशनं कृतम्। (5) ततः स कुलीरकस्तदाकर्ण्य, अन्येषामपि जलचराणां तत्तस्य वचनं निवेदयामास। अथ ते सर्वे भयत्रस्तमनसस्तम्[3] अभ्युपेत्य पप्रच्छुः—तात, अस्ति कश्चिदुपायः, येन अस्माकं रक्षा भवति। (6) बक आह—अस्ति अस्य जलाशयस्य

---

(1) (नाना-जलचर-सनाथम्) बहुत प्राणी जिसमें हैं ऐसा। (तत्र कृताश्रयः) वहां रहनेवाला। (क्षुत्क्षामकण्ठ...रुरोद) भूख से जिसका गला थका हुआ है ऐसा, तालाब के किनारे पर बैठकर रोने लगा। (नानाजलचरसमेतः) बहुत जल में विचरने वाले प्राणियों के साथ। (2) (सत्यमुपलक्षितं भवता) ठीक आपने देखा। (मया हि...न भक्षयामि) मैंने तो मत्स्यभक्षण के विषय में उपवेशन व्रत किया है, उससे मैं पास आनेवाली मछलियों को भी नहीं खाता। (3) (जातो वृद्धिं गतश्च) उत्पन्न होकर बड़ा हो गया। (तन्मया... लग्ना) तो मैंने यह सुना है कि बारह साल की अनावृष्टि लगी है। (4) (शीघ्रं शोषं यास्यति) शीघ्र ही शुष्क होगा। (अस्मिन्...नाशं यास्यन्ति) यह खुष्क होने पर जिनके साथ मैं बड़ा हुआ और हमेशा खेला—ये सब जल के अभाव से नाश को प्राप्त होंगे। (5) (ततः स....निवेदयामास) पश्चात् उस केंकड़े ने यह सुनकर अन्य जल-निवासियों को भी उसका भाषण निवेदन किया। (अथ...पप्रच्छुः) अनन्तर वे सब भय से डरे हुए मन वाले उसके पास जाकर पूछने लगे। (6) (अस्ति अस्य.......नयामि) इस तालाब

---

1. कुलीरकः+तत्+श्रुत्वा। 2. एतत्+श्रुतम्। 3. मनसः+तम्।

नातिदूरे प्रभूतजलसनाथं सरः। तद्, यदि मम पृष्ठं कश्चिदारोहति, तम् अहं तत्र नयामि। (7) अथ ते तत्र विश्वासमापन्नास्तात[4], मातुल इति ब्रुवाणा[5] अहं पूर्वम् अहं पूर्वम् इति समन्तात् परितस्थुः। (8) सोऽपि दुष्टाशयः, क्रमेण, तान् पृष्ठम् आरोप्य जलाशयस्य नातिदूरे, शिलां समासाद्य तस्याम् आक्षिप्य स्वेच्छया तान् भक्षयित्वा स्वकीयां नित्याम् आहारवृत्तिमकरोत्[6]। (9) अन्यस्मिन् दिने तं कुलीरकम् आह—तात! मया सह ते प्रथमः स्नेहः सञ्जातः। तत् किं मां परित्यज्य अन्यान् नयसि। तस्माद् अद्य मे प्राणत्राणं कुरु। (10) तदाकर्ण्य सोऽपि दुष्टश्चिन्तितवान्[7]—निर्विण्णोऽहं[8] मत्स्यमांसभक्षणेन। तदद्य एनं कुलीरकं व्यञ्जनस्थाने करोमि—(11) इति विचिन्त्य, तं पृष्ठमारोप्य[9], तां वध्यशिलाम् उद्दिश्य प्रस्थितः। कुलीरकोऽपि[10] दूरादेव[11] अस्थिपर्वतं अवलोक्य मत्स्यास्थीनि परिज्ञाय तम् अपृच्छत्—तात! कियद्दूरे तत् जलाशयः। (12) सोऽपि मन्दधीः, जलचरोऽयम्[12] इति मत्वा, स्थले न प्रभवति इति, सस्मितम् इदम् आह—कुलीरक! कुतोन्यो[13] जलाशयः। मम प्राणयात्रा इयम्। त्वाम् अस्यां शिलायां निक्षिप्य भक्षयामि। (13) इत्युक्तवति तस्मिन्, कुपितेन कुलीरकेन स्ववदनेन ग्रीवायां गृहीतो मृतश्च। अथ स तां बकग्रीवां समादाय शनैस्तज्जलाशयम्[14] आससाद। (14) ततः सर्वैरेव जलचरैः पृष्टः—भोः कुलीरक! किं निमित्तं त्वं पश्चादायातः?

के पास ही बहुत जल से युक्त एक तालाब है। अगर कोई मेरी पीठ पर बैठेगा तो मैं उसको वहाँ ले जाऊँगा। (7) (अथ ते....परितस्थुः) पश्चाद् वे वहाँ विश्वास करने वाले पिता, मामा ऐसा बोलने वाले, मैं पहले, मैं पहले, ऐसा कहते हुए उसके इधर-उधर ठहरे। (8) (शिलां.........अकरोत्) पत्थर प्राप्त करके, उसके ऊपर फेंककर अपनी इच्छा के अनुसार उनको भक्षण करके अपना नित्य का भोजन का कार्य करता था।। (9) (मां परित्यज्य) मुझे छोड़कर। (10) (सोऽपि दुष्टश्ंचिततितवान्) उस दुष्ट ने भी सोचा। (निर्विण्णो...स्थाने करोमि) मत्स्यमांस भक्षण से घृणा हुई है, तो आज इस केंकड़े की मैं चटनी बनाऊंगा। (11) (वध्यशिलां उद्दिश्य प्रस्थितः) वध करने के पत्थर की दिशा से चला। (मत्स्यास्थीनि परिज्ञाय) मछलियों की हड्डियां जानकर। (12) (सस्मितमिदमाह) हँसता हुआ ऐसा बोला। (कुतोऽन्यो जलाशयः) कहां दूसरा तालाब (मम प्राणयात्रा इयम्) मेरी प्राणों की रक्षा यह। (13) (इति उक्तवति.....मृतश्च) ऐसा उसने बोला, इस क्रोधित केंकड़े ने अपने मुख से उसे गले से पकड़ा और मार दिया।

---

4. आपन्नाः+तात। 5. ब्रुवाणाः+अहम्। 6. वृत्तिम्+अकरोत्। 7. दुष्टः+चिन्तितवान्। 8. निर्विण्णः+अहम्। 9. पृष्ठम्+आरोप्य। 10. कुलीरकः+अपि। 11. दूरात्+एव। 12. चरः+अयम्। 13. कुतः+अन्यः। 14. शनैः+तत्+जला.।

कुशलकारणं तिष्ठति। स मातुलोऽपि नायातः। तत्किं चिरयति। (15) एवं तैः अभिहिते कुलीरकोऽपि विहस्य उवाच—मूर्खाः सर्वे जलचरास्तेन[15] मिथ्यावादिना वञ्चयित्वा, नातिदूरे शिलातले प्रक्षिप्ताः भक्षिताश्च। तत्, मया तस्य अभिप्रायं ज्ञात्वा, ग्रीवा इयम् आनीता। (16) तदलं सम्भ्रमेण। अधुना सर्वजलचराणां क्षेमं भविष्यति। —पञ्चतन्त्रम्।

पाठ 25

अब स्त्रीलिंग शब्दों के रूप बनाने का प्रकार लिखते हैं। संस्कृत में कोई अकारान्त शब्द स्त्रीलिंगी नहीं है। आकारान्त शब्द प्रायः स्त्रीलिंग हुआ करते हैं। थोड़े ऐसे शब्द हैं जो आकारान्त होने पर भी पुल्लिंग हैं। परन्तु उनको छोड़ दिया जाय तो बाकी के सब आकारान्त शब्द स्त्रीलिंग हैं।

आकारान्त स्त्रीलिंग 'विद्या' शब्द

1.	विद्या	विद्ये	विद्याः
सम्बोधन	(हे) विद्ये	,,	,,
2.	विद्याम्	,,	,,
3.	विद्यया	विद्याभ्याम्	विद्याभिः
4.	विद्यायै	,,	विद्याभ्यः
5.	विद्यायाः	,,	,,
6.	,,	विद्ययोः	विद्यानाम्
7.	विद्यायाम्	,,	विद्यासु

इसी प्रकार 'गङ्गा, रमा, कृपा मज्जा, जिह्वा, भार्या, माला, गुहा, शाला, बाला,

---

(शनैः.....आससाद) धीरे-धीरे उस तालाब के पास पहुँचा। (14) (कुशलकारणं तिष्ठति) कुशल है न। (15) (तैः अभिहिते) उनके कहने पर। (मूर्खाः....आनीता) मूर्ख सब जलनिवासी प्राणी, उस असत्यभाषी ने ठगकर पास के पत्थर पर फेंककर खाये। इसलिए मैं उसका मतलब जान यह गला लाया। (16) (तदलं....भविष्यति) तो बस है अब घबराना। अब सब जल-निवासियों का कल्याण होगा।

---

15. चराः+तेन।

पत्रिका' इत्यादि शब्दों के रूप बनते हैं।

'अम्बा, अक्का, अल्ला,' इत्यादि शब्दों के सम्बोधन के एकवचन के रूप 'अम्ब, अक्क, अल्ल' होते हैं। शेष रूप 'विद्या' के समान होते हैं।

ईकारान्त स्त्रीलिंग 'लक्ष्मी' शब्द

1.	लक्ष्मीः	लक्ष्म्यौ	लक्ष्म्यः
सम्बोधन	(हे) लक्ष्मि	"	"
2.	लक्ष्मीम्	"	लक्ष्मीः
3.	लक्ष्म्या	लक्ष्मीभ्याम्	लक्ष्मीभिः
4.	लक्ष्म्यै	"	लक्ष्मीभ्यः
5.	लक्ष्म्याः	लक्ष्मीभ्याम्	लक्ष्मीभ्यः
6.	"	लक्ष्म्योः	लक्ष्मीणाम्
7.	लक्ष्म्याम्	"	लक्ष्मीषु

इसी प्रकार 'नदी' शब्द के रूप होते हैं। परन्तु प्रथमा का एकवचन 'नदी' विसर्गरहित होता है, यह ध्यान में रखना चाहिए। बाकी के रूपों में कोई भेद नहीं। 'नदी' शब्द के समान ही 'श्रेयसी, कुमारी, बुद्धिमती, वाणी, सखी, गौरी, तरी, तन्त्री, अवी, स्तरी, इत्यादि स्त्रीलिंगी शब्दों के प्रथमैकवचन में विसर्गरहित रूप बनते हैं और शेष रूप लक्ष्मीवत् बनते हैं।

सन्धि-नियम 1–'च्, छ, ट्, श्' इनको छोड़कर अन्य कठोर व्यञ्जन के पूर्व आने वाला 'त्' वैसा ही रहता है। जैसे–

गृहात्+पतति=गृहात्पतति

तत्+कुरु=तत्कुरु

यत्+फलम्=यत्फलम्

सन्धि-नियम 2–'ज्, झ्, ड्, ढ्, ल्' इनको छोड़कर अन्य मृदु व्यञ्जन तथा स्वर के पूर्व के 'त्' का 'द्' होता है। जैसे–

नगरात् + वनम् = नगराद्वनम्

तत् + गृहम् = तद्गृहम्

एतत् + अस्ति = एतदस्ति

तत् + आसीत् = तदासीत्

पाठ 26

ऊकारान्त स्त्रीलिंग 'चमू' शब्द

1.	चमूः	चम्वौ	चम्वः
सम्बोधन	(हे) चमु	,,	,,
2.	चमूम्	,,	चमूः
3.	चम्वा	चमूभ्याम्	चमूभिः
4.	चम्वै	,,	चमूभ्यः
5.	चम्वाः	,,	,,
6.	,,	चम्वोः	चमूनाम्
7.	चम्वाम्	,,	चमूषु

इसी प्रकार 'वधू, श्वश्रू, जम्बू, कर्कन्धू, दिधिपू, यवागू, चम्पू', इत्यादि ऊकारान्त स्त्रीलिंग शब्द चलते हैं।

ईकारान्त स्त्रीलिंग 'स्त्री' शब्द

1.	स्त्री	स्त्रियौ	स्त्रियः
सम्बोधन	(हे) स्त्रि	,,	,,
2.	स्त्रियम्, स्त्रीम्	,,	स्त्रीः
3.	स्त्रिया	स्त्रीभ्याम्	स्त्रीभिः
4.	स्त्रियै	,,	स्त्रीभ्यः
5.	स्त्रियाः	,,	,,
6.	,,	स्त्रियोः	स्त्रीणाम्
7.	स्त्रियाम्	,,	स्त्रीषु

इसी प्रकार एक स्वर वाले ईकारान्त स्त्रीलिंग शब्द चलते हैं।

पाठ 27

इकारान्त स्त्रीलिंग 'रुचि' शब्द

1.	रुचिः	रुची	रुचयः
सम्बोधन	(हे) रुचे	,,	,,
2.	रुचिम्	,,	रुचीः
3.	रुच्या	रुचिभ्याम्	रुचिभिः

4.	रुच्यै, रुचये	,,	रुचिभ्यः
5.	रुच्याः, रुचेः	,,	,,
6.	,, ,,	रुच्योः	रुचीनाम्
7.	रुच्याम्, रुचौ	,,	रुचिषु

इस शब्द के चतुर्थी से सप्तमी तक एकवचन के दो-दो रूप होते हैं—एक 'लक्ष्मी' शब्द के समान तथा दूसरा 'हरि' के समान। इसी प्रकार 'स्तुति, मति, बुद्धि, शुचि' आदि शब्द चलते हैं।

उकारान्त स्त्रीलिंग 'धेनु' शब्द

1.	धेनुः	धेनू	धेनवः
सम्बोधन	(हे) धेनो	,,	,,
2.	धेनुम्	,,	धेनून्
3.	धेन्वा	धेनुभ्याम्	धेनुभिः
4.	धेन्वै, धेनवे	,,	धेनुभ्यः
5.	धेन्वाः, धेनोः	,,	,,
6.	,, ,,	धेन्वोः	धेनुनाम्
7.	धेन्वाम्, धेनौ	,,	धेनुषु

इसी प्रकार रज्जु, हनु, तनु, लघु, इत्यादि स्त्रीलिंग शब्द चलते हैं।

इस शब्द के भी चतुर्थी से सप्तमी तक एकवचन के दो-दो रूप होते हैं, एक 'चमू' शब्द के समान तथा दूसरा 'भानु' शब्द के समान। इकारान्त स्त्रीलिंग शब्दों से ईकारान्त स्त्रीलिंग शब्दों में कौन-सा भेद है, तथा उकारान्त और ऊकारान्त स्त्रीलिंग शब्दों में क्या भिन्नता है, इसका विचार पूर्वोक्त रूप देखकर करना चाहिए।

धकारान्त स्त्रीलिंग 'समिध्' शब्द

1.	समित्	समिधौ	समिधः
सम्बोधन	(हे) ,,	,,	,,
2.	समिधम्	,,	,,
3.	समिधा	,,	समिद्भिः
4.	समिधे	,,	समिद्भ्यः
5.	समिधः	,,	,,
6.	,,	समिधोः	समिधाम्
7.	समिधि	,,	समित्सु

इसी प्रकार 'सरित्, हरित्, भूभृत्, शरद्, तमोनुद्, बेभिद्, क्षुद्, चेच्छिद्, युयुध्,

गुप्, ककुभ्, अग्निमथ्, चित्रलिख्, सर्वशक्' आदि शब्द चलते हैं। इनके पुल्लिंग और स्त्रीलिंग के रूप समान होते हैं। उक्त शब्दों में 'सरित्, शरद्, क्षुध्, ककुभ्' ये शब्द स्त्रीलिंग हैं। इनके थोड़े-से रूप नीचे दिये जा रहे हैं, जिनको देखकर पाठक अन्य रूप बना सकेंगे।

प्रथमा एकवचन	**तृतीया एकवचन**	**तृतीया द्विवचन**	**सप्तमी बहुवचन**
सरित्	सरिता	सरिद्भ्याम्	सरित्सु
शरद्	शरदा	शरद्भ्याम्	शरत्सु
क्षुत्	क्षुधा	क्षुद्भ्याम्	क्षुत्सु
ककुप्	ककुभा	ककुब्भ्याम्	ककुप्सु
हरित्	हरिता	हरिद्भ्याम्	हरित्सु
भूभृत्	भूभृता	भूभृद्भ्याम्	भूभृत्सु
तमोनुत्	तमोनुदा	तमोनुद्भ्याम्	तमोनुत्सु
बेभिद्	बेभिदा	बेभिद्भ्याम्	बेभित्सु
चेच्छिद्	चेच्छिदा	चेच्छिद्भ्याम्	चेच्छित्सु
युयुत्	युयुधा	युयुद्भ्याम्	युयुत्सु
गुप्	गुपा	गुब्भ्याम्	गुप्सु
चित्रलिख्	चित्रलिखा	चित्रलिग्भ्याम्	चित्रलिक्षु
सर्वशक्	सर्वशका	सर्वशग्भ्याम्	सर्वशक्षु

पाठ 28

चकारान्त स्त्रीलिंग 'वाच्' शब्द

1.	वाक्, वाग्	वाचौ	वाचः
सम्बोधन (हे)	,,	,,	,,
2.	वाचम्	,,	,,
3.	वाचा	वाग्भ्याम्	वाग्भिः
4.	वाचे	वाग्भ्याम्	वाग्भ्यः
5.	वाचः	,,	,,
6.	,,	वाचोः	वाचाम्
7.	वाचि	,,	वाक्षु

इसी प्रकार 'स्रज्, दिश्, उष्णिह्, दृश्, त्विष्, प्रावृष्' इत्यादि शब्द चलते हैं। इनके थोड़े-से रूप नीचे दे रहे हैं–

प्रथमा एकवचन	द्वितीया एकवचन	तृतीया द्विवचन	सप्तमी बहुवचन
स्रक्	स्रजम्	स्रग्भ्याम्	स्रक्षु
दिक्	दिशम्	दिग्भ्याम्	दिक्षु
उष्णिक्	उष्णिहम्	उष्णिग्भ्याम्	उष्णिक्षु
दृक्	दृशम्	दृग्भ्याम्	दृक्षु
त्विट्	त्विषम्	त्विड्भ्याम्	त्विड्सु
प्रावृट्	प्रावृषम्	प्रावृड्भ्याम्	प्रावृट्सु

ऋकारान्त स्त्रीलिंग 'मातृ' शब्द

1.	माता	मातरौ	मातरः
सम्बोधन	(हे) मातः	,,	,,
2.	मातरम्	,,	मातृः
3.	मात्रा	मातृभ्याम्	मातृभिः
4.	मात्रे	,,	मातृभ्यः
5.	मातुः	,,	,,
6.	,,	मात्रोः	मातृणाम्
7.	मातरि	,,	मातृषु

इसी प्रकार 'दुहितृ, ननान्दृ, यातृ' शब्द चलते हैं।

ऋकारान्त स्त्रीलिंग 'स्वसृ' शब्द

1.	स्वसा	स्वसारौ	स्वसारः
सम्बोधन	(हे) स्वसः	,,	,,
2.	स्वसारम्	,,	स्वसृः
3.	स्वस्रा	स्वसृभ्याम्	स्वसृभिः

शेष रूप 'मातृ' शब्द के समान होते हैं। प्रथमा, द्वितीया, सम्बोधन के रूपों में 'स्वसृ' शब्द के सकार में अकार दीर्घ होता है परन्तु 'मातृ' शब्द के तकार में अकार दीर्घ नहीं होता। इन दोनों शब्दों में यही भेद है।

ओकारान्त स्त्रीलिंग 'द्यो' शब्द

1.	द्यौः	द्यावौ	द्यावः
सम्बोधन	(हे) ,,	,,	,,
2.	द्याम्	,,	द्याः
3.	द्यवा	द्योभ्याम्	द्योभिः
4.	द्यवे	,,	द्योभ्य
5.	द्योः	,,	,,
6.	,,	द्यवोः	द्यवाम्
7.	द्यवि	,,	द्योषु

इसी प्रकार 'गो' शब्द चलता है–

1.	गौः	गावौ	गावः
सम्बोधन	(हे) ,,	,,	,,
2.	गाम्	,,	गा इत्यादि

पाठ 29

ईकारान्त स्त्रीलिंग 'धी' शब्द

1.	धीः	धियौ	धियः
सम्बोधन	(हे) ,,	,,	,,
2.	धियम्	,,	,,
3.	धिया	धीभ्याम्	धीभिः
4.	धियै, धिये	,,	धीभ्यः
5.	धियाः, धियः	,,	,,
6.	,, ,,	धियोः	धियाम्, धीनाम्
7.	धियाम्, धियि	,,	धीषु

इसी प्रकार 'सुधी, दुर्धी, शुद्धधी, ह्री, श्री, सुश्री, भी, इत्यादि शब्द चलते हैं।

ऊकारान्त स्त्रीलिंग 'भू' शब्द

1.	भू	भुवौ	भुवः
सम्बोधन	(हे) ,,	,,	,,

2.	भुवम्	,,	,,
3.	भुवा	भूभ्याम्	भूभिः
4.	भुवै, भुवे	,,	भूभ्यः
5.	भुवाः, भुवः	,,	,,
6.	भुवाः, भुवः	भुवोः	भुवाम्, भूनाम्
7.	भुवाम्, भुवि	,,	भूषु

इसी प्रकार 'सुभू, भ्रू, सुभ्रू' इत्यादि शब्द चलते हैं।

वकारान्त स्त्रीलिंग 'दिव्' शब्द

1.	द्यौः	दिवौ	दिवा
सम्बोधन (हे)	,,	,,	,,
2.	दिवम	,,	,,
3.	दिवा	द्युभ्याम्	द्युभिः
4.	दिवे	,,	द्युभ्यः
5.	दिवः	,,	,,
6.	,,	दिवोः	दिवाम्
7.	दिवि	,,	द्युषु

पाठकों को इस शब्द के रूपों के साथ 'द्यो' शब्द के रूपों की तुलना करनी चाहिए, और दोनों के रूप विशेष ध्यान में रखने चाहिए।

सकारान्त स्त्रीलिंग 'भास्' शब्द

1.	भाः	भासौ	भासः
सम्बोधन (हे)	,,	,,	,,
2.	भासम्	,,	,,
3.	भासा	भाभ्याम्	भाभिः
4.	भासे	,,	भाभ्यः
5.	भासः	,,	,,
6.	भासः	भासोः	भासाम्
7.	भासि	,,	भास्सु

इसी प्रकार सब सकारान्त स्त्रीलिंग शब्द चलते हैं।

पाठ 30

ऐकारान्त स्त्रीलिंग 'रै' शब्द

1.	राः	रायौ	रायः
सम्बोधन	(हे) ''	''	''
2.	रायम्	''	''
3.	राया	राभ्याम्	राभिः
4.	राये	राभ्याम्	राभ्यः
5.	रायः	''	''
6.	''	रायोः	रायाम्
7.	रायि	''	रासु

पुल्लिंग में 'रै' शब्द इसी प्रकार चलता है।

पकारान्त स्त्रीलिंग 'अप्' शब्द

'अप्' शब्द सदैव बहुवचन में ही चलता है। इसलिए इसके एकवचन, द्विवचन के रूप नहीं होते।

1.	आपः	4.	अद्भ्यः
सम्बोधन	(हे) आपः	5.	अद्भ्यः
2.	अपः	6.	अपाम्
3.	अद्भिः	7.	अप्सु

आकारान्त स्त्रीलिंग 'जरा' शब्द

प्रथमा, सम्बोधन के एकवचन में, तथा 'भ्याम्, भिस्, भ्यस्' प्रत्यय आगे आने पर, 'जरा' शब्द में कोई भेद नहीं होता परन्तु अन्य वचनों में 'जर' शब्द के लिए 'जरस्' ऐसा आदेश विकल्प से होता है।

1.	जरा	जरे, जरसौ	जराः, जरसः
सम्बोधन	(हे) जरे	'' ''	'' ''
2.	जराम् जरसम्	'' ''	'' ''
3.	जरया, जरसा	जराभ्याम	जराभिः
4.	जरायै, जरसे	''	जराभ्यः
5.	जरायाः, जरसः	''	''
6.	'' ''	जरयोः, जरसोः	जराणाम्, जरसाम्
7.	जरायाम्, जरसि	'' ''	जरासु

'जरा' शब्द 'विद्या' के समान चलता है; परन्तु जहां उसके स्थान में 'जरस्' आदेश होता है, वहां सकारान्त शब्द के समान उसके रूप बनते हैं।

'अजर, निर्जर' शब्द पुल्लिंग होने से 'देव' शब्द के समान चलते हैं परन्तु उक्त विभक्तियों के वचनों में उनको भी 'अजरस्, निर्जरस्' ऐसे आदेश होते हैं अर्थात् इनके भी 'जरा' शब्द के समान दो-दो रूप बनते हैं।

पाठ 31

अब हम बताएंगे कि स्त्रीलिंग सर्वनामों के रूप किस प्रकार बनते हैं।

आकारान्त स्त्रीलिंग 'सर्वा' शब्द

1.	सर्वा	सर्वे	सर्वाः
सम्बोधन	(हे) सर्वे	,,	,,
2.	सर्वाम्	सर्वे	सर्वाः
3.	सर्वया	सर्वाभ्याम्	सर्वाभिः
4.	सर्वस्यै	,,	सर्वाभ्यः
5.	सर्वस्याः	,,	,,
6.	,,	सर्वयोः	सर्वासाम्
7.	सर्वस्याम्	,,	सर्वासु

इसी प्रकार 'पूर्वा, परा, दक्षिणा, उत्तरा, अपरा, अधरा, नेमा' इत्यादि सर्वनामों के रूप बनते हैं।

'प्रथमा, चरमा, द्वितया, त्रितया, अल्पा, अर्धा, कतिपया' इत्यादि सर्वनाम स्त्रीलिंग होते हुए भी 'विद्या' के समान चलते हैं। इनके पुल्लिंग रूप 'देव' के समान चलते हैं।

द्वितीया, तृतीया के रूप दो-दो प्रकार के होते हैं। जैसे—

आकारान्त स्त्रीलिंग 'द्वितीया' शब्द

1.	द्वितीया	द्वितीये	द्वितीयाः
सम्बोधन	(हे) द्वितीये	,,	,,
2.	द्वितीयाम्	,,	,,
3.	द्वितीयया	द्वितीयाभ्याम्	द्वितीयाभिः
4.	द्वितीयस्यै, द्वितीयायै	,,	द्वितीयाभ्यः

5.	द्वितीयस्याः, द्वितीयायाः	”	”
6.	”	”	द्वितीयानाम्, द्वितीयासाम्
7.	द्वितीयस्याम्, द्वितीयायाम्	द्वितीययोः	द्वितीयासु

इसी प्रकार तृतीया शब्द चलता है।

'यत्' शब्द स्त्रीलिंग

1.	या	ये	याः
2.	याम्	”	”
3.	यया	याभ्याम्	याभिः
4.	यस्यै	”	याभ्यः
5.	यस्याः	”	”
6.	”	ययोः	यासाम्
7.	यस्याम्	”	यासु

इसी प्रकार 'अन्या, अन्यतरा, इतरा, कतरा कतमा, त्वा,' इत्यादि सर्वनामों के रूप बनते हैं।

'अन्यतमा' शब्द सर्वनाम होते हुए भी, विद्या के समान उसके रूप बनते हैं, यह बात ध्यान रखनी चाहिए।

पाठ 32

स्त्रीलिंग 'किम्' शब्द

1.	का	के	काः
2.	काम्	”	”
3.	कया	काभ्याम्	काभिः
4.	कस्यै	”	काभ्यः
5.	कस्याः	”	”
6.	”	कयोः	कासाम्
7.	कस्याम्	”	कासु

स्त्रीलिंग 'तद्' शब्द

1.	सा	ते	ताः
2.	ताम्	ते	ताः

3.	तया	ताभ्याम्	ताभिः
4.	तस्यै	”	ताभ्यः
5.	तस्याः	”	”
6.	”	तयोः	तासाम्
7.	तस्याम्	”	तासु

इसी प्रकार 'त्यत्' सर्वनाम के स्त्रीलिंग में रूप बनते हैं। जैसे–

1.	त्या	त्ये	त्याः
2.	त्याम्	त्ये	त्याः

इत्यादि 'तद्' शब्द समान रूप होते हैं।

'एतत्' शब्द स्त्रीलिंग

1.	एषा	एते	एताः
2.	एताम्, एनाम्	एते, एने	एताः, एनाः
3.	एतया, एनया	एताभ्याम्	एताभिः
4.	एतस्यै	एताभ्याम्	एताभ्यः
5.	एतस्याः	”	”
6.	”	एतयोः, एनयोः	एतासाम्
7.	एतस्याम्	” ”	एतासु

पाठ 33

'इदम्' शब्द स्त्रीलिंग

1.	इयम्	इमे	इमाः
2.	इमाम्, एनाम्	इमे, एने	इमाः, एनाः
3.	अनया, एनया	आभ्याम्	आभिः
4.	अस्यै	”	आभ्यः
5.	अस्याः	”	”
6.	अस्याः	अनयोः, एनयोः	आसाम्
7.	अस्याम्	” ”	आसु

'अदस्' शब्द स्त्रीलिंग

1.	असौ	अमू	अमूः
2.	अमुम्	,,	,,
3.	अमुया	अमूभ्याम्	अमूभिः
4.	अमुष्यै	,,	अमूभ्यः
5.	अमुष्याः	,,	,,
6.	,,	अमुयोः	अमूषाम्
7.	अमुष्याम्	,,	अमूषु

'द्वि' शब्द स्त्रीलिंग में नपुंसकलिंग 'द्वि' शब्द के समान चलता है।

'त्रि' शब्द का बहुवचन में ही प्रयोग होता है। इसके स्त्रीलिंग रूप नीचे दिए जा रहे हैं—

'त्रि' शब्द स्त्रीलिंग

1. तिस्रः
2. तिस्रः
3. तिसृभिः
4. तिसृभ्यः
5. तिसृभ्यः
6. तिसृणाम्
7. तिसृषु

(यहां 'तिसृणाम्' रूप नहीं होता।)

'चतुर' शब्द स्त्रीलिंग

1. चतस्रः
2. ,,
3. चतसृभिः
4. चतसृभ्यः
5. चतसृभ्यः
6. चतसृणाम्
7. चतसृषु

यहां भी 'सृ' दीर्घ नहीं होता है।

'विंशति' शब्द स्त्रीलिंग है। इसके रूप 'रुचि' शब्द के समान बनते हैं। इसका प्रयोग प्रायः एकवचन में ही होता है परन्तु प्रकरणानुसार अन्य वचनों में भी होता है। जैसे—

पुस्तकानां विंशतिः—बीस किताबें।

विंशतिः पुस्तकानि— ,, ,, ।

पडितानां द्वे विंशती—चालीस पण्डित (दो बीस पण्डित)।

विद्यार्थिनां त्रयः विंशतयः—विद्यार्थियों के तीन बीस (साठ विद्यार्थी)।

इस प्रकार प्रकरण के अनुसार, सब वचनों में प्रयोग हो सकता है।

त्रिंशत्, चत्वारिंशत्, पञ्चाशत्—ये सब स्त्रीलिंग हैं। इनके रूप 'सरित्' शब्द के समान होते हैं।

षष्ठि, सप्तति, अशीति, नवति—ये शब्द स्त्रीलिंग हैं। इनके रूप 'रुचि' शब्द के समान होते हैं।

'कोटि' शब्द स्त्रीलिंग है। इसके रूप रुचि' शब्द के समान होते हैं।

पञ्चन्, षष्टन्, सप्तन्, अष्टन्, नवन्, इनके स्त्रीलिंगी रूप पुल्लिंग के समान होते हैं।

पाठ 34

क्रियापद-विचार

प्रिय पाठक! यहां तक पहुंचकर आप संस्कृत में साधारण व्यवहार की बातचीत कर सकते हैं। इस प्रणाली से आपके अन्दर आत्मविश्वास उत्पन्न हुआ होगा।

पिछले पाठों में आपने नामों का विचार सीखा। वाक्य में जैसे नाम होते हैं वैसे ही क्रियापद भी होते हैं, जिन पर इस भाग में विचार करेंगे।

रामः आम्रं भक्षयति = राम आम खाता है।

इस वाक्य में 'रामः आम्रं' शब्द नाम हैं और 'भक्षयति' शब्द क्रिया है। क्रिया के बिना वाक्य पूर्ण नहीं होता। पूर्ण वाक्य बनाने की योग्यता प्राप्त करने के लिए आपको क्रियापदों का अभ्यास करना होगा।

वाक्य में निम्न अवयव हुआ करती हैं—

(1) नाम—रामः, कृष्णः, ईश्वरः, देवता, फलम् इत्यादि प्रकार के नाम होते हैं।

(2) सर्वनाम—सः, सा, तत्, सर्व, विश्व, किम् का आदि सर्वनाम होते हैं।

(3) विशेषण—शुभ, सुन्दर, श्वेत, मधुर आदि गुण बतानेवाले शब्द विशेषण होते हैं।

(4) क्रियापद—गच्छति, वदति, करोति, जानाति आदि क्रियादर्शक शब्द क्रियापद होते हैं।

(5) अव्यय—च, परन्तु, किन्तु, यदि, अपि, चेत् इत्यादि शब्द अव्यय होते हैं।

इन पांच अवयवों को निम्न वाक्य में देखिये—

सुविद्याभूषितो रामः पतिव्रतया सीतया सह, इदानीं वनं गच्छति। तं कुमारं रामं, भार्यया सीतया, भ्रात्रा लक्ष्मणेन च सह, वनं गच्छन्तं अवलोक्य, नागरिको जनस्, तं

एव अनुगच्छति। भो मित्र! पश्य।

इस वाक्य में 'सुविद्याभूषितः' 'प्रपतिव्रतया' आदि विशेषण हैं। राम, सीता, लक्ष्मण, वन, आदि नाम हैं। गच्छति, पश्य आदि क्रियापद हैं। 'सह च भोः' आदि अव्यय हैं। इसी प्रकार आप प्रत्येक वाक्य में देखिए तथा किस शब्द से कौन-सा प्रयोजन सिद्ध होता है, इसका भी निश्चय कीजिए।

अब क्रिया के रूप दिये जा रहे हैं, जिनको आप कण्ठस्थ कर लीजिए।

परस्मैपद*

भू–सत्तायाम्। [गण* पहला]

भू [धातु] अर्थ = होना, अस्तित्व रखना

'भू' धातु के वर्तमान काल का रूप

वर्तमान काल

पुरुष	एकवचन	द्विवचन	बहुवचन
प्रथम पुरुष	भवति	भवतः	भवन्ति
मध्यम पुरुष	भवसि	भवथः	भवथ
उत्तम पुरुष	भवामि	भवावः	भवामः

'वह, तू, और मैं' इन तीनों को क्रमशः 'प्रथम, मध्यम और उत्तम पुरुष' कहतेहैं।

मैं और हम–उत्तम पुरुष।

तू और तुम–मध्यम पुरुष।

वह और वे–प्रथम पुरुष।

एकवचन से एक का, द्विवचन से दो का और बहुवचन से तीन अथवा तीन से अधिक का बोध होता है। अब निम्न रूप स्मरण कीजिए–

वद्=(व्यक्तायां वाचि)।

वद्=बोलना, स्पष्ट बोलना।

पुरुषः	**एकतचन**	**द्विवचन**	**बहुवचन**
प्रथम पुरुषः	वदति	वदतः	वदन्ति
मध्यम पुरुषः	वदसि	वदथः	वदथ
उत्तम पुरुषः	वदामि	वदावः	वदामः

* परस्मैपद और गण आदि के विषय में आगे स्पष्टीकरण किया जाएगा।

अब इन क्रियाओं का उपयोग देखिए–

उत्तम पुरुष–

(1)	अहं वदामि।	मैं बोलता हूं।
(2)	आवां वदावः।	हम दोनों बोलते हैं।
(3)	वयं वदामः।	हम सब बोलते हैं।

मध्यम पुरुष–

(1)	त्वं वदसि।	तू बोलता है।
(2)	युवां वदथः।	तुम दोनों बोलते हो।
(3)	यूयं वदथ।	तुम सब बोलते हो।

प्रथम पुरुष–

(1)	सः वदति।	वह बोलता है।
(2)	तौ वदतः।	वे दोनों बोलते हैं।
(3)	ते वदन्ति।	वे सब बोलते हैं।

संस्कृत में 'अहं, त्वं, सः' आदि सर्वनाम वाक्यों में रखने की आवश्यकता नहीं होती। यदि चाहें तो रख सकते हैं न चाहें तो छोड़ सकते हैं। क्रियापदों में स्वयं 'एक, दो, बहुत' संख्या बताने की शक्ति रहती है। जैसे–

वदावः–हम (दोनों) बोलते हैं।

वदामः–हम (सब) बोलते हैं।

वदसि–तू (एक) बोलता है।

वदन्ति–वे (सब) बोलते हैं।

इस प्रकार केवल क्रियाओं से ही संख्या व्यक्त होती है। अस्तु, निम्न धातुओं के रूप पूर्व के समान ही होते हैं–

प्रथम गण, परस्मैपद

1. अट् (गतौ) = जाना–अटति।
2. अत् (सातत्य गमने) = हमेशा जाते रहना, गमन करना–अतति।
3. अर्घ् (मूल्ये) = मूल्य–कीमत होना–अर्घति।
4. अर्च् (पूजायाम्) = पूजा करना–अर्चति।
5. अर्ज् (अर्जने) = कमाना–अर्जति।
6. अर्ह् (पूजायाम्) = योग्य होना–अर्हति।
7. अव् (रक्षणे) = संरक्षण करना–अवति।

इनके रूप 'वद्' धातु के समान ही होते हैं।

1. रामः अटति–राम घूमता है।
2. रामलक्ष्मणौ अटतः–राम और लक्ष्मण (ये दोनों) घूमते हैं।
3. जनाः अटन्ति–सब लोग घूमते हैं।
4. त्वं अतसि–तू जाता है।
5. यूयं अतथ–तुम सब जाते हो।
6. युवां अवथः–तुम दोनों रक्षण करते हो।
7. सुवर्णम् अर्घति–सोने का मूल्य होता है।
8. देवदत्तः अर्चति–देवदत्त पूजा करता है।

पाठ 35

कोशलः–देश का नाम
स्फीतः–उन्नत, बड़ा, शुद्ध
मुदितः–आनन्दित
जनपदः–राष्ट्र
निर्मिता–बनाई हुई
अमरावती–देवों की नगरी
मन्त्रज्ञाः–गुप्त बातें जाननेवाले, उत्तम सलाहकार
प्रशान्त–शांतियुक्त
तप्यमान–तपनेवाला
वंशकर–वंश चलानेवाला
अन्तःपुरम्–स्त्रियों का स्थान
पुत्रीय–पुत्र उत्पन्न करनेवाला
अर्धम्–आधा
अवशिष्ट–बाकी, शेष
दारक्रिया–विवाह
निवसति–रहता है
पौरप्रियः–जनों का प्यारा
वशी–इन्द्रियों पर नियंत्रण रखनेवाला
सत्याभिसन्धः–सत्य प्रतिज्ञा करनेवाला
इङ्गितज्ञः–गुप्त विचार जाननेवाला
मन्त्रिणः–वज़ीर, प्रधान
मृषावादी–झूठ बोलनेवाला
बभूव–हुआ
चिन्तयमान–चिंता करनेवाला
बुद्धिः–विचार
श्लक्ष्णम्–नरम, मीठा
अब्रवीत्–बोला
यजामि–यज्ञ करता हूं
अमानयत्–मनाया
अनुज्ञात–आज्ञा किया हुआ
पावक–अग्निः
भूत–प्रकट हुआ
पायसम्–खीर
पात्री–बरतन
तथेति–ठीक ऐसा कहकर
प्रीतः–संतुष्ट हुआ
अभिवाद्य–नमस्कार करके
हयमेधः / **वाजिमेधः** } अश्वमेध

इष्टिः–यज्ञ

प्रादुर्भूत्–प्रकट हुआ

दिनकरः–सूर्य्य

प्रयच्छ–दो

प्राप्स्यसे–प्राप्त करोगे

धारयाञ्चक्रुः–धारण किए

नावमिके–नवमी

बाल्यात्प्रभृति–बचपन से लेकर

सुस्निग्ध–मित्र

हयः–घोड़ा

अनुजः–छोटा भाई

हृष्टः–संतुष्ट

अनुगृहीतः–कृपा की

परिवृद्धिः–उन्नति

व्रतस्थः–व्रत करनेवाला

विघ्नकरौ–विघ्न करनेवाले

विमर्शनम्–कष्ट, दुःख

कामरूपिणौ–मनमाने रूप धारण करनेवाले

भवतः–आपका

समास-विवरण

1. मन्त्रज्ञः–मन्त्रान् जानाति इति मन्त्रज्ञः।
2. पौरप्रियः–पौराणां (नागरिकाणां जनानां) प्रियः इति पौरप्रियः।
3. मृषावादी–मृषा असत्यं वदतीति मृषावादी।
4. व्रतस्थः–व्रते तिष्ठतीति व्रतस्थः।
5. विघ्नकरः–विघ्नं करोतीति विघ्नकरः।
6. राजश्रेष्ठः–राज्ञां श्रेष्ठः राजश्रेष्ठः।
7. परदाररतः–परेषां दाराः परदाराः। परदारासु रतः परदाररतः।
8. दिनकरः–दिनं (दिवसं) करोतीति दिनकरः।
9. पायसपूर्णा–पायसेन पूर्णा पायसपूर्णा।
10. देवनिर्मितम् देवैः निर्मितं देवनिर्मितम्।
11. प्रजाकरम्–प्रजा करोतीति प्रजाकरः, तम्।
12. दिव्यलक्षणम्–दिव्यं लक्षणं यस्य स दिव्यलक्षणः, तम्।

संक्षिप्त वाल्मीकि रामायणे बालकाण्डम्

प्रथमः खण्डः

सरयूतीरे कोशलो नाम स्फीतो मुदितो जनपद आसीत्। तस्मिन् स्वयं मनुना अयोध्या नाम नगरी निर्मिता। तत्र तु दशरथो नाम राजा निवसति स्म। स च राजश्रेठः पौरप्रियो वशी सत्याभिसन्धः पुरीं पालितवान्। इन्द्रो यथा अमरावतीम्। तस्य मन्त्रज्ञा इङ्गितज्ञाश्च अष्टौ मन्त्रिणो बभूवुः। पुरे वा राष्ट्रे वा क्वचिदपि मृषावादी नरो नासीत्। कोऽपि दुष्टः परदाररतश्च। सर्वं राष्ट्रं प्रशान्तमासीत्।

तस्य तु धर्मज्ञस्य सुतार्थं तप्यमानस्य वंशकरः सुतो न बभूव। सुतार्थं चिन्तयमानस्य तस्य बुद्धिरासीत्। अश्वमेधेन यजामि इति। ततो धर्मात्मा पुरोहितान् अमानयत् तान् पूजयित्वा च श्लक्ष्णं वचनम् अब्रवीत्। मम वै सुतार्थं लालप्यमानस्य सुखं नास्ति। तदर्थं हयमेधेन यक्ष्यामि इति। अनुज्ञातश्च पुरोहितैः स यज्ञमारभत। पुत्रकारणाद् इष्टिं च प्राक्रमत। ततः पावकाद् अद्‌भुतं भूतं प्रादुरभूत्। दिनकरसदृशं प्रदीप्तं तद्‌भूतं हस्ते पायसपूर्णपात्रीं धारयन्नब्रवीत्—राजन्! इदं देवेभ्यः प्राप्तम्। तदिदं देवनिर्मितं प्रजाकरं पायसं गृहाण। भार्याभ्यः प्रयच्छ च। तासु प्राप्स्यसि पुत्रान् इति।

तथेति नृपतिः प्रीतः अभिवाद्य तं, प्रविश्य चान्तःपुरं कौशल्यामुवाच—पात्रीयं पायसं गृहाण इति अर्द्धं ततः कौशल्यायै ददौ। अर्द्धस्यार्द्धं सुमित्रायै। अवशिष्टं च कैकेय्यै ददौ। तत् सर्वाः प्राश्य तेजस्विनो गर्भान् धारयाञ्चक्रुः।

ततो द्वादशे चैत्रे मासे नावमिके तिथौ कौशल्या दिव्यलक्षणं पुत्रं रामम् अजयनत्। कैकेय्या सत्यपराक्रमो भरतो जज्ञे। सुमित्रा च लक्ष्मणशत्रुघ्नौ जनयामास। तदा अयोध्यायां महानुत्सव आसीत्।

बाल्यात्प्रभृति रामस्य लक्ष्मणः प्रियकरः सुस्निग्धश्च बभूव। तेन विना रामो निन्द्रां न लभते। यदा हि रामो हयमारूढो मृगया याति, तदैनं पृष्ठतो लक्ष्मणो धनुः परिपालयन् याति। तथैव लक्ष्मणानुजः शत्रुघ्नो भरतस्य पृष्ठतोयाति। यदा च ते सर्वे ज्ञानिनो गुणसम्पन्नाः कीर्तिमन्तः सर्वज्ञा अभवन्, तदा पिता दशरथोऽतीव हृष्टः।

अथ राजा तेषां दारक्रियां प्रति चिन्तयामास। मन्त्रिमध्ये चिन्तमानस्य तस्य महातेजो विश्वामित्रो मुनिः प्राप्तः। तं पूजयित्वा राजोवाच—अनुग्रहीतोऽहम्। परिवृद्धिमिच्छामि ते कार्यस्य। न विमर्शनमर्हति भवान्। कथयतु भवान्। करिष्यामि तदशेषेण। भवानेव मम दैवतम्। इति श्रुत्वा विश्वामित्र उवाच—राजश्रेष्ठ! व्रतस्थोऽस्मि। तस्य तु व्रतस्य मारीचसुबाहू नाम द्वौ राक्षसौ कामरूपिणौ विघ्नकरौ। तस्माद् व्रतसम्पादनार्थं ज्येष्ठपुत्रो रामो भवतो मे सहायो भवतु। इति।

पाठ 36

निम्न धातुओं के रूप 'वद्' धातु के समान ही स्मरण कीजिए।

प्रथम गण, परस्मैपद

1. एज् (कंपने)—कांपना—एजति।
2. कण् (आर्तस्वरे)—दुःख के साथ रोना—कणति।
3. कील् (बंधने)—बांधना—कीलति।

4. कुण्ठ् (वैकल्ये)—लूला होना—कुण्ठति।
5. कूज् (अव्यक्ते शब्दे)—अस्पष्ट आवाज़ करना—कूजति।
6. क्रन्द् (रोदने आह्वाने च)—रोना अथवा आह्वान करना—क्रन्दति।
7. क्रीड् (विहारे)—खेलना—क्रीडति।
8. क्वथ् (निष्पाके)—कषाय करना, काढ़ा करना—क्वथति।
9. क्षर् (संचलने)—पिघलना—क्षरति।
10. खन् (अवदारणे)—ज़मीन खोदना—खनति।
11. खाद् (भक्षणे)—खाना—खादति।
12. खेल् (क्रीडायाम्)—खेलना—खेलति।
13. गद् (व्यक्तायां वाचि)—बोलना—गदति।
14. गम् (गच्छ) (गतौ)—जाना—गच्छति।

वाक्य

1. वृक्षः एजति।	वृक्ष कांपता है।
2. वृक्षौ एजतः।	दो वृक्ष हिलते हैं।
3. वने वृक्षा एजन्ति।	वन में बहुत वृक्ष हिलते हैं।
4. त्वं कणसि।	तू रोता है।
5. युवां कणथः।	तुम दोनों रोते हो।
6. भित्तिः संकुचित।	दीवार सिकुड़ती है।
7. ते कुण्ठन्ति।	वे सब लूले होते हैं।
8. काकौ कूजतः।	दो कौवे शब्द करते हैं।
9. पक्षिणः कूजन्ति।	बहुत पक्षी शब्द करते हैं।
10. बालकाः क्रन्दन्ति।	लड़के रोते हैं।
11. स्त्रीपुरुषौ क्रन्दतः।	स्त्री और पुरुष दोनों चिल्लाते हैं।
12. मनुष्यः क्रन्दति।	एक मनुष्य रोता है।
13. स कुत्र क्रीडति?	वह कहां खेलता है?
14. युवां कुत्र क्रीडथः?	तुम दोनों कहां खेलते हो?
15. आवां अत्र क्रीडावः।	हम दोनों यहां खेलते हैं।
16. वयं तत्र क्रीडामः।	हम सब वहां खेलते हैं।
17. तैलं क्षरति।	तेल पिघलता है।
18. अश्वः शश्पं खादति।	घोड़ा घास खाता है।
19. अश्वौ तृणं खादतः।	दो घोड़े घास खाते हैं।
20. अश्वाः तृणं खादन्ति।	बहुत घोड़े घास खाते हैं।

21. धनदासः खनति।	धनदास खोदता है।
22. ते खनन्ति।	वे सब खोदते हैं।
23. धनदास-विष्णुमित्रौ खनतः।	धनदास और विष्णुमित्र दोनों खोदतेहैं।
24. तत्र सर्वे जनाः खनन्ति।	वहां सब लोग खोदते हैं।
25. बालको मोदकं खादति।	लड़का लड्डू खाता है।
26. बालकौ मोदकौ खादतः।	दो बालक लड्डू खाते हैं।
27. बालकाः मोदकान् खादन्ति।	बहुत बालक बहुत लड्डू खाते हैं।
28. अश्वाश्च गर्दभाश्च तृणं खादन्ति।	बहुत घोड़े और बहुत गधे घास खाते हैं।
29. अहं खेलामि।	मैं खेलता हूं।
30. रामश्च अहं च खेलावः।	राम और मैं दोनों खेलते हैं।
31. सर्वे वयं खेलामः।	हम सब खेलते हैं।
32. वयं गच्छामः।	हम सब जाते हैं।

पाठक उक्त वाक्यों में क्रियाओं के रूप किस प्रकार बनाए और उपयोग में लाए जाते हैं, इसका ठीक-ठीक अध्ययन करें। कर्ता का एकवचन हो तो क्रिया का भी एकवचन होना चाहिए। कर्ता का बहुवचन हो तो क्रिया का भी बहुवचन होना चाहिए। देखिए–

गम् गतौ

सः गच्छति	तौ गच्छतः	ते गच्छन्ति
त्वं गच्छसि	युवां गच्छथः	यूयं गच्छथ
अहं गच्छामि	आवां गच्छावः	वयं गच्छामः

खेल क्रीडायाम

अहं खेलामि	आवां खेलावः	वयं खेलामः
त्वं खेलसि	युवां खेलथः	यूयं खेलथ
स खेलति	तौ खेलतः	ते खेलन्ति

खाद् भक्षणे

त्व खादसि	युवां खादथः	यूयं खादथ
अह खादामि	आवां खादावः	वयं खादामः
स खादति	तौ खादतः	ते खादन्ति

खन् अवदारणे

अहं खनामि	आवां खनावः	वय खनामः
त्वं खनसि	युवां खनथः	यूयं खनथ
रामः खनति	रामलक्ष्मणौ खनतः	रामलक्ष्मणशत्रुघ्नाः खनन्ति

क्रिया के रूपों की तैयारी इस प्रकार करनी चाहिए कि कभी भूल न हो। सब क्रियाओं के सब रूप बनाकर इस प्रकार लिखें–

उत्तम पुरुष

अहम् – (मैं एक) – वदामि – (बोलता हूं)
आवाम् – (हम दो) – वदावः – (बोलते हैं)
वयम् – (हम सब) – वदामः – (बोलते हैं)

मध्यम पुरुष

त्वम् – (तू एक) – वदसि – (बोलता है)
युवाम् – (तुम दो) – वदथः – (बोलते हो)
यूयम् – (तुम सब) – वदथ – (बोलते हो)

प्रथम पुरुष

सः – (वह एक) – वदति – (बोलता है)
तौ – (वे दो) – वदतः – (बोलते हैं)
ते – (वे सब) – वदन्ति – (बोलते हैं)

इन रूपों को देखने से उनके प्रयोग का पता लगेगा। इसको पाठक विशेष ध्यानपूर्वक स्मरण रखें, कभी न भूलें। इसी से वे शुद्ध वाक्य बना सकेंगे, अन्यथा नहीं। कर्ता और क्रिया का पुरुष और वचन एक जैसा होना चाहिए, जैसे हिन्दी में भी होता है।

पाठ 37

धर्मः–कर्तव्य कर्म
अक्रोधः–शांति
संविभागः–कार्य के उत्तम विभाग
याचेत–भीख मांगे
यजेत–यज्ञ करे
दस्युवधः–डाकुओं का नाश

शौचम्—शुद्धता
परिचरेत्—सेवा करे
कथञ्चन—किसी प्रकार भी
उच्यते—कहा जाता है
छत्रम्—छाता
वेष्टनम्—साफ़ा
यातयामम्—बासी, पुराना
भर्तव्यम्—पोषण के लिए योग्य
पाक-यज्ञः—अन्न का यज्ञ
अव्रतवान्—नियमहीन
क्षमा—सहनशीलता
प्रजनः—सन्तान उत्पन्न करना
अद्रोहः—द्रोह न करना
सार्ववर्णिकः—सब वर्णों के सम्बन्ध के
आर्जवम्—सरल स्वभाव
भृत्य-भरणम्—नौकरों का पोषण
समाप्यते—समाप्त होता है
दद्यात्—दान करे
वक्ष्यामि—कहूंगा
याजयेत्—यज्ञ कराए
अध्यापयेत्—सिखाए
अधीयीत—सीखे
परिपालयेत्—पालन करे
रणम्—युद्ध
अनुपूर्वशः—क्रम से
सञ्चयः—संग्रह
जातु—कभी भी
औशीर—बिछौना
उपानह्—जूता
व्यजनम्—पंखा
पिण्डः—चावल का गोला
अनपत्यः—सन्तानहीन
स्वाहा } —यज्ञविशेष
वषट् }
स्वयम्—ख़ुद

समास-विवरण

1. अनपत्यः—न विद्यते अपत्यं यस्य सः।
2. स्वाध्यायाभ्यसनम्—स्वाध्यायस्य अभ्यसनं स्वाध्यायाभ्यसनम्।
3. पाकयज्ञः—पक्वन्नस्य यज्ञः पाक-यज्ञः।

वचन पाठ—महाभारत

प्रश्न— **के धर्मा सर्ववर्णानां चातुर्वर्ण्यस्य के पृथक्।**
चातुर्वर्ण्याश्रमाणां च राजधर्माश्च के मताः।।1।।

उत्तर— **अक्रोधः सत्यवचनं संविभागः क्षमा तथा।**
प्रजनः स्वेषु दारेषु शौचमद्रोह एव च।।2।।
आर्जवं भृत्यभरणं तत्रैते सार्ववर्णिकाः।
ब्राह्मणस्य तु यो धर्मस्तं ते वक्षयामि केवलम्।।3।।

दममेव महाराज धर्ममाहुः पुरातनम्।
स्वाध्यायाभ्यसनं चैव तत्र कर्म समाप्यते।।4।।
क्षत्रियस्यापि यो धर्मस्तं ते वक्ष्यामि भारत।
दद्याद्राजन्न याचेत् यजेत न च याजयेत्।।5।।
नाध्यापयेदधीयीत प्रजाश्च परिपालयेत्।
नित्योद्युक्तो दस्युवधे रणे कुर्यात्पराक्रमम्।।6।।
दानमध्ययनं यज्ञः शौचेन धनसंचयः।
पितृवत्पालयेद्वैश्यो युक्तः सर्वान् पशूनिह।।7।।
शूद्र एतान्परिचरेत् त्रीन्वर्णाननुपूर्वशः।
सञ्चयांश्च न कुर्वीत जातु शूद्रः कथञ्चन।।8।।
अवश्यभरणीयो हि वर्णानां शूद्र उच्यते।
छात्र वेष्टनमौशीरमुपानद्व्यजनानि च।।9।।
यातयामानि देयानि शूद्राय परिचारिणे।
देयः पिण्डोऽनपत्याय भर्तव्यौ वृद्धदुर्बलौ।।10।।
स्वाहाकार वषट्कारौ मन्त्रः शूद्रे न विद्यते।
तस्माच्छूद्रः पाकयज्ञैर्यजेताव्रतवान्स्वयम्।।11।।

---

(1) सर्व वर्णनां के-के धर्माः ? चातुर्वर्ण्यस्य च के-के पृथक् धर्माः? चातुर्वर्ण्याश्रमाणां च के धर्माः। राजधर्माः च के मताः? (2) अक्रोधः—न क्रोधः। स्वेषु दारेषु—स्वकीयासु स्त्रीषु। प्रजनः—संतानोत्पत्तिः। शौचं—शुद्धता। (3) यो ब्राह्मणस्य धर्मः अस्ति। तं धर्मं ते—तुभ्यं। वक्ष्यामि—कथायिष्यामि—वदिष्यामि। (4) दमः—इन्द्रियदमनम् पुरातनं—सनातनम्। स्वाध्यायस्य—वेदस्य। अभ्यसनं—अध्ययनम्। (5) दद्यात्—दानं कर्तव्यम्। न याचेत—याचना न कर्तव्या।

दस्युनां—चौरादीनां दुष्टानां वधः दस्युवधः। (7) धनस्य संचयः संग्रहः धनसंचयः। वैश्यः सर्वान् पशून् इह युक्त स्वकर्मणि नियुक्तः पितृवत् यथा पिता स्वपुत्रान् पालयति तथा पालयेत्। (8) एतान् त्रिवर्णान् शूद्रः विद्याहीनः परिचरेत। संचयान् धनस्य संग्रहं कथञ्चन कदापि शूद्र न कुर्वीत।

पाठ 38

प्रथम गण, परस्मैपद

1. **गल्** (भक्षणे स्रावे च) = खाना और गलना—गलति।
2. **गुञ्ज्** (अव्यक्ते शब्दे) = अस्पष्ट शब्द करना—गुञ्जति।

3. **गुह** (संवरणे) = गुप्त रखना, ढांपना—गूहति।
4. **चन्द्** (आह्लादे दीप्तौ च) = खुश होना, प्रकाशना—चन्दति।
5. **चम्** (अदने) = भक्षण करना—चमति।
6. **चर्** (गतौ) = जाना—चरति।
7. **चर्च्** (परिभाषणे) = शास्त्रार्थ करना—चर्चति।
8. **चर्व** (अदने) = चबाना—चर्वति।
9. **चल** (कम्पने) = कांपना, हिलना—चलति।
10. **चष्** (भक्षणे) = खाना—चषति।
11. **चिल्ल्** (शैथिल्ये) = ढीला होना—चिल्लति।
12. **चुम्ब्** (वक्त्र संयोगे) = चुम्बन करना, चूमना—चुम्बति।
13. **चूष्** (पाने) = पीना—चूषति।
14. **जप्** (व्यक्तायां वाचि मानसे च) = जपना, (ध्यान से जपना)—जपति।
15. **जम्** (अदने) = खाना—जमति।
16. **जल्प्** (व्यक्तायां वाचि) = बोलना—जल्पति।
17. **जिन्व्** (प्रीणने) = खुश होना—जिन्वति।

उक्त धातुओं के कुछ रूप

सः गलति।	तौ गलतः।	ते गलन्ति।
त्वं गुञ्जसि।	युवां गुञ्जथः।	यूयं गुञ्जथ।
अहं चन्दामि।	आवां चन्दावः।	वयं चन्दामः।
अहं जमामि।	आवां जमावः।	वयं जमामः।
त्वं चरसि।	युवां चरथः।	यूयं चरथ।
सः चर्चति	तौ चर्चतः।	ते चर्चन्ति।
त्वं चलसि।	युवां चलथः।	यूयं चलथ।
अहं चषामि।	आवां चषावः।	वयं चषामः।
अह चिल्लामि।	आवां चिल्लावः।	वयं चिल्लामः।
त्वं चुम्बसि।	युवां चुम्बथः।	यूयं चुम्बथ।
स चूषति।	तौ चूषतः।	ते चूषन्ति।
अहं जपामि।	आवां जपावः।	वयं जपामः।
त्वं जमसि।	युवां जमथः।	यूयं जमथ।
स जल्पति।	तौ जल्पतः।	ते जल्पन्ति।
त्वं जिन्वसि।	युवां जिन्वथः।	यूयं जिन्वथ।

कोकिलः कथं गुञ्जति। शृणु।

तत्र वृक्षे द्वौ कोकिलौ गुञ्जतः।

अत्र द्वौ ब्राह्मणौ जपतः।

त्वं किमर्थं जल्पसि।

स सर्वं गूहति।

संस्कृत में परस्मैपद और आत्मनेपद नामक, दो पद होते हैं। इनका विशेष विचार आगे किया जाएगा। यहाँ तक धातु परस्मैपद के ही दिए गये हैं।

परस्मैपद–गच्छति, वदति, करोति, भवति।

आत्मनेपद–एधते, ईक्षते, वदते, भाषते।

आत्मनेपद के धातुओं के लिए अन्त में 'ते' प्रत्यय लगता है और परस्मैपद के अन्त में 'ति' लगता है। इस समय आप इतना ही फ़र्क समझ लीजिए।

वर्तमान काल

परस्मैपद के लिए प्रत्यय–

		एकवचन	द्विवचन	बहुवचन
प्रथम पुरुष	...	ति	तः	न्ति
मध्यम पुरुष	...	सि	थः	थ
उत्तम पुरुष	...	मि	वः	मः

ये प्रत्यय किस प्रकार लगते हैं, इसका ज्ञान निम्न रूप देखने से हो सकेगा।

गच्छ–ति	गच्छ–तः	गच्छ–न्ति
गच्छ–सि	गच्छ–थः	गच्छ–थ
गच्छा–मि	गच्छा–वः	गच्छा–मः
वद–ति	वद–तः	वद–न्ति
वद–सि	वद–थः	वद–थ
वदा–मि	वदा–वः	वदा–मः

उत्तम पुरुष के प्रत्ययों से पहले 'अ' के स्थान पर 'आ' होता है। जैसे–गच्छामि, वदामि, जल्पामि, जपामि, तपामि इत्यादि।

उक्त प्रत्यय लगाकर सब धातुओं के रूप बनाइये और लिखिए–रूप लिखने का ढंग नीचे दिया जा रहा है–

जीवन – (प्राण धारणे) = जीता रहना, जीना

परस्मैपद, वर्तमान काल, प्रथम गण

उत्तम पुरुष

1. **अहं जीवामि**—मैं जीता हूं।
2. **आवां जीवावः**—हम दोनों जीते हैं।
3. **वयं जीवामः**—हम सब जीते हैं।

मध्यम पुरुष

1. **त्वं जीवसि**—तू जीता है।
2. **युवां जीवथः**—तुम दोनों जीते हो।
3. **यूयं जीवथ**—तुम सब जीते हो।

प्रथम पुरुष

1. **स जीवति**—वह जीता है।
2. **तौ जीवतः**—वे दोनों जीते हैं।
3. **ते जीवन्ति**—वे सब जीते हैं।

जैसा पहले कहा जा चुका है, काल तीन होते हैं—(1) वर्तमान काल, (2) भूतकाल, (3) भविष्यत् काल। गत समय को भूतकाल कहते हैं, जो चल रहा है वह वर्तमान काल है और जो आनेवाला है वह भविष्यत् काल।

वर्तमान काल—स जप-ति = वह जप करता है।

भूतकाल—स अजप-त् = उसने जप किया।

भविष्यत् काल—स जपिष्यति=वह जप करेगा।

वर्तमान काल के प्रत्ययों के पूर्व 'ष्य' लगाने से भविष्यत् काल बनता है। जैसे—

जपिष्यति	जपिष्यतः	जपिष्यन्ति
जपिष्यसि	जपिष्यथः	जपिष्यथ
जपिष्यामि	जपिष्यावः	जपिष्यामः
*गमिष्यति	गमिष्यतः	गमिष्यन्ति
गमिष्यसि	गमिष्यथः	गमिष्यथ
गमिष्यामि	गमिष्यावः	गमिष्यामः
चलिष्यति	चलिष्यतः	चलिष्यन्ति
चलिष्यसि	चलिष्यथः	चलिष्यथ
चलिष्यामि	चलिष्यावः	चलिष्यामः

* भविष्यत् काल में गम् धातु के लिए गच्छ आदेश नहीं होता।

इसी प्रकार सब धातुओं के रूप आप आसानी से बना सकते हैं। भविष्यत् काल के रूप बनाना भी कोई कठिन नहीं है।

पाठ 39

याच्यमान—मांगा हुआ
विगत-चेतनः—बेहोश
मुहूर्त—घड़ी-भर
श्रेयः—कल्याण
राजीवम्—कमल
लोचनम्—नेत्र
कूटम्—कपट
वियोगः—दूर होना
प्रतिश्रुत्य—सुनकर
हातुम्—छोड़ने के लिए
विपर्य्ययः—उलटा प्रकार
प्रोत्साहित—जोश उत्पन्न किया
आह्वयत्—बुलाया
अभिवर्षतः—वर्षा करते हैं (वे दोनों)
स्वेन—अपने
बहुरूप—बहुत प्रकार
प्रत्युवाच—उत्तर दिया
ऊन—कम, न्यून
कालोपम—मृत्यु के सदृश
सक्रोध—क्रोध के साथ
सम्प्रति—अब
अयुक्त—अयोग्य
कुलम्—वंश
मुष्टि—मूठ
वदनम्—मुँह
अनुजग्मतुः—पीछे से गये
सलिलम्—जल्

ददामि—देता हूं
क्षुत्पिपासे—भूख और प्यास
सम्पन्न—युक्त
शरत्कालीन—शरद् ऋतु का
दिवाकर—सूर्य
इक्ष्वाकु—कुल का नाम
दारुण—भयानक
नाग—हाथी, सांप
शक्रः—इन्द्र
आवृत्य—घेरकर
निष्कण्टकं—निरुपद्रव
नृशंस—बुरा, निंद्य
अनृशंस—स्तुत्य
प्रहृष्ट—खुश
अश्विनोपमौ—अश्विनी कुमारों के सदृश
अर्धयोजन—एक कोश, दो मील
बला— } विद्याओं के नाम
अतिबला— }
स्पृष्ट्वा—स्पर्श करके
प्रतिगृहीतवान्—लिया
ददृशाते—देखा
नावम्—नौका
शिवम्—कल्याणयुक्त
कालात्ययः—समय का अतिक्रम
समाप्ति-समयः—समाप्ति का काल
कथयाञ्चक्रुः—कहा
आरोहतु—चढ़ो

समास

1. विगतचेतनः—विगता चेतना यस्य सः।
2. प्रहृष्टवदनः—प्रहृष्टं वदनं यस्य सः।
3. विद्यासम्पन्नः—विद्यया सम्पन्नः।
4. रजोमेघः—रजसः मेघः।
5. प्रजारक्षणकारणात्—प्रजायाः रक्षणं प्रजारक्षणम् तस्य कारणात्।

संक्षिप्त-वाल्मीकि-रामायणे बालकाण्डम्

द्वितीयः खण्डः

पुत्रं रामचन्द्रं मुनिना याच्यमानं श्रुत्वा राजा दशरथस्तावद् विगतचेतन इव मुहूर्तं बभूव। विश्वामित्रः पुनरुवाच। पुनः पुनरपि व्रतं सम्पाद्य समाप्तिसमय एवैतौ राक्षसौ वेदिं मांसरुधिरेण अभिवर्षतः। रामस्तु स्वेन दिव्येन तेजसा राक्षसानां विनाशने शक्तः। अस्मै श्रेयश्च बहुरूपं प्रदास्यामि। यज्ञस्य दशरात्रं हि राजीवलोचनं रामं दातुमर्हसि इति। दशरथस्तु प्रत्युवाच। ऊनषोडशवर्षो मे रामः। न योग्यो राजीवलोचनो रक्षसाम्। राक्षसा हि कूटयुद्धाः। अपि च नैव जीवामि रामस्य वियोगे मुहूर्तमपि। कालोपमौ च मारीच-सुबाहू। अतो न दास्यामि पुत्रकम् इति। कौशिकस्तु प्रत्युवाच सक्रोधम्। अर्थं प्रतिश्रुत्यापि सम्प्रति प्रतिज्ञां हातुमिच्छसि। अयुक्तोऽयं विपर्ययो राघवाणां कुलस्य इति। एवं विश्वामित्रस्य क्रोधेन भीतो दशरथः, वसिष्ठेन च संमन्त्र्य प्रोत्साहितः। ततः प्रह्यष्टवदनः सलक्ष्मणं राममाह्वयत् कुशिकपुत्राय तौ ददौ च। तावपि रामलक्ष्मणौ धनुषी गृहीत्वा पितामहसदृशं विश्वामित्रमश्विनोपमौ कुमारावनुजग्मतुः।

अर्धयोजनं गत्वा सरयूनदीतीरे विश्वामित्रो राममुवाच—वत्स, सलिलं गृहाण। नानाविधान् मन्त्रान् विद्ये च बलातिबले नाम तुभ्यं ददामि। आभ्यां विद्याभ्यां ते क्षुत्पिपासे अपि न भविष्यत् इति। रामोऽपि जलं स्पृष्ट्वा प्रहृष्टवदनः प्रतिगृहीतवान् एतान् मन्त्रान्। एवं विद्यसम्पन्नो रामः शोभितो यथा शरत्कालीनो दिवाकरः। अग्रगामिनौ च तौ वीरौ राजपुत्रौ ततो गङ्गा-सरयू-सङ्गमे पुण्यमाश्रमपदमेकं सदृशाते। मुनयोऽपि तत्रस्थाः शुभां नावमेकाम् आनीय विश्वामित्रं कथयाञ्चक्रु। आरोहतु भवान् राजपुत्रैः सह नावम्। शिवास्ते पन्थानः सन्तु। कालात्ययो न भवतु इति। विश्वामित्रश्च तान् ऋषीन् पूजयामास। पश्चाच्च स राजपुत्राभ्यां सहितः गङ्गां ततार। अतिधार्मिकौ च तौ राजपुत्रौ दक्षिणं तीरमासाद्य नदीभ्यां प्रणामं कृतवन्तौ। ततो घोर सङ्काशं वनं दृष्ट्वा स इक्ष्वाकु-नन्दनो रामो मुचिश्रेष्ठं विश्वामित्रं पप्रच्छ। अहो सश्रीकं वनम्। किं परम् अतिदारुणम्।

विश्वामित्र उवाच। वीरश्रेष्ठ अत्र खलु पुरा धनधान्य संपन्नौ स्फीतौ जनपदावेव सुचिरम् आस्ताम्। कालान्तरे तु ताड़का नाम नागसहस्रबलं धारयन्ती कामरूपिणी राक्षसी बभूव। सा च सुन्दस्य भार्या पराक्रमेण शक्रसदृशो मारीचस्तु तस्यः पुत्रः। एवंविधा तु साऽधुना पन्थानम् अत्यर्धयोजनम् आवृत्य तिष्ठति। अतएव च वनमेतद् गन्तव्यमस्माभिः बाहुबलेन, त्वम् इमां दुष्टचारिणीं हन्तुम् अर्हसि। ममाज्ञया निष्कण्टकम् इमं देशं कुरु। तस्या हि कारणाद् ईदृशमपि देशं न कञ्चिद् आगच्छति। अतः स्त्रीवधेऽपि मैव घृणां कुरु। चातुर्वर्ण्यस्य हितार्थे हि प्रजारक्षण-कारणाद् राजसूनुना नृशंसं वा अनृशंसं वा कर्म कर्तव्यम् इति। एवमुक्तो रामचन्द्रो धनुर्धरो धनुर्मध्ये मुष्टिं बबन्ध। शब्देन दिशो नादयन् तीव्रज्याघोषं चाकरोत्। राक्षसाः तु तदा क्रोधान्धास्तत्र प्राप्ताः। राघवौ चोभौ तथा मुहूर्तं रजोमेघेन विमोहितौ। किन्तु ताम् अशनीमिव वेगेन पतन्तीमपि विक्रान्तां शरेण रामः उरसि विदारयाञ्चकार। सा पपात ममार च।

पाठ 40

अब आप परस्मैपदी प्रथम गण के धातुओं के वर्तमान और भविष्य के रूप बना सकते हैं। संस्कृत में धातुओं के दस गण होते हैं जिनमें से पहले गण के कई धातु दिए जा चुके हैं। आगे अन्य गणों के धातुओं के साथ आपका परिचय कराया जाएगा। कई पाठों तक प्रथम गण के परस्मैपदी धातु ही देने हैं इसलिए इनके रूपों को ठीक से स्मरण कीजिये–

ज्वर (रोग) = बुख़ार होना–1 गण-परस्मैपद

वर्तमान-कालः

प्रथम पुरुष	ज्वरति	ज्वरतः	ज्वरन्ति
मध्यम पुरुष	ज्वरसि	ज्वरथः	ज्वरथ
उत्तम पुरुष	ज्वरामि	ज्वरावः	ज्वरामः

भविष्य-कालः

प्रथम पुरुष	ज्वरिष्यति	ज्वरिष्यतः	ज्वरिष्यन्ति
मध्यम पुरुष	ज्वरिष्यसि	ज्वरिष्यथः	ज्वरिष्यथ
उत्तम पुरुष	ज्वरिष्यामि	ज्वरिष्यावः	ज्वरिष्यामः

ज्वल्–(दीप्तौ) = जलाना–1 गण-परस्मैपद

वर्तमान-कालः

प्रथम पुरुष	ज्वलति	ज्वलतः	ज्वलन्ति
मध्यम पुरुष	ज्वलसि	ज्वलथः	ज्वलथ
उत्तम पुरुष	ज्वलामि	ज्वलावः	ज्वलामः

भविष्य-कालः

प्रथम पुरुष	ज्वलिष्यति	ज्वलिष्यतः	ज्वलिष्यन्ति
मध्यम पुरुष	ज्वलिष्यसि	ज्वलिष्यथः	ज्वलिष्यथ
उत्तम पुरुष	ज्वलिष्यामि	ज्वलिष्यावः	ज्वलिष्यामः

निम्नलिखित धातुओं के रूप पूर्ववत् होते हैं–

गण प्रथम (परस्मैपद)

1. **तक्ष्** (तनूकरणे) = छीलना–तक्षति, तक्षिष्यति।
2. **तन्द्र** (अवसादे) (मोहे च) = थकना, मानसिक मोह होना–तन्द्रति, तन्द्रिष्यति।
3. **तप** (संतापे) = तपना–तपति, तप्स्यति। (इस धातु का 'तपिष्यति' नहीं होता)।
4. **तर्ज** (भर्त्सने) = निन्दा करना, धमकाना–तर्जति, तर्जिष्यिति।
5. **तुद्** (व्यथने) = दुःख होना–तुदति, तोत्स्यति। (इसका भविष्यकाल का रूप याद रखें)।
6. **तूड्** (तोड़ने अनादरे च) = तोड़ना, अनादर करना–तूडति, तूडिष्यति।
7. **तूष्** (तुष्टौ) = संतुष्ट होना–तूषति, तूषिष्यति।
8. **तॄ** (तर्) (प्लवने तरणयोः) = तैरना, पार होना–तरति, तरिष्यति। तरिष्यामि।
9. **तेज** (निशाने पालने च) = तेज करना, पालन करना–तेजति, तेजिष्यति।
10. **तोड्** (अनादरे) = निरादर करना–तोडति, तोडिष्यति।
11. **त्यज्** (हानौ) = त्यागना–त्यजति, त्यक्ष्यति। (इस धातु का भविष्य का रूप स्मरण रखें)।
12. **त्वक्ष्** (तनूकरणे) = छीलना–त्वक्षति, त्वक्षिष्यति।
13. **दल्** (विदारणे) = तोड़ना, फटना–दलति, दलिष्यति।
14. **दह** (भस्मीकरणे) = जलाना–दहति, धक्षति। (इस धातु का भविष्य का

रूप याद कर लें)।

15. **दा** (लवने) = काटना—दाति, दास्यति।

16. **दृश्** (पश्य) (प्रेक्षणे) = देखना—पश्यति, पश्यतः, पश्यन्ति। द्रक्ष्यति, द्रक्ष्यतः, द्रक्ष्यन्ति। (इस धातु के रूप स्मरण रखें)।

17. **दृह्** (वृद्धौ) = बढ़ना—दृंहति, दृंहिष्यति।

18. **दृ** (दर्) (भय) = डरना—दरति, दरिष्यति।

19. **धुर्वा** (हिंसायाम्) = हिंसा करना—धूर्वति, धूर्विष्यति।

20. **धृ** (धर्) (धारणे) = धारण करना—धरति, धरिष्यति।

21. **ध्वन्** (शब्दे) = शब्द करना—ध्वनति, ध्वनिष्यति।

22. **नट्** (नृतौ) = नाचना, नाटक करना—नटति, नटिष्यति।

23. **नद्** (अव्यक्ते शब्दे) = अस्पष्ट शब्द करना—नदति।

24. **नन्द्** (समृद्धौ) = सुखी होना—नन्दति, नन्दिष्यति।

25. **नम्** (प्रह्वत्वे शब्दे च) = नमन करना, शब्द करना—नमति नम्स्यति। (इस धातु का भविष्य का रूप याद कर लें)।

26. **निन्द्** (कुत्सायाम्) = निन्दा करना—निन्दिष्यति।

27. **नी** (नय्) (प्रापणे) = ले जाना—नयति, नेष्यति।

28. **पच्** (पाके) = पकाना—पचति, पक्ष्यति, पक्ष्यसि, पक्ष्यामि। (इसके भविष्य के रूप याद कर लें)।

29. **पठ्** (वाचने) = पढ़ना—पठति, पठिष्यति।

30. **पत्** (गतौ) = गिरना—पतति, पतिष्यति।

31. **पा** (पाने) = पीना—पिबति, पिबसि, पिबामि। पास्यति, पास्यसि, पास्यामि। (ये रूप याद कीजिए)

वाक्य

1. त्वष्टा काष्ठं तक्षति।	बढ़ई लकड़ी छीलता है।
2. विश्वामित्रः तपति।	विश्वामित्र तप करता है।
3. वानरौ तरतः।	दो बन्दर तैरते हैं।
4. महिषाः तरन्ति।	भैंसें तैरते हैं।
5. स शस्त्रं तेजिष्यति।	वह शस्त्र तेज़ करेगा।
6. तौ त्यजतः।	वे दोनों छोड़ते हैं।
7. अग्निः दहति।	आग जलाती है।
8. बालकाः पश्यन्ति।	लड़के देखते हैं।
9. वयं द्रक्ष्यामः।	हम सब देखेंगे।

10. सूर्यः एकाकी चरति। सूर्य अकेला चलता है।
11. शृणु! कथं जलं नदति। सुन! किस प्रकार जल शब्द करता है।
12. परमेश्वरं नमामि। परमेश्वर को नमन करता हूँ।
13. स तत्र नेष्यति। वह वहाँ ले जाएगा।
14. देवदत्तः पचति। देवदत्त पकाता है।
15. बालकः पठति। लड़का पढ़ता है।
16. मम पुत्रौ पठतः। मेरे दो बालक पढ़ते हैं।

मनुष्यौ वने वृक्षं तक्षतः। कः तत्र प्रातःकाले सन्ध्योपासनां करोति? अहं नित्यं, नदीतीरं गत्वा तत्र सन्ध्योपासनां करोमि। इदानीं को नदीं तरिष्यति? विश्वामित्र-यज्ञदत्तौ तरिष्यतः। नहि। सर्वे मनुष्यास्तरिष्यन्ति। त्वं तं किमर्थं त्यजसि? गृहे अग्निर्ज्वलति। गृहाद् बहिः अग्निः न ज्वलिष्यति। इदानीं त्वां को द्रक्ष्यति। सर्वेऽपि अत्रत्याः द्रक्ष्यन्ति। मनुष्याः पश्यन्ति।

मनुष्यौ पश्यतः। यूयं पश्यथ। यः जागर्ति स एव गच्छतु। यज्ञमित्रो धर्मं त्यक्त्वा अधर्म्यं कर्म करोति। सः चलति। अहं त्वया सह चलिष्यामि। नटो नटति। इदानीं नाटकस्य समयः। त्वम् आगच्छ इक्षुदण्डरसं पिब। स्वनगरं याहि। स कन्दान् पचति। तौ कन्दान् पचतः। ते सर्वेपि कन्दान् पचन्ति।

पाठ 41

शब्द

भैक्ष्यचर्यम्—भिक्षा मांगकर भोजन करना
गार्हस्थ्यम्—गृहस्थाश्रम
स-दारः—स्त्री समेत
अ-दारः—स्त्री रहित
समधीत्य—उत्तम प्रकार से अध्ययन करके
धर्मवित्—धर्म जानने वाला
अक्षर—अविनाशी ब्रह्म
प्रशस्त—स्तुत्य
मोक्षिणः—मोक्ष को जाननेवाले
प्रधान—मुख्य
त्याग—दान
पुराण—सनातन
महाश्रम—महान् आश्रम
प्राहुः—कहते हैं
द्विजातित्वं—द्विजपन
संयत—संयमी
कृतकृत्य—जिसके कृत्य परिपूर्ण हो चुके हैं
ऊर्ध्वरेताः—जिसके वीर्य का पतन नहीं होता
प्रव्रजित्वा—संन्यास लेकर
स्वधाकारः—अन्नयज्ञ

रति—रमना | **पाल्यमान**—पालने योग्य
सेवितव्य—सेवन करने योग्य | **अग्र्यम्**—मुख्य

समास

1. सदारः—दाराभिः सहितः।
2. अदारः—न विद्यन्ते दाराः यस्य स अदारः।
3. संयतेन्द्रियः—संयतानि इन्द्रिणि यस्य सः।
4. कृतकृत्यः—कृतं कृत्यं येन सः।
5. राजधर्मप्रधानाः—राज्ञः धर्मः राजधर्मः, राजधर्मः प्रधानः येषु ते राजधर्मप्रधानाः।

वाचनपाठः। महाभारतम्

वानप्रस्थं भैक्ष्यचर्य गार्हस्थ्यं च महाश्रमम्।
ब्रह्मचर्याश्रमं प्राहुश्चतुर्थं ब्राह्मणैर्वृतम्।। 1।।
जटा-धारण-संस्कारं द्विजातित्वं मयाप्य च।
आधानादीनि कर्माणि प्राप्य वेदमधीत्य च।। 2।।
सदारो वाऽप्यदारो वा आत्मवान्संयतेन्द्रियः।
वानप्रस्थाश्रमं गच्छेत्कृतकृत्यो गृहाश्रमात्।। 3।।
तत्रारण्यक शास्त्राणि समधीत्य स धर्मवित्।
ऊर्ध्वरेताः प्रव्रजित्वा गच्छत्यक्षरसात्मताम्।। 4।।
सत्यार्जवं चातिथिपूजनं च।
धर्मस्तथाऽर्थश्च रतिः स्वदारैः।।
निषेवितव्यानि सुखानि लोके।
ह्यस्मिन्परे चैव मतं ममैतत्।। 5।।
सर्वे धर्माः राजधर्मप्रधानाः।

---

(2) जटाधारण संस्कारं ब्रह्मचर्या रूपं कृत्वा द्विजातित्वं अवाप्य प्राप्य च आधानादीनि यज्ञकर्माणि प्राप्य कृत्वा वेदं च अधीत्य, वेदस्य अध्ययनं कृत्वा। (3) सदारः स्त्रीयुक्तः वा अदारः स्त्रीरहितः वा आत्मवान् आत्मज्ञानवान् संयतेन्द्रियः वशी वानप्रस्थाश्रमं गच्छेत्। गृहस्थाश्रमात् कृतकृत्यः भूत्वा, गृहस्थाश्रमस्य सर्वं कर्मं यथायोग्यं कृत्वा। (4) तत्र वानप्रस्थाश्रमे आरण्यकशास्त्राणि समधीत्य सम्यक् अधीत्य धर्मवित् धर्मज्ञः सः पुरुषः ऊर्ध्वरेताः भूत्वा प्रव्रजित्वा अक्षरसात्मतां परत्मासायुज्यं गच्छति। (5) हे विशाम्पते! हे राजन्! चरित ब्रह्मचर्यस्य मोक्षिणः मुमुक्षोः मनुष्यस्य इह भैक्ष्यचर्या एव स्वधाकारः प्रशस्तः।

सर्वे वर्णा पाल्यमानाः भवन्ति।।
सर्वस्त्यागो राजधर्मेषु राजन्।
त्यागं धर्मं चाहुरग्र्यं पुराणम्।।6।।
चरितब्रह्मचर्यस्य ब्राह्मणस्य विशाम्पते।
भैक्ष्यचर्या स्वधाकारः प्रशस्त इतिमोक्षिणः।।7।।

पाठ 42

प्रथम गण (परस्मैपद)

पूष् (वृद्धौ) पुष्ट होना

वर्तमान काल

सः पूषति	त्वं पूषसि	अहं पूषामि
तौ पूषतः	युवां पूषथः	आवां पूषावः
ते पूषन्ति	यूयं पूषथ	वयं पूषामः

भविष्यकाल

सः पूषिष्यति	त्वं पूषिष्यसि	अहं पूषिष्यामि
तौ पूषिष्यतः	युवां पूषिष्यथः	आवां पूषिष्यावः
ते पूषिष्यन्ति	यूयं पूषिष्यथ	वयं पूषिष्यामः

धातु। प्रथम गण। परस्मैपद

1. **फल्** (निष्पत्तौ) = फल उत्पन्न होना—फलति, फलामि। फलिष्यति, फलिष्यामि।
2. **फुल्ल्** (विकसने) = खुलना, फूलना—फुल्लति, फुल्लामि। फुल्लिष्यति, फुल्लिष्यामि।
3. **बुक्क्** (भषणे) = भौंकना, बोलना—वुक्कति, बुक्कामि। बुक्किष्यति, बुक्किष्यामि।

---

(6) सत्यम् आर्जवं सरलता अतिथिपूजनम्, धर्मः धर्मानुष्ठानं, अर्थः द्रव्यार्जनम्, स्वदारैः स्वीकीयया धर्मपत्न्या सह रतिः एतानि सुखानि लोके निषेवितव्यानि। परे श्रेष्ठे हि अस्मिन्धर्मे धर्मविषये मम एतत् मतम् अस्ति। (7) हे राजन्! राजधर्मेषु सर्वः त्यागः। त्यागं धर्मं दानमयं धर्मं पुराणं सनातनम् अग्र्यं मुख्यं च आहुः।

4. **बुध्** (बोध) (बोधने) = जानना–बोधति, बोधामि। बोधिष्यति, बोधिष्यामि।
5. **बृह्** (बह्) (वृद्धौ) = बढ़ना–बर्हति, बर्हामि। बर्हिष्यति, बर्हिष्यामि।
6. **वृंह्** (वृद्धौ शब्दे च) = बढ़ना, शब्द करना–वृंहति, वृंहामि। वृंहिष्यति, वृंहिष्यामि।
7. **भक्षृ** (अदने) = खाना–भक्षति, भक्षामि। भक्षिष्यति। भक्षिष्यामि।
8. **भज्** (सेवायां) = सेवा करना–भजति, भजामि। भक्ष्यति। भक्ष्यामि।
9. **भण्** (शब्दे) = बोलना–भणति, भणामि। भणिष्यति, भणिष्यामि।
10. **भष्** (भाषणे, श्व रवे) = अपवान, कुत्ते का भौंकना–भषति, भषामि। भषिष्यति, भबिष्यामि।
11. **भू** (सत्तायाम्) = होना–भवति, भविष्यति।
12. **भूष्** (अलङ्कारे) = सजाना, अलंकार डालना–भूषति, भूषामि। भूषिष्यति, भूषिष्यामि।
13. **भृ** (भर) (भरणे) = भरना–भतति, भरामि। भरिष्यति, भरिष्यामि।
14. **भ्रम्** (चलने) = चलना–भ्रमति, भ्रमामि। भ्रमिष्यति। भ्रमिष्यामि।
15. **मण्ड्** (भूषायाम्) = सुशोभित करना–मण्डति, मण्डामि। मण्डिष्यति, मण्डिष्यामि।
16. **मथ्** (विलोडना) = मथना, बिलोना–मथति, मथामि। मथिष्यति, मथिष्यामि।
17. **मन्थ्** (विलोडने) = मन्थन करना–मन्थति, मन्थामि। मन्थिष्यति, मन्थिष्यामि।
18. **मह्** (पूजायाम्) = सम्मान करना–महति, महामि। महिष्यति, महिष्यामि।
19. **मार्ग्** (अन्वेषणे) = ढूंढना–मार्गति, मार्गामि। मार्गिष्यति, मार्गिष्यामि।
20. **मुड्** (मोड) (मर्दने) = मोड़ना, तोड़ना–मोडति, मोडामि। मोडिष्यतिमोडिष्यामि।
21. **मुण्ड्** (खण्डने) = हजामत करना–मुण्डति, मुण्डामि। मुण्डिष्यति, मुण्डिष्यामि।
22. **मूर्छ्** (मोहे) = बेहोश होना–मूर्च्छति, मूर्च्छामि। मूर्च्छिष्यति, मूर्च्छिष्यामि।
23. **मूष्** (स्तेये) = चोरी करना–मूषति, मूषामि। मूषिष्यति, मूषिष्यामि।
24. **म्लेच्छ्** (अव्यक्ते शब्दे) = अशुद्ध बोलना–म्लेच्छति, म्लेच्छामि। म्लेच्छष्यति, म्लेच्छिष्यामि।
25. **यज्** (पूजायाम्) = यज्ञ करना–यजति, यजामि; यक्ष्यति, यक्ष्यामि। (इसका भविष्य काल स्मरण रखने योग्य है।)

वाक्य

1. स म्लेच्छति।	वह शुद्ध बोलता है।
2. त्वं न म्लेच्छसि।	तू अशुद्ध नहीं बोलता।
3. तौ मूषतः।	वे दोनों चोरी करते हैं।

4. युवां न मूषथः।	तुम दोनों चोरी नहीं करते।
5. आवां यजावः।	हम दोनों यज्ञ करते हैं।
6. रामलक्ष्मणौ यजतः।	राम और लक्ष्मण हवन करते हैं।
7. तत्र स्तेना मूषन्ति।	वहां बहुत चोर चोरी करते हैं।
8. स मूर्च्छति।	वह बेहोश होता है।
9. युवां न मूर्च्छथः।	तुम दोनों बेहोश नहीं होते।
10. रात्रौ न मूर्च्छन्ति।	रात्रि में वे बेहोश होते हैं।
11. अहं त्वां मुण्डामि।	मैं तुझे मूंडता हूँ।
12. तौ नापितौ मुण्डतः।	वे दोनों नाई हजामत बनाते हैं।
13. तत्र त्रयोऽपि नापिताः मुण्डन्ति।	वहां तीनों नाई हजामत बनाते हैं।
14. स तत्र काष्ठं मोडति।	वह वहां लकड़ी तोड़ता है।
15. अहमश्वं मार्गामि।	मैं घोड़े को ढूंढ़ता हूँ।
16. स महिष्यति।	वह सम्मानित होगा।
17. त्वं दधि मथसि किम्?	क्या तू दही मथता है?
18. नहि, अहं जलमेव मथामि।	नहीं, मैं जल ही मथता हूं।
19. स स्वकीयं शरीरं मण्डति।	वह अपना शरीर सुशोभित करता है।
20. तौ अश्वं मण्डतः।	वे दोनों घोड़े को सुशोभित करते हैं।

वाक्य

अहं भ्रमामि। जलं कुम्भेन भरति। त्वं शरीरं भूषसि। तौ भ्रमतः। ते सर्वेपि शिष्याः गुरवश्च तत्र पर्वते भ्रमन्ति। अहं इदानीं नैव भ्रमामि। सूर्यस्य प्रकाशः भवति। स किं भणति। त्वं किं न भक्षसि? तौ ईश्वरं भजतः। आवां न भजावः। ते सर्वे ईश्वरं भजन्ति किम्? त्वं गां कदा भूषयिष्यसि? आवाम् अश्वौ भूषयिष्यावः। त्वं तम् एवं भणसि। स वृक्ष इदानीं फलति। ते वृक्षा इदानीं—किमर्थं न फलन्ति? तौ वृक्षौ इदानीमेव फलतः। वृक्षः फुल्लति। वृक्षौ फुल्लतः। उद्याने सायंकाले सर्वे वृक्षाः फुल्लन्ति। अहं बोधामि। त्वं बोधसि किम्? कथं स न बोधति? वृक्षः बर्हति। अश्वो बर्हतः। काकः फलं भक्षति। काकौ फले भक्षतः। काकाः फलानि भक्षन्ति। अश्वाः जलं पिबन्ति। तव पुत्राः बोधन्ति किम्? तौ बोधतः। ते सर्वे न बोधन्ति। अहं श्वः यक्ष्यामि। ते परश्वो यक्ष्यन्ति। युवां कदा यक्ष्यथः।

पाठ 43

प्रथम गण। परस्मैपद

प्रथम गण परस्मैपद के धातुओं के वर्तमान और भविष्य के रूप अब पाठक स्वयं बना सकते हैं। वर्तमान और भविष्य के प्रत्यय नीचे दिये जा रहे हैं–

वर्तमान काल के लिए प्रत्यय

	एकवचन	**द्विवचन**	**बहुवचन**
प्रथम पुरुष	......ति	तः	न्ति
मध्यम पुरुष	.......सि	थः	थ
उत्तम पुरुष	.......मि	वः	मः

भविष्यकाल के लिये प्रत्यय

प्रथम पुरुष	.......स्यति	स्यतः	स्यन्ति
मध्यम पुरुष	.......स्यसि	स्यथः	स्यथ
उत्तम पुरुष	.......स्यामि	स्यावः	स्यामः

याच (याञ्चायाम्)–मांगना–प्रथम गण

याचति	याचतः	याचन्ति
याचसि	याचथः	याचथ
याचामि	याचावः	याचामः

परस्मैपद। भविष्यकाल

याचिष्यति	याचिष्यतः	याचिष्यन्ति
याचिष्यसि	याचिष्यथः	याचिष्यथ
याचिष्यामि	याचिष्यावः	याचिष्यामः

भविष्यकाल के प्रत्यय लगने के पूर्व धातु के अन्त में 'इ' आती है। 'इ' के पश्चात् आनेवाले 'स' का 'ष' हो जाता है इसलिए रूप 'याचिष्यामि' बनता है। 'पा' धातु का 'पास्यामि' रूप होता है क्योंकि वहाँ 'इ' नहीं है, इसलिए 'स्वामि' का 'ष्यामि' नहीं होगा।

जिन प्रत्ययों के प्रारम्भ में 'म' अथवा 'व' होता है, उनके पूर्व का 'अ' दीर्घ हो जाता है अर्थात् उसका 'आ' बन जाता है। जैसा–याचामि, याचावः, याचिष्यामि।

प्रथम गण वर्तमान काल के प्रत्यय लगने के पूर्व धातु के और प्रत्यय के बीच

में प्रथम गण का चिन्ह 'अ' लगता है। जैसे—

रक्ष् (पालने)—पालना—प्रथम गण। परस्मैपद।

रक्ष्+अ+ति = रक्षति
रक्ष्+अ+तः = रक्षतः } प्रथम पुरुष
रक्ष्+अ+न्ति = रक्षन्ति

रक्ष्+अ+सि = रक्षसि
रक्ष्+अ+थः = रक्षथः } मध्यम पुरुष
रक्ष्+अ+थः = रक्षथः

रक्ष्+आ+मि = रक्षामि
रक्ष्+आ+वः = रक्षावः } उत्तम पुरुष
रक्ष्+आ+मः = रक्षामः

'मि, वः, मः' ये प्रत्यय लगने से पूर्व 'अ' का 'आ' हो जाता है, इसी प्रकार—

रक्ष्+इ+स्यति = रक्षिष्यति
रक्ष्+इ+स्यसि = रक्षिष्यसि
रक्ष्+इ+स्यामि = रक्षिष्यामि

इसमें 'स्य' का 'ष्य' इकार के कारण हुआ है। 'मि' के पूर्व अकार का आकार उक्त नियम के अनुसार ही हुआ है।

अब अगले पाठ में भूतकाल के प्रत्यय दे रहे हैं, इसलिए पाठक इन रूपों को ठीक से याद करें।

धातु। प्रथम गण। परस्मैपद

1. **रट्** (परिभाषणे) = पुकारना—रटति, रटिष्यति।
2. **रण्** (शब्दे) = बोलना—रणति, रणिष्यति।
3. **रद्** (विलेखने) = खुरचना—रदति, रदिष्यति।
4. **रप्** (व्यक्तायां वाचि) = बोलना—रपति, रपिष्यति।
5. **रह्** (त्यागे) = त्यागना—रहति, रहिष्यति।
6. **रह्** (गतौ) = जाना—रहति, रहिष्यति।
7. **रुह्** (रोह्) (बीजजन्मनि) = बीज से वृक्ष होना—रोहति, रोहामि। रोक्ष्यति। रोक्ष्यामि। इस धातु के भविष्यकाल में 'स्य' के पूर्व 'इ' नहीं होती।
8. **लग्** (सङ्गे) = लगना—लगति, लगिष्यति।
9. **लज्** (भर्जने) = भूनना—लजति, लजिष्यति।

10. **लड्** (विलासे) = खेलना—लडति, लडिष्यति।
11. **लप्** (व्यक्तायां वाचि) = बोलना—लपति, लपिष्यति।
12. **लल्** (विलासे) = खेलना—ललति, ललिष्यति।
13. **लस्** (क्रीडने) = खेलना—लसति, लसिष्यति।
14. **लाज्** (भर्त्सने भर्जने च) = दोष देना, भूनना—लाजति।
15. **लुट्** (लोट्) (विलोडने) = लुटकाना—लोटति, लोटिष्यति।
16. **लुण्ठ्** (स्तेये) = चुराना, डाका मारना—लुण्ठति, लुण्ठिष्यति।
17. **लुभ्** (लोभ्) (गाहर्ये) = लोभ करना—लोभति, लोभिष्यति।
18. **वच्** (परिभाषे) = बोलना—वचति, वक्ष्यति। (इस धातु में भविष्य में 'इ' नहीं लगती)
19. **वञ्च्** (गतौ) = जाना—वञ्चति, वञ्चिष्यति।
20. **वद्** (व्यक्तायां वाचि) = बोलना—वदति, वदिष्यति।
21. **वन्** (शब्दे संभक्तौ च) = बोलना—सम्मान करना, सहाय करना। वनति, वनिष्यति।
22. **वप्** (बीजसंताने) = बीज बोना—वपति, वप्स्यति। (इस धातु के लिए 'इ' नहीं लगती।)
23. **वम्** (उद्गिरणे) = वमन, कै करना—वमति, वमिष्यति।
24. **वस्** (निवासे) = रहना—वसति, वत्स्यति, वत्स्यामि। वत्स्यसि (इस धातु के भविष्य के रूप इकार के बिना होने से 'स' के स्थान पर 'त' होता है)
25. **वह** (प्रापणे) = ले जाना—वहति, वहसि, वहामि। वक्ष्यति, वक्ष्यसि, वक्ष्यामि। (इस धातु के भविष्यकाल के रूप स्मरण रखिए।)
26. **वाञ्छ** (वाञ्छायाम्) = इच्छा करना—वाञ्छति, वाञ्छसि, वाञ्छामि। वाञ्छिष्यति, वाञ्छिष्यसि, वाञ्छिष्यामि।
27. **वृष्** (वर्ष) (सेचने) = बरसना—वर्षति, वर्षिष्यति।
28. **व्रज्** (गतौ) = जाना—व्रजति, व्रजिष्यति।

वाक्य

1. आवां व्रजावः।	हम दोनों जाते हैं।
2. मेघो वर्षति।	बादल बरसता है।
3. त्वं कि वाञ्छसि?	तू क्या चाहता है?
4. बलीवर्दो रथं वहति।	बैल गाड़ी ले जाता है।
5. युवां कुत्र वसथः?	तुम दोनों कहां रहते हो?

स अन्नं वपति। तौ वपतः। ते वहन्ति। व्यं वांछामः। तौ वदिष्यतः। ते वदन्ति। त्वं कि वदसि? स अतीव लोभति। वृक्षा रोहन्ति। किम् उद्याने वृक्षा न रोहन्ति? पर्वते बहवो वृक्षा रोहन्ति। ते सर्वेऽपि पाटलिपुत्रनामके नगरे वत्स्यन्ति। यूयं कुत्र वत्स्यथ? वयं वाराणसी क्षेत्रे वत्स्यामः। बलीवर्दा रथान् वहन्ति। बलीवर्दौ रथौ वहतः। पुत्राः वदन्ति। पुत्रौ वदतः। स वाञ्छति। तौ वाञ्छतः। अन्नं सर्वे जना वाञ्छन्ति। इदानीं द्वौ मनुष्यौ जलं वाञ्छतः। अहं वदिष्यामि। आवां वदिष्यावः। वयं वदिष्यामः। सर्वे वदिष्यन्ति। यूयं किमर्थं न वदथ?

पाठ 44

भूतकाल

प्रथम गण। परस्मैपद।

धातु के पूर्व 'अ' लगाकर भूतकाल के प्रत्यय लगाने से भूतकाल बन जाता है। जैसे, बुध् = जानना। रूपः–

	एकवचन	**द्विवचन**	**बहुवचन**
प्रथम पुरुष	अबोधत्	अबोधताम्	अबोधन्
मध्यम पुरुष	अबोधः	अबोधतम्	अबोधत
उत्तम पुरुष	अबोधम्	अबोधाव	अबोधाम

नी–ले जाना

प्रथम पुरुष	अनयत्	अनयताम्	अनयन्
मध्यम पुरुष	अनयः	अनयतम्	अनयत
उत्तम पुरुष	अनयम्	अनयाव	अनयाम

भू–होना

प्रथम पुरुष	अभवत्	अभवताम्	अभवन्
मध्यम पुरुष	अभवः	अभवतम्	अभवत
उत्तम पुरुष	अभवम्	अभवाव	अभवाम

पच्–पकाना

प्रथम पुरुष	अपचत्	अपचताम्	अपचन्
मध्यम पुरुष	अपचः	अपचतम्	अपचत
उत्तम पुरुष	अपचम्	अपचाव	अपचाम

पत्–गिरना

प्रथम पुरुष	अपतत्	अपतताम्	अपतन्
मध्यम पुरुष	अपतः	अपततम्	अपतत
उत्तम पुरुष	अपतम्	अपताव	अपताम

इन रूपों को समझकर आप भूतकाल के रूप बना सकते हैं।

धातु। प्रथम गण। परस्मैपद।

1. सृ (सर्) गतौ–(सरकना)–सरति, सरिष्यति, असरत्, असरम्।
2. स्खल्–संचलने। (फिसलना)–स्खलति, स्खलिष्यति।
3. स्तन्–शब्दे।–(गड़गड़ाना)–स्तनति, स्तनिष्यति, अस्तनत् अस्तनम्।
4. स्था (तिष्ठ्)–गतिनिवृत्तौ।–(ठहरना) तिष्ठति, तिष्ठसि, स्थास्यति, स्थाष्यसि, स्थास्यामि। अतिष्ठत्, अतिष्ठः, अतिष्ठम्।
5. स्मृ (स्मर्)–चिन्तायाम्।–(स्मरण करना)–स्मरति, स्मरामि। स्मरिष्यति, स्मरिष्यामि। अस्मरत्, अस्मरः, अस्मरम्।
6. हस्-हसने–(हँसना) हसति। हसिष्यति। अहसत्, अहसः, अहसम्।
7. (हर्)–हरणे (हरण करना) हरति, हरसि, हरामि। हरिष्यति, हरिष्यामि। अहरत्, अहरः, अहरम्।
8. ह्लस्–शब्दे–(बोलना) ह्लसति,–ह्लसिष्यति, अह्लसत्।

वाक्य

1. स दूरं सरति।	वह दूर सरकता है।
2. अहं तत्राऽस्खलम्।	मैं वहाँ फिसला।
3. मेघः स्तनिष्यति।	बादल गरजेगा।
4. अहं तत्राऽतिष्ठम्।	मैं वहाँ खड़ा था।
5. तौ तत्राऽतिष्ठताम्।	वे दो वहाँ खड़े थे।
6. वयम् अत्र अतिष्ठाम्।	हम यहाँ खड़े रहते हैं।
7. त्वं तत्काव्यं स्मरसि किम्?	क्या तू उस काव्य को याद करता है?
8. अहं न स्मरामि।	मुझे याद तक नहीं।

9. तौ स्मरतः।	वे दोनों याद करते हैं।
10. स किमर्थं हसति?	वह किसलिए हँसता है?
11. चौरो धनं हरति।	चोर धन हरता है।

विष्णुशर्मा अभणत्। विष्णुशर्मा बलीवर्दं तत्राऽनयत्। वृक्षे पक्षिणोऽकूजन्। अकूजन् पक्षिणस्तत्र। स बालः किमर्थं क्रन्दति। बालाः अक्रीडन्। सर्वे विद्यार्थिनोऽवधनगराद्बहिः अक्रीडन्। अहं तदन्नं नाऽखादम्। अहं नाभक्षम् कस्तत्र खेलति। सोऽगदत्। अहमगदम्। स बालोऽखनत्। कोऽखनत् तत्र? मम पुस्तकं रामः कुत्र अगूहत्। मृगः चरति। चरति तत्र मृगः। अचरत् तत्र मृगः। अचलत् स वृक्षः। स मन्त्रमजपत्। अहं नाऽन्जपं मन्त्रम्। स जल्पिष्यति। त्वम् अजल्पः।

आत्मनेपद

कुछ धातु परस्मैपद में होते हैं, कुछ आत्मनेपद में होते हैं और कुछ ऐसे होते हैं जिनके दोनों रूप होते हैं। उनको उभयपद कहते हैं। परस्मैपद वाले प्रथम गण के धातुओं के साथ आपका परिचय हुआ, अब आत्मनेपद वाले धातुओं के साथ परिचय कीजिए।

प्रथम गण। आत्मनेपद।

वर्तमान काल

कत्थ्–श्लाघायाम्। (स्तुति करना, घमण्ड करना)

	एकवचन	**द्विवचन**	**बहुवचन**
प्रथम पुरुष	कत्थते	कत्थेते	कत्थन्ते
मध्यम पुरुष	कत्थसे	कत्थेथे	कत्थध्वे
उत्तम पुरुष	कत्थे	कत्थावहे	कत्थामहे

बुध्–बोधने। (जानना)

प्रथम पुरुष	बोधते	बोधेते	बोधन्ते
मध्यम पुरुष	बोधसे	बोधेथे	बोधध्वे
उत्तम पुरुष	बोधे	बोधावहे	बोधामहे

एधू–वृद्धौ। (बढ़ाना)

प्रथम पुरुष	एधते	एधेते	एधन्ते
मध्यम पुरुष	एधसे	एधेथे	एधध्वे
उत्तम पुरुष	एधे	एधावहे	एधामहे

***पचू–पाके। (पकाना)**

प्रथम पुरुष	पचते	पचेते	पचन्ते
मध्यम पुरुष	पचसे	पचेथे	पचध्वे

प्रथम गण। आत्मनेपद।

1. **अङ्क** (लक्षणे)–चिह्न करना–अङ्कते, अङ्कसे, अङ्के।
2. **अह** (गतौ)–जाना–अहते, अहसे, अहे।
3. **ईक्ष्** (दर्शने)–देखना–ईक्षते, ईक्षसे, ईक्षे।
4. **ऊह** (वितर्के)–तर्क करना–ऊहते, ऊहसे, ऊहे।
5. **एज्** (दीप्तौ)–प्रकाशना–एजते, एजसे, एजे।
6. **कम्प्** (कम्पने)–काँपना–कम्पते, कम्पसे, कम्पे।
7. **कव्** (वर्णने)–वर्णन करना–कवते, कवसे, कवे।
8. **काश्** (दीप्तौ)–प्रकाशना–काशते, काशसे, काशे।
9. **कु** (कव्)–शब्दे–बोलना–कवते, कवसे, कवे।
10. **क्रन्द्** (रोदने)–रोना–क्रन्दते, क्रन्दसे, क्रन्दे।

प्रथम, मध्यम, उत्तम पुरुषों के एकवचन के रूप यहाँ सूचनार्थ दिए हैं। पाठक अन्य रूप बना सकते हैं।

वाक्य

1. स बोधते परं त्वं न बोधसे।	वह समझता है परन्तु तू नहीं समझता।
2. सः वृक्षः एधते।	वह वृक्ष बढ़ता है।
3. अहं पचे।	मैं पकाता हूँ।
4. आवां पचावहे।	हम दोनों पकाते हैं।
5. वयं पचामहे।	हम सब पकाते हैं।
6. तौ अङ्केते।	वे दोनों चिह्न करते हैं।
7. ते ईक्षन्ते।	वे सब देखते हैं।

* ये धातु दोनों पद में हैं; इसलिये परस्मैपद और आत्मनेपद दोनों में इनके रूप होते हैं।

8. वृक्षाः कम्पन्ते। — सब वृक्ष हिलते हैं।
9. बालाः क्रन्दन्ते। — सब लड़के चिल्लाते हैं, रोते हैं।
10. दीपाः प्रकाशन्ते। — सब दीप प्रकाशते हैं।

पाठ 45

प्रथम गण। आत्मनेपद।

प्रत्यय

	एकवचन	द्विवचन	बहुवचन
प्रथम पुरुष	ते	इते	अन्ते
मध्यम पुरुष	से	इथे	ध्वे
उत्तम पुरुष	इ	वहे	महे

क्लीव् अधाष्ट्यर्थे। [डरपोक होना]

क्लीव्+अ+ते=क्लीवते
क्लीव्+अ+से=क्लीवसे
क्लीव्+अ+इ=क्लीवे

धातु+प्रथम गण का चिन्ह अ+प्रत्यय मिलकर क्रियापद बनता है। पाठक अब सब आत्मनेपद के धातुओं के वर्तमान काल के रूप बना सकते हैं।

धातु। प्रथम गण। आत्मनेपद।

1. **क्षम्** (सहने) = सहन करना—क्षमते, क्षमसे, क्षमे।
2. **क्षुभ्** (क्षोभे) (संचलने) = हलचल मचना—क्षोमते, क्षोभसे, क्षोभे।
3. **खण्ड्** (भेदने) = तोड़ना—खण्डते, खण्डसे, खण्डे।
4. **कूर्द्** (क्रीड़ायाम्) = खेलना—कूर्दते, कूर्दसे, कूर्दे।
5. **खुर्द्** (क्रीड़ायाम्) = खेलना—खूर्दते, खूर्दसे, खूर्दे।
6. **गर्ह्** (कुत्सायाम्) = निन्दा करना—गर्हते, गर्हसे, गर्हे।
7. **गल्भ** (धाष्ट्र्ये) = धैर्यवान् होना—गल्भते। इस धातु का प्रयोग प्रायः 'प्र' के साथ होता है। प्रगल्भते, प्रगल्भसे, प्रगल्भे।
8. **गाध्** (प्रतिष्ठालिप्सयोर्ग्रन्थे च) = चलना, ढूंढना, ग्रन्थ सम्पादन करना—गाधते, गाधसे, गाधे।
9. **गाह्** (विलोड़ने) = स्नान करना—गाहते, गाहसे, गाहे।
10. **गुप्** (जुगुप्) (निन्दायाम्) = निन्दा करना—जुगुप्सते, जुगुप्ससे, जुगुप्से। (इस

धातु का यह रूप स्मरण रखना चाहिए।)

11. **ग्रस्** (अदने) = भक्षण करना—ग्रस्ते, ग्रससे, ग्रसे।
12. **घट्** (चेष्टायाम्) = प्रयत्न करना—घटते, घटसे, घटे।
13. **घोष्** (कान्ति करणे) = चमकना—घोषते, घोषसे, घोषे।
14. **घूर्ण्** (भ्रमणे) = घूमना—घूर्णने, घूर्णसे, घूर्णे।
15. **चक्** (तृप्तौ, प्रतिघाते च) = सन्तुष्ट होना, प्रतिकार करना—चकते,चकसे, चके।
16. **चण्ड्** (कोपने) = क्रोध करना—चण्डते, चण्डसे, चण्डे।
17. **चेष्ट्** (चेष्टायाम्) = उद्योग करना—चेष्टते, चेष्टसे, चेष्टे।
18. **च्यु** (च्यव्) (गतौ) = जाना—च्यवते, च्यवसे, च्यवे।
19. **जभ्** (जम्भ्) (गात्रविनामे) = जमुहाई लेना—जम्भते, जम्भसे, जम्भे।
20. **जृम्भ्** (गात्रविनामे) = जमुहाई लेना—जृम्भते, जृम्भसे।
21. **डी** (विहायसा गतौ) = उड़ना—डयते, डयसे, डये।
22. **तण्ड्** (संतापे) = पीटना—तण्डते, तण्डसे, तण्डे।
23. **ताय्** (सन्तान पालनयो): = फलना, रक्षण करना—तायते, तायसे, ताये।

वाक्य

1. यज्ञः तायते।	यज्ञ विस्तृत होता है।
2. तौ बालकं तण्डेते।	वे दोनों एक बालक को पीटते हैं।
3. काकाः डयन्ते।	बहुत कौवे उड़ते हैं।
4. इदानीं बालकः जृम्भते।	अब लड़का जमुहाई लेता है।
5. स पुरुषश्चेष्टते।	वह पुरुष यत्न करता है।
6. चक्रं घूर्णते।	चक्र घूमता है।
7. अश्वस्तृणं ग्रसते।	घोड़ा घास खाता है।
8. ततो न वि-जुगुप्सते।	उससे विशेष निन्दा नहीं करता।
9. स तस्मिन्कूपे गाहते।	वह उस कुएं में स्नान करता है।
10. स तं गर्हते।	वह उसको निन्दता है।
11. तौ तं गर्हेते।	वे दोनों उसको निन्दते हैं।
12. बालकौ काष्ठं खण्डेते।	दो बालक लकड़ी तोड़ते हैं।
13. सागर इदानीं क्षोभते।	समुद्र अब क्षुब्ध होता है।
14. अहं तं क्षमे।	मैं उसको क्षमा करता हूँ।
15. त्वं तं किमर्थं न क्षमसे?	तू उसको क्यों क्षमा नहीं करता?
16. तौ तत्र गाहेते।	वे दोनों वहां स्नान करते हैं।
17. स अतीव चण्डते।	वह बहुत क्रोध करता है।
18. त्वं तं किमर्थं तण्डसे?	तू उसे क्यों पीटता है?

प्रथम गण। आत्मनेपद। भविष्यकाल।

परस्मैपद के समान ही आत्मनेपद वर्तमान काल के रूपों में 'स्य' लगाने से उनका भविष्यकाल बन जाता है–

आत्मनेपद भविष्यकाल के प्रत्यय

	एकवचन	द्विवचन	बहुवचन
प्रथम पुरुष	स्यते	स्येते	स्यन्ते
मध्यम पुरुष	स्यसे	स्येथे	स्यध्वे
उत्तम पुरुष	स्ये	स्यावहे	स्यामहे

प्रत्यय लगाने के पूर्व बहुत-से धातुओं में 'इ' लगती है और इकार के कारण सकार का षकार बन जाता है।

एध् (वृद्धौ)–बढ़ना

एधि-ष्यते	एधि-ष्येते	एधि-ष्यन्ते
एधि-ष्यसे	एधि-ष्येथे	एधि-ष्यध्वे
एधि-ष्ये	एधि-ष्यावहे	एधि-ष्यामहे

जिन धातुओं में 'इ' नहीं लगती, उनके रूप निम्न प्रकार होते हैं–

पक् (पाके) पकाना

पक्ष्यते	पक्ष्येते	पक्ष्यन्ते
पक्ष्यसे	पक्ष्येथे	पक्ष्यध्वे
पक्ष्ये	पक्ष्यावहे	पक्ष्यामहे

त्रप् (लज्जायाम्)–लज्जित होना

त्रपिष्यते	त्रपिष्येते	त्रपिष्यन्ते
त्रपिष्यसे	त्रपिष्येथे	त्रपिष्यध्वे
त्रपिष्ये	त्रपिष्यावहे	त्रपिष्यामहे
त्रप्स्यते	त्रप्स्येते	त्रप्स्यन्ते
त्रप्स्यसे	त्रप्स्येथे	त्रप्स्वध्वे
त्रप्स्ये	त्रस्यावहे	त्रप्स्यामहे

कई धातुओं में 'इ' लगती है, कइयों में नहीं लगती। परन्तु कई ऐसे हैं जिनके

दोनों रूप होते हैं। 'एधू' धातु में 'इ' लगती है। 'पच्' में नहीं लगती, परन्तु 'त्रप्' के दोनों रूप होते हैं। पाठक धातुओं के रूपों को देखकर इसका भेद जान सकते हैं।

धातु। प्रथम गण। आत्मनेपद।

1. **त्र** (त्रा) (पालने) = रक्षण करना–त्रायते, त्रायसे, त्राये। त्रास्यते, त्रास्यसे, त्रास्ये।
2. **त्वर** (संभ्रमे) = जल्दी करना–त्वरते, त्वरसे, त्वरे। त्वरिष्यते, त्वरिष्यसे, त्वरिष्ये।
3. **दद्** (दाने) = देना–ददते, ददसे, ददे। ददिष्यते, ददिष्यसे, ददिष्ये।
4. **दध्** (धारणे) = धारण करना–दधते, दधसे, दधे। दधिष्यते, दधिष्यसे, दधिष्ये।
5. **दय्** (दानगति रक्षणहिंसादानेषु) = दान, गति रक्षण, हिंसा, स्वीकार करना–दयते, दयसे, दये। दयिष्यसे, दयिष्ये।
6. **दीक्ष्** (नियमव्रतादिषु) = नियम व्रत आदि पालना–दीक्षते, दीक्षसे, दीक्षे। दीक्षिष्यते, दीक्षिष्यसे, दीक्षिष्ये।
7. **देव्** (देवने) = खेलना–देवते। देविष्यते।
8. **द्युत्** (द्योत्) (दीप्तौ) = प्रकाशना–द्युत् (द्योत्), द्योतते, द्योतिष्यते।
9. **ध्वंस्** (अवस्रंसने) = नाश होना–ध्वंसते। ध्वंसिष्यते।
10. **नय्** (गतौ) = जाना–नयते, नयिष्यते।
11. **पञ्च्** (व्यक्ती करणे) = स्पष्ट करना–पञ्चते। पञ्चिष्यते।

पाठ 46

प्रथम गण। आत्मनेपद।

पण्–व्यवहारे (व्यवहार करना)

वर्तमान काल

पणते	पणेते	पणन्ते
पणसे	पणेथे	पणध्वे
पणे	पणावहे	पणामहे

भविष्यकाल

पणिष्यते	पणिष्येते	पणिष्यन्ते
पणिष्यसे	पणिष्येथे	पणिष्यध्वे
पणिष्ये	पणिष्यावहे	पणिष्यामहे

भूतकाल

अपणत	अपणेताम्	अपणन्त
अपणथाः	अपणेथाम्	अपणध्वम्
अपणे	अपणावहि	अपणामहि

भूतकाल में परस्मैपद के समान ही धातु के पूर्व 'अ' लगता है और बाद में भूतकाल के प्रत्यय लगते हैं।

आत्मनेपद भूतकाल के प्रत्यय

(अ)—त	(अ)—इताम्	(अ)—न्त
(अ)—थाः	(अ)—इथाम्	(अ)—ध्वम्
(अ)—इ	(अ)—वहि	(अ)—महि

पू—पवने (शुद्ध करना)

अ-पवत	अ-पवेताम्	अ-पवन्त
अ-पवथाः	अ-पवेथाम्	अ-पवध्वम्
अ-पवे	अ-पवावहि	अ-पवामहि

इसी प्रकार आत्मनेपद भूतकाल के रूप बनाने चाहिए।

1. **प्याय्** (बृद्धौ) = बढ़ना—प्यायते, प्यायिष्यते, अप्यायत।
2. **प्रथ्** (प्रख्याने) = प्रसिद्ध होना—प्रथते, प्रथिष्यते, अप्रथत।
3. **प्रेष्** (गतौ) = हिलना—प्रेषते, प्रेषिष्यते, अप्रेषत।
4. **प्लु** (गतौ) = जाना—प्लवते, प्लोष्यते, अप्लवत।
5. **बाध्** (लोडने) = बाधा डालना—बाधते, बाधिष्यते, अबाधत।
6. **भण्ड्** (परिभाषणे) = झगड़ना—भण्डते, भण्डिष्यते, अभण्डत।
7. **भाष्** (व्यक्तायां वाचि) = बोलना—भाषते, भाषिष्यते, अभाषत।
8. **भास्** (दीप्तौ) = प्रकाशना—भासते, भासिष्यते, अभासत।
9. **भिक्ष्** (भिक्षायाम्) = भीख मांगना—भिक्षते, भिक्षिष्यते, अभिक्षत।
10. **भृज्** (भर्ज) (भर्जने) = भूनना—भर्जते, भर्जिष्यते, अभर्जत।

11. **भ्रंस्** (अवस्रंसने) = गिरना–भ्रंसते, भ्रंसिष्यते, अभ्रंसत्।
12. **भ्राज्** (दीप्तौ) = प्रकाशना–भ्राजते, भ्राजिष्यते, अभ्राजत।
13. **मुद्** (मोद्) (हर्षे) = खुश होना–मोदते, मोदिष्यते, अमोदत।
14. **यत्** (प्रयत्ने) = प्रयत्न करना–यतते, यतिष्यते, अयतत।
15. **रभ्** (राभस्ये) = प्रारम्भ करना–रभते, रप्स्यते, अरभत।
16. **रम्** (क्रीडायाम्) = रममाण होना–रमते, रंस्यते, अरमत।
17. **राघ्** (सामर्थ्ये) = समर्थ होना–राघते, राघिष्यते, अराघत।
18. **लभ्** (प्राप्तौ) = मिलना–लभते, लप्स्यते, अलभत।
19. **लोक्** (दर्शने) = देखना–लोकते, लोकिष्यते, अलोकत।

वाक्य

1. तौ बाधेते।	वे दोनों बाधा डालते हैं।
2. ते सर्वे लोकन्ते।	वे सब देखते हैं।
3. ईदृशं युद्धं लभते।	इस प्रकार का युद्ध प्राप्त करता है।
4. रामः सीतया सह रमते।	राम सीता के साथ रममाण होता है।
5. तौ यतेते।	वे दोनों प्रयत्न करते हैं।
6. ते प्रा-रभन्ते।	वे सब प्रारंभ करते हैं।
7. सूर्य आकाशे भ्राजते।	सूर्य आकाश में प्रकाशता है।
8. तौ यती भिक्षेते।	वे दो यती भीख मांगते हैं।
9. स तत्र अभिक्षत।	उसने वहां भीख मांगी।
10. तौ अयतेताम्।	उन दोनों ने यत्न किया।
11. ते तत्र अभासन्त।	वे वहां प्रकाशे थे।

पाठक इस प्रकार सब धातुओं के रूप बनाकर वाक्य बनाने का प्रयत्न करें।

धातु–प्रथम गण, आत्मनेपद

1. **वन्द्** (अभिवादने) = नमन करना–वन्दते। वन्दिष्यते। अवन्दत।
2. **वर्च्** (दीप्तौ) = प्रकाशना–वर्चते। वर्चिष्यते। अवर्चत।
3. **वर्ष्** (स्नेहने) = वर्षते। वर्षिष्यते, अवर्षत।
4. **वाह्** (प्रयत्ने) = प्रयत्न करना–वाहते। वाहिष्यते। अवाहत।
5. **वृत्** (वर्तने) = होना–वर्तते। वर्तिष्यते, वर्त्स्यते। अवर्तत। (इस धातु के भविष्यकाल में दो रूप होंगे। एक 'इ' के साथ और दूसरा 'इ' के बिना)
6. **वृध्** (वृद्धौ) = बढ़ना–वर्धते। वर्धिष्यते, वर्त्स्यते। अवर्धत।

7. **वेष्ट्** (वेष्टने) = लपेटना–वेष्टते। वेष्टिष्यते, अवेष्टत।
8. **व्यथ्** (भयचलनयोः) = डरना, बेचैन होना–व्यथते। व्यथिष्यते। अव्यथत।
9. **शङ्क** (शङ्कायाम्) = संदेह करना–शङ्कते। शङ्किष्यते। अशङ्कत।
10. **आशंस्** (इच्छायाम्) = इच्छा करना, आशीर्वाद देना–आशंसते। आशंसिष्यते। आशंसत।
11. **शिक्ष्** (विद्योपादाने) = सीखना–शिक्षते। शिक्षिष्यते। अशिक्षत।
12. **शुभ्** (दीप्तौ) = शोभना–शोभते। शोभिष्यते। अशोभत।
13. **श्लाघ्** (कत्थने) = स्तुति करना–श्लाघते। श्लाघिष्यते। अश्लाघत।
14. **श्लोक्** (सङ्घाते) = श्लोक बनाना–श्लोकते। श्लोकिष्यते। अश्लोकत।
15. **सह्** (मर्षणे) = सहना–सहते। सहिष्यते। असंहत।
16. **सेव्** (सेवने) = सेवा करना, पूजा करना–सेवते। सेविष्यते। असेवत्।
17. **स्तम्भ्** (प्रतिबन्धे) = ठहरना–स्तम्भते। स्तम्भिष्यते। अस्तम्भत।
18. **स्पर्ध्** (सङघर्षे) = स्पर्धा करना–स्पर्धते। स्पर्धिष्यते। अस्पर्धत।
19. **स्पन्द्** (किञ्चिच्चलने) = थोड़ा हिलना–स्पन्दते। स्पन्दिष्यते। अस्पन्दृत।
20. **स्वञ्ज्** (परिष्वङ्गे) = आलिङ्गन देना–स्वञ्जते। स्वंक्ष्यते अस्वञ्जत।
21. **स्वद्** (आस्वादने) = पसीना निकालना, चखना–स्वदते। स्वदिष्यते। अस्वदत।
22. **स्वाद्** (आस्वादने) = स्वाद लेना–स्वादते। स्वादिष्यते। अस्वादत।
23. **स्विद** (स्नेहनमोहनयोः) = तेल लगाना–स्वेदते। स्वेदिष्यते। अस्वेदत।
24. **हद्** (पुरीषोत्सर्गे) = शौच करना–हदते। हत्स्यते। अहदत्।
25. **ह्रेष्** (अव्यक्ते शब्दे) = हिनहिनाना–ह्रेषते। ह्रेषिष्यते। अह्रेषत।
26. **ह्लाद्** (सुखे) = सुख होना–ह्लादते। ह्लादिष्यते। अह्लादत।

वाक्य

1. स दुःखं सहते।	वह कष्ट सहता है।
2. युवां तं सेवेथे।	तुम दोनों उसकी पूजा करते हो।
3. स व्यर्थं स्पर्धते।	वह व्यर्थ स्पर्धा करता है।
4. स सभामध्ये शोभते।	वह सभा के बीच में शोभता है।
5. स किमर्थं व्यथते।	वह क्यों बेचैन होता है?
6. अश्वः ह्रेषते।	घोड़ा हिनहिनाता है।
7. बालकौ शिक्षेते।	दो लड़के सीखते हैं।
8. हंसानां मध्ये बको न शोभते।	हंसों में बगुला नहीं शोभता।
9. स व्यर्थं शङ्कते।	वह व्यर्थ संदेह करता है।

पाठ 47

प्रथम गण–उभयपद

परस्मैपद और आत्मनेपद धातुओं के वर्तमान, भूत और भविष्यकाल के रूप पाठकों को अब विदित हो चुके हैं। अब उभयपद धातुओं के रूपों के साथ पाठकों का परिचय कराना है। उभयपद उन धातुओं को कहते हैं जिनके परस्मैपद के भी रूप होते हैं और आत्मनेपद के भी रूप होते हैं। उभयपद की प्रत्येक धातु का रूप दोनों प्रकार से बनता है।

जैसे–

नी (प्रापणो) = ले जाना

वर्तमान काल, परस्मैपद

नयति	नयतः	नयन्ति
नयसि	नयथः	नयथ
नयामि	नयावः	नयामः

वर्तमान काल, आत्मनेपद

नयते	नयेते	नयन्ते
नयसे	नयेथे	नयध्वे
नये	नयावहे	नयामहे

भविष्यकाल, परस्मैपद

नेष्यति	नेष्यतः	नेष्यन्ति
नेष्यसि	नेष्यथः	नेष्यथ
नेष्यामि	नेष्यावः	नेष्यामः

भविष्यकाल, आत्मनेपद

नेष्यते	नेष्येते	नेष्यन्ते
नेष्यसे	नेष्येथे	नेष्यध्वे
नेष्ये	नेष्यावहे	नेष्यामहे

भूतकाल, परस्मैपद

अनयत्	अनयेताम्	अनयन्
अनयः	अनयेतम्	अनयत
अनयम्	अनयाव	अनयाम्

भूतकाल, आत्मनेपद

अनयत	अनयेताम्	अनयन्त
अनयथाः	अनयेथाम्	अनयध्वम्
अनये	अनयावहि	अनयामहि

इस प्रकार प्रत्येक उभयपद धातु के दोनों प्रकार के रूप बनते हैं। पाठक सब धातुओं के रूप बनाकर लिखें।

यह 'नी' (प्रापणे) धातु परस्मैपद में दिया है। वास्तव में यह उभयपद का धातु है। उभयपद के धातुओं के रूप परस्मैपद के अनुसार भी होते हैं, इसलिए उभयपद के कई धातु परस्मैपद में दिए गए हैं।

उभयपद के धातु–प्रथम गण

1. **अञ्च्** (गतौ याचने च) = जाना, माँगना। अञ्चति, अञ्चते। अञ्चिष्यति, अञ्चिष्यते। आञ्चत्, आञ्चत।
2. **क्रन्द्** (रोदने) = रोना–क्रन्दति, क्रन्दते। क्रन्दिष्यति, क्रन्दिष्यते। अक्रन्दत्, अक्रन्दत।
3. **खन्** (अवदारणे) = खोदना–खनति, खनते। खनिष्यति। खनिष्यते। अखनत्, अखनत।
4. **गुह्** (संवरणे) = ढांपना–गूहति, गूहते। गूहिष्यति, गूहिष्यते, घोक्ष्यति, घोक्ष्यते। अगूहत्, अगूहत। (इस धातु के भविष्य के चार रूप होते हैं, एक समय 'इ' लगती है, दूसरे समय नहीं लगती।)
5. **चष्** (भक्षणे) = खाना–चषति, चषते। चषिष्यति, चषिष्यते। अचषत्, अचषत।
6. **छद्** (आच्छादने) = ढांपना–छदति, छदते। छदिष्यति, छदिष्यते। अच्छदत्, अच्छदत।
7. **जीव्** (प्राणधारणे) = जीना–जीवति, जीवते। जीविष्यति, जीविष्यते। अजीवत्, अजीवत।
8. **त्विष** (त्वेष्) (दीप्तौ) = प्रकाशना–त्वेषति, त्वेषते। त्वक्ष्यति, त्वक्ष्यते।

अत्वेषत्, अत्वेषत।

9. **दाश्** (दाने) = देना–दाशति, दाशते। दाशिष्यति, दाशिष्यते। अदाशत्, अदाशत।

10. **धाव्** (गतिशुद्धयोः) = दौड़ना, धोना–धावति, धावते। धाविष्यति, धाविष्यते। अधावत्, अधावत।

11. **धृ** (धर्) (धारणे) = धारण करना–धरति, धरते। धरिष्यति, धरिष्यते। अधरत्, अधरत।

12. **पच्** (पाके) = पकाना–पचति, पचते। पक्ष्यति, पक्ष्यते। अपचत्, अपचत।

13. **बुध्** (बोध्) (बोधने) = जानना–बोधति, बोधते। बोधिष्यति, बोधिष्यते। अबोधत्, अबोधत।

14. **भू** (भव्) (प्राप्तौ) = मिलना–भवति, भवते। भविष्यति, भविष्यते। अभवत्, अभवत। (भू-सत्तायां–होना इस अर्थ का धातु केवल परस्मैपद में है। प्राप्ति अर्थ का 'भू' धातु उभयपद है।)

15. **भृ** (भर्) (भरणे) = भरना–भरति, भरते। भरिष्यति, भरिष्यते। अभरत्, अभरत।

16. **मिध्** (मेधायाम्) = बुद्धिवर्धक कार्य करना–मेधति, मेधते। मेधिष्यति, मेधिष्यते। अमेधत्, अमेधत।

17. **मृष्** (मर्ष्)–(तितिक्षायाम्) = सहना–मर्षति, मर्षते। मर्षिष्यति, मर्षिष्यते। अमर्षत्, अमर्षत।

18. **मेथ्** (मेधायाम्) = जानना–मेथति, मेथते। मेथिष्यति, मेथिष्यते। अमेथत्, अमेथत।

(मिद्, मिध्, मेद्, मेध्, मिथ्, मेथ् इन धातुओं का 'मेधायां' अर्थ है और इनके रूप उक्त मिध्, मेथ् धातुओं के समान ही होते हैं। मेदति, मेधति, मेथति, इत्यादि।)

19. **यज्** (देवपूजा-संगतिकरण-यजन-दानेषु) = सत्कार, संगति, हवन और दान करना–यजति, यजते। यक्ष्यति, यक्ष्यते। अयजत्, अयजत।

20. **याच्** (याञ्चायाम्) = मांगना–याचति, याचते। याचिष्यति, याचिष्यते। अयाचत्, अयाचत।

21. **रज्** (रागे) = कपड़ा आदि रंग देना–रजति, रजते। रक्ष्यति, रक्ष्यते। अरजत्, अरजत।

22. **राज्** (दीप्तौ) = प्रकाशना–राजति, राजते। राजिष्यति, राजिष्यते। अराजत्, अराजत।

23. **लष्** (कान्तौ) = इच्छा करना—लषति, लषते। लषिष्यति, लषिष्यते। अलषत्, अलषत।

24. **वद्** (संदेशवचने) = संदेश देना, जताना—वदति, वदते। वदिष्यति, वदिष्यते। अवदत्, अवदत।

वाक्य

1. रामो लक्ष्मणमवदत्।	राम ने लक्ष्मण से कहा।
2. रामो राजमणिः सदा विराजते।	राम राजाओं में श्रेष्ठ होकर सदा शोभता है।
3. विश्वामित्रो यजते।	विश्वामित्र यजन करता है।
4. तौ वस्त्राणि रजतः।	वे दोनों वस्त्रों को रंगते हैं।
5. स बोधति परन्तु त्वं न बोधसि।	वह जानता है परन्तु तू नहीं जानता।
6. पश्य स कथं धावति।	देख, वह कैसे दौड़ता है!
7. चक्रं धरति इति चक्रधरः।	चक्र धारण करता है इसलिए उसको चक्रधर कहते हैं।
8. ब्रह्मचारी चिरञ्जीवति।	ब्रह्मचारी बहुत काल तक जीता रहता है।
9. किमर्थमिदानीं स्वशरीर-माच्छादयसि?	क्यों अब अपना शरीर ढांपता है?
10. देवदत्तोऽन्नं पचति।	देवदत्त अन्न पकाता है।
11. ब्राह्मणो वसुधां याचते।	ब्राह्मण भूमि मांगता है।
12. स जलेन पात्रं भरति।	वह जल से पात्र भरता है।
13. त्वं कुत्र यजसि?	तू कहां हवन करता है?
14. देवशर्म्मा द्रव्यं याचते।	देवशर्मा पैसा मांगता है।
15. तौ त्वां बोधिष्येते।	वे दोनों तुमको समझाएंगे।

पाठ 48

प्रथम गण—उभयपद धातु

1. **वप्** (बीजसन्ताने) = बीज बोना—वपति, वपते। वप्स्यति, वप्स्यते। अवपत्, अवपत।
2. **वह्** (प्रापणे) = ले जाना—वहति, वहते। वक्ष्यति, वक्ष्यते। अवहत्, अवहत।
3. **वृ** (वर्) (आवरणे) = ढांपना—वरति, वरते। वरिष्यति, वरिष्यते। अवरत्,अवरत।
4. **वे** (वय्) (तन्तुसन्ताने) = कपड़ा बुनना—वयति, वयते। वास्यति, वास्यते।

अवयत्, अवयत।

5. **वेण्** (वादित्रे) = बांसुरी बजाना—वेणति, वेणते। वेणिष्यति, वेणिष्यते। अवेणत्, अवेणत।

6. **वेन्** (गतिज्ञानचिन्तायाम्) = जाना, जानना, सोचना—वेनति, वेनते। वेनिष्यति, वेनिष्यते। अवेनत् अवेनत।

7. **शप्** (आक्रोशे) = दोष देना—शपति, शपते। शप्स्यति, शप्स्यते। अशपत्अशपत।

8. **श्रि** (श्रय्) (सेवायाम्) = सेवा करना—श्रयति, श्रयते। श्रयिष्यति, श्रयिष्यते। अश्रयत्, अश्रयत।

9. **ह्वे** (ह्वेञ्) (स्पर्धायां शब्दे च) = स्पर्धा करना, आह्वान करना, लाना—ह्वयति, ह्वयते। ह्वास्यति, ह्वास्यते। अह्वयत्, अह्वयत।

वाक्य

स त्वामाह्वयति। स किमर्थं शपति। कृषीवलो बीजं वपति। श्रीकृष्णो वेणुं वेणति। अश्वो रथं वहति। ऊर्णासूत्रेण कवयो वस्त्रं वयन्ति। स वेनते।

अब प्रथम गण के उभयपद के धातुओं के साथ पाठकों का परिचय हो गया। सब मुख्य और उपयोगी धातुओं के साथ पाठक परिचित हो चुके हैं। यहां तक कि सब पाठों को दुबारा अच्छी प्रकार पढ़ें, क्योंकि यहां से दूसरा विषय प्रारम्भ होना है। जब तक पहला विषय कच्चा रहेगा, तब तक आगे बढ़ना कठिन होगा।

उपसर्ग

धातुओं के पहले उपसर्ग लगते हैं और इन उपसर्गों के कारण एक धातु के अनेक अर्थ हो जाते हैं। देखिए—

भू—सत्तायाम्। प्रथम गण

1. **प्र** (भू) = उत्कर्षयुक्त होना—प्रभवति। प्रभविष्यति। *प्रभावत्। (प्र-भव)

2. **परा** (भू) = नाश होना, पराभव करना—पराभवति। पराभविष्यति। पराभवत्। (परा-भव)

3. **अप** (भू) = उपस्थित न होना—अपभवति। अपभविष्यति। अपाभवत्।

4. **सं** (भू) = होना, एकत्र जमा—संभवति। संभविष्यति। समभवत् (उभयपद

---

* भूतकाल का पहले लगनेवाला 'अ' उपसर्ग के पश्चात् लगता है।
प्र+अभवत=प्राभवत्

संभवते, संभविष्यति। समभवत (सं-भव)

5. **अनु** (भू) = अनुभव करना—अनुभवति। अनुभविष्यति। *अन्वभवत्, अन्वभवताम्, अन्वभवन्। (अनु-भव)
6. **वि** (भू) = विशेष उन्नत होना—विभवति। विभविष्यति व्यभवत्। (वि-भव)
7. **आ** (भू) = पास रहना, साहाय्य करना—आभवति। आभविष्यति। आभवत्।
8. **अभि** (भू) = विजयी होना—अभिभवति। अभिभविष्यति। अभ्यभवत्।
9. **अति** (भू) = सबसे श्रेष्ठ होना—अतिभवति। अतिभविष्यति। अत्यभवत्।
10. **उद्** (भू) = उत्पन्न होना, उदय होना—उद्भवति। उद्भविष्यति। उद्भवत्। (उद्भव)
11. **प्रति** (भू) = समान होना—प्रतिभवति। प्रतिभविष्यति। प्रत्यभवत्।
12. **परि** (भू) = घेरना, चारों ओर घूमना, साथ रहकर सहाय करना—परिभवति। परिभविष्यति। पर्यभवत्। (उभयपद) परिभवते। परिभविष्यते। पर्यभवत।
13. **उप** (भू) = पास होना—उपभवति। उपभविष्यति। उपाभवत्।

इस प्रकार एक ही धातु के बाद उपसर्ग लगने से उनके भिन्न-भिन्न अर्थ होते हैं। ये उपसर्ग बाईस हैं—

1. **प्र**—अधिकता, प्रकर्ष, गमन।
2. **परा**—उत्कर्ष। अपकर्ष, (नीचे होना)।
3. **अप**—अपकर्ष, वर्जन, निर्देश, विकार, हरण।
4. **सम्**—ऐक्य, सुधार, साथ, उत्तमता।
5. **अनु**—तुल्यता, पश्चात्, क्रम, लक्षण।
6. **अव**—प्रतिबन्ध, निन्दा, स्वच्छता।
7. **निस्**
8. **निर्**— } निषेध, निश्चय।
9. **दुस्**
10. **दुर्**— } विषमता, निन्दा।
11. **वि**—श्रेष्ठ, अद्भुत, अतीत।
12. **आ**—निन्दा, बन्धन, स्वभाव।
13. **नि**—नीचे, बाहर।
14. **अधि**—ऐश्वर्य, आधार।
15. **अपि**—शंका, निन्दा, प्रश्न, आज्ञा, संभावना।

---

* अनु+अभवत्=अन्वभवत्।

16. **अति**—उत्कर्ष, आधिक्य, पूजन, उल्लंघन।

17. **सु**—उत्तमता।

18. **उत्**—उत्कृष्टता, प्रकाश, शक्ति, निन्दा, उत्पत्ति।

19. **अभि**—मुख्यता, कुटिलता।

20. **प्रति**—भाग, खण्डन।

21. **परि**—परिणाम, शोक, पूजा, निन्दा, भूषण।

22. **उप**—समीपता, सादृश्य, संयोग, वृद्धि, आरम्भ।

इन अर्थों के सिवाय और भी बहुत से अर्थ हैं परन्तु यहां मुख्य अर्थ ही दिए गये हैं। इनके इस प्रकार अर्थ होने से ही इनके पीछे रहने के कारण धातुओं के अर्थ बिलकुल बदल जाते हैं—

1. **(वि)** (चर्) = भ्रमण करना—विचरति। विचरिष्यति। व्यचरत्।
2. **सं** (चर्) = घूमना। संचरति। संचरिष्यति। समचरत्।
3. **सं** (चल्) = चलना। संचलति। संचलिष्यति। समचलत्।
4. **अनु** (चर्) = पीछे जाना, नौकरी करना—अनुचरति। अनुचरिष्यति। अन्वचरत्।
5. **प्रचर्** } —अर्थ और रूप पूर्ववत्।
6. **प्रचल्** }
7. **उच्चर्**= ऊपर जाना, बोलना—उच्चरति। उच्चरिष्यति। उदचरत्।
8. **उच्चल्**= चलना—उच्चलति।
9. **परि** (चर्)= चलना, नौकरी करना—परिचरति। परिचरिष्यति। पर्यचरत्।
10. **प्रतप्**= तपना, गरम होना, प्रकाशना—प्रतपति। प्रतप्स्यति। प्रातपत्।
11. **संतप्**= तपना, क्रोध करना—संतपति। संतप्स्यति। समतपत्।
12. **अवबुध**= जागरित होना—जानना, अवबोधति। अवाबुधत्।
13. **प्रबुध** = निद्रा से जागरित होना—प्रबोधति। प्राबुधत्।
14. **प्रस्था** (प्रतिष्ठ्) = प्रवास के लिए निकलना—प्रतिष्ठते। प्रस्थास्यते। प्रातिष्ठत। (आत्मनेपद)
15. **संस्था** (संतिष्ठ्) =रहना—संतिष्ठते। संस्थास्यते। समतिष्ठत् (आत्मनेपद)।
16. **विस्मृ** = भूलना—विस्मरति। विस्मरिष्यति। व्यस्मरत्।

इस प्रकार उपसर्ग के साथ धातुओं के रूप होते हैं। भूतकाल में उपसर्ग के पश्चात् अ, और अ के पश्चात् धातु और प्रत्यय लगते हैं।

वि+अ+स्मर्+अ+त् = व्यस्मरत्।

सं+अ+तिष्ठ्+अत = समतिष्ठत।

अनु+अ+बोध्+अ+त् = अन्वबोधत्।

इ और उसके पश्चात् विजातीय स्वर आने से क्रमशः यू और व् होते हैं। जैसे—वि+अ = व्य। अनु+अ = अन्व। प्रति+अ = प्रत्य। सु+अ = स्व।

आशा है कि पाठक इन बातों को स्मरण रखकर इन धातुओं के प्रयोग बनाकर उनका वाक्यों में उपयोग करेंगे।

पाठ 49

संस्कृत में धातुओं के गण दस हैं। प्रथम गण का वर्णन यहां तक हुआ। अब दशम गण का परिचय कराना है–

दशम गण–उभयपद

अर्च् (पूजायाम्) = पूजा करना

परस्मैपद, वर्तमान काल

अर्चयति	अर्चयतः	अर्चयन्ति
अर्चयसि	अर्चयथः	अर्चयथ
अर्चयामि	अर्चयावः	अर्चयामः

आत्मनेपद, वर्तमान काल

अर्चयते	अर्चयेते	अर्चयन्ते
अर्चयसे	अर्चयेथे	अर्चयध्वे
अर्चये	अर्चयावहे	अर्चयामहे

परस्मैपद, भविष्य काल

अर्चयिष्यति	अर्चयिष्यतः	अर्चयिष्यन्ति
अर्चयिष्यसि	अर्चयिष्यथः	अर्चयिष्यथ
अर्चयिष्यामि	अर्चयिष्यावः	अर्चयिष्यामः

आत्मनेपद, भविष्यकाल

अर्चयिष्यते	अर्चयिष्येते	अर्चयिष्यन्ते
अर्चयिष्यसे	अर्चयिष्येथे	अर्चयिष्यहवे
अर्चयिष्ये	अर्चयिष्यावहे	अर्चयिष्यामहे

यहां पाठक देखेंगे कि इस गण के रूप प्रथम गण के बराबर ही होते हैं, परन्तु बीच में दशम गण का चिह्न 'अय' लगता है, इतना ही केवल भेद होने से प्रथम गण के रूप जाननेवाले विद्यार्थी के लिए दशम गण के रूप बनाना कोई कठिन नहीं।

अर्च्+अय+ति=अर्चयति। अर्च्+अय्+इ+ष्य+ति=अर्चयिष्यति इत्यादि।

दशम गण—उभयपद

1. **अर्ज्** (प्रतियत्ने संपादने च) = प्राप्त करना—अर्जयति, अर्जयते। अर्जयिष्यति, अर्जयिष्यते।
2. **अर्ह्** (पूजने योग्यत्वे च) = सत्कार करना, योग्य होना—अर्हयति, अर्हयते। अर्हयिष्यति, अर्हयिष्यते।
3. **आन्दोल्** (आन्दोलने) = झूला खेलना—आन्दोलयते। आन्दोलयिष्यति, आन्दोलयिष्यते।
4. **ईड्** (स्तुतौ) = स्तुति करना—ईडयति, ईडयते। ईडयिष्यति, ईडयिष्यते।
5. **ऊर्ज्** (बलप्राणनयोः) = बलवान् होना—ऊर्जयति, ऊर्जयते। ऊर्जयिष्यति, ऊर्जयिष्यते।
6. **कथ्** (वाक्यप्रबन्धे) = कथा कहना—कथयति, कथयते। कथयिष्यति, कथयिष्यते।
7. **काल्** (कालोपदेशे) = समय मिलना—कालयति, कालयते। कालयिष्यति, कालयिष्यते।
8. **कुमार्** (क्रीडायाम्) = खेलना—कुमारयति, कुमारयते। कुमारयिष्यति, कुमारयिष्यते।
9. **गण्** (संख्याने) = गिनना—गणयति, गणयते। गणयिष्यति, गणयिष्यते।
10. **गर्ज्** (शब्दे) = गर्जना करना—गर्जयति, गर्जयते। गर्जयिष्यति, गर्जयिष्यते।
11. **गर्ह्** (विनिन्दने) = निन्दना—गर्हयति, गर्हयते। गर्हयिष्यति, गर्हयिष्यते।
12. **गवेष्** (मार्गणे) = ढूंढ़ना—गवेषयति, गवेषयते। गवेषयिष्यति, गवेषयिष्यते।
13. **गोम्** (उपलेपने) = लेपन करना—गोमयति, गोमयते। गोमयिष्यति, गोमयिष्यते।
14. **ग्रन्थ्** (बन्धने सन्दर्भे च) = बांधना, व्यवस्थित करना—ग्रन्थयति, ग्रन्थयते। ग्रन्थयिष्यति, ग्रन्थयिष्यते।
15. **घुष्** (घोष्) (विशब्दने) = घोषणा करना—घोषयति, घोषयते। घोषयिष्यति, घोषयिष्यते।
16. **चर्च्** (अध्ययने) = अभ्यास करना—चर्चयति, चर्चयते। चर्चयिष्यति, चर्चयिष्यते।
17. **चर्व्** (भक्षणे) = खाना, चबाना—चर्वयति, चर्वयते। चर्वयिष्यति, चर्वयिष्यते।
18. **चित्र्** (चित्रकरणे) = तस्वीर खींचना—चित्रयति, चित्रयते। चित्रयिष्यति, चित्रयिष्यते।
19. **चिन्त्** (स्मृत्याम्) = स्मरण करना—चिन्तयति, चिन्तयते। चिन्तयिष्यति, चिन्तयिष्यते।

20. चुर् (स्तेये) = चोरना—चोरयति, चोरयते। चोरयिष्यति, चोरयिष्यते।

21. छद् (आच्छादने) = ढांपना—छादयति, छादयते। छादयिष्यति, छादयिष्यते।

वाक्य

1. तौ चित्रयतः।	वे दोनों तसवीर बनाते हैं।
2. ते सर्वे चिन्तयन्ते।	वे सब सोचते हैं।
3. स द्रव्यं चोरयति।	वह पैसा चुराता है।
4. स वने अश्वं गवेषयते।	वह जंगल में घोड़े को ढूंढ़ता है।
5. स कृष्णकथां कथयति।	वह कृष्ण की कथा कहता है।

पाठकों को चाहिए कि वे उक्त धातुओं से इस प्रकार विविध वाक्य बनाकर धातुओं के रूपों का उपयोग करें। धातुओं के रूप बारम्बार बनाने से ही ठीक याद रह सकते हैं।

दशम गण। भूतकाल
चुर् (स्तेये) उभयपद

परस्मैपद। भूतकाल

अचोरयत्	अचोरयताम्	अचोरयन्
अचोरयः	अचोरयतम्	अचोरयत
अचोरयम्	अचोरयाव	अचोरयाम

आत्मनेपद। भूतकाल

अचोरयत	अचोरयेताम्	अचोरयन्त
अचोरयथाः	अचोरयेथाम्	अचोरयध्वम्
अचोरये	अचोरयावहि	अचोरयामहि

प्रथम गण के समान ही दशम गण भूतकाल के रूप समझ लीजिये, केवल बीच में 'अय' होता है।

	प्रथम गण। भूतकाल	दशम गण। भूतकाल
प्रथम पुरुष	अच्छदत्	अच्छादयत्
मध्यम पुरुष	अच्छदः	अच्छादयः
उत्तम पुरुष	अच्छदम्	अच्छादयम्

छद्—'आच्छादने' धातु प्रथम गण और दशम गण में भी है। दोनों के रूपों का भेद देखिए। यह धातु उभयपद में है, परन्तु परस्मैपद के ही रूप दिये हैं।

दशम गण। उभयपद धातु

1. **छिद्र्** (भेदने)=सुराख़ करना—छिद्रयति। छिद्रयते। छिद्रयिष्यति, छिद्रयिष्यते। अच्छिद्रयत्, अच्छिद्रयत।
2. **छेद्** (द्वैधीकरणे) = काटना —छेदयति, छेदयते। छेदयिष्यति, छेदयिष्यते। अच्छेदयत्, अच्छेदयत।
3. **जॄ** (जार) वयोहानौ = वृद्ध होना—जारयति, जारयते। जारयिष्यति, जारयिष्यते, आदि।
4. ज्ञप् (ज्ञाने ज्ञापने च) = जानना और जताना —ज्ञपयति। ज्ञपयते ज्ञपयिष्यति, ज्ञपयिष्यते आदि।
5. **तप्** (संतापे) = तपाना—तापयति, तापयते। तापयिष्यति, तापयिष्यते। अतापयत्, अतापयत।
6. **तर्क्** (वितर्के) = तर्क करना—तर्कयति, तर्कयते। तर्कयिष्यति, तर्कयिष्यते। अतर्कयत्, अतर्कयत।
7. **तिज्** (निशाने) = तेज करना —तेजयति, तेजयते। तेजयिष्यति, तेजयिष्यते। अतेजयत्, अतेजयत।
8. **तिल्** (तेल्) (स्नेहे) = तेल निकालना—तेलयति, तेलयते। तेलयिष्यति, तेलयिष्यते। अतेलयत्, अतेलयत।
9. **तीर्** (पारङ्गतौ, कर्मसमाप्तौ च) = पार जाना और कर्म समाप्त करना—तीरयति, तीरयते। तीरयिष्यति, तीरयिष्यते। अतीरयत्, अतीरयत।

कई धातु दशम और प्रथम गणों में हैं, इसलिए उनको पूर्व पाठों में प्रथम गण में देकर यहां दशम गण में भी दिया है। आशा है कि पाठक इन धातुओं के रूप बनाकर वाक्य बनायेंगे। इनके रूप बड़े सरल हैं।

पाठ 50

1. **तुल्** (तोल्) (उन्माने) = तोलना—तोलयति, तोलयते। तोलयिष्यति, तोलयिष्यते। अतोलयत्, अतोलयत।
2. **दण्ड्** (दण्डनिपातने दमने च) = दण्ड देना, दमन करना—दण्डयति, दण्डयते। दण्डयिष्यति, दण्डयिष्यते। अदण्डयत्, अदण्डयत।
3. **दुःख्** (दुःखक्रियायाम्) = कष्ट देना—दुःखयति, दुःखयते। दुःखयिष्यति,

दुःखयिष्यते। अदुःखयत्। अदुःखयत।

4. **धृ** (धार्) (धारणे) = धारण करना–धारयति, धारयते। धारयिष्यति, धारयिष्यते। अधारयत्। अधारयत।
5. **निवास्** (आच्छादने) = ढांपना–निवासयति, निवासयते। निवासयिष्यति, निवासयिष्यते। अनिवासयत्, अनिवासयत।
6. **पार्** (कर्मसमाप्तौ) = कार्य समाप्त करना–पारयति, पारयते। पारयिष्यति, पारयिष्यते। अपारयत्, अपारयत।
7. **पाल्** (रक्षणे) = रक्षा करना–पालयति, इत्यादि पूर्ववत्।
8. **पीड्** (अवगाहने) = कष्ट देना–पीडयति, पीडयते। पीडयिष्यति, पीडयिष्यते। अपीडयत्, अपीडयत।
9. **पुष्** (पोष्) (धारणे) = धारण करना–पोषयति, पोषयते। पोषयिष्यति, पोषयिष्यते। अपोषयत्, अपोषयत।
10. **पूज्** (पूजायाम्) = पूजा करना–पूजयति, पूजयते। पूजयिष्यति, पूजयिष्यते। अपूजयत्, अपूजयत।
11. **पूर्** (आप्याने) = भरना–पूरयति, पूरयते। पूरयिष्यति। पूरयिष्यते। अपूरयत्, अपूरयत।
12. **पूर्ण** (संघाते) = इकट्ठा करना–पूर्णयति, पूर्णयते। (शेष रूप पाठक बना सकते हैं। पूर्ववत् करना।)
13. **प्रथ्** (प्रख्याने) = प्रसिद्ध होना–प्रथयति, प्रथयते।
14. **भक्ष्** (अदने) = खाना–भक्षयति, भक्षयते।
15. **भर्त्स्** (तर्जने) = निन्दा करना–भर्त्सयति, भर्त्सयते।
16. **भूष्** (अलंकारे) = भूषित करना–भूषयति, भूषयते।
17. **मह्** (पूजायाम्) = सत्कार करना–महयति, महयते।
18. **मान्** (पूजायाम्) = सम्मान करना–मानयति, मानयते।
19. **मार्ग्** (अन्वेषणे) = ढूँढ़ना–मार्गयति, मार्गयते।
20. **मार्ज्** (शुद्धौ) = स्वच्छ करना–मार्जयति, मार्जयते।
21. **मुच्** (मोच्) (प्रमोचने) = खुला करना–मोचयति, मोचयते।
22. **मृष्** (मर्ष्) (तितिक्षायाम्) = मर्षयति, मर्षयते।
23. **लक्ष्** (दर्शने) = देखना–लक्षयति, लक्षयते।
24. **वच्** (परिभाषणे) = पढ़ना, बोलना–वाचयति, वाचयते।
25. **वर्ध्** (पूर्णे) = बढ़ाना, पूर्ण करना–वर्धयति, वर्धयते।
26. **वृज्** (वर्ज्) (वर्जने) = अलग करना–वर्जयति, वर्जयते।
27. **सान्त्व्** (सामप्रयोगे) = शान्त करना–सान्त्वयति, सान्त्वयते।

28. सुख् (सुख-क्रियायाम्) = सुख देना—सुखयति, सुखयते।

29. स्निह् (स्नेहे) = मित्रता करना—स्नेहयति, स्नेहयते।

इन धातुओं के शेष रूप पाठक स्वयं बना सकते हैं। दशम गण के धातुओं के रूप बनाना बहुत सुगम है।

वाक्य

पुत्रः पितरं सुखयति। पुत्रौ पितरं सुखयतः। पुत्राः पितरं सुखयन्ति। तव पुत्रः त्वां सुखयिष्यति। तव पुत्रौ त्वां सुखयिष्यतः। तव पुत्रास्त्वां सुखयिष्यन्ति। त्वं तं सान्त्वयसि किम्? स त्वां सान्त्वयिष्यति। स बालः किं वदति। स पशुं बन्धनान्मोचयति। तौ स्वशरीरे भूषयतः। ते स्वशरीराणि भूषयन्ति। यूयम् अन्नं भक्षयथ। पुरुषौ स्वशरीरे पोषयेते।

(पाठकों को चाहिए कि वे उक्त धातुओं के रूप बनाकर इस प्रकार उपर्युक्त वाक्य बनाएं और बोलने में उनका उपयोग करें।)

अब पाठक प्रथम और दशम गण के धातुओं के रूप बना सकते हैं। इसलिए अब षष्ठ (छठे) गण के धातुओं के रूप बनाना बताते हैं—

षष्ठ गण के धातु

परस्मैपद। वर्तमानकाल

मृड् (सुखने) = आनन्द करना

मृडति	मृडतः	मृडन्ति
मृडसि	मृडथः	मृडथ
गृडामि	मृडावः	मृडामः

षष्ठ गण के धातुओं के लिए प्रत्ययों के पूर्व 'अ' लगता है— मृड्+अ+ति। इसी प्रकार अन्य रूप बनते हैं। प्रथम गण के समान ही ये रूप हुआ करते हैं, ऐसा साधारणतः रामझने में कोई विशेष हर्ज नहीं। भविष्यकाल भी प्रथम गण के समान ही होता है। प्रथम गण में और षष्ठ गण में जो विशेषता है, उसका बोध पाठकों को आगे जाकर हो जायगा।

परस्मैपद। भविष्यकाल

मृड्

मर्डिष्यति	मर्डिष्यतः	मर्डिष्यन्ति
मर्डिष्यसि	मर्डिष्यथः	मर्डिष्यथ
मर्डिष्यामि	मर्डिष्यावः	मर्डिष्यामः

परस्मैपद। भूतकाल

अमृडत्	अमृडताम्	अमृडन्
अमृडः	अमृडतम्	अमृडत
अमृडम्	अमृडाव	अमृडाम

तात्पर्य है कि प्रथम गण के समान ही इसके प्रत्यय और रूप हैं। इसलिए पाठकों को इस गण के धातुओं के रूप बनाना कोई कठिन न होगा।

षष्ठ गण। परस्मैपद धातु

1. **इष्** (इच्छ्) (इच्छायाम्) = इच्छा करना—इच्छति। एषिष्यति। ऐच्छत्।
2. **उज्झ्** (उत्सर्गे) = छोड़ना—उज्झति। उज्झिष्यति। औज्झत्।
3. **उब्ज्** (आर्जवे) = सरल होना—उब्जति। उब्जिष्यति। औब्जत्।
4. **कृत्** (कृन्त्) (छेदने) = काटना—कृन्तति। कर्तिष्यति, कर्त्स्यति। अकृन्तत्। (इस धातु के भविष्यकाल में दो रूप होते हैं। एक इकार के साथ और दूसरा इकार के बिना।
5. **गुव्** (पुरीषोत्सर्गे) = शौच करना—गुवति। गुविष्यति। अगुवत्।
6. **गुज्** (शब्दे) = बोलना—गुजति। गुजिष्यति। अगुजत्।
7. **गृ** (गिर्) (निगरणे) = निगलना—गिरति। गिरिष्यति। अगिरत्। (इस धातु के 'र' के स्थान पर 'ल' भी होता है। गिलति। गिलिष्यति। अगिलत्।
8. **घूर्ण्** (भ्रमणे) = घुमाना, घूमना—घूर्णति। घूर्णिष्यति। अघूर्णत्।
9. **तुड्** (तोडने) = तोड़ना—तुडति। तुडिष्यति। अतुडत्।
10. **त्रुट्** (छेदने) = काटना—त्रुटति। त्रुटिष्यति। अत्रुटत्।
11. **धि** (धिय्) (धारणे) = धारण करना—धियति। धीष्यति। अधियत्।
12. **धु** (धुव्) (विधूनने) = हिलाना—धुवति। धुविष्यति। अधुवत्।
13. **ध्रुव्** (गतिस्थैर्ययोः) = स्थिर होना, जाना—ध्रुवति। ध्रुविष्यति। अध्रुवत्।
14. **प्रच्छ्** (पृच्छ्) (ज्ञीप्सायाम्) = पूछना, जानना—पृच्छति। प्रक्ष्यति। अपृच्छत्।
15. **ऋच्** (स्तुतौ) = स्तुति करना—ऋचति। अर्चिष्यति। आर्चत्।
16. **ऋष्** (गतौ) = जाना—ऋषति। अर्षिष्यति, आर्षत्।

वाक्य

तौ धुवतः। स पृच्छति। त्वं किं पृच्छसि। स देवानर्चिष्यति। कथं स तत् काष्ठं घूर्णति। मनुष्यः सुखमिच्छति। तौ कृन्ततः।

इस प्रकार वाक्य बनाकर सब धातुओं का उपयोग करना चाहिए जिससे धातुओं के प्रयोग ध्यान में रहेंगे। वाक्य बनाकर लिखने का अभ्यास अधिक लाभदायक होगा।

पाठ 51

प्रथम गण और षष्ठ गण का भेद देखने के लिए निम्न धातुओं के रूप देखिए–

गुज् (कूजने) = प्रथम गण, परस्मैपद।
गुज् (शब्दे) = षष्ठ गण, परस्मैपद।

प्रथम गण। वर्तमान काल

गोजति	गोजतः	गोजन्ति
गोजसि	गोजथः	गोजथ
गोजामि	गोजावः	गोजामः

प्रथम गण। भविष्यकाल

गोजिष्यति	गोजिष्यतः	गोजिष्यन्ति
गोजिष्यसि	गोजिष्यथः	गोजिष्यथ
गोजिष्यामि	गोजिष्यावः	गोजिष्यामः

प्रथम गण। भूतकाल

अगोजत्	अगोजताम्	अगोजन्
अगोजः	अगोजतम्	अगोजत
अगोजम्	अगोजाव	अगोजाम

षष्ठ गण। वर्तमान काल

गुजति	गुजतः	गुजन्ति
गुजसि	गुजथः	गुजथ
गुजामि	गुजावः	गुजामः

षष्ठ गण। भविष्यकाल

गुजिष्यति	गुजिष्यतः	गुजिष्यन्ति
गुजिष्यसि	गुजिष्यथः	गुजिष्यथ
गुजिष्यामि	गुजिष्यावः	गुजिष्यामः

षष्ठ गण। भूतकाल

अगुजत्	अगुजताम्	अगुजन्
अगुजः	अगुजतम्	अगुजत
अगुजम्	अगुजाव	अगुजाम

प्रथम गण में 'गु' का गुण होकर 'गो' हो गया है और 'गोजति' रूप हो गया है। षष्ठ गण में गुण नहीं हुआ और 'गुजति' रूप हुआ है। इसी प्रकार भेद देखकर ध्यान में रखना चाहिए। षष्ठ गण में भविष्यकाल के रूपों में किसी समय गुण हुआ करता है। इसका पता रूपों को देखने से लग जाएगा।

पिछले पाठों में प्रथम, दशम और षष्ठ गण के धातु आये हैं। इनमें कई धातु एक ही हैं, उनके रूप जो साथ-साथ दिये हैं, एक के साथ तुलना करके देखने से पाठकों को पता लग सकता है कि इन गणों में परस्पर भेद क्या है। इस भिन्नता को देख और अनुभव करके उनकी विशेषता को ध्यान में रखना चाहिए।

षष्ठ गण। परस्मैपद के धातु

1. **मिष्** (स्पर्धायाम्) = स्पर्धा करना—मिषति। मेषिष्यति। अमिषत्।
2. **मृड्** (सुखने) = सुख देना—मृडति। मर्डिष्यति। अमृडत्।
3. **मृश्** (आमर्शने प्रणिधाने च) = स्पर्श करना, विचार करना—मृशति। मर्क्ष्यति, म्रक्ष्यति। अमृशत्। (इस धातु के भविष्य में दो रूप होते हैं।)
4. **लिख्** (अक्षरविन्यासे) = लिखना—लिखति। लिखिष्यति। अलिखत्।
5. **लुभ्** (विमोहने) = मोह होना—लुभति। लोभिष्यति। अलुभत्।
6. **विश्** (प्रवेशने) = अन्दर जाना—विशति। वेक्ष्यति। अविशत्।
7. **व्रश्च्** (छेदने) = काटना—वृश्चति। व्रश्चिष्यति, व्रक्ष्यति।
8. **शुभ**
9. **शुम्भ्** (शोभायाम्) = सुशोभित होना—शुभति, शुम्भति। शोभिष्यति, शुम्भिष्यति। अशुभत्, अशुम्भत्।
10. **सद्** (विसरणगत्यवसादनेषु) = तोड़ना, जाना, उदास होना—सीदति। सत्स्यति। असीदत्।

11. **सु** (प्रेरणे) = प्रेरणा करना—सुवति। सुविष्यति। असुवत्।
12. **स्रज्** (विसर्गे) = छोड़ना, बनाना—सृजति। स्रक्षयति। असृजत्।
13. **स्पृश्** (संस्पर्शने) = स्पर्श करना—स्पृशति। स्प्रक्ष्यति, स्पर्क्ष्यति। अस्पृशत्।
14. **स्फुट्** (विकसने) = विकास होना—स्फुटति। स्फुटिष्यति। अस्फुटत्।
15. **स्फुर्** (स्फुरणे) = फुर्ती होना—स्फुरति। स्फुरिष्यति। अस्फुरत्।

वाक्य

पुत्रः मातापितरौ मृडति। बालकौ लिखतः। सभासदः सभागृहं विशन्ति। सच्छुरिकया लेखनीं वृश्चति। ते तत्र सत्स्यन्ति। ईश्वरो विश्वं जगत्सृजति। त्वं मां किमर्थं स्पृशसि। मम नयनं स्फुरति।

छुरिका—छुरी, चाकू।

सभासदः—सभा का सदस्य।

उक्त धातुओं के इस प्रकार वाक्य बनाकर पाठक अपनी वक्तृता में उनका उपयोग कर सकते हैं। पत्र-व्यवहार में तथा लेख में भी इस प्रकार धातुओं का उपयोग किया जा सकता है। अब षष्ठ गण आत्मनेपद के धातु के रूप देते हैं।

षष्ठ गण आत्मनेपद धातु

1. **कू** (शब्दे) = बोलना—कुवते। कुविष्यते। अकुवत।
2. **जुष्** (प्रीतिसेवनयोः) = खुश होना, सेवन करना—जुषते, जोषिष्यते, अजुषत।
3. **आदृ** (आदरे) = आदर करना—आद्रियते। आदरिष्यते। आद्रियत।
4. **धृ** (अवस्थाने) = रहना—ध्रियते। धरिष्यते। आध्रियत।
5. **व्यापृ** (व्यापारे) = व्यवहार करना—व्याप्रियते। व्यापरिष्यते। व्याप्रियत।
6. **मृ** (प्राणत्यागे) = मरना—म्रियते। मरिष्यति। अम्रियत। (यह धातु भविष्यकाल में परस्मैपदी होता है।)
7. **उद्विज्** (भयचलनयोः) = डरना, कांपना—उद्विजते। उद्विजिष्यते। उद्विजत।
8. **लज्** (ब्रीडने) = लज्जित होना—लज्जते। लज्जिष्यते। अलज्जत।

वाक्य

त्वं तं किं न आद्रियसे। स तान् आदरिष्यते। तौ तान् जुषेते। अहं न व्याप्रिये। तौ श्वः व्यापरिष्यते किम्। स रुग्णो नैव मरिष्यति। तौ अम्रियेताम्। स किमर्थमुद्विजते। त्वं न लज्जसे।

षष्ठ गण। उभयपद धातु

1. **कृष्** (विलेखने) = खेती करना, हल चलाना—कृषति, कृषते। कर्क्ष्यति, कर्क्ष्यते, क्रक्ष्यति, क्रक्ष्यते। अकृषत्, अकृषत। (भविष्यकाल के चार-चार रूप होते हैं।)
2. **क्षिप्** (क्षेपणे) = फेंकना—क्षिपति, क्षिपते। क्षेप्स्यति, क्षेप्स्यते। अक्षिपत्, अक्षिपत।
3. **तुद्** (व्यथने) = दुःख होना—तुदति, तुदते। तोत्स्यति, तोत्स्यते। अतुदत्, अतुदत।
4. **नुद्** (प्रेरणे) = प्रेरणा करना—नुदति, नुदते। नोत्स्यति, नोत्स्यते। अनुदत्, अनुदत।
5. **दिश्** (आज्ञापने) = आज्ञा करना—दिशति, दिशते। देक्ष्यति, देक्ष्यते। अदिशत्, अदिशत्।
6. **मिल्** (संगमे) = मिलना—मिलति, मिलते। मेलिष्यति। मेलिष्यते। अमिलत्, अमिलत।
7. **मुच** (मोचने) = स्वतन्त्र करना, खुला करना—मुञ्चति, मुञ्चते। मोक्ष्यति, मोक्ष्यते। अमुञ्चत्, अमुञ्चत।
8. **लिप्** (उपदेहे) = लेपन करना—लिम्पति, लिम्पते।
9. **विंद्** (लाभे) = प्राप्त होना—विन्दति, विन्दते। वेत्स्यति, वेत्स्यते। वेदिष्यति, वेदिष्यते। अविन्दत्। अविन्दत।

वाक्य

कृषीवलः क्षेत्रं कृषति। धनुर्धरो बाणान् क्षिपति। राजा भृत्यान् आदिशते। त्वं तेन सह किमर्थं न मिलसे। स बन्धनात् अमुञ्चत्। पुरुषार्थी धनं विन्दते।

पाठ 52

द्वितीय गण। परस्मैपद

प्रथम गण के लिए 'अ', दशम गण के लिए 'अय' और षष्ठ गण के लिए 'अ' ये चिह्न लगते हैं, ऐसा पूर्व पाठों में कहा है। इस प्रकार कोई चिह्न द्वितीय गण के लिए नहीं लगता। धातु के साथ प्रत्यय लगाकर एकदम रूप बनते हैं। देखिए—

1. पा (रक्षणे) = रक्षा करना—पाति। पास्यति। अपात्।

2. रा (दाने) = देना–राति। रास्यति। अरात्।
3. ला (दाने आदाने च) = लेना, देना–लाति। लास्यति। अलात्।
4. मा (माने) = मिनना, मापना–माति। मास्यति। अमात्।
5. ख्या (प्रकथने) = कहना–ख्याति। ख्यास्यति। अख्यात्।
6. द्रा (कुत्सायाम्) = ख़राब करना–द्राति। द्रास्यति। अद्रात्।
7. निद्रा (स्वप्ने) = सोना–निद्राति। निद्रास्यति। न्यद्रात्।
8. भा (दीप्तौ) = प्रकाशना–भाति, भास्यति। अभात्।
9. वा (गतिगन्धनयोः) = चलना, हिंसा करना–वाति। वास्यति। अवात्।
10. या (प्रापणे) = जाना–याति। यास्यति। अयात्।
11. आया = आना–आयाति। आयास्यति। आयात्।

द्वितीय गण के रूप। परस्मैपद

वर्तमान काल

पाति	पातः	पान्ति
पासि	पाथः	पाथ
पामि	पावः	पामः

भविष्यकाल

पास्यति	पास्यतः	पास्यन्ति
पास्यसि	पास्यथः	पास्यथ
पास्यामि	पास्यावः	पास्यामः
अपात्	अपाताम्	अपान्
अपाः	अपाताम्	अपात
अपाम्	अपाव	अपाम

आशा है कि पाठक इस प्रकार उक्त धातुओं के रूप बनायेंगे।

वाक्य

ईश्वरः सर्वान् पाति। राजानौ स्वजनान् पातः। मनुष्याः स्वपुत्रान् पान्ति। स इदानीं निद्राति। अहं श्वः नैव निद्रास्यामि। वायुर्वाति। सूर्यो भाति। तारका भान्ति। रथा यान्ति। अश्वः आयाति।

द्वितीय गण। परस्मैपद धातु

1. **अद्** (भक्षणे) = खाना—अत्ति। अत्स्यति। आदत्।
2. **हन्** (हिंसागत्योः) = हिंसा करना, जाना—हन्ति। हनिष्यति। अहन्।
3. **विद्** (ज्ञाने) = जानना—वेत्ति, वेदिष्यति। अवेत्।
4. **अस्** (भुवि) = होना—अस्ति। भविष्यति। आसीत्।
5. **मृज्** (शुद्धौ) = शुद्ध करना—मार्ष्टि। मार्जिष्यति, मार्क्ष्यति। अमार्ट्।
6. **रुद्** (अश्रुविमोचने) = रोना—रोदिति। रोदिष्यति। अरोदत्, अरोदीत्।

उक्त छः धातुओं के रूप विलक्षण होने के कारण नीचे देते हैं—

अद् (भक्षणे)। वर्तमान काल

अत्ति	अत्तः	अदन्ति
अत्सि	अत्थः	अत्थ
अद्मि	अद्वः	अद्मः

भूतकाल

आदत्	आत्ताम्	आदन्
आदः	आत्तम्	आत्त
आदम	आद्व	आद्म

इसके भविष्यकाल के रूप सुगम हैं। अत्स्यति, अत्स्यतः, अत्स्यन्ति इत्यादि।

हन् (हिंसागत्योः)। वर्तमान काल

हन्ति	हतः	हनन्ति
हंसि	हथः	हथ
हन्मि	हन्वः	हन्मः

भूतकाल

अहन्	अहताम्	अघ्नन्
अहन्	अहतम्	अहत
अहनम्	अहन्व	अहन्म

इसके भविष्यकाल के रूप आसान हैं। हनिष्यति, हनिष्यतः, हनिष्यन्ति इत्यादि।

विद् (ज्ञाने)। वर्तमान काल

वेत्ति (वेद)	वित्तः (विदतुः)	विदन्ति (विदुः)
वेत्सि (वेत्थ)	वित्थः (विदथुः)	वित्थ (विद)
वेद्मि (वेद)	विद्वः (विद्व)	विद्मः (विद्म)

इस धातु के प्रत्येक वचन के दो-दो रूप होते हैं। वे स्मरण करने चाहिए।

भूतकाल

अवेत्	अवित्ताम्	अविदुः
अवेः (अवेत्)	अवित्तम्	अवित्त
अवेदम्	अविद्व	अविद्म

इस धातु के भविष्यकाल के रूप सुलभ हैं। वेदिष्यति, वेदिष्यतः, वेदिष्यन्ति इत्यादि।

अस् (भुवि) वर्तमान काल

अस्ति	स्तः	सन्ति
असि	स्थः	स्थ
अस्मि	स्वः	स्मः

भविष्यकाल

इस धातु के भविष्यकाल में 'भू' धातु के समान ही रूप होते हैं। भविष्यति, भविष्यतः, भविष्यन्ति। भविष्यसि, भविष्यथः, भविष्यथ। भविष्यामि इत्यादि।

भूतकाल

आसीत्	आस्ताम्	आसन्
आसीः	आस्तम्	आस्त
आसम्	आस्व	आस्म

मृज् (शुद्धौ) वर्तमान काल

मार्ष्टि	मृष्टः	मृजन्ति, मार्जन्ति
मार्क्षि	मृष्टः	मृष्ट
मार्ज्मि	मृज्वः	मृज्मः

भूतकाल

अमार्ट्, (अमाड्)	अमृष्टाम्	अमृजन्, (अमार्जन्)
अमार्ट् (अमाड्)	अमृष्टम्	अमृष्ट
अमार्जम्	अमृज्व	अमृज्म

इस धातु का भविष्यकाल सुगम है। मार्जिष्यति, मार्जिष्यतः, मार्जिष्यन्ति इत्यादि।

रुद् (अश्रुविमोचने) वर्तमान काल

रोदिति	रुदितः	रुदन्ति
रोदिषि	रुदिथः	रुदिथ
रोदिमि	रुदिवः	रुदिमः

भूतकाल

अरोदत्, अरोदीत्	अरुदिताम्	अरुदन्
अरोदः, अरोदीः	अरुदितम्	अरुदित
अरोदम्	अरुदिव	अरुदिम

भविष्यकाल के रूप–रोदिष्यति, रोदिष्यतः, रोदिष्यन्ति। आशा है कि पाठक इन रूपों को ध्यान में रखेंगे। इनका बारम्बार वाक्यों में उपयोग करने से इनका स्मरण रह सकता है।

वाक्य

1. रामो रावणं हनिष्यति।	राम रावण को मारेगा।
2. भृत्यः पात्रान् मार्ष्टि।	नौकर बर्तनों को साफ़ करता है।
3. त्वं किमर्थं रोदिषि।	तू क्यों रोता है?
4. आसीद् राजा रामचन्द्रो नाम।	रामचन्द्र नाम का राजा था।
5. एतन्न विद्मः।	हम सब इसको नहीं जानते।
6. ह्यः त्वं न अरोदः किम्।	क्या तू कल नहीं रोया?
7. सर्वे वयम् अन्नम् अद्मः।	हम सब अन्न खाते हैं।

पाठ 53

आस् (उपवेशने) = बैठना, वर्तमान काल

आस्ते	आसाते	आसते
आस्से	आसाथे	आध्वे
आसे	आस्वहे	आस्महे

भविष्यकाल

आसिष्यते	आसिष्येते	आसिष्यन्ते
आसिष्यसे	आसिष्येथे	आसिष्यध्वे
आसिष्ये	आसिष्यावहे	आसिष्यामहे

भूतकाल

आस्त	आसाताम्	आसत
आस्थाः	आसाथाम्	आध्वम्
आसि	आस्वहि	आस्महि

अधि+इ (अधी) (अध्ययने) = अध्ययन करना।

वर्तमान काल

अधीते	अधीयाते	अधीयते
अधीषे	अधीयाथे	अधीध्वे
अधीये	अधीवहे	अधीमहे

भविष्यकाल

अध्येष्यते	अध्येष्येते	अध्येष्यन्ते
अध्येष्यसे	अध्येष्येथे	अध्येष्यध्वे
अध्येष्ये	अध्येष्यावहे	अध्येष्यामहे

भूतकाल

अध्यैत	अध्यैयाताम्	अध्यैयत
अध्यैथाः	अध्यैयाथाम्	अध्यैध्वम्
अध्यैयि	अध्यैवहि	अध्यैमहि

यही धातु परस्मैपद में भी है जिसका अर्थ 'अधि+इ (स्मरणे) = स्मरण करना है'। इसके रूप–

परस्मैपद। वर्तमान काल

अध्येति	अधीतः	अधीयन्ति
अध्येषि	अधीथः	अधीथ
अध्येमि	अधीवः	अधीमः

परस्मैपद। भविष्यकाल

अध्येष्यति	अध्येष्यतः	अध्येष्यन्ति
अध्येषि	अध्येष्यथः	अध्येष्यथ
अध्येष्यामि	अध्येष्यावः	अध्येष्यामः

परस्मैपद। भूतकाल

अध्यैत्	अध्यैताम्	अध्यायन्
अध्यैः	अध्यैतम्	अध्यैत
अध्यायम्	अध्यैव	अध्यैम

इनके उभयपद के ये सब रूप विशेष उपयोगी होने से ठीक स्मरण रखने चाहिए।

ईश् (ऐश्वर्ये) = प्रभुत्व करना

आत्मनेपद। वर्तमान

ईष्टे	ईशाते	ईशते
ईशिषे	ईशाथे	ईशिध्वे
ईशे	ईश्वहे	ईश्महे

आत्मनेपद। भविष्यकाल

ईशिष्यते	ईशिष्येते	ईशिष्यन्ते
ईशिष्यसे	ईशिष्येथे	ईशिष्यध्वे
ईशिष्ये	ईशिष्यावहे	ईशिष्यामहे

आत्मनेपद। भूतकाल

ऐष्ट	ऐशाताम्	ऐशत
ऐष्टाः	ऐशाथाम्	ऐड्ढ्वम्
ऐशि	ऐश्वहि	ऐश्महि

चक्ष् (व्यक्तायां वाचि) = बोलना

आत्मनेपद। वर्तमान काल

चष्टे	चक्षाते	चक्षते
चक्षे	चक्षाथे	चड्ढ्वे
चक्षे	चक्ष्वहे	चक्ष्महे

आत्मनेपद। भविष्यकाल

चक्ष् धातु के लिए 'ख्या' आदेश होता है। स्मरण रखना चाहिए।

ख्यास्यते	ख्यास्येते	ख्यास्यन्ते
ख्यास्यसे	ख्यास्येथे	ख्यास्यध्वे
ख्यास्ये	ख्यास्यावहे	ख्यास्यामहे

आत्मनेपद। भूतकाल

अचष्ट	अचक्षाताम्	अचक्षत
अचष्टा	अचक्षाथाम्	अचड्ढ्वम्
अचक्षि	अचक्ष्वहि	अचक्ष्महि

जागृ (निद्राक्षये) = जागना

परस्मैपद। वर्तमान काल

जागर्ति	जागृतः	जाग्रति
जागर्षि	जागृथः	जागृथ
जागर्मि	जागृवः	जागृमः

परस्मैपद। भविष्यकाल

जागरिष्यति	जागरिष्यतः	जागरिष्यन्ति
जागरिष्यसि	जागरिष्यथः	जागरिष्यथ
जागरिष्यामि	जागरिष्यावः	जागरिष्यामः

परस्मैपद। भूतकाल

अजागः	अजागृताम्	अजागरुः
अजागः	अजागृतम्	अजागृत
अजागरम्	अजागृव	अजागृम

द्विष् (अप्रीतौ) = द्वेष करना–उभयपद

परस्मैपद। वर्तमान काल

द्वेष्टि	द्विष्टः	द्विषन्ति
द्वेक्षि	द्विष्ठः	द्विष्ठ
द्वेष्मि	द्विष्वः	द्विष्मः

आत्मनेपद। वर्तमान काल

द्विष्टे	द्विषाते	द्विषते
द्विक्षे	द्विषाथे	द्विड्ढ्वे
द्विषे	द्विष्वहे	द्विष्महे

परस्मैपद। भूतकाल

अद्वेट्	अद्विष्टाम्	अद्विषन्, अद्विषुः
अद्वेट्	अद्विष्टम्	अद्विष्ट
अद्वेषम्	अद्विष्व	अद्विष्म

आत्मनेपद। भूतकाल

अद्विष्ट	अद्विषाताम्	अद्विषत
अद्विष्ठाः	अद्विषाथाम्	अद्विड्ढ्वम्
अद्विषि	अद्विष्वहि	अद्विष्महि

'द्विष्' धातु का भविष्यकाल 'द्वेक्ष्यति, द्वेक्ष्यते' ऐसा होता है। उसके रूप सुगम हैं।

वाक्य

अहं तम् अद्विषि।	मैं उसको द्वेष करता था।
ते सर्वेऽपि तम् अद्विषन्	वे सब भी उसको द्वेष करते थे।
त्वं किमर्थं द्वेक्षि?	तू क्यों द्वेष करता है?
युवां न द्विष्ठः।	तुम दोनों द्वेष नहीं करते।
आवां ह्यः अजागृवः।	हम दोनों कल जागते रहे।
त्वं श्वः जागरिष्यसि किम्।	क्या तू कल जागेगा?
सर्वे वयं अद्य जागृमः।	हम सब आज जागते हैं।
ईश्वरो द्विपदश्चतुष्पदः ईष्टे।	परमेश्वर द्विपाद और चतुष्पादों पर प्रभुत्व करता है।
अहं व्याकरणं नाध्यैयि।	मैंने व्याकरण पढ़ा नहीं।
किमध्येषि।	तू क्या पढ़ता है?
स ज्यौतिषमध्येष्यते।	वह ज्योतिष पढ़ेगा।
तौ गणितं अधीयाते।	वे दोनों गणित पढ़ते हैं।
आस्ते स तत्र।	बैठा है वह वहां।
वयं सर्वे अत्रैवास्महे।	हम सब यहाँ ही बैठते हैं।
युवां तत्र आसिष्येथे।	तुम दोनों वहां बैठोगे।
अहं नैव तत्रासिष्ये।	मैं वहां नहीं बैठूंगा।
कस्तत्रासिष्यते।	कौन वहां बैठेगा?

पाठ 54

तृतीय गण। उभयपद

दा (दाने) = देना

परस्मैपद। वर्तमान काल

ददाति	दत्तः	ददति
ददासि	दत्थः	दत्थ
ददामि	दद्वः	दद्मः

तृतीय गण के धातुओं की विशेषता यह है कि इस गण के वर्तमान और भूतकाल के रूप होने के समय धातु के पहले अक्षर का द्वित्व होता है।

'दा' धातु का द्वित्व होकर 'दादा' बनता है, और प्रत्यय लगने के समय पहले अक्षर का दीर्घस्वर ह्रस्व होकर 'ददा+ति = 'ददाति' ऐसा रूप बनता है। द्विवचन और बहुवचन के प्रत्यय लगने से पूर्व अन्त्य आकार का लोप होता है। जैसा–दा; दादा, ददा+मः = दद्+मः=दद्मः।

परस्मैपद। भूतकाल

अददात्	अदत्ताम्	अददुः
अददाः	अदत्तम्	अदत्त
अददाम्	अदद्व	अदद्म

इसके भविष्यकाल के रूप सुगम हैं। दास्यति। दास्यते। इसके आत्मनेपद के रूप निम्न प्रकार होते हैं–

आत्मनेपद। वर्तमान काल

दत्ते	ददाते	ददते
दत्से	ददाथे	दद्ध्वे
ददे	दद्वहे	दद्महे

आत्मनेपद। भूतकाल

अदत्त	अददाताम्	अददत
अदत्थाः	अददाथाम्	अदद्ध्वम्
अददि	अदद्वहि	अदद्महि

धा (धारणपोषणयोः) = धारण और पोषण करना

परस्मैपद

वर्तमान–दधाति, धत्तः, दधति। दधासि, धत्थः, धत्थ। दधामि, दध्वः दध्मः।
भविष्य–धास्यति। धास्यसि। धास्यामि।
भूत–अदधात्, अधत्ताम्, अदधुः। अदधाः, अधत्तम्, अधत्त। अदधाम्, अदध्व, अदध्म।

आत्मनेपद

वर्तमान–धत्ते, दधाते, दधते। दत्से, दधाथे, दध्वे। दधे, दध्वहे, दध्महे।
भविष्य–धास्यते। धास्यसे। धास्ये।
भूत–अधत्त, अदधाताम्, अदधत। अधत्थाः, अदधाथाम, अधद्ध्वम्। अदधि, अदध्वहि, अदध्महि।

भृ (धारणपोषणयोः) = धारण और पोषण करना

परस्मैपद

वर्तमान–बिभर्ति, बिभृतः, बिभ्रति। बिभर्षि, बिभृथः, बिभृथ। बिभर्मि, बिभृवः, बिभृमः।
भविष्य–भरिष्यति। भरिष्यसि। भरिष्यामि।
भूत–अबिभः, अबिभृताम्, अबिभरुः। अबिभः, अबिभृतम्, अबिभृत। अबिभरम्, अबिभृव, अबिभृम।

भी (भये) = डरना

परस्मैपद

वर्तमान–बिभेति, बिभीतः, बिभ्यति। बिभेषि, बिभीथः, बिभीथ। बिभेमि, बिभीवः, बिभीमः।

(इसके द्विवचन में दीर्घ 'भी' के स्थान पर ह्रस्व 'भि' होकर भी रूप बनते हैं। जैसे–बिभिथः बिभितः इ.।)

भविष्य–भेष्यति, भेष्यति, भेष्यासि।
भूत–अबिभेत् अबिभीताम्, अबिभयुः। अबिभेः, अबिभीतम्, अबिभीत। अबिभयम्, अबिभीव, अबिभीम।

(यहाँ दीर्घ 'भी' के स्थान पर ह्रस्व होकर दूसरे रूप होते हैं। जैसे–अबिभित, अबिभिम इ.।)

मा (माने) = मिनना, मापना

आत्मनेपद

वर्तमान–मिभीते, मिमाते, मिमते। मिमीषे, मिमाथे, मिमीध्वे। मिमे, मिमीवहे, मिमीमहे।
भविष्य–मास्यते, मास्यसे। मास्ये।
भूत–अमिमीत, अमिमाताम्, अमिमत। अमिमीथाः, अमिमाथाम्, अमिमीध्वम्। अमिमि, अमिमीवहि, अमिमीमहि।

विष् (व्याप्तौ) = व्यापना

परस्मैपद

वर्तमान–वेवेष्टि, वेविष्टः, वेविषति। वेवेक्षि, वेविष्ठ, वेविष्ठः। वेवेष्मि, वेविष्वः, वेविष्मः।

भविष्य–वेक्ष्यति। वेक्ष्यसि। वेक्ष्यामि।

भूत–अवेवेट्, अवेविष्टाम्, अवेविषुः। अनेवेष्ट, अवेविष्टाम्, अवेविषुः। अवेवेट् अवेविष्ठम्, अवेविष्ठ। अवेविषम्, अवेविष्व, अवेविष्म।

(पद के अन्तिम ट्कार का ड्कार होता है। जैसे–अवेवेट्, अवेवेड्।)

हा (त्यागे) = त्यागना

परस्मैपद

वर्तमान–जहाति, जहीतः, जहति। जहासि, जहीथः, जहीथ। जहामि, जहीवः, जहीमः।

भविष्य–हास्यति। हास्यसि। हास्यामि।

भूत–अजहात्, अजहीताम्, अजहुः। अजहाः, अजहीतम्, अजहीत। अजहाम्, अजहीव, अजहीम।

(इस धातु के दीर्घ 'ही' के स्थान पर ह्रस्व होकर और रूप बनते हैं। जैसे–जहीतः, जहिवः। अजहिव, अजहिम। इ.।)

हु (दानादानयोः) देन, लेन, खाना

परस्मैपद

वर्तमान–जुहोति, जुहुतः, जुह्वति। जुहोषि, जुहथः, जुहुथ। जुहोमि, जुहुवः, जुहुमः।

भविष्य–होष्यति। होष्यसि। होष्यामि।

भूत–अजुहोत्, अजुहुताम्, अजुहुवुः। अजुहोः, अजुहुतम्, अजुहुत। अजुहवम्, अजुहुव, अजुहुम।

इस प्रकार तृतीय गण के धातुओं के रूप होते हैं। द्वितीय और तृतीय गण में धातु बहुत थोड़े हैं, परन्तु जो हैं उनके सब रूप विलक्षण होते हैं, और विशेष लक्ष्यपूर्वक ध्यान में धरने पड़ते हैं, इसलिए पुस्तक के इस भाग में उनमें से थोड़े ही धातु दिये हैं और जो दिये हैं, उनके रूप भी साथ-साथ दिये हैं, जिससे पाठक आसानी के साथ उन्न धातुओं का अभ्यास कर सकते हैं। पाठकों को चाहिए कि वे इन दोनों गणों के रूपों को अच्छी प्रकार स्मरण करें।

वाक्य

1. अहम् अद्य जुहोमि।	मैं आज हवन करता हूँ।
2. स कदा होष्यति।	वह कब हवन करेगा?
3. तौ ह्य एव अजुहुताम्।	उन दोनों ने कल ही हवन किया।

4. वेवेष्टि इति विष्णुः।	व्यापता है इसलिए विष्णु कहते हैं।
5. आवां धान्य मिमीवहे।	हम दोनों धान मापते हैं।
6. युवां ह्यः अबिभेतम्।	तुम दोनों कल डर गये।
7. अहं न बिभेमि।	मैं नहीं डरता।
8. बिभर्ति इति भरतः।	पोषन करता है इसलिए भरत कहते हैं।
9. पात्रम् उदकेन भरिष्यसि किम्।	क्या तू जल से बर्तन करेगा?
10. पुष्करस्त्रजं अधत्त।	कमलमाला धारण की।
11. दाता द्रव्यं ददाति।	दाता धन देता है।
12. अहम् अददाम्।	मैंने दिया।
13. सर्वे वयं दद्मः।	सब हम देते हैं।
14. स नैव दास्यति।	वह नहीं देगा।
15. वयं व्याघ्राद् बिभीमः।	हम शेर से डरते हैं।
16. धान्यं कुडवेन* मिमीते।	धान कुडवे से मापता है।

पाठ 55

चतुर्थ गण के धातु

चतुर्थ गण के धातुओं के वर्तमान और भूतकालों के रूपों में 'य' लगता है।

शुच (पूतीभावे) = शुद्ध करना–उभयपद

वर्तमान–शुच्यति, शुच्यतः, शुच्यन्ति। शुच्यसि, शुच्यथः, शुच्यथ। शुच्यामि, शुच्यावः, शुच्यामः।

भूत–अशुच्यत्, अशुच्यताम्, अशुच्यन्। अशुच्यः, अशुच्यतम्, अशुच्यत। अशुच्यम्, अशुच्याव, अशुच्याम।

भविष्य–शोचिष्यति। शोचिष्यसि। शोचिष्यामि।

आत्मनेपद के रूप

वर्तमान–शुच्यते, शुच्येते, शुच्यन्ते। शुच्यसे, शुच्येथे, शुच्यध्वे। शुच्ये, शुच्यावहे, शुच्यामहे।

---

* चार सेर का एक कुडव होता है।

भूत–अशुच्यत, अशुच्यताम्, अशुच्यन्त। अशुच्यथाः, अशुच्येथाम्, अशुच्यध्वम्। अशुच्ये, अशुच्यावहि, अशुच्यामहि।

भविष्य–शोचिष्यते। शोचिष्यसे। शोचिष्ये।

धातु

1. **ऋध्** (वृद्धौ) (परस्मैपद) =बढ़ना–ऋध्यति। अर्धिष्यति। आर्ध्यत्।
2. **कुट्** (कुट्टने) (परस्मैपद) = कूटना–कुट्यति। कोटिष्यति। अकुट्यत्।
3. **कुप्** (क्रोधे) (परस्मैपद) = क्रोध करना–कुप्यति। कोपिष्यति। अकुप्यत्।
4. **कृश्** (तनू करणे) = कृश होना–कृश्यति। कर्शिष्यति। अकृश्यत्।
5. **क्रुध्** (क्रोधे) = क्रोध करना–क्रुध्यति, क्रोत्स्यति। अक्रुध्यत्।
6. **क्लम** (ग्लानौ) = थकना–क्लाम्यति। क्लमिष्यति। अक्लाम्यत्।
7. **क्लिद्** (आर्द्रीभावे) = गीला होना–क्लिद्यति। क्लेदिष्यति। क्लेत्स्यति। अक्लिद्यत्।
8. **क्लिश्** (उपतापे) (आत्मनेपद) = क्लेश भोगना–क्लिश्यते। क्लेशिष्यते। अक्लिश्यत। (कइयों की सम्मति में यह धातु परस्मैपद में भी है।)–क्लिश्यति इ.।
9. **क्षम्** (सहने) (परस्मैपद) = सहना–क्षाम्यति। क्षमिष्यति, अक्षाम्यत्।
10. **क्षिप्** (प्रेरणे) = फेंकना–क्षिप्यति। क्षेप्स्यति। अक्षिप्यत।
11. **क्षुध्** (बुभुक्षायाम्) = भूख लगना–क्षुध्यति। क्षोत्स्यति। अक्षुध्यत्।
12. **क्षुभ्** (संचलने) = हलचल मचना–क्षुभ्यति। क्षोभिष्यति। अक्षुभ्यत्।
13. **खिद्** (दैन्ये) (आत्मनेपद) = खेद करना–खिद्यते। खेत्स्यते। अखिद्यत।
14. **गृध्** (अधिकांक्षायाम्) (परस्मैपद) = लोभ करना–गृध्यति। गर्धिष्यति। अगृध्यत्।
15. **जन्** (प्रादुर्भावे) (आत्मनेपद) = उत्पन्न होना–जायते। जनिष्यते। अजायत।
16. **जृ** (वयोहानौ) (परस्मैपद) = जीर्ण होना–जीर्यति। जरीष्यति, जरिष्यति। अजीर्यत्।
17. **डी** (विहायसागतौ) (आत्मनेपद) = उड़ना–डीयते। डयिष्यते। अडीयत।
18. **तुष्** (तुष्टौ) (परस्मैपद) = सन्तुष्ट होना–तुष्यति। तोक्षयति। अतुष्यत्।
19. **तृप्** (तृप्तौ) = तृप्त होना–तृप्यति। तर्पिष्यति। अतृप्यत्।
20. **तृष्** (पिपासायाम्) = प्यास लगना–तृष्यति। तर्षिष्यति। अतृष्यत्।
21. **त्रस्** (उद्वेगे) = कष्ट होना–त्रस्यंति। त्रसिष्यति। अत्रस्यत्।
22. **दम्** (उपरमे) = दमन करना–दाम्यति। दमिष्यति। अदाम्यत्।
23. **दिव्** (क्रीडायाम्) = खेलना–दीव्यति। देविष्यति। अदीव्यत्।

24. **दीप्** (दीप्तौ) (आत्मनेपद) = प्रकाशना—दीप्यते। दीपिष्यते। अदीप्यत।

25. **दुष्** (वैक्लव्ये) (परस्मैपद) = दोषयुक्त होना—दुष्यति। दोक्ष्यति। अदुष्यत्।

26. **द्रुह्** (जिघांसायाम्) = घात करना—द्रुह्यति। द्रोहिष्यति। द्रोक्ष्यति। अद्रुह्यत्।

27. **नश्** (आदर्शने) = नाश होना—नश्यति। नशिष्यति, नंक्ष्यति। अनश्यत्।

28. **पुष्** (पुष्टौ) = पुष्ट होना—पुष्यति। पोक्ष्यति। अपुष्यत्।

29. **पूर्** (आप्यायने) (आत्मनेपद) = भरना—पूर्यते। पूरिष्यते। अपूर्यत।

30. **भ्रंश्** (अधःपतने) = (परस्मैपद) गिरना—भ्रंश्यति। भ्रंशिष्यति। अभ्रंश्यत्।

31. **मद्** (हर्षे) = आनन्द होना—माद्यति। मदिष्यति। अमाद्यत्

32. **मन्** (ज्ञाने) = (आत्मनेपद) विचार करना—मन्यते। मंस्यते। अमन्यत।

33. **मुह्** (वैचित्ये) = मोहित होना—मुह्यति। मोहिष्यति, मोक्षयति अमुह्यत्।

34. **मृग्** (अन्वेषणे) = ढूंढ़ना—मृग्यति। मर्गिष्यति। अमृग्यत्।

35. **युज्** (समाधौ) = चित्त स्थिर करना—युज्यते। योक्ष्यते। अयुज्यत।

36. **युध्** (संप्रहारे) = यृद्ध करना—युध्यते। योत्स्यते। अयुध्यत।

37. **लुभ्** (गार्ध्ये) = (परस्मैपद) लोभ करना—लुभयति। लोभिष्यति। अलुभ्यत्

38. **विद्** (सत्तायाम्) = (आत्मनेपद) होना, रहना—विद्यते। वेत्स्यते। अविद्यत।

39. **शक्** (मर्षणे) = (उभयपद) सहना—शक्यति, शक्यते। शकिष्यति, शकिष्यते। शक्ष्यति, शक्ष्यते। अशक्यत्, अशक्यत।

40. **शम्** (शाम्) (उपशमे) = (परस्मैपद) शान्त होना—शाम्यति। शामिष्यति। अशाम्यत्।

41. **शुध्** (शौचे) = शुद्ध करना—शुध्यति। शोत्स्यति। अशुध्यत्।

42. **सिध्** (सिद्धौ) = सिद्ध करना—सिध्यति। सेत्स्यति। असिध्यत्।

43. **सीव्** (तन्तुवाये) = सीना—सीव्यति। सेविष्यति। असीव्यत्।

44. **हृष्** (तुष्टौ) = सन्तुष्ट होना—हृष्यति। हर्षिष्यति। अहृष्यत्।

वाक्य

स अहृष्यत्।	वह सन्तुष्ट हुआ।
तौ अशाम्यताम्।	वे दोनों शान्त हुए।
स उपदेशं न मन्यते।	वह उपदेश नहीं मानता।
बालकाः पुष्यन्ति।	लड़के पुष्ट होते हैं।

पश्य स कथं सूच्या वस्त्रं सीव्यति। तौ सीव्यतः। ते सर्वेऽपि इदानीं न सीव्यन्ति। स इदानीं स्वगृहे एव विद्यते। राजा राष्ट्राद् भ्रश्यति। आत्मा नैव नश्यति परं शरीरं नश्यति। स जलेन तृष्यति। अरे, त्वं कदा तोक्ष्यसि। तौ वने मृगान् मृग्यतः। रावणः

रामेण सह युध्यते। मुह्यति मे मनः। शरीरं जीर्यति परन्तु धनाशा जीर्यतोऽपि न जीर्यति। पक्षिणः आकाशे डीयन्ते। त्वं किमर्थं खिद्यसे। तस्य मनः क्षुभ्यति।

पाठ 56

पंचम गण के धातु

पंचम गण के धातुओं के लिए धातु और प्रत्यय के बीच में वर्तमान और भूतकाल में 'नु' चिह्न लगता है।

सु–(स्नपन-पीडन-स्नानेषु) = स्नान करना, रस निकालना इ.

उभयपद

परस्मैपद

वर्तमान–सुनोति, सुनुतः, सुन्वन्ति। सुनोषि, सुनुथः, सुनुथ। सुनोमि, सुनुवः-सुन्वः= सुनुमः-सुन्मः।
भूत–असुनोत्, असुनुताम्, असुन्वन्। असुनोः, असुनुतम् असुनुत। असुनवम्, असुनुव–असुन्व, असुनुम–असुन्म।
भविष्य–सोष्यति। सोष्यसि। सोष्यामि।

आत्मनेपद

वर्तमान–सुनुते, सुन्वाते, सुन्वते। सुनुषे, सुन्वाथे, सुनुध्वे। सुन्वे, सुनुवहे–सुन्वहे, सुनुमहे–सुन्महे।
भूत–असुनुत, असुन्वाताम्, असुन्वत। असुनुथाः, असुन्वाथाम्, असुनुध्वम्। असुन्वि, असुनुवहि–असुन्वहि, असुनुमहि–असुन्महि।
भविष्य–सोष्यते। सोष्यसे। सोष्ये।

साध् (संसिद्धौ) = सिद्ध होना–परस्मैपद

वर्तमान–साध्नोति, साध्नुतः, साध्नुवन्ति। साध्नोषि, साध्नुथः, साध्नुथ। साध्नोमि, साध्नुवः, साध्नुमः।
भूत–असाध्नोत्, असाध्नुताम्, असाध्नुवन्। असाध्नोः, असाध्नुतम्, असाध्नुत। असाध्नुवम्, असाध्नुव, असाध्नुम।

भविष्य–सात्स्यति। सात्स्यसि। सात्स्यामि।

अश् (व्याप्तौ) = व्यापना–आत्मनेपद

वर्तमान–अश्नुते, अश्नुवाते, अश्नुवते। अश्नुषे, अश्नुवाथे, अश्नुध्वे। अश्नुवे, अश्नुवहे, अश्नुमहे।
भूत–आश्नुत, आश्नुवाताम्, आश्नुवत। आश्नुथाः, आश्नुवाथाम्, आश्नुध्वम्। आश्नुवि, आश्नुवहि, आश्नुमहि।
भविष्य–अशिष्यते, अक्ष्यते। अशिष्यसे, अक्ष्यसे। अशिष्ये, अक्ष्ये।

आप् (व्याप्तौ) = व्यापना, पाना–परस्मैपद

वर्तमान–आप्नोति, आप्नुतः, आप्नुवन्ति। आप्नोषि, आप्नुथः, आप्नुथ। आप्नोमि, आप्नुव, आप्नुमः।
भूत–आप्नोत्, आप्नुताम्, आप्नुवन्। आप्नोः, आप्नुतम्, आप्नुत। आप्नुवम्, आप्नुव, आप्नुम।
भविष्य–आप्स्यति। आप्स्यसि। आप्स्यामि।

शक् (शक्तौ) = सकना–परस्मैपद

वर्तमान–शक्नोति। शक्नोषि। शक्नोमि, शक्नुवः, शक्नुमः।
भूत–अशक्नोत्। अशक्नोः। अशक्नवम्, अशक्नुव, अशक्नुम।
भविष्य–शक्ष्यति। शक्ष्यसि। शक्ष्यामि।

स्तृ (आच्छादने) = ढांपना–परस्मैपद

वर्तमान–स्तृणेति, स्तृणुतः, स्तृण्वन्ति। स्तृणोषि। स्तृणोमि स्तृणुवः–स्तृण्वः, स्तृणुमः–स्तृण्मः।
भूत–अस्तृणोत्। अस्तृणुताम्। अस्तृणोः। अस्तृणवम्।
भविष्य–स्तरिष्यति।

स्त (आच्छादने)–आत्मनेपद

वर्तमान–स्तणुते, स्तण्वाते, स्तण्वते। स्तणुषे। स्तण्वे।
भूत–अस्तणुत। अस्तणुथाः। अस्तण्वि।
भविष्य–स्तणिष्यते।

चि (चयने) = चुनना, इकट्ठा करना–उभयपद परस्मैपद

वर्तमान–चिनोति, चिनुतः। चिनोसि, चिनुथः। चिनोमि।
भूत–अचिनोत्, अचिनुताम्। अचिनोः। अचिनवम्।
भविष्य–चेष्यति।

आत्मनेपद

वर्तमान–चिनुते, चिन्वाते। चिनुषे। चिनुवे।
भूत–अचिनुत। अचिनुथाः। अचिन्वि।

(इस धातु के बकारादि और मकारादि प्रत्यय होने पर दो-दो रूप होते हैं:– चिनुवः–चिन्वः,–चिनुमहे,–चिन्महे।)

धातु

1. **मि** (क्षेपणे) = (फेंकना)–उभयपद–मिनोति, मिनुतः। मास्यति, मास्यते। अमिनोत्, अमिनुत।
2. **कृ** (हिंसायाम्) = (हिंसा करना)–उभयपद–कृणोति, कृणुतः। करिष्यति, करिष्यते, अकृणेत्, अकृणुत।
3. **वृ** (वरणे) = (पसन्द करना)–उभयपद–वृणोति, वृणुते। वरिष्यति, वरिष्यते। अवृणोत्, अवृणुत।
4. **धु** (कम्पने) = (हिलना)–उभयपद–धुनोति, धुनुत। धोष्यति, धोष्यते। अधुनोत्, अधुनुत।

वाक्य

1. सीता रामचन्द्रं अवृणेत्।	सीता ने रामचन्द्र को पसन्द किया।
2. अहं त्वां वरिष्यामि।	मैं तुझे पसन्द करूँगा।
3. ते तत्र गन्तुं न शक्नुवन्ति।	वे वहाँ नहीं जा सकते।
4. अहं नाशक्नुवम् तत्कर्म कर्तुम्।	मैं समर्थ नहीं था वह कर्म करने के लिए।
5. मनुष्यः स्वकर्मणः फलं अश्नुते।	मनुष्य अपने कर्म का फल भोगता है।
6. स सोमं सुनोति।	वह सोम का रस निकालता है।
7. स सुखं आप्नोति।	वह सुख प्राप्त करता है।
8. वयं सर्वे सुखं आप्नुमः।	हम सब सुख प्राप्त करते हैं।
9. स तदा वक्तुं नाशक्नोत्।	वह तब बोल न सका।
10. यज्ञार्थं सोमं स न सुनुते।	यज्ञ के लिये सोम का रस वह नहीं निकालता।
11. त्वं फलानि चिनोषि किम्।	क्या तू फल चुनता है?

12. वस्त्रैः स पुस्तकानि स्तृणोति। कपड़ों से वह पुस्तकें ढांपता है।
13. समुद्रस्य पारं गन्तुं स नाशकत्। समुद्र के पार जाने के लिए वह समर्थ न हुआ।
14. धर्माचरणेन मनुष्यः सुखं आप्स्यति। धर्माचरण से मनुष्य सुख प्राप्त करेगा।

पाठ 57

सप्तम गण के धातु

सप्तम गण का चिह्न 'न' है और वह धातु के अन्तिम स्वर के पश्चात् और अन्तिम व्यञ्जन के पूर्व लगता है।

पिष् (संचूर्णने) = पीसना—परस्मैपद

पिष् = (प-इ-ष्)+न = (प-इ-नष् = पिनष्+ति=पिनष्टि। इस प्रकार रूप बनते हैं। द्विवचन बहुवचन के प्रत्ययों से पूर्व नकार के अकार का लोप होता है। जैसा :— पिनष्+तः = पिन्ष्—तः = पिंष्टः। षकार के पास आये हुए तकार का टकार बनता है! और नकार का अनुस्वार बन जाता है।

वर्तमान काल

पिनष्टि	पिंष्टः	पिंपन्ति
पिनक्षि	पिंष्ठः	पिंष्ठः
पिनष्मि	पिंष्वः	पिंष्मः

भूतकाल

अपिनट्	अपिंष्टाम्	अपिंपन्
अपिनट्	अपिंष्टम्	अपिंष्ट
अपिंषम्	अपिंष्व	अपिंष्म

भविष्य—पेक्ष्यति। पेक्ष्यसि। पेक्ष्यामि।

युज् (योगे) = उभयपद—योग करना।

परस्मैपद

वर्तमान—युनक्ति, युङ्क्तः, युञ्जन्ति। युनक्षि, युङ्क्थः, युङ्क्थ, युनज्मि, युञ्ज्वः, युञ्ज्मः।

भूत—अयुनक्, अयुङ्क्ताम्, अयुङ्जन्। अयुनक्, अयुङ्क्तम्, अयुङ्क्त। अयुजनम्, अयुञ्ज्व, अयुञ्ज्म।

भविष्य—योक्ष्यति।

आत्मनेपद

वर्तमान--युङ्क्ते, युञ्जाते। युङ्क्षे, युञ्जाथे, युङ्ग्ध्वे। युञ्जे, युञ्ज्वहे, युञ्ज्महे।
भूत–अयुङ्क्त, अयुञ्जाताम्, अयुञ्जत। अयुङ्क्थाः अयुञ्जाथाम्, अयुङ्ग्ध्वम्। अयुञ्जि, अयुञ्ज्वहि, अयुञ्ज्महि।

(आत्मनेपद के वर्तमान भूत के सब प्रत्ययों के पूर्व नकार के अकार का लोप होता है।)

भविष्य–योक्ष्यते।

रुध् (आवरणे) = उभयपद आवरण करना।

परस्मैपद

वर्तमान–रुणद्धि, रुन्द्ध, रुन्धन्ति। रुणत्सि, रुन्द्धः, रुन्द्ध। रुणध्मि, रुन्ध्वः, रुन्धमः।
भूत–अरुणत्, अरुन्द्धः, अरुन्धन्। अरुणत्–अरुणः, अरुन्द्धम्, अरुन्द्ध। अरुन्धम्, अरुन्ध्व, अरुन्ध्म।
भविष्य–रोत्स्यति।

आत्मनेपद

वर्तमान–रुन्द्धे, रुन्धाते, रुन्धते। रुन्से, रुन्धाथे, रुन्द्ध्वे। रुन्धे, रुन्ध्वहे, रुन्ध्महे।
भूत–अरुन्द्ध, अरुन्धाताम्, अरुन्धत। अरुन्द्धाः, अरुन्धाथाम्, अरुन्द्ध्वम्। अरुन्धि, अरुन्ध्वहि, अरुन्ध्महि।
भविष्य–रोत्स्यते।

इन्ध् (दीप्तौ)–आत्मनेपद

वर्तमान–इन्द्धे, इन्धाते, इन्धते। इन्त्से, इन्धाथे, इन्द्ध्वे। इन्धे, इन्ध्वहे, इन्ध्महे।
भूत--ऐन्द्ध, ऐन्धाताम्, ऐन्धत। ऐन्द्धाः, ऐन्धाथाम्, ऐन्द्ध्वम्। ऐन्धि, ऐन्ध्वहि,ऐन्ध्महि।
भविष्य–इन्धिष्यते।

धातु

1. **भिद्** (विदारणे) (परस्मैपद)–भेदना, भरना। भिवन्ति। अभिनत्। भेटस्यति,
(आत्मनेपद) भिन्ते, अभिन्त, भेव्स्यते।
2. **भुज्** (पालने) = (पालन करना, खाना) परस्मैपद–भुनक्ति। अभुनक्।
भोक्ष्यति। (आत्मनेपद) भुनक्ति। अभुनक्। भोक्ष्यति।
(आत्मनेपद) भुङ्क्ते। अभुङ्क्त। भोक्ष्यते।

3. हिंस् (हिंसायाम्) = (हिंसा करना) परस्मैपद–हिनस्ति, हिंस्तः, हिंसन्ति। अहिनत्। हिंसिष्यति।

4. छिद्र् (द्वैधीभावे) = (काटना) परस्मैपद–छिनत्ति। अच्छिनत्। छेत्स्यति। (आत्मनेपद) छिन्ते, अच्छिन्त। छेत्स्यते।

वाक्य

स तव मार्गं रुणद्धि। स परशुना काष्ठम् अभिनत्। महीपालः भोगान् भुनक्ति। त्वं काष्ठं छिनत्सि कृषीवलो वलीवर्दं न हिनस्ति। स मनो युनक्ति।

पाठ 58

अष्टम गण के धातु

अष्टम गण के धातुओं के लिए 'उ' चिह्न लगता है।

तन् (विस्तारे) = फैलाना–उभयपद

परस्मैपद

वर्तमान काल

तनोति	तनुतः	तन्वन्ति
तनोषि	तनुथः	तनुथ
तनोमि	तनुवः	तनुमः
	तन्वः	तन्मः

भूतकाल

अतनोत्	अतनुताम्	अतन्वन्
अतनोः	अतनुतम्	अतनुत
अतनवम्	अतनुव	अतनुम
	अतन्व	अतन्म

भविष्य–तनिष्यति।

आत्मनेपद

वर्तमान–तनुते, तन्वाते, तन्वते। तनुषे, तन्वाथे, तनुध्वे। तन्वे, तनुवहे, तन्वहे, तनुमहे, तन्महे।

भूत–अतनुत, अतन्वाताम्, अतन्वत। अतनुथाः, अतन्वाथाम्, अतनुध्वम्। अतन्वि, अतनुवहि–अतन्वहि, अतनुमहि, अतन्महि।

भविष्य–तनिष्यते।

कृ (करणे) = करना

परस्मैपद

वर्तमान–करोति, कुरुतः, कुर्वन्ति। करोषि, कुरुथः, कुरुथ। करोमि, कुर्वः, कुर्मः।

भूत–अकरोत्, अकुरुताम्, अकुर्वन्। अकरोः, अकुरुतम्, अकुरुत। अकरवम्, अकुर्व, अकुर्म।

भविष्य–करिष्यति।

आत्मनेपद

वर्तमान–कुरुते, कुर्वति, कुर्वते। कुरुषे, कुर्वाथे, कुरुध्वे। कुर्वे, कुर्वहे, कुर्महे।

भूत–अकुरुत, अकुर्वाताम्, अकुर्वतः। अकुरुथाः, अकुर्वाथाम्, अकुरुध्वम्। अकुर्वि, अकुर्वहि, अकुर्महि।

भविष्य–करिष्यते।

धातु

1. **मन्** (अवबोधने) = मानना–(आत्मनेपद) मनुते। अमनुत। मनिष्यते।
2. **वन्** (याचने) = मांगना–(आत्मनेपद) बनुते। अवुनत। वनिष्यते।
3. **घृण** (दीप्तौ) = प्रकाशना–(परस्मैपद) घृणोति। अघृणोत्। घृणिष्यति।

वाक्य

त्वं किं करोषि?	तू क्या करता है?
स तत्र गमनं नाकरोत्	उसने वहां गमन नहीं किया।
ज्ञानी ज्ञानं तनुते।	ज्ञानी ज्ञान फैलाता है।
स न मनुते किम्?	क्या वह नहीं मानता?
असंशयं स तत्कर्म करिष्यति।	निःसन्देह वह कर्म करेगा।
स इदानीं विवादं न करिष्यति।	वह सब विवाद नहीं करेगा।
आगच्छ भोजनं कुर्वहे।	आओ (हम दोनों) भोजन करेंगे।
त्वं कदा स्नानं करिष्यसि।	तू कब स्नान करेगा।
ते इदानीं अध्ययनं कुर्वन्ति।	स विज्ञानं तनुते। स न मनुते।

यूयं किं कुरुथ। वयं हवनं कुर्मः। स न भिक्षां वनुते। स तव ...
मनिष्यते।

पाठ 59

नवम गण के धातु

नवम गण के धातुओं के लिए 'ना' चिह्न लगता है।

क्री (द्रव्यविनिमये) = ख़रीदना–उभयपद

परस्मैपद। वर्तमान काल

क्रीणाति	क्रीणीतः	क्रीणन्ति
क्रीणासि	क्रीणीथः	क्रीणीथ
क्रीणामि	क्रीणीवः	क्रीणीमः

भूतकाल

अक्रीणात्	अक्रीणीताम्	अक्रीणन्
अक्रीणाः	अक्रीणीतम्	अक्रीणीत
अक्रीणाम्	अक्रीणीव	अक्रीणीम

भविष्य–क्रेष्यति। क्रेष्यसि। क्रेष्यामि।

आत्मनेपद। वर्तमान काल

क्रीणीते	क्रीणाते	क्रीणते
क्रीणीषे	क्रीणाथे	क्रीणीध्वे
क्रीणे	क्रीणीवहे	क्रीणीमहे

भूतकाल

अक्रीणीत	अक्रीणाताम्	अक्रीणत
अक्रीणीथाः	अक्रीणीथाम्	अक्रीणीध्वम्
अक्रीणि	अक्रीणीवहि	अक्रीणीमहि

भविष्य–क्रेष्यते। क्रेष्यसे। क्रेष्ये।

धातु

1. **पू** (पवने) = शुद्ध करना–(परस्मैपद) पुनाति। अपुनात्। पविष्यति। (आत्मनेपद) पुनीते, अपुनीत, पविष्यते।
2. **बन्ध्** (बन्धने) = बांधना–(परस्मैपद) बध्नाति। अबध्नात्। भन्त्स्यति।
3. **ज्ञा** (अवबोधने) = जानना–(परस्मैपद) जानाति। अजानात्, ज्ञास्यति। (आत्मनेपद) जानीते।। अजानीत। ज्ञास्यते।
4. **अश्** (भोजने) = खाना–(परस्मैपद) अश्नाति। अश्नात्। अशिष्यति।
5. **ग्रह्** (उपादाने) = ग्रहण करना–परस्मैपद। गृह्लाति। अगृह्लात्। ग्रहीष्यति। (आत्मनेपद) गृह्लीते। अगृह्लीत। गृहीष्यते।
6. **प्री** (तर्पणे) = तृप्त होना–(परस्मैपद) प्रीणाति। अप्रीणीत्। प्रेष्यति। (आत्मनेपद) प्रीणीते, अप्रीणीत। प्रेष्यते।
7. **लू** (छेदने) = काटना–(परस्मैपद) लुनाति। अलुनात्। लविष्यति। (आत्मनेपद) लुनीते। अलुनीत। लविष्यते।
8. **वृ** (वरणे) = पसन्द करना–(परस्मैपद) वृणाति। अवृणीत्। वरीष्यति, वरिष्यति। (आत्मनेपद) वृणीते। अवृणीत। वरिष्यते, वरीष्यते।
9. **मन्थ्** (विलोडने) = मन्थन करना–(परस्मैपद) मथ्नाति। अमथ्नत्। मन्थिष्यति।

वाक्य

1. स वृक्षं लुनाति।	वह वृक्ष काटता है।
2. यत् त्वं ददासि तदहं गृह्लामि।	जो तू देता है वह मैं लेता हूँ।
3. स न अजानात्।	उसने नहीं जाना।
4. वायुः पुनाति सविता पुनाति।	हवा स्वच्छ करती है, सूर्य शुद्ध करताहै।
5. स जलं स्तभ्नाति।	वह जल का निरोध करता है।
6. तौ पात्रं क्रीणीतः।	वे दोनों बरतन ख़रीदते हैं।
7. त्वं किमश्नासि?	तू क्या भोजन करता है।
8. स दधि मथ्नाति।	वह दही मन्थन करता है।
9. तौ किं क्रीणीतः?	वे दो क्या ख़रीदते हैं।

•••

न्यूटेक प्रिंट सर्विसेज - इंडिया, द्वारा मुद्रित